Two week loan

Please return on or before the last
date stamped below.
Charges are made for late return.

231

Los NUEVOS españoles

John Hooper

Los NUEVOS españoles

John Hooper

Javier Vergara Editor

Buenos Aires / Madrid
México / Santiago de Chile
Bogotá / Caracas / Montevideo

Título original: *The new spaniards*
Traducción: *Ana Poljak*

Copyright © 1986, 1987, 1995 by *John Hooper*
    © 1996 by *Javier Vergara Editor, S.A.*
      C/ Fernando III, nº1 • 1ºE
      28670 Villaviciosa de Odón (Madrid)

Fotografía del AVE de cubierta ha sido cortesía de RENFE

ISBN: 84-7417-157-1
Depósito Legal:
Diseño cubierta e interiores: UNCIAL, s.l. (91) 435 36 93
Impresión: Gráficas Palermo, S. L.

Para Lucy

*La lucha por la libertad siempre es más fácil
que la práctica de la libertad.*

Matija Beckŏvic

INDICE

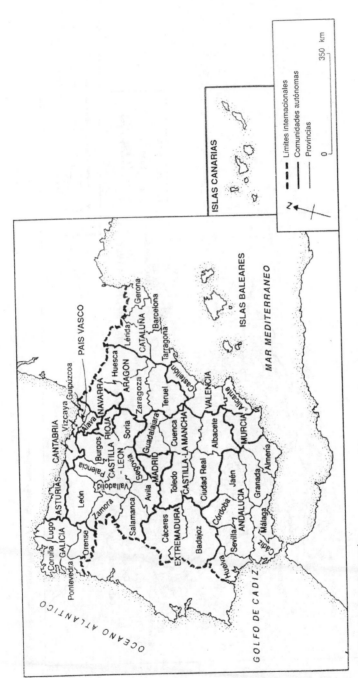

España, provincias y autonomías

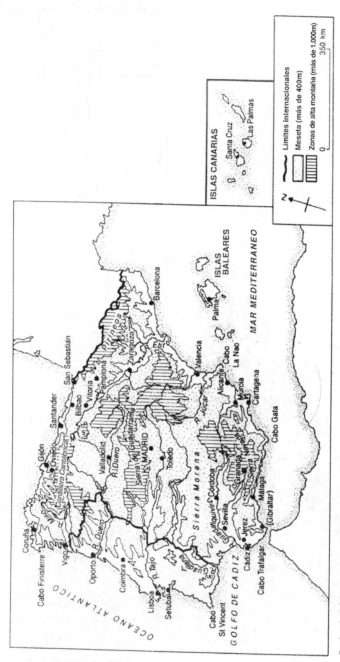

Península Ibérica, rasgos físicos y principales ciudades

AGRADECIMIENTOS

Una vez más, mi agradecimiento va en primer término a Peter Preston, director de *The Guardian*, que me permitió tomarme un espacio sabático no oficial en el otoño de 1993, durante el que pude ocuparme de buena parte de la investigación y redacción de este libro. Paul Webster, que por entonces dirigía la sección internacional en *The Guardian*, Ann Treneman de *The Observer* y John Parker de *The Economist* tuvieron la gentileza de aceptar ese acuerdo.

También quiero señalar mi profunda gratitud a otro director, Pedro J. Ramírez de *El Mundo*, que en 1989 me invitó a instalarme en las oficinas de su periódico, que aún no había salido a la calle. Gracias a eso, durante el período en que escribí este libro tuve acceso a un vasto conjunto de conocimientos e información especializados.

Varios periodistas de *El Mundo* –Elvira Huelbes, Ana Romero y Víctor de la Serna– leyeron secciones del libro y me hicieron sugerencias y correcciones. Julio Miravalls y su equipo de la sección de documentación –Alicia García, Joaquín Carazo, Ana Camarero, Begoña Luaces e Isabel Mancheño– me procuraron recortes, corroboraron fechas y, sin desmayo, me dieron gran cantidad de datos y estadísticas. En *El Mundo*, muchos otros dedicaron parte de su tiempo a ayudarme; entre ellos, Rubén Amón, Fernando Bermejo, María del Carmen García, Miguel Gómez, Francisco J. López, Pilar Rubines, Carlos Sánchez, Rosa Tristán y Agustín Yanel.

Los nuevos españoles se produjo con un método no muy distinto del que se usa para hacer jerez: parte de lo que en estas páginas verá el lector proviene de un libro anterior, *Los españoles de hoy*. Por tanto, es lógico que quienes me ayudaron a preparar ese libro anterior figuren en la lista que sigue, junto a los que prestaron su colaboración en este caso. Quiero que llegue mi agradecimiento a Tesni del Amo, Joaquín Arango, Kees van Bemmelen, Nanchy Benítez, Rafael Borrás,

Peter Bruce, Irma Caballero, Anselmo Calleja, José Cardona, de la Federación de Entidades Protestantes, Ramón Cercós, José y Jane Criado Pérez, Juan Cruz, Aubrey Davies, Amador Díaz, Juanita Eskubi, Alvaro Espina Montero, Francisco García de Valdecasas, Emilio García Horcajo, Dionisio Garzón, Pere Gimferrer, Antonio Gómez, Pedro González Gutiérrez-Barquín, José Luis González Haba, Margaret Hills, Alex Hucklesby, Amado Jiménez Precioso, Pedro Miguel Lamet, George Lewinsky, José Antonio López de Letona, profesor Aina Moll, Andrés Ortega, Campbell Page, Lluís Pasqual, Rafael del Río, Ivor Roberts, Marta Ruiz, Harry Schapiro del Instituto para el estudio de la drogodependencia, Francisco Sosa Wagner, Bernard Tanter, Dr. Don Tills, Jorge Tinas Gálvez, el difunto profesor Antonio Tovar, Francisco Velázquez, Luis Antonio de Villena, Jane Walker, Martin Woollacott e Ian Wright.

El profesor Colin Smith detectó una serie de errores en *Los españoles de hoy* que he podido corregir en esta nueva edición, gracias a sus observaciones precisas y detalladas.

Bill Lyon, quizá el único norteamericano que ha hecho crítica de toros en un periódico español, también se merece una mención especial. Tuvo la gentileza de leer el capítulo 25 y hacerme muchas sugerencias de gran valor.

En este punto es habitual agradecer el «apoyo y ánimos» que ha dado la propia esposa, una frase que siempre despierta en mi mente la imagen de una figura melancólica que sirve innúmeras tazas de té y café. El papel que desempeñó mi mujer, Lucy, en la preparación de este libro fue algo muy distinto. Me persuadió de que lo hiciera, hizo incontables sugerencias inteligentes en cuanto a forma y contenido y aportó al texto ya escrito las habilidades de edición de una ex redactora de Fleet Street. Para agradecerle lo que hizo, gracias es una palabra demasiado trivial.

J. H.

Roma
Junio de 1994

INTRODUCCION

El redescubrimiento de España

Las piedras miliares, los puntos culminantes, los momentos grandes y decisivos de la historia de España estuvieron, todos, acompañados por descubrimientos, todos equivocados.

Los griegos llegaron y encontraron lo que, pensaban, era la entrada al infierno en el Peñón de Gibraltar. Los romanos arribaron y descubrieron el extremo más occidental de Iberia, al que consideraron el *finis terrae*, el fin del mundo. La banda de árabes y beréberes que barrió la península en 711 tenía la impresión de que estaba conquistando una isla. Después, en 1492, se produjo el siguiente hecho crucial cuando, en el mismo año, la reina Isabel de Castilla y el rey Fernando de Aragón cambiaron para siempre el equilibrio étnico y religioso de España, al conquistar el último enclave musulmán de la península y al obligar a los súbditos judíos de sus reinos a que eligiesen entre el exilio y la conversión. Apenas acababan de hacerlo, cuando Colón llegó a América, con la certeza de que había desembarcado en India.

En 1808 –después de más de dos siglos de suspicaz y resentido aislamiento con respecto al continente al que pertenece–, España sufrió una invasión francesa y así fue como redescubrió Europa. O, mejor dicho, descubrió los valores que por entonces, como consecuencia de la Revolución francesa, empezaban a imponerse en Europa y que tanto influirían en la formación del mundo moderno. El problema estaba en que los españoles se vieron forzados a hacer ese descubrimiento ante la boca de los cañones de los mosquetes y muchos –comprensible aunque erróneamente– dedujeron que podían prescindir de los valores que los franceses aportaban. Un número creciente llegó a pensar de otro modo a lo largo de los ciento treinta y tantos años siguientes, con el resultado de que en ese período España tuvo que soportar cuarenta y cuatro revoluciones, contrarrevoluciones y lo que en estos días llamamos golpes y contragolpes, en los que progresistas y reaccionarios se disputaban la hegemonía. Hacia 1939, un buen número de hispanos seguían siendo tan poco propensos a las ideas modernas que fueron capaces de organizar una sedición militar triunfante, con la que distanciarían a su país del resto de Europa hasta la muerte de su jefe, el general Francisco Franco, ocurrida treinta y seis años más tarde.

Con la restauración de la democracia, en 1977 se inició un período en el que hubo innumerables descubrimientos. Desde entonces España ha venido redescubriendo el resto del mundo y el resto del mundo ha venido redescubriendo España. Y, quizá, los españoles se hayan venido redescubriendo también a sí mismos.

En la actualidad ya no se puede poner el pie en ningún aeropuerto importante del mundo sin oir la melodía peculiar del español peninsular. Por el crecimiento de la prosperidad en su tierra, aumenta el número de hispanos que pasan fuera sus vacaciones, hablan idiomas extranjeros y leen publicaciones de otros países. En el proceso, están descubriendo un mundo no tan hostil como les hizo creer su ya difunto dictador.

Por el contrario, lo que han encontrado es un mundo en el que hay una enorme curiosidad por su país. Aunque pasó casi inadvertido para el medio anglófono, a lo largo de un breve período de principios del decenio de 1980, Madrid se puso tan de moda entre los demás europeos como lo había estado el Londres de los *Swinging Sixties*. Los franceses, en particular, estaban fascinados con el fenómeno de la «movida madrileña», un estallido de creatividad entre los jóvenes de la ciudad. La Conferencia de paz del Oriente Medio, que se celebró en la capital española en 1991, la Expo '92, los Juegos Olímpicos de Barcelona y Madrid como capital europea de la cultura fueron acontecimientos que sirvieron para concentrar la atención en un país que es, en todos los sentidos, lo bastante grande como para merecer atención. Algo menor que Francia, España es el segundo país de Europa por su extensión, si se exceptúa Rusia. Su población es casi como la de Canadá y Australia sumadas y su idioma, lengua oficial de unos trescientos millones de personas, tiene la posibilidad aún no aprovechada de ejercer una influencia cultural verdaderamente inmensa.

Entre tanto, la libertad dio a los españoles una visión mucho más clara de sí mismos. La oportunidad de investigar en su historia sin necesidad de forzarla a que coincida con un esquema preconcebido significa que están muy cerca, quizá más que nunca, de comprender quiénes son de verdad. Por ejemplo, muchas generaciones ignoraron su herencia árabe y judía. Hoy Madrid tiene un parque cuyo nombre es el del fundador de la ciudad, Emir Mohammed, y una sinagoga en la que el rey don Juan Carlos llevó el *yarmulka* para asistir a un servicio de reconciliación, en el cincuentenario de la expulsión de los judíos.

A pesar de los temores expresados en su momento, la desaparición de la dictadura de Franco no hizo, por sí misma, que España fuera menos española. Ahora se puede advertir que, si España ha llegado a parecerse más al resto de un mundo que cada día se vuelve más homogéneo, lo ha hecho por su desarrollo económico más que por su liberación política, en un proceso iniciado mucho antes de la muerte de Franco. Si algo ha hecho la democracia, ha sido detener la pérdida de identidad.

Franco propició la implantación de toda clase de normas estéticas importadas. Muchos de los edificios públicos y monumentos construidos en su época se inspiraron en el estilo fascista monolítico copiado de Italia y Alemania. Sus funcionarios sentían predilección por los bigotillos rígidos, menos conectados con la tradición española que las barbas hirsutas de sus oponentes de los últimos tiempos franquistas. Lejos de conservar los valores y hábitos hispanos, Franco reprimió todos los que le producían temor. En los últimos años se ha recuperado el carnaval, reprimido por el régimen como una amenaza para el orden y la moral públicos. Se ha visto un renacimiento de lenguas distintas del castellano, a las que Franco vio como un peligro para la unidad. El pasado de España se glorificó, tal vez, bajo su mando, aunque poco se hiciera por conservar su legado. Desde la vuelta de la democracia, se restauraron pueblos de valor histórico y barrios enteros de muchas ciudades para devolverles su esplendor original con dinero público.

La libertad tampoco ha hecho que los españoles sean menos idiosincrásicos. Aún trabajan según una exclusiva e incompatible variedad de horarios. Aún son el único país europeo que come de tal modo que las verduras que no sean patatas o arroz, si es que se comen, por lo común se sirven por separado y como primer plato. En verano, las mujeres aún usan abanicos. En invierno, los hombres aún se echan los abrigos sobre los hombros, como si fuesen capas.

A la vez, no obstante, la libertad de ser ellos mismos les ha quitado muchas ilusiones. Solía ser imposible decir cuáles de los defectos hispanos se deben a casi cuatro decenios de dictadura y cuáles son síntoma de características nacionales más duraderas. Bajo Franco, todo lo que estaba mal en el país –desde la burocracia a la corrupción– se podía achacar a su autoritarismo. Hoy, es evidente que un número de esas imperfecciones supuestamente temporales todavía son muy visibles y que, si algún día han de desaparecer, los españoles tendrán que

que observar con mayor hondura en sí mismos y en la naturaleza de su sociedad.

Con todos estos redescubrimientos en marcha, se diría que el último punto crucial está aquí. A la vez, esto significa que quien quiera o necesite tener noticia de España deberá poner cuidado porque, si la experiencia del pasado es algo a lo que hay que atenerse, el momento es propicio para las malas interpretaciones.

En cualquier caso, España es un país profundamente engañoso. Una y otra vez, en las páginas que siguen, el lector encontrará –como encontró antes el autor– que apariencia y realidad son muy distintas. El conocimiento de España por parte de extranjeros se va ampliando en los últimos años. En el antecesor de este libro[1], escribí que las ideas que se tenían acerca de España todavía se basaban en gran medida en lo que se escribió durante el período que condujo a la toma del poder por parte de Franco o sobre ese período. Pero ocho años después la situación ya no es la misma. La mayoría de los que no son españoles han comprendido que España en la actualidad no es una tierra de creencias religiosas conservadoras, de convicciones morales rígidas, de hondas divisiones sociales ni de violentos conflictos políticos. Hoy es mucho mayor la propensión a aceptar que se trata de una sociedad económica y políticamente avanzada, con muchos de los problemas inherentes a las sociedades avanzadas de fines del siglo XX. No obstante, todavía tiene vigencia algo que escribí en *Los españoles de hoy*: es «la mejor conocida y la peor conocida de las grandes naciones europeas». Cada año, unos 50 millones de personas visitan España. En su mayor parte, se trata de turistas que pasan todo, o casi todo, su tiempo en las ciudades o pueblos de la costa, lugares poco representativos del país en su conjunto. En general, esos visitantes llegan en vuelos directos desde y hacia las «costas», las Islas Baleares o las Canarias, y por tanto tienen pocas posibilidades de ver la España cotidiana del español corriente.

Si los extranjeros tienen alguna imagen de la tierra que está detrás de las «costas», es probable que sea la de la «meseta», esa planicie elevada que abarca las dos Castillas, León, La Mancha, Extremadura y parte de Aragón, Navarra y La Rioja. Vasta y árida, dura y altiva, poco tiene en común con los paisajes suaves que visitan los turistas. Mucho se ha escrito sobre su papel en la forja del carácter del pueblo español, y en especial del de los castellanos, que a lo largo de buena parte de la historia del país han sido la comunidad dominante. Bien puede ser que el clima rudo de la meseta –tórrido en verano y crudamente frío en invierno– haya dado a los castellanos esa índole austera y sobria desconocida, casi, en otros pueblos del Mediterráneo, o que las extensiones enormes y los horizontes montañosos de la meseta hayan hecho de Castilla una tierra de soñadores, conquistadores y místicos.

Si Castilla y la meseta no concuerdan con las expectativas de los que llegan desde fuera, otro tanto se puede decir del resto del país.

Galicia, la región del extremo noroccidental de la península, al norte de Portugal, es tan húmeda, lozana y dolidamente bella como el oeste de Irlanda. Los colores dominantes son el verde de sus aliagas y el gris de sus granitos. Como en Gran Bretaña e Irlanda, también en Galicia llueve mucho y gran parte del agua vuelve al mar tras recorrer valles, que se han ido hundiendo a lo largo de milenios, hasta el punto de que sus extremos están ya por debajo del nivel del océano y sólo se ven los lados en forma de grandes promontorios. En esos valles semisumergidos o «rías», abundan los moluscos y crustáceos: cangrejos, langostas, ostras y, sobre todo, las vieiras, cuyas valvas adoptaron como emblema los peregrinos que se dirigían a Santiago de Compostela en tiempos medievales. El plato de vieiras cocidas con puré de patatas y gratinado con queso, que en el mundo se conoce como *coquilles Saint Jacques*, es una especialidad culinaria gallega copiada por los franceses.

Hacia el oriente de esa costa, se extiende Asturias, con su campiña silvestre y las minas de carbón, que la hacen similar a Gales de Sur más que a cualquier punto del Mediterráneo. A su lado, Cantabria tiene montañas de gran altura, con aldeas asentadas en las laderas que, cada invierno, quedan aisladas por la nieve, y hondas cuevas entre las que destaca la famosa de Altamira, por sus pinturas rupestres. Gran parte de los recursos provienen de la ganadería y el sonido de los cencerros nunca está muy lejano: el forastero podría pensar que está en Suiza.

El País Vasco también tiene un aire alpino. La típica casa rural vasca con sus amplios aleros casi no se diferencia, en la práctica, de un chalé suizo. Pero, mientras Suiza es un país montañoso, la tierra vasca –a menudo descrita en la prensa como «montañosa»– en realidad es un conjunto peculiar de montes con faldas escarpadas y cimas llanas, que se ciernen a los lados de los valles que las separan. En casi todas las regiones vascas, el campo es de un tono verde intenso y único, un verde tan profundo que hasta parece artificial. En realidad, es el resultado de la lluvia que cae en el País Vasco día tras día y semana tras semana durante el invierno. Sin embargo, Bilbao, la mayor ciudad del país vasco, es un sitio bastante desolador, aun sin la lluvia y sus cielos siempre encapotados. Quien visita esa ciudad piensa que ha hecho un viaje al pasado, al norte de la Europa industrial de principios de siglo. Las chimeneas humeantes, los edificios oscuros y las caras descoloridas de la gente parecen la materia misma de los cuadros de Lowry.

Al pie de los Pirineos, en Navarra y Aragón, el visitante casi puede pensar que está en las tierras altas escocesas, pero en ambas comarcas el paisaje cambia en forma abrupta, a medida que se avanza hacia el sur desde la frontera francesa. En Navarra se atraviesa una franja de campiña espléndida y ondulada en torno a la capital, Pamplona, antes de entrar en una región casi mediterránea, donde crecen extensos viñedos. En Aragón, se baja gradualmente hacia el amplio y deshabitado valle del Ebro, y después se vuelve a subir hacia las tierras desnudas que se extienden en torno a Teruel.

Cataluña y Valencia son quizá las comarcas que la mayoría de los extranjeros ve como más típicamente españolas, aunque muchos –creo– se sorprenderían al saber que una amplia mayoría de catalanes y una apreciable minoría de valencianos ni siquiera habla español como lengua madre[2]. Ni muchos de los veraneantes que han ido a la costa oriental española –piensen ellos lo que piensen– han pasado sus vacaciones en la Costa Brava. Esta expresión significa costa accidentada y la usan los españoles para describir el litoral rocoso que empieza en los alrededores de San Feliù y se extiende hasta la frontera francesa. Lugares como Lloret de Mar, que las agencias de viajes por lo común describen como parte de la Costa Brava, están en espacios llanos y arenosos, más meridionales.

Más allá de Valencia está Murcia: más calurosa, más seca, más llana. Pero al otro lado de Murcia se extiende Almería, que recuerda lo bastante a Arizona como para que allí se hayan filmado toda una serie de películas del oeste. Por la carretera de la costa, Almería es la puerta de Andalucía, el sur profundo de España. Aquí, una vez más, el contraste entre imagen y realidad es considerable. La Andalucía de leyenda es una vasta comarca de campos de trigo y olivares, repartidos en un escaso número de fincas amplísimas. Esto es así en el caso de las provincias más septentrionales y occidentales de las ocho que constituyen la región, es decir, Huelva, Cádiz, Sevilla, Córdoba y Jaén. Pero Málaga y Granada tienen suelos ondulados –y en algunas partes, incluso montañosos– y en ellas los minifundios siempre han sido la norma, más que la excepción. Almería, por su parte, en buena parte de su superficie es tan árida como el Sáhara.

Las ciudades de esta «otra España» que está más allá de las costas son bien distintas de esos sitios de construcción pésima, relucientes de neón, que son casi una única ciudad, de índole y apariencia homogéneas, que se prolonga desde Lloret hasta Marbella. En realidad, lo que más llama la atención en la mayoría de las capitales de provincia es su aspecto antiguo. Casi todas hoy tienen amplios polígonos industriales y suburbios de urbanizaciones–dormitorio, pero con pocas excepciones han conservado sus centros históricos. Los de Pamplona, Avila y Santiago de Compostela, por ejemplo, no parece que hayan cambiado mucho desde el Siglo de Oro español. Otro tanto sucede en partes de los grandes centros urbanos –Madrid, Barcelona, Valencia y Sevilla–, aunque en la actualidad sean tan bullentes, vivaces, lucientes y míseros como en cualquier otra gran ciudad de Europa.

Muchas personas están dispuestas a aceptar que España se sitúa entre los mayores países europeos, pero pocos pensarían que es uno de los más altos. No obstante, la altitud media de su territorio supera a la de cualquier otro país de Europa, exceptuada Suiza. Si el lector echa una mirada al mapa físico de España verá que, con la excepción de los valles del Guadalquivir y del Ebro y de una franja costera relativamente estrecha, el conjunto es de tierras altas. La altitud de la meseta oscila entre los 600 y 900 m y en ella las montañas escarpadas se suceden unas a otras, lo que le da una de sus características más típicas: el brillo casi hiriente de la luz. España no es sólo una tierra de amplios espacios abiertos, sino también un país en el que con igual frecuencia se pueden ver o no ver los límites de esas extensiones. El escritor y periodista Manuel Vicent escribió: «En España hay mucho sol y cierto exceso de luz, de modo que todo es demasiado claro. Es un país de afirmaciones y negaciones enfáticas donde históricamente se ha calcinado la duda, sometida a esa siniestra claridad».

Esto, por sí solo, ha hecho que España pareciera un lugar vedado para los forasteros. Pero además, España es un país difícil de captar desde cualquier otro ángulo. Para empezar, contiene varias culturas diferentes. Lo que es verdad para la mayor parte del país no tiene por qué serlo para el País Vasco, Cataluña o Galicia. Hasta cierto punto por eso, el que se disponga a estudiar la historia de España descubrirá pronto que tiene extensos lapsos terriblemente complicados. Algunos de los artistas y escritores más notables del país –Murillo y Calderón, por ejemplo– se ocuparon de temas específicos de su tiempo y lugar sobre todo, mientras que gran parte de la cultura popular deriva de tradiciones –árabe, judía y gitana– ajenas a la experiencia de la mayoría de los europeos. Los turistas aprecian el espectáculo del flamenco, pero pocos pueden diferenciar la buena de la mala calidad en él. Incluso la cocina, con sus especias fuertes e ingredientes raros como la oreja de cerdo o las criadillas de toro, requiere cierto espíritu aventurero.

Tampoco es España un país particularmente fácil para que un extranjero lo explore. Fuera de las ciudades principales, es difícil hacerse entender en una lengua que no sea el español. Las comunicaciones por carretera y ferrocarril aún dejan algo que desear, a pesar de las grandes inversiones que ha hecho el Gobierno. Todavía sigue siendo más rápido volar desde el noroeste de Europa a algunas ciudades de la costa española que ir en coche desde esas mismas ciudades hasta las capitales de las provincias vecinas, digamos, de La Coruña a Oviedo o de Málaga a Almería.

Pero con todo, precisamente la dificultad de llegar a conocer España es lo que da tanto atractivo al empeño, porque por eso es tan enriquecedor el reto, algo que por fin me conduce a mi propio redescubrimiento de este país tan exasperante, tan seductoramente complicado. Una serie de hechos, debidos más a accidentes que a la voluntad, me llevó de regreso a España en el verano de 1988. Lo que encontré fue un país muy distinto del que había dejado nueve años antes, y que en ese interregno sólo había visitado en las vacaciones o como enviado especial. Los resultados de ese reencuentro están expuestos en este libro.

Lo que escribí al principio de *Los españoles de hoy* también se aplica a este libro: con excepción de la primera parte, que describe con brevedad las tendencias económicas y los acontecimientos políticos que modelaron la España de hoy, no se trata de un libro sobre economía ni política y tampoco se refiere a las relaciones laborales. Una vez más, mi objetivo ha sido pintar un cuadro de la sociedad española contemporánea.

Ernest Hemingway pensaba que era «probablemente un buen sistema, si hay que escribir un libro sobre España, escribirlo tan rápido como fuera posible después de una primera visita, porque muchas visitas sólo pueden volver confusa la primera impresión y hacer que sea mucho más difícil sacar conclusiones».

Pero Hemingway no siguió ese consejo. Tampoco yo.

NOTAS INTRODUCCION

1) Los españoles de hoy, *Javier Vergara Editor, 1987.*

2) El uso del vocablo «español» en lugar de «castellano» para nombrar la lengua hablada más difundida en España es poco afortunado, porque implica que las otras lenguas (vasco, catalán y gallego) son o bien no españolas o menos españolas. Es más o menos como llamar «británico» al inglés, pero con menos justificación, ya que los idiomas vernáculos se usan con mayor amplitud en España. Los hispanoamericanos, al referirse a la lengua, suelen emplear el término «castellano» tanto, si no mucho más, como «español». En España misma, el uso de la palabra «español» en lugar de «castellano» es un fenómeno reciente, y apoyado por las dictaduras nacionalistas de Primo de Rivera y de Franco. La primera edición del Diccionario de la Real Academia *que se llamaría «Española» se publicó en la tardía fecha de 1925. Las Constituciones de 1931 y de 1978, ambas, denominan «castellano» a la lengua oficial del país. En la actualidad hay una tendencia creciente, entre los españoles, a utilizar las dos palabras indiscriminadamente y yo he seguido ese ejemplo.*

Primera parte

La formacion de la nueva España

1

Cambio económico y social: de los «años de hambre» a los «años de desarrollo»

Aunque se ha descrito el régimen de Franco a menudo como una dictadura fascista, la denominación no ha sido por entero correcta. El partido fascista español, la Falange, no fue más que una de las varias facciones e instituciones que agruparon a los oficiales que se rebelaron contra el gobierno elegido en 1936 y que, por tanto, se ganaron el derecho de participar de los despojos cuando, tres años y medio y un millón de vidas después, su bando fue el vencedor. Además de la Falange, estaban el ejército –o, mejor dicho, ese sector de la oficialidad que se había plegado a los rebeldes–, la Iglesia y los monárquicos, incluidos tanto los que querían la restauración de los herederos de Alfonso XIII, el rey que se desterró de España en 1931, como los que apoyaban la causa de los pretendientes carlistas, cuya reivindicación del trono había provocado por dos veces, durante el siglo pasado, la guerra civil.

No era inusual que los miembros de esas «familias», como se las ha llamado, se superpusieran. Había generales que pertenecían a la Falange, así como católicos devotos, que querían la restauración de alguna forma de monarquía. Pero también había diferencias irreconciliables, en especial entre los falangistas, deseosos de instaurar una república fascista, y los monárquicos alfonsinos y carlistas. Para evitar que esas rivalidades minaran el esfuerzo hecho en la guerra y para asegurarse el control de esas actividades, Franco –que surgía, por una mezcla de azar y empeño, como «Generalísimo» de las fuerzas rebeldes– fusionó los partidos políticos que representaban a esos tres grupos en una sola entidad bajo un nombre que es todo un trabalenguas y una especie de miscelánea: Falange Española Tradicionalista y de las Juntas de Ofensiva Nacional-Sindicalista (FET de las JONS). Esta rara coalición, que pasaría a llamarse Movimiento Nacional, fue desde entonces la única entidad política legal en la España de Franco. A lo largo del gobierno franquista, hubo al menos un miembro de cada «familia» en el gabinete y el número de carteras que ocupaba una facción específica fue, en general, una buena indicación del punto hasta el que sus componentes gozaban o no del favor del «Caudillo»[1].

El ejército disfrutó de un breve auge inmediatamente después de la guerra, pero fue la Falange la que más tarde se convirtió en la influencia dominante. Ni la Iglesia ni el ejército eran capaces de presentar un programa para gobernar el país, y los monárquicos de ambos bandos postulaban una solución sólo aplicable si Franco renunciaba a la posición que se había arrogado por entonces, la de jefe del Estado. En cualquier caso, los camisas azules (porque para los fascistas de España el azul era lo que el negro para los de Italia y el verde para los portugueses) parecían representar la forma del porvenir en 1939.

En el curso de los años siguientes, los falangistas se apoderaron del Movimiento y establecieron los cimientos del régimen de Franco. Tan pronto como se advirtió que las potencias del Eje, después de todo, no ganarían la guerra mundial iniciada pocos meses antes del fin de la Guerra Civil española, Franco redujo el número de falangistas en su gabinete y nombró a personajes no fascistas en los ministerios que tenían más contacto con el mundo exterior. A pesar de todo, los falangistas seguían siendo dueños de la mayor parte de las carteras económicas y sociales, y sus ideas se imponían en el pensamiento del régimen.

Era así, en parte, porque la filosofía política fascista, con su énfasis en la independencia económica nacional y en la agricultura más que en el desarrollo industrial, se ajustaba muy bien al curso de acción que los acontecimientos imponían a Franco. Durante la Segunda Guerra Mundial, España fue neutral técnicamente, aunque su actividad favorecía al Eje. Al finalizar la guerra, el país se encontró en una posición de terrible incomodidad. A diferencia de Gran Bretaña y Francia, no podía recibir las recompensas de la victoria. A diferencia de Alemania e Italia, no corría el riesgo de una injerencia soviética. Por tanto, los aliados no tenían incentivos para dar ayuda a España y sí una buena razón para negársela. En realidad fueron más lejos: castigaron a los españoles porque un dictador de derechas los sometió a su poder. En diciembre de 1946, la recién creada Organización de Naciones Unidas votó una resolución en la que se recomendaba un bloqueo comercial a España. Esto se sumaba a las privaciones generadas por la Guerra Civil, que había rebajado los ingresos reales per cápita a niveles decimonónicos, y produjo un desastre, no tanto quizá en sus efectos directos, sino más bien porque hizo impensable que España se beneficiara del Plan Marshall de ayuda a Europa, que se pondría en marcha seis meses más tarde.

Todos los países europeos sufrieron privaciones en la época de posguerra, pero España, donde el fin del decenio de 1940 se conoce como «los años de hambre», sufrió más que otros. En las ciudades, desaparecieron de las calles los gatos y los perros, o porque morían de hambre o porque se convertían en comida. En las zonas rurales, los campesinos más pobres vivían de hierbajos cocidos; los cigarrillos se vendían de a uno. En Barcelona había suministro eléctrico sólo tres o cuatro horas por día y los tranvías y trolebuses de Madrid se detenían una hora por la mañana y una hora y media por la tarde, para ahorrar energía. De no haber sido por los préstamos del dictador argentino, el general Perón, es probable que hubiera habido una hambruna total.

El bloqueo comercial auspiciado por la ONU se levantó en 1950, pero las doctrinas aislacionistas e ineficaces de la Falange siguieron predominando: España iba a pagarlo muy caro. A pesar de la exaltación que de la economía rural hacían los falangistas, la producción agrícola cayó a un nivel más bajo aún que el habido al final de la Guerra Civil. La industria, apartada del mundo exterior por un muro de tarifas y cupos, incapaz de comprar la tecnología extranjera que necesitaba para modernizarse y de buscar nuevos mercados para sus productos, limitada por todas partes por la normativa gubernamental, sólo podía crecer a un ritmo de penosa lentitud. El producto nacional no recuperó el nivel alcanzado antes de la Guerra Civil hasta 1951, y hubo que esperar hasta 1954 para que los ingresos medios volvieran al punto alcanzado en 1936. En los primeros años del decenio de 1950, se hizo un intento para eliminar las restricciones al comercio y estimular la empresa privada pero, aunque se logró por fin lanzar al sector industrial, también se abrió un déficit comercial que rápidamente absorbió las reservas extranjeras del país. Entre tanto, las medidas desacertadas en otros campos económicos desataron estallidos de inflación galopante.

Para los habitantes de los pueblos más pobres de España –sobre todo en Andalucía, que había sido escenario de gran pobreza aun antes de la Guerra Civil–, las privaciones de la época de posguerra fueron la gota que colmó el vaso. Personas, familias y en algunos casos pueblos enteros hicieron sus petates y marcharon a los centros industriales del norte –Barcelona, Bilbao, Oviedo y Zaragoza– y a Madrid que, por el estímulo que brindaba un régimen temeroso de las hazañas económicas de vascos y catalanes, había dejado de ser una mera capital administrativa. Tras su llegada a las ciudades, los emigrantes se asentaron en las afueras, como ejércitos sitiadores. Como no tenían dónde vivir, se construyeron «chabolas» o «barracas» con lo que podían recoger entre la basura: unos bloques rotos de algún edificio en ruinas, una puerta tirada, unas pocas latas y cajas vacías, alguna chapa acanalada o dos como techo, con unas cuantas piedras encima para que el viento no se las llevara. Las chabolas eran calientes hasta lo indecible en verano y cruelmente frías en invierno. No había agua corriente, de modo que tampoco había alcantarillado. Como esos poblados de chabolas habían surgido sin permisos oficiales, lo habitual era que pasaran varios años antes de que las autoridades municipales se acercaran para instalar un tendido eléctrico y más para proporcionar servicios tan sofisticados como la recolección de residuos o calles de acceso. Con humor sombrío, uno de esos poblados de chabolas, a las afueras de Barcelona, recibió el apodo de «Dallas, Frontier City».

La idea de la migración a las ciudades iba, en su totalidad, contra el sueño falangista de una populosa campiña de labriegos propietarios de una modesta pero adecuada extensión de tierra. En un principio, las autoridades procuraron detener el éxodo por la fuerza. Se enviaban policías a las estaciones ferroviarias para que arrestaran a toda persona morena con una maleta estropeada y la metieran en el siguiente tren de regreso a su pueblo. Pero era como si trataran de detener la marea. En todo caso, los emigrantes que ya vivían en los barrios de chabolas vieron que aquella era la forma de volver al pueblo a pasar unas vacaciones por cuenta del gobierno: todo lo que tenían que hacer era ponerse sus ropas más raídas, salir de la ciudad y tomar un tren procedente del sur.

Las autoridades adoptaron después un método más perfecto y eficaz, consistente en limitar el número de chabolas otorgando licencias a las ya construidas y adjudicándoles placas numeradas. Las que no tenían placas podían ser derruidas por los equipos municipales, los temidos «piquetes», que por lo común llegaban a mitad de la mañana o de la tarde, cuando los hombres estaban fuera, trabajando o buscando trabajo. Aunque el número de licencias aumentaba poco a poco, el sistema hizo que la construcción de una chabola fuese una empresa de tanto riesgo que el número empezó a estabilizarse hacia finales de los años cincuenta.

Para entonces, el régimen de Franco había llegado a una virtual bancarrota. Las cuentas del comercio exterior estaban en números rojos; la inflación, en porcentajes de dos cifras y había señales inequívocas de inquietud entre estudiantes y trabajadores, por primera vez desde la Guerra Civil. Llevó mucho tiempo persuadir a Franco de que se necesitaba un cambio radical. Pero en febrero de 1957 se produjo una remodelación de gabinete y las carteras de Comercio y Hacienda fueron para Alberto Ullastres Calvo y Mariano Navarro Rubio, dos representantes del grupo de los «tecnócratas», una nueva estirpe en la política española. El tecnócrata típico provenía de un entorno acomodado, había hecho una carrera brillante en el campo académico o en el profesional y –condición sine qua non– era miembro o simpatizante del *Opus Dei*.

Como su nombre (obra de Dios) lo sugiere, la creencia central de la filosofía del *Opus Dei* es la de la santificación por el trabajo. Como otros antes que él, Monseñor José María Escrivá de Balaguer, el fundador de la sociedad, había advertido con inquietud que, siempre que se producía un progreso económico, la fe católica romana parecía perder terreno. Sin embargo, en lugar de ver el desarrollo capitalista como una amenaza, lo consideraba como una oportunidad: si los devotos católicos se imbuían de una «ética del trabajo», les sería posible intervenir en el proceso del desarrollo económico desde una etapa temprana y usar el control que de él consiguieran para diseminar sus ideas en el resto de la sociedad; de ese modo, una subida del PIB no llevaría necesariamente a una disminución del número de creyentes.

Todavía se discute si los tecnócratas del *Opus* también tenían una agenda política. Ellos y sus admiradores siempre insistieron en que su finalidad era preparar España para la democracia. En 1966, el general Jorge Vigón, que había entrado en el gabinete con la remodelación de 1957 y estaba cerca de los tecnócratas en sus puntos de vista, escribió que «la libertad empieza en el momento en que los ingresos mínimos de cada ciudadano llegan a los 800 dólares anuales». Sin embargo, los críticos del régimen y del Opus Dei argumentan que los tecnócratas vieron la mejora del nivel de vida como una forma de retrasar la restauración de la democracia. Se ha señalado que en las posteriores referencias a la fórmula del general Vigón la cifra de ingresos se aumentó una y otra vez. Pero, más allá de sus intenciones, el *efecto* de las reformas de los tecnócratas fue beneficioso en su conjunto para el franquismo, porque aseguró la supervivencia de un régimen que parecía condenado por sus fracasos económicos.

Pasaron dos años desde su nombramiento antes de que el nuevo equipo empezara su asalto abierto a la economía. A corto plazo, querían contener la inflación y equilibrar la balanza de pagos; a largo plazo, borrar de la economía las restricciones impuestas por los falangistas. El llamado Plan de Estabilización iniciado en julio de 1959 pretendía concretar el primero de esos objetivos. Se recortó el gasto público, se restringió el crédito, se congelaron los salarios, se limitaron las horas extra y se devaluó la peseta. El Plan consiguió lo que se esperaba de él. Dejaron de subir los precios y el déficit de la balanza de pagos se transformó en un plus a fines del año siguiente. Pero hubo un alto costo en términos de miseria humana, porque los ingresos reales se redujeron drásticamente. La consecuencia fue que muchos españoles emigraron en busca de trabajo en el extranjero. Las medidas para liberalizar la economía, y de ese modo alcanzar el segundo objetivo de los tecnócratas, se introdujeron a lo largo de un extenso período iniciado en la época del Plan de Estabilización. España se abrió a la inversión extranjera, buena parte del papeleo burocrático que ahogaba a la industria desapareció, se eliminaron las restricciones a la importación y se ofrecieron incentivos para la exportación.

El comportamiento de la economía en los años siguientes fue muy dinámico. Entre 1961 y 1973, un período al que suele denominarse «los años de desarrollo», la economía creció a un ritmo del 7 por ciento anual, es decir, mucho más que en cualquier otro país del mundo no comunista, exceptuado Japón. El ingreso per cápita se cuadruplicó y ya en 1963 o 1964 –se discute la fecha exacta– superó la cifra de 500 dólares, gracias a lo cual España desapareció del grupo de «países en vías de desarrollo», según los definía la ONU. Cuando llegó a su fin su «milagro económico», España era la novena potencia industrial del mundo y la riqueza generada por su progreso había dado lugar a una mejora sustancial del nivel de vida.

Los españoles empezaron a comer mejor. Consumían menos pan y patatas y más carne, pescado y productos lácteos; los resultados se ven hoy en todas las calles de España: los que tienen menos de treinta años son notablemente más altos y delgados que sus padres. En 1989, la asociación de fabricantes de camas reconocía este hecho, cuando anunció que el tamaño estándar de las camas producidas en España se aumentaría 8 cm y, por tanto, llegaría a 1,90 m.

Durante el decenio de 1960, el número de hogares que disponían de una lavadora subió del 19 al 52 por ciento y la proporción de los que tenían un frigorífico saltó del 4 al 66 por ciento. Cuando se inició el auge, sólo uno de cada cien españoles tenía coche; cuando terminó, la proporción era uno de cada diez. Los teléfonos dejaron de ser prerrogativa de oficinas, fábricas y unos pocos señores ricos o influyentes y se hicieron habituales en las casas privadas, un hecho que tuvo mucho impacto en las relaciones entre los sexos, las que a su vez se reflejaban en las canciones pop de la época. El número de estudiantes universitarios se triplicó y a principios de los años setenta la tasa de mortalidad infantil era en España más baja que en Gran Bretaña o en Estados Unidos.

No obstante, hay que señalar que uno de los motivos para que los aumentos proporcionales en todos los campos fueran tan altos era el muy bajo punto de partida. Aún en 1973 el PIB per cápita era más bajo que en Irlanda, menos del 50 por ciento de la media de los países de la CEE y menos del 30 por ciento de la media de Estados Unidos.

Además, el pluriempleo, que se había extendido en España durante los años del auge, significaba que los españoles estaban obligados a trabajar más duro que los demás europeos para llevar una vida confortable.

La principal causa de que la economía lograra seguir creciendo, después de 1959, de un modo en que no lo hizo tras las reformas de principios de ese decenio fue que se hallaron formas de remediar el déficit comercial que se generó en cuanto la economía española empezó a expandirse, una consecuencia de que por el combustible, las materias primas y el equipo primordial que necesitaba para dar vida a su expansión industrial España tuviera que pagar más de lo que obtenía de los productos que podía vender en el exterior. Durante casi todo el lapso que va de 1961 a 1973, las importaciones sobrepasaron a las exportaciones en una proporción de dos a uno, pero el déficit quedó ampliamente cubierto por ganancias invisibles, llegadas bajo la forma de los ingresos del turismo y el dinero que enviaban los emigrantes españoles empleados en el extranjero. Al mismo tiempo, el crecimiento de la inversión exterior hizo que las reservas de España aumentaran en lugar de disminuir, en ese período.

En todos esos campos el gobierno había jugado un papel importante. Simplificó las condiciones para la inversión extranjera, alentó con incentivos financieros a los españoles que querían buscar trabajo fuera y, aunque el turismo había empezado a crecer con firmeza en los años cincuenta, sólo después de 1959, cuando el gobierno se ocupó de abolir el requisito de las visas para los veraneantes que llegaban de Europa occidental, la industria turística despegó de verdad. Sin embargo, también es cierto que todo ese dinero del exterior no habría llegado en tal cantidad si los demás países occidentales no hubieran disfrutado de una etapa de crecimiento y prosperidad, pues eso fue lo que creó esos fondos que se abrieron paso hacia España, eso fue lo que hizo que las compañías europeas noroccidentales estuviesen sedientas de mano de obra extranjera y permitió que los ciudadanos de esas regiones pudiesen tomarse vacaciones fuera de sus países. En este sentido, el milagro económico español es un producto secundario del auge europeo de los años sesenta.

La manera en que España adquirió sus vitales ingresos externos tuvo una gran repercusión en el estilo de vida del país. Los nombres raros difíciles de pronunciar para los españoles, como Chrysler, Westinghouse, John Deere y Ciba-Geigy, empezaron a aparecer en las vallas publicitarias y en la prensa. Los jóvenes hombres de negocios reclutados por las nuevas compañías extranjeras adoptaron las costumbres y actitudes de sus empleadores y las transmitieron a sus pares de las empresas locales. Pronto empezó a verse una nueva clase de «ejecutivos»: afeitados, con camisas elegantes, trajes informales y, a veces, con unas gafas de montura negra. Su forma de hablar empezó a mezclar sin reparos algunas palabras y frases en inglés y así se constituyó lo que pasaría a llamarse *ejecutinglish*. El representante arquetípico de esos españoles americanizados, que ahora están llegando a la cincuentena, es el cantante Julio Iglesias.

Entre 1961 y 1973, más de un millón de personas recibió ayuda para emigrar y trabajar en el extranjero. Cuando el auge tocó su fin, en Francia llegaban aproximadamente a 620.000; en Alemania, a 270.000; en Suiza, a 136.000; en Bélgica a 78.000; en Gran Bretaña a 40.000 y en Holanda a 33.000: un verdadero ejército hispano que enviaba una cuarta parte de sus ingresos para alimentar cuentas bancarias en su tierra.

La costa mediterránea española se transformó hasta quedar irreconocible. Es difícil creer que, cuando en el verano de 1947 la recorrió en coche, la novelista Rose Macaulay «apenas si encontró algún compatriota que estuviera de viaje y sólo un coche con matrícula británica». Su queja principal fue que «en esas hermosas playas, y en cualquier otra parte de España, la gente te clava la vista y te señala con el dedo». Entre 1959 y 1973 el número de visitantes subió de menos de 3 millones a más de 34. La tierra cercana a la costa que, por ser casi siempre rocosa o pura arena, en general se veía como casi inútil y a menudo se legaba al menos favorecido de la familia, de pronto adquirió gran valor. Sobre la Costa del Sol, en San Pedro de Alcántara, una parcela de tierra sin servicios, cercana a la playa, que cambió de manos por 125 pesetas el metro cuadrado en 1962, once años después y aún sin servicios, se vendió por 4.500 pesetas el metro cuadrado.

Los beneficios materiales del auge turístico fueron considerables, no sólo para los promotores sino también para los dueños de tiendas y los habitantes de las poblaciones cercanas a la costa, que se convirtieron en camareros y camareras de hoteles. Pero esto no significa que el turismo fuera una bendición sin límites. El desarrollo se produjo en un medio que no había cambiado mucho desde el siglo XVIII, un mundo de apreturas y privaciones que tenía su propio y estricto código moral. De la noche a la mañana, la gente se vio enfrentada a una nueva forma de vida en la que parecía que los hombres tenían más dinero del que podían guardar en sus billeteros y que las mujeres iban desnudas por el mundo. Acostumbrados a medir el tiempo en horas, todos se vieron de pronto obligados a pensar en minutos. Tenían que familiarizarse con conceptos como tarjetas de crédito y máquinas complejas como los lavavajillas. En muchos casos eso produjo una conmoción, por alguna causa, menor entre las mujeres que entre los hombres. Los síntomas más comunes eran insomnio, desgana, sofocos. A mediados de los años sesenta, el Hospital Civil de Málaga amplió su pabellón psiquiátrico con una sala específica para atender a pacientes jóvenes, a la que de inmediato se bautizó como «la sala de los camareros». Según un estudio realizado en 1971, el 90 por ciento de todas las enfermedades mentales no crónicas en las zonas rurales de la provincia de Málaga se producía entre adolescentes varones que habían trabajado en la costa.

El turismo, la emigración y la llegada al país de empresas multinacionales sirvieron para poner a los españoles en contacto con los extranjeros y, en especial, con otros europeos, lo que fue debilitando la xenofobia local característica, y nunca más activa que en los primeros tiempos de Franco. Pero España, a pesar de lo que esperaban los tecnócratas, no se convirtió en miembro de la CEE. Se ignoró su solicitud de ingreso, presentada en 1962, aunque ocho años más tarde las autoridades consiguieron sonsacar a Bruselas un acuerdo de comercio preferencial. De otra parte, el mejor equipo de fútbol –el Real Madrid–, entre 1956 y 1960 logró ganar la Copa Europea cinco veces seguidas (una hazaña que jamás se ha igualado) y en 1968 una cantante española, Massiel, fue la vencedora en el concurso de Eurovisión con una canción apropiadamente anodina titulada La, la, la. Estas victorias hicieron tanta impresión en el español medio como podrían haberlo hecho otros acontecimientos del ámbito diplomático: le demostraban que podía tener aceptación en «Europa» (los españoles, como los británicos, a menudo hablan de Europa como si fuera algo ajeno) y, además, mantener bien alta la cabeza en tanto.

El «milagro económico» cambió la naturaleza y el volumen de la migración interna. Los pobres salidos de los pueblos de Andalucía siguieron fluyendo hacia las ciudades, pero a ellos se sumaban los emigrantes de Galicia y de ciertas comarcas de la meseta, Castilla, León, Extremadura y Aragón. El emigrante típico de los años cincuenta era un jornalero, obligado a marcharse por el hambre, pero el emigrante de los sesenta fueron artesanos o comerciantes cuyo nivel de vida había bajado por el descenso de población en el campo, o los campesinos que todavía podían ganarse esforzadamente la vida con el trabajo agrícola, pero que se sentían atraídos por las ciudades y su promesa de una vida menos dura y más variada. El Dr. Richard Barrett, antropólogo americano que hizo una investigación de campo en el pueblo aragonés de Benabarre entre 1967 y 1968, comprobó que las chicas no querían casarse con los hijos de labriegos, si los veían decididos a quedarse y trabajar las tierras de sus padres, hasta tal punto que los jóvenes campesinos pusieron anuncios en los periódicos pidiendo novias para las comarcas pobres del país. El sueño de las muchachas de Benabarre consistía en casarse con un obrero de una fábrica o, al menos, con un chico que estuviese dispuesto a dejar su pueblo para convertirse en tal.

En el decenio de 1960, los primeros emigrantes empezaban a salir de sus poblados de chabolas y a instalarse en edificios baratos de pisos. Ya que para entonces era prácticamente imposible levantarla, los recién llegados tenían que comprar una chabola a una familia que se mudaba a un sitio mejor, o pagar por una habitación en el piso de alguna familia que ya había dejado atrás su chabola. Desde el punto de vista de los emigrantes de la primera ola, vender la chabola era la forma de conseguir el dinero para dar la entrada de un piso y aceptar pensionistas era el modo de tener el dinero para los pagos mensuales.

Entre tanto, las ciudades se superpoblaban con rapidez y el campo se despoblaba a igual velocidad. En 1971, el dr. Barrett volvió a Aragón y visitó diecisiete villorrios cercanos a Benabarre. Con respecto a las cifras del censo de 1950, en aquellos veinte años la población había descendido en un 61 por ciento. Cuatro de esas aldeas estaban abandonadas y, en algunos casos, la despoblación se había producido en seis años. En la actualidad, quien viaje en coche por España y esté dispuesto a apartarse de la carretera principal sorteando baches, tarde o temprano se topará con uno de esos pueblecitos abandonados. Quizá los más desolados sean los que están casi pero no totalmente abandonados, donde los últimos habitantes, que son demasiado viejos para marcharse y demasiado jóvenes para morir, guardan su ganado en las que antes fueran viviendas de sus vecinos.

Antes de la Guerra Civil, el político catalán Francesc Cambó había descrito a España como país de oasis y desiertos. La migración hizo aún más evidente aquello. Hacia el final de los años del auge, el cuadro de densidad de población por provincias mostraba una gradación paulatina de las más a las menos pobladas, pero lo notable era la gran distancia entre los dos extremos. A la cabeza estaba Barcelona, con más 500 habitantes por kilómetro cuadrado, es decir, tan densamente poblada como los centros industriales del noroeste de Europa, y al final de la lista había once provincias con menos de 25 habitantes por kilómetro cuadrado, una cifra comparable a países como Bhután, Nicaragua y Burkina Faso. El proceso de despoblación ha avanzado tanto en algunas zonas del país que parece difícil revertirlo. En 1973, cuando el flujo migratorio empezó a disminuir, Teruel se convirtió en la primera provincia de la historia de España en la que hubo más muertes que nacimientos. Desde entonces, varias provincias con habitantes mayores se han unido a ella. Aunque la emigración se detenga por completo en esas comarcas, el descenso demográfico continuará.

La distribución cada vez más irregular de la población española alentó una localización aún más desigual de la riqueza del país. Cualquier intento de planificación regional en vida de Franco chocaba con el problema de que las comarcas en las que debía dividirse el país para poner en práctica cualquier plan eran, precisamente, aquellas cuyo petición de reconocimiento había sido rechazada por el dictador y cuya identidad él mismo se había tomado el trabajo de borrar. La respuesta de los tecnócratas fue la llamada política de «polos». La idea consistía en seleccionar una cantidad de ciudades en zonas subdesarrolladas o desarrolladas a medias y ofrecer incentivos a las empresas para que se instalaran allí, con la esperanza de que la prosperidad derivada se esparciera por los campos cercanos. Los criterios usados para decidir qué ciudades y qué empresas iban a beneficiarse de esas medidas nunca estuvieron claros y se sospecha que su elección se hacía por métodos bastante corruptos. Pero el mayor fallo de la planificación a base de "polos" fue que los incentivos no se ofrecieron por un plazo lo bastante largo como para que los empresarios tuvieran confianza en su éxito. En general, la inversión no colmó las expectativas y lo que consiguió no tuvo mucho éxito en cuanto a creación de empleo. De las doce ciudades elegidas como polos, sólo Valladolid cumplió con las esperanzas depositadas en ella: a principios de los años setenta, ya había recorrido buena parte de su camino hacia la transformación en un centro industrial apreciable.

Con la excepción de Valladolid y Madrid, las nuevas empresas mostraron la tendencia de instalarse en las provincias vascas y catalanas, que se habían industrializado en el siglo XIX, o en lugares como Oviedo, Zaragoza, Valencia y Sevilla: ciudades grandes que ya tenían algo de industria antes de la Guerra Civil. En 1975, cinco provincias –Barcelona, Madrid, Valencia, Vizcaya y Oviedo– sumaban el 45 por ciento de la producción total del país. La prosperidad se concentraba en el norte y el este; de las quince provincias peninsulares con los ingresos más altos, todas menos dos estaban sobre el río Ebro o al norte de él. Las dos excepciones eran Madrid y Valladolid. Los ingresos medios de las provincias más pobres de Andalucía, Extremadura y Galicia eran menos de la mitad que los de las más ricas, Madrid, Barcelona y las tres provincias vascas. La disparidad de riqueza se reflejaba en una disparidad en la existencia de aprovisionamiento y servicios. En Jaén había 80 médicos por cada cien mil habitantes, pero en Madrid se llegaba a los 230.

A medida que aumentaba la prosperidad, los emigrantes se convirtieron en una de las clases de mayor influencia potencial en España, pues sustituían virtualmente a toda la antigua clase trabajadora urbana, muy politizada. Al contrario que los trabajadores de los años treinta, cuya militancia socialista y anarquista había sido famosa en toda Europa, la mayoría de los emigrantes se interesaba poco en la política o tenía poca experiencia al respecto. En la España rural, sólo un mínimo número de personas tenían tiempo o dinero bastante para interesarse en los desarrollos políticos de fuera de sus pueblos: eran los notables rurales, propietarios de tierras, comerciantes y profesionales que controlaban, gracias a su poder económico, los destinos de los campesinos, arrendatarios, braceros y pequeños propietarios en una relación de patrono–cliente. Durante los períodos en los que en España hubo democracia, los clientes por lo común votaban tal como se lo pedían sus patronos, lo que fue una de las principales razones de que se generalizara el desprecio por la democracia y fuese tan vulnerable el sistema. Los emigrantes que llegaban a las ciudades en los años cincuenta y sesenta no eran de derechas ni de izquierdas, sino más bien simplemente apolíticos, aunque muy receptivos al materialismo que, en mayor o menor grado, afectó a todos los niveles de la sociedad durante los «años de desarrollo». En los poblados de chabolas, coexistían acciones de enorme bondad con una ausencia casi total de solidaridad de clase; una vez que habían logrado escapar de aquellos purgatorios desvencijados, los emigrantes eran comprensiblemente reacios a hacer cualquier cosa, ya fuera una huelga o una manifestación, que pudiese devolverlos a esos sitios. No obstante, su inicial sometimiento solía ocultar el hecho de que la emigración había roto para siempre el dominio que las clases rurales altas y medias habían ejercido, en tiempos, sobre las clases medias bajas y las humildes. Además, estaba claro –aun cuando al principio no para los propios emigrantes– que sus intereses no eran los de sus empleadores. Por cierto que, cada vez que se les pedía en encuestas e investigaciones que expresaran sus puntos de vista, el tipo de sociedad ideal que implicaban las respuestas era sin duda más de izquierdas que de derechas. Al principio de los años setenta, empezaban a tener una mayor conciencia política y a desarrollar un criterio que, aunque no radical, era en rigor progresista.

Si bien el «milagro económico» lo cambió casi todo en España –desde la forma y el lugar en que vivía la gente hasta la manera de pensar y de hablar–, una de las paradojas fue que lo que menos cambió fue la economía misma. Creció, sin duda, pero su forma y su carácter siguieron casi inalterados. Cuando esa etapa de crecimiento llegó a su fin, aún existían demasiadas empresas pequeñas (más del 80 por ciento de las compañías españolas empleaban a menos de cinco trabajadores) y era tan difícil como siempre conseguir un crédito a largo plazo. Entre ambos, esos dos factores determinaron que fuera muy poco el dinero invertido por la industria en la investigación o en la formación profesional de los trabajadores. La productividad se mantuvo en niveles bajos (la mitad de la media en la CEE), el paro era relativamente alto (en realidad, mucho más alto de lo que sugerían las cifras oficiales) y la tradicional brecha entre importaciones y exportaciones se ampliaba en lugar de cerrarse.

Las consecuencias políticas de esa prosperidad eran importantes, tanto en número como en complejidad. La explicación más popular de la reciente historia española dice, poco más o menos, como sigue: el motivo por el que la democracia no había arraigado en la España de fines del siglo XIX y principios del XX era que el país no tenía una clase media: el «milagro económico» era el responsable de la redistribución de la riqueza española y de la creación de una «nueva clase media»; la suma de estos dos factores contribuyó a eliminar la distancia, o más bien a tender un puente sobre ella, hasta entonces existente entre las «dos Españas», la que había sido causante de la Guerra Civil; al cerrar esa brecha histórica en la sociedad hispana entre las clases altas y bajas, el auge económico propició la relativamente tranquila transición española de la dictadura a la democracia.

En esto hay algo de verdad. Es indiscutible que, en los años sesenta, el «milagro económico» contribuyó a abrir el camino de las transformaciones políticas de los setenta. Pero el mecanismo de causa y efecto fue algo más complejo de lo que siempre se ha dicho. En primer lugar, como hemos visto, España tenía una clase media desde tiempo atrás. Pero en cuanto a la consolidación de la democracia, lo que importa no es tanto la existencia de una clase media *per se*, sino la existencia de una clase media urbana, más que de una rural. Lo que ocurrió en los años del desarrollo fue que una parte sustancial de las clases medias españolas se apartó del campo y marchó a las ciudades por los mismos motivos que las clases trabajadoras. Al mudarse de un entorno a otro, esas personas –o sus hijos, más bien– abandonaron muchas de las actitudes y prejuicios conservadores, típicos de las élites en cualquier lugar del mundo. La idea de que el desarrollo contribuyó a distribuir más igualitariamente la riqueza es tan sólo un mito. Aparte de unos pocos falangistas radicales, los partidarios de Franco no eran de los que se preocupaban por la redistribución de la riqueza. El Caudillo mismo cierta vez admitió, en tono de broma, que la Guerra Civil fue «la única guerra en que los ricos se hicieron más ricos». Durante los años sesenta, los tecnócratas no se preocupaban demasiado al ver que la distancia entre ricos y pobres era cada vez mayor en su sociedad. Tendría que llegar el decenio de 1970 para que los sindicatos ilegales ganaran la iniciativa a los sindicatos franquistas y empezaran a moverse hasta lograr que disminuyera esa distancia. Aún así, cuando murió Franco, el 4 por ciento de las familias tenía el 30 por ciento de los ingresos totales del país.

Pero aunque la forma en que se cortaba el pastel no cambió demasiado, el pastel en sí creció muchísimo. El mayor poder adquisitivo permitió que casi todos los integrantes de la sociedad ascendieran de clase en términos absolutos y no relativos. Hasta tal punto que el «milagro» creó una «nueva clase media», sacándola de las filas de lo que se podría llamar la clase baja superior, sobre todo artesanos y campesinos. Sin embargo, y es más importante, el mismo proceso diezmó a una clase que había desestabilizado a la sociedad española durante más de un siglo, una clase baja de gente sin tierras, parias sin profesión cuya miseria y desesperación los llevó a unir su suerte a la de cualquier demagogo mesiánico que les prometiera la salvación en este mundo, más que en el otro.

Al día siguiente de las primeras elecciones generales posteriores a la muerte de Franco, el periódico *Diario 16* publicó un artículo en el que se comparaba el número de votos obtenidos por la derecha y la izquierda en 1977 y en 1936. Los porcentajes eran casi idénticos. El título doloroso hablaba de cuarenta años desperdiciados. Desde entonces, la consolidación del bipartidismo sólo sirve para destacar ese punto: en la medida en que las hubo, las «dos Españas» sobrevivieron intactas tras los «años de desarrollo». Lo que hicieron esos años fue dar a ambas más riqueza y, por tanto, mayor contento y tolerancia.

El milagro terminó con la misma precipitación vivaz con que había empezado. El auge europeo empezó a desinflarse hacia fines de los años sesenta y los primeros en notarlo fueron los emigrantes. Cuando la economía de los otros países occidentales de Europa se frenó, menguó la cantidad de puestos de trabajo disponibles y también la necesidad de mano de obra extranjera. Después de 1970, el número de españoles que se marchaba del país para trabajar fuera disminuyó. Aun los que tenían un puesto de trabajo en el extranjero no tardaron en comprobar que ya nadie los quería. Por ejemplo, Francia ofreció a los inmigrantes una indemnización de 150 jornadas, pagadera en cuanto regresaran a su país de origen. En 1973, los emigrantes iniciaron el regreso y en 1974 la cantidad de dinero que enviaban a su tierra empezó a caer. En ese mismo año también se produjo, por primera vez, un descenso de los ingresos del turismo, porque los europeos se ajustaban el cinturón y controlaban sus recursos. A pesar de eso, las ganancias invisibles de España podrían haber bastado para cubrir su déficit comercial, de no haber sido por la subida de los precios del petróleo que siguió a la guerra del Oriente Medio. España dependía del petróleo –casi todo importado– para obtener las dos terceras partes de su energía. La subida de los precios de la OPEP duplicó el déficit comercial español, y desató las presiones inflacionistas latentes bajo la superficie de la economía en los años del desarrollo. Durante 1974 el costo de la vida subió más de un 17 por ciento. Al año siguiente, unos 200.000 españoles volvieron del exterior necesitados de trabajo. Después, el 20 de noviembre de 1975 murió el general Franco y, por segunda vez en este siglo, los españoles se encontraron con la poco envidiable tarea de tener que restaurar la democracia en medio de una recesión mundial.

NOTAS CAPITULO 1

1) Este era el otro título de Franco, un equivalente de Führer o de duce. En España tiene –o tenía– matices heróicos, porque es la palabra que se aplicó con mayor frecuencia a los jefes nativos que dirigieron la guerra de guerrillas contra los invasores romanos.

2

Cambio político:
de la dictadura a la democracia

Con las primeras luces del 21 de noviembre de 1975, el día siguiente al de la muerte de Franco, un destacamento de artillería arrastró tres cañones de gran calibre hasta un parque de las afueras de Madrid y empezó a disparar en el último saludo al difunto dictador. El sonido de las salvas resonó en la ciudad todo el día, alimentando la inquietud que se había adueñado de la capital y de la nación.

A lo largo de treinta y seis años, un solo hombre había adoptado todas las decisiones importantes. La muerte de ese hombre era, en sí, lo bastante como para justificar un sentimiento de intranquilidad, tanto entre los que fueran sus partidarios como entre sus opositores. Pero Franco también dejaba tras sí, abierta entre el pueblo y los gobernantes, una peligrosa brecha de expectativas. Para quien tuviera ojos para ver y oídos para oír, estaba claro que los españoles querían una forma más representativa de gobierno. Incluso entre quienes en tiempos apoyaron la dictadura –y su número estaba seriamente subestimado por los observadores extranjeros–, se había generalizado la idea de que el franquismo había durado más que su tiempo útil. Hasta el día mismo de su muerte, Franco limitó el acceso al poder a dos clases de políticos: los que se habían negado a modificar su talante –personajes que recibieron la denominación colectiva de *búnker*–, y los que aceptaban la necesidad de un cambio, pero sólo estaban dispuestos a introducirlo lenta y condicionadamente, es decir, los llamados aperturistas. Por su parte, los ilegales partidos de la oposición exigían, de un modo poco realista, un corte definitivo con el pasado, lo que en la jerga de la época se conoció como ruptura. Sin embargo, en vista de que no tenían poder político, su única forma de presionar a las autoridades era convocar manifestaciones callejeras que, invariablemente, terminaban en violencia en cuanto llegaba la policía.

De entre los muchos agüeros que circulaban en esa mañana fría de noviembre, uno de los más sombríos y más probables era que, tarde o temprano, el gobierno se vería superado por un estallido de frustración popular. En ese punto, las fuerzas armadas, que tenían mucho que perder y poco que ganar con la introducción de la democracia, iban a intervenir para «restablecer el orden», tal vez en nombre de una autoridad superior. Desde ese momento, continuaba exponiendo aquella tesis, España estaría dentro de una situación bien conocida para los países latinoamericanos (y establecida en España durante el siglo anterior), en la que las fases de reforma limitada alternarían con explosiones de represión salvaje.

Era evidente que, para que España evitara ese destino, mucho tendría que hacer el joven sucesor de Franco en la jefatura del Estado. El Caudillo siempre había dejado implícito que en el fondo era monárquico y, de hecho, desde 1949 España había sido una teórica monarquía, aun cuando Franco se aseguró de ser el jefe de Estado en funciones de por vida y de tener el poder de nombrar a su sucesor. No sorprendió a nadie que, seis años antes de morir, Franco nombrase como «heredero» suyo a un miembro de la familia real. Pero en lugar de elegir al legítimo heredero al trono, a don Juan, hijo de Alfonso XIII, Franco optó por un joven sobre el que había podido ejercer una enorme influencia: el príncipe Juan Carlos, hijo de don Juan.

Entre los españoles que aspiraban a tener una nación moderna y democrática, don Juan Carlos no podía inspirar mucha confianza. Desde los diez años de edad, momento en que había llegado a España para recibir su educación, el joven príncipe tuvo a través de los medios la imagen de un hijo leal del régimen: pasó con brillantez su bachillerato (incluido un trabajo obligatorio sobre la «Formación del Espíritu Nacional»), se matriculó en las tres academias militares e hizo una suerte de internado en la administración. En los últimos años, apenas si se le veía como no fuese a la sombra de Franco, de pie detrás del viejo dictador en tribunas y podios durante las ceremonias oficiales. En esas ocasiones, invariablemente, el príncipe parecía un poquitín tonto, una impresión reforzada por la forma rara que tenía de decir sus discursos. El efecto general que producía era el de un muchacho bastante agradable, pero falto de la inteligencia o la imaginación necesarias para poner objeciones a las normas de su entorno.

Pocas personas pueden haber sido tan universalmente mal juzgados como don Juan Carlos, quien tras cierta torpeza ocultaba una mente aguda y receptiva. Para el Caudillo, el príncipe era el hijo que nunca tuvo y el joven devolvía ese afecto: hasta el día de hoy, el rey no permite que nadie hable mal del viejo dictador en su presencia. No obstante, mucho antes de la muerte de Franco, don Juan Carlos se había formado la idea de que no se podía ni debía gobernar España de acuerdo con los principios establecidos por su mentor. Desde los años sesenta, se dedicó, pues, a conocer a tantas personas como le fue posible, provenientes de distintos campos de la actividad y con diversas ideologías. En esos tiempos, el príncipe vivía en un pequeño palacio de las afueras de Madrid, custodiado por la policía. Muchas de las personas con las que quería entrevistarse debían entrar a escondidas, con el secretario o algún amigo de don Juan Carlos. Algunos llegaban dentro del maletero de un coche; Javier Solana, que entonces era un activista de la oposición clandestina y más tarde sería secretario general de la OTAN, se presentó en el asiento trasero de la moto de un banquero, oculta la cara con un casco.

Tal vez nunca se llegue a tener constancia de que Franco supiera o adivinara lo que su protegido pretendía hacer, pero es indudable que restringió la libertad e influencia que don Juan Carlos tendría después de subir al trono. Al día siguiente de ser nombrado sucesor, el príncipe tuvo que prestar un juramento ante los miembros del parlamento títere de Franco. Con la rodilla en tierra, una mano sobre el Nuevo Testamento, juró lealtad a Franco y «fidelidad a los principio del Movimiento Nacional y a las leyes fundamentales del reino». En el discurso posterior, esbozó las pautas de sus verdaderas ideas. «Estoy muy cerca de la juventud», dijo a las filas de los oportunistas maduros que tenía ante sí. «Admiro en ella, y comparto, su deseo de buscar lo más auténtico y mejor. Sé que en la rebeldía que a tantos nos preocupa está viva la mejor generosidad de los que quieren un futuro abierto, muchas veces con sueños irrealizables, pero siempre con la noble aspiración de lo mejor para el pueblo.» Sin embargo, el juramento público que acababa de prestar sugería que, en adelante, su libertad de movimientos tendría restricciones severas. Si se iba a demoler el aparato del franquismo, habría que hacerlo según las normas establecida por el propio Franco. Esto, a la vez, significaba que quien estuviera a cargo del gobierno necesitaría un compromiso firme con la restauración de la democracia y un conocimiento profundo de la estructura del régimen, una combinación aparentemente imposible.

Durante la mayor parte de su mandato, Franco fue jefe del gobierno, es decir, primer ministro, además de jefe del Estado. Pero en junio de 1973, dejó la presidencia del gobierno y la entregó a uno de los pocos hombres en los que confiaba de verdad, al almirante Luis Carrero Blanco. Franco esperaba, es obvio, que el político de notable habilidad que era Carrero siguiese en el poder cuando don Juan Carlos llegase al trono. El asesinato de Carrero a manos de los terroristas vascos, ocurrido seis meses después, resultó de enorme utilidad para el joven príncipe, porque le abrió un espacio de maniobra del que nunca habría disfrutado, si el almirante hubiera vivido. El mejor sustituto que Franco pudo encontrar para Carrero fue Carlos Arias Navarro, un abogado en quien era total la ausencia de carisma, un hombre que pertenecía al tipo más cauto de «aperturista». Con la vaga noción de que el país clamaba por la democracia, aunque por temperamento e ideología comprometido con la dictadura, Arias era incapaz de avanzar o retroceder con decisión. Incluso antes de la muerte del Caudillo ya presentaba la imagen de una figura indefensa, pero no demasiado simpática. Don Juan Carlos mismo disponía de poco tiempo para tratar con Arias y sus relaciones empeoraron después del intento de renuncia del jefe de gobierno durante el delicado período previo a la muerte de Franco, cuando quiso protestar por la decisión del príncipe de mantener una reunión con los ministros de las fuerzas armadas sin decírselo antes a él.

Dentro del sistema constitucional elucubrado por Franco, el monarca sólo podía elegir a su jefe de gobierno de una terna elevada a su consideración por el Consejo del Reino, un cuerpo asesor de diecisiete hombres casi todos ellos franquistas obstinados. Seguro de que no tenía posibilidades de que el Consejo le presentara algún candidato adecuado, el rey sin mucha convicción confirmó a Arias en su cargo después de la muerte del general Franco. A los ojos del pueblo esto no lo benefició. Cuando los manifestantes jóvenes salían a la calle en los primeros tiempos del reinado de don Juan Carlos, su consigna favorita era:

España, mañana
será republicana

En enero de 1976, Arias diseñó un programa de reformas limitadas. Pero con eso no se redujo el nivel de violencia en las calles. En marzo, cinco trabajadores murieron en Vitoria bajo los disparos de la policía contra un grupo de manifestantes. Al mes siguiente, Arias lo empeoró todo con un discurso transmitido a toda la nación en el que, más que nunca, parecía volver al pasado. En mayo, el gobierno hizo aprobar en las Cortes una ley que legalizaba reuniones y manifestaciones públicas. Un mes más tarde, el elemento nuclear del programa de Arias –la legalización de los partidos políticos– se aprobó en el Parlamento. Pero horas después el mismo cuerpo rechazó la ley necesaria para que esa decisión tuviera efecto. Al fin se logró recuperarla, pero el incidente demostró que Arias ni siquiera podía contar con sus antiguos amigos y colegas de los círculos franquistas. El 1 de julio el rey lo convocó a palacio y le dijo que las cosas no podían seguir así. Arias, al que nunca había gustado ser jefe de gobierno, aprovechó la ocasión para presentar su renuncia; el rey la aceptó de inmediato.

España había llegado a una encrucijada. El gabinete de Arias contaba con tres hombres de reputación modestamente progresista: Antonio Garrigues en el ministerio de Justicia; Manuel Fraga en el de Interior y José María de Areilza, en Asuntos Exteriores. Hasta los «aperturistas» más conservadores estaban desalentados ante los efectos de las vacilaciones de Arias y propensos a aceptar la necesidad de una política firme, del tipo que fuese. La mayoría de los comentaristas estaban convencidos de que si el rey, que podía elegir entre tres listas, estaba preparado para mantenerse firme, podía asegurarse de que el nombre de al menos uno de esos ministros saliera adelante.

Cuando por fin se conoció la elección del rey, la reacción fue de perpleja incredulidad. El hombre elegido para suceder a Arias era Adolfo Suárez, que a sus cuarenta y tres años era el miembro más joven del gobierno dimitido. Exceptuando su juventud, todo lo demás en Suárez parecía estar en desacuerdo con el espíritu del momento. Había pasado toda su vida activa al servicio del dictador en distintos cargos; el más reciente e importante había sido la secretaría general del Movimiento Nacional, puesto que otorgaba *ex officio* un lugar en el gabinete. A nadie sorprendió que organizara su primer gobierno con hombres de su edad, a los que había conocido en su camino ascendente dentro del aparato estatal. Un comentario del periódico liberal *El País* sobre la composición del primer gabinete de Suárez resumía la principales características de sus componentes diciendo que tenían una edad media de cuarenta y seis años, eran de ideología católica tradicional y sostenían buenas relaciones con la banca. El mismo día, el periódico publicó lo que estaba destinado a convertirse en comentario notorio de uno de los más destacados historiadores españoles, Ricardo de la Cierva, quien respondía a la designación de Suárez por parte del rey y a la del gabinete por parte de Suárez, tal como lo hacían la mayoría de los españoles democráticos, con la expresión que daba título a su artículo: «¡Qué error! ¡Qué inmenso error!» El período que siguió al cambio de gobierno, según él mismo admitiría más tarde, fue el peor en la vida de don Juan Carlos. «Nadie tenía confianza en mí. Ni siquiera me daban un margen de veinte días para ver si había hecho una designación equivocada.»

La elección de Suárez no fue, como algunos observadores sospecharon, una simple cuestión de elegir el mejor nombre que le ofrecía el Consejo del Reino, sino la culminación de un lapso de constantes conspiraciones. Durante los últimos meses de la vida de Franco, don Juan Carlos había preguntado a un buen número de políticos y funcionarios sus opiniones acerca de la mejor forma de transformar el país. Una de las apreciaciones más detalladas y realistas fue la de Suárez. Cuanto más lo analizaba el futuro rey, más le parecía que Suárez cumplía con los requisitos, contradictorios, de un primer ministro cuya tarea debía ser que España pasara de la dictadura a la democracia. Suárez tenía un conocimiento directo y completo de la Administración y aceptaba que su reforma no podía ser parcial ni gradual. Más aún, tenía un atractivo personal suficiente para permitirle la supervivencia una vez restaurada la democracia: provenía de una inofensiva clase media, vestía impecablemente, era muy guapo, afable y un buen conocedor del uso de los medios de comunicación, ya que había sido director general de la red de radiotelevisión estatal. Aunque él no lo sabía, Adolfo Suárez tenía un único rival serio en el momento en que murió Franco; se trataba de José María López de Letona, que había sido ministro de Industria a finales de los años sesenta y principios de los setenta. Por sugerencia de Torcuato Fernández Miranda, antiguo tutor del rey y consejero cercano de don Juan Carlos, Arias incluyó a Suárez en su equipo. Poco después, el rey se reafirmaba en su idea de que este hombre era, sin duda, el que necesitaba para esa labor, y trató de comunicárselo mientras miraban un partido de fútbol entre el Zaragoza y el Real Madrid, aún presidido por el venerable Santiago Bernabeu. El rey le dijo que los hombres mayores debían dar paso a los jóvenes, «porque la vida del país está cambiando rápidamente en todos los sentidos». Quizá porque estaba demasiado absorto en el juego, Suárez no comprendió la alusión. Después de la dimisión de Arias, Fernández Miranda, a quien el rey había puesto en la presidencia del Consejo del Reino, consiguió con astucia que se incluyera el nombre de Suárez en la lista de candidatos, como para que representara un contrapeso; y desde luego que recibió menos votos que los otros dos, y que los consejeros se quedaron tan asombrados como todo el mundo cuando el rey lo eligió.

Suárez sabía que debía moverse a toda velocidad. En noviembre, tres meses después de que hubiera jurado su gabinete, presentaba a las Cortes una ley de reforma política que introducía el sufragio universal y un parlamento de dos cámaras, la cámara baja o Congreso y la cámara alta que se llamaría Senado. Su actitud resuelta tomó por sorpresa a la vieja guardia, que no tenía líder ni alternativa, y sólo los más miopes podían creerse que el país no querría una reforma. En las Cortes, el papel de Fernández Miranda, que también era presidente en ellas, fue decisivo una vez más: consiguió que el proyecto pasara con rapidez por las etapas intermedias, de modo que no hubiera ocasión de hundirlo. Fuera de la sede parlamentaria, se dijo a los miembros de las Cortes –muchos de los cuales eran ya hombres mayores que buscaban un retiro tranquilo o alguna buena prebenda– que la forma en que votaran esa ley afectaría asuntos como la constitución de las comisiones parlamentarias y la posibilidad de que la administración pasara por alto ciertas cuentas que no pagaban a Hacienda. Por último, todos los plenos se transmitirían por radio y televisión y cada uno de los diputados sería llamado por su nombre, tendría que ponerse de pie y decir *sí* o *no* a la reforma.

En el momento en que el proyecto de ley se discutió en las Cortes, se daba por sentado que el gobierno ganaría. Aun así, cuando se produjo la votación, por fin, en la tarde del 18 de noviembre, resultaba difícil creer lo que estaba ocurriendo. A medida que, uno a uno, los integrantes de las Cortes –generales y almirantes, antiguos ministros, banqueros y terratenientes– se ponían en pie para apoyar una ley que pondría término a todo aquello que habían sostenido durante toda su vida, se vio con claridad que la mayoría a favor de la reforma iba a ser mucho, mucho más amplia de lo que cualquiera hubiese imaginado. La votación terminó 425 a 59 con 13 abstenciones. Esa noche los españoles empezaron a comprender que la larga pesadilla del franquismo había terminado de verdad. El 15 de diciembre, la Ley de Reforma Política fue refrendada por inmensa mayoría en un referéndum. De los votos emitidos, los afirmativos totalizaron el 94,2 por ciento y los negativos, sólo el 2,6 por ciento. Era una prueba concluyente de cuánto había variado el apoyo al sistema de gobierno franquista.

La rapidez de los acontecimientos hizo enmudecer no sólo a los franquistas sino también a la oposición. Aún después de la renuncia de Arias, algunos opositores importantes habían empezado a especular abiertamente acerca de la posibilidad de una «ruptura pactada». Pero por sus divisiones y su desconfianza ante el jefe de gobierno, no fueron capaces de aceptar las invitaciones hechas por él para mantener conversaciones antes del referéndum. Hacia esas fechas Suárez ya empezaba a adquirir mucho prestigio como responsable de la restauración de la democracia, en tanto que los políticos de la oposición –muchos de los cuales habían caído en el error de pedir la abstención durante la campaña del referéndum– sufrían una desautorización humillante al ver que más de tres cuartos del electorado se decidía a votar. En las conversaciones que iniciaron gobierno y oposición después del referéndum, para tratar la mejor forma de llevar a cabo las elecciones anticipadas por la Ley de Reforma Política, el gobierno contaba con la ventaja de ejercer la autoridad moral, además de la real. Y así llegaron sin demora y en abundancia otras medidas reformistas. A principios de 1977, el gabinete aceptó un procedimiento para la legalización de los

ción de los partidos políticos más tolerable para la oposición que el que había preparado el gobierno de Arias. Los socialistas quedaron legalizados en febrero y los comunistas, en abril. En marzo, se reconocía el derecho de huelga y se legalizaban los sindicatos; al mes siguiente, quedaba disuelto el Movimiento. Para esas fechas, el gobierno y la oposición se habían puesto de acuerdo en cuanto al modo de celebrar las elecciones y de computar los votos, de modo que se fijó la fecha: el día 15 de junio.

Para Suárez y los integrantes de su gobierno, el problema consistía en que, aunque disfrutaban de una gran popularidad, no pertenecían a ninguno de los partidos políticos que se estaban organizando para tomar parte en las elecciones. Dentro del espectro político, el punto que parecía más atrayente para los votantes era lo que en esos días pasaba por ser el centro: el límite entre los que habían trabajado para la dictadura pasada y los que lo habían hecho en su contra. A la derecha, estaban los «aperturistas» más avanzados, incluidos Suárez y sus ministros. A la izquierda, los partidos más moderados de la oposición: una buena cantidad de grupos demócrata cristianos, social demócratas y liberales, algunos de ellos sin más adeptos que un club social. La actitud de aquellos días era la reconciliación y a nadie se le ocultaba que cualquier partido que lograra captar a los seguidores del franquismo y también a sus oponentes tenía las mejores posibilidades de ganar las elecciones.

El primer intento serio de crear un partido así se hizo en noviembre de 1976, cuando un grupo de «aperturistas» de dentro y de fuera del gobierno creó el Partido Popular. A la cabeza estaba José María de Areilza, cuyo colega Manuel Fraga, también ministro del primer gobierno de la monarquía, se afanaba en la formación de un partido más conservador, Alianza Popular (AP). En enero, el Partido Popular absorbió a otro grupo «aperturista» y cambió su nombre por el de Centro Democrático. Desde ese momento, como una bola de nieve que cayese ladera abajo, se unieron a él, uno tras otro, los partidos menores de la oposición moderada. Cuando se vio con claridad que el Centro Democrático era la fuerza del futuro en la política española, Suárez se acercó a algunas de sus figuras más importantes para proponerles un trato: él sería su cabeza de lista en las próximas elecciones, con lo que virtualmente les aseguraba la victoria, si aceptaban dos condiciones. Primera, debían dejar a un lado a Areilza, el único miembro del partido que podía disputar el liderazgo, con expectativas serias, al jefe de gobierno. Segunda, debían aceptar en sus filas a los ministros y altos cargos cuya ayuda Suárez necesitaría para seguir gobernando el país. La respuesta fue afirmativa y en marzo Suárez se incorporó al partido, que entonces tomó el nombre de Unión de Centro Democrático.

La UCD salió de las elecciones como el partido más votado, pero sólo con el 34 por ciento de los votos y 165 de los 350 escaños de diputados. El mayor partido de la oposición era, por mucho, el Partido Socialista Obrero Español (PSOE), con 121 escaños y el 29 por ciento del voto. El PSOE iba adquiriendo fuerza desde 1972, cuando un grupo de jóvenes activistas bajo la conducción de un abogado sevillano, Felipe González, arrebató el control del partido a los anteriores líderes, ya envejecidos, desterrados desde tiempo atrás y muy apartados de la realidad del país. González era más joven aún que Suárez y, con un estilo distinto, tan atractivo como él en talante y aspecto. Durante el período preelectoral, logró dar una imagen responsable y realista, a la vez que mantenía un antifranquismo agresivo. Ni Alianza Popular (AP), por la derecha, ni el Partido Comunista de España (PCE), por la izquierda, obtuvieron los resultados que esperaban: sólo ganaron 16 y 20 escaños respectivamente.

Los españoles ya mostraban una preferencia marcada por el bipartidismo. Pero, como se vería después, aún debían decidir cuáles eran los dos partidos que lo configurarían.

3

El centro se deshace

Durante los meses finales de la dictadura y los primeros años de la monarquía, España cayó en lo que a veces se llamaba «fiebre autonómica». De repente, todos querían un gobierno propio. No sólo los que tenían una lengua y una cultura distintas, como vascos, catalanes y gallegos, sino también los habitantes de Extremadura, Andalucía o las Islas Canarias, cuya hispanidad nunca antes se había cuestionado.

Se volvieron a enarbolar las semiolvidadas banderas regionales, en defensa de casi cualquier causa concebible. Los funcionarios regionales de los partidos políticos estatales, temerosos de la rapidez con que crecía el apoyo a regionalistas y nacionalistas, se empeñaban en conseguir toda la autonomía real o aparente que sus sedes centrales les permitieran. La rama andaluza del Partido Comunista, por ejemplo, se convirtió en el Partido Comunista de Andalucía, casi como si esa comarca fuese un país aparte.

La historia medieval de España, que hasta entonces se había visto como un ineluctable proceso de unificación, se presentaba en esos momentos como la historia de varias naciones independientes, obligadas a una cooperación a la que eran reacias. De hecho, una buena cantidad de jóvenes españoles más o menos progresistas dejaron de hablar de España como unidad y empezaron a utilizar la solemne expresión «Estado español». Cierto número de organizaciones que nacieron en ese período adoptaron la denominación en sus propios nombres. Por ejemplo, el organismo que reúne a los padres españoles se llamó Confederación del Estado Español de Asociaciones de Padres de Alumnos.

Hasta cierto punto, la fiebre autonómica española no era sino la manifestación tardía de un fenómeno más amplio. El regionalismo había tenido su apogeo en toda Europa. En los años finales del decenio de 1960 y los iniciales del de 1970 se produjeron las demandas de autogobierno de los bretones y otros pueblos de Francia, de los escoceses y galeses de Gran Bretaña y de grupos minoritarios de Alemania e Italia, países ambos que ya habían aplicado medidas generosas de descentralización. Pero la presión para instaurar gobiernos regionales adquirió intensidad especial en España por la presencia de factores adicionales, estrictamente internos.

El hecho de que Franco hubiera sido un centralista tan acérrimo y de que sus opositores más eficaces fueran guerrilleros separatistas creó en la opinión pública una vigorosa asociación entre nacionalismo regional y libertad, por una parte, y entre unidad nacional y represión, por otra. Hacia el final de la dictadura, el desagrado ante el totalitarismo se manifestó con frecuencia en términos de disgusto ante el centralismo, sobre todo entre los jóvenes. También era perceptible que, fuera de las tres regiones que habían tenido movimientos nacionalistas activos ya antes de la dictadura, el sentimiento nacionalista era más fuerte en las regiones más desatendidas por Franco. Por tanto, el sentimiento adverso hacia el gobierno central en Andalucía y en las Islas Canarias, regiones donde existían serios problemas económicos y sociales, era más intenso que en Aragón o en las Islas Baleares, por ejemplo, aunque las demandas de estos tenían la base firme de una identidad distinta, bien fundada en el campo histórico y en el lingüístico.

Bajo la dictadura, la oposición clandestina y la exiliada habían partido de la idea de que el sistema franquista de un Estado unitario, dividido en cincuenta provincias, era insostenible y pensaban que, en cuanto desapareciera el Generalísimo, sería necesario cierto grado de descentralización. Lo que querían era que se volviera a introducir alguna forma de autonomía en el País Vasco, Cataluña y Galicia. Sin embargo, durante los meses transcurridos entre la muerte de Franco y la celebración de las primeras elecciones generales, se comprendió que, si se otorgaba el autogobierno a las regiones que habían tenido estatutos de autonomía bajo la República, se produciría un agravio comparativo para las demás. Al año siguiente, cuando volvió la democracia a España, con excepción de Alianza Popular, dirigida por Manuel Fraga, y los grupos de extrema derecha, los dirigentes de todos los partidos estuvieron de acuerdo en que, cuando se elaborara una nueva constitución, cada región que así lo quisiera tendría acceso al menos a un grado restringido de autonomía.

Pero una nueva constitución estaba aún algo lejana; en tanto, la exigencia insatisfecha de gobierno autonómico en el País Vasco,

Cataluña y, en menor medida, en otros lugares daba un pretexto conveniente para la agitación. Poco después de las elecciones generales de junio de 1977, Suárez consideró que las regiones con mejores méritos para un tratamiento especial necesitaban algo para seguir adelante. Empezó por Cataluña, una parte del país por el que siempre había sentido una afinidad especial y del que eran nativos varios de sus colaboradores más cercanos.

A diferencia de los vascos, los catalanes abolieron su gobierno en el exilio tan pronto como vieron que los vencedores de la Segunda Guerra Mundial no tenían intención de invadir España y derrocar a Franco. Sin embargo, mantuvieron vivo el título de *President de la Generalitat*, anterior forma de gobierno autónomo, como lazo único y simbólico con el pasado. En 1954, ese cargo había caído sobre los anchos y altos hombros de cierto Josep Tarradellas, un exiliado que había sido ministro en Cataluña con el gobierno republicano; al cabo de veintitrés años, cuando se restauró la democracia en España, aquel hombre conservaba el título.

Tarradellas, que era persona mayor, altiva y obstinada pero carismática, se negó a volver a su tierra natal antes de que se restaurase la *Generalitat*. No obstante, se oponía con terquedad a los esfuerzos que hacían los nacionalistas jóvenes para negociar su restauración porque, aducía, al hacerlo así, los jóvenes usurpaban los poderes legítimos de la *Generalitat*. Con la idea de que se le presentaba la oportunidad de controlar la situación, Suárez estableció contacto con el desterrado septuagenario y, a finales de 1977, en un espectacular *coup de main*, lo llevó de regreso a España para que se hiciera cargo «provisionalmente» de una *Generalitat* establecida a golpe de pluma. Los nacionalistas jóvenes estaban furiosos, pero poco podían hacer.

Barcelona brindó un recibimiento apoteósico a Tarradellas, en quien incluso el nacionalismo joven veía una prueba concreta de la supervivencia de Cataluña como nación. Ante quienes lo aclamaban, ese hombre, que a menudo se habría preguntado si vería otra vez su tierra y que lo había logrado superando a una cantidad de oponentes políticos a los que doblaba en edad, dijo: *Ja soc aquí*, palabras espléndidas para ser las primeras pronunciadas en Cataluña y que connotaban algo así como «lo he conseguido».

La *Generalitat* provisional fue el primero de una serie de «gobiernos preautonómicos» establecidos en las regiones, la mayoría integrados con diputados y senadores locales. No tenían verdadero poder pero contribuían a que la gente se habituara a la idea de gobierno regional antes de que se concretara tras la aprobación de un texto constitucional.

La UCD había asumido el gobierno, después de las elecciones generales, sin mayoría absoluta en la cámara de diputados y, por tanto, parecía que Suárez se vería obligado a negociar alianzas individuales, específicas, con los partidos que estaban a ambos lados del suyo, si quería obtener la mayoría para cada uno de los asuntos de su programa legislativo. No obstante, optó por establecer un acuerdo más general. Los Pactos de la Moncloa, así llamados porque se firmaron en la residencia oficial del jefe del gobierno, en el mes de octubre, no sólo abarcaron una parte sustancial del programa legislativo de gobierno sino también materias como precios y salarios, gasto público y política regional. Lo peor de los Pactos fue el efecto que tuvieron en la opinión pública. Los españoles estaban a favor de la reconciliación pero, después de tantos años de unanimidad forzada, también estaban ansiosos de debate. Sin embargo, los dirigentes de los cuatro partidos principales, aunque sólo unas semanas antes habían ridiculizado los programas de sus contrincantes desde las tribunas de la campaña electoral, se mostraban tan de acuerdo que eran capaces de aceptar un proyecto muy amplio para gobernar el país. Hubo un sentimiento generalizado de que los políticos, tras obtener los votos de los electores, decidían lo que les resultaba más conveniente. Los Pactos generaron cierta sensación de escepticismo acerca de la democracia en España, que se alojó en los poderes mismos de la nación como un tumor, donde permanecería por unos años contrayéndose y expandiéndose de acuerdo con las circunstancias. El gran mérito de los Pactos de la Moncloa fue que permitieron que los políticos se concentraran en la tarea más importante que tenían ante sí: elaborar la nueva constitución.

Desde comienzos del siglo XIX, España tuvo no menos de once constituciones. El motivo principal de que ninguna hubiera funcionado fue que todas nacieron de la voluntad de un solo grupo, que imponía la suya con poco o ningún miramiento de los que no eran sus integrantes. En cuanto a la constitución, la necesidad de un consenso era indiscutible. El trabajo de preparar un texto constitucional se encomendó a una comisión parlamentaria, en la que estaban representados todos los grandes partidos nacionales y los más importantes de los regionales. El documento elaborado, que pasó por varias enmiendas en las Cortes en octubre de 1978, fue exactamente el que se podía esperar de un grupo de personas de distintos criterios políticos: demasiado largo, a menudo vago y muchas veces contradictorio. Sin embargo, todos los partidos importantes tienen puesto en él un interés creado y hasta hoy han mostrado pocas ganas de introducir enmiendas en él y muchas menos aún por reemplazarlo. Se puede decir que la nueva Constitución española es la más liberal del oeste europeo. España se define como una monarquía parlamentaria y no como una monarquía constitucional. No existe una religión oficial, la pena de muerte está prohibida y la edad del voto se fija en los dieciocho años.

Pero la innovación más notable de la Constitución de 1978 fue la de compartir el poder con las regiones, lo que ocupa casi una décima parte del texto. La unidad básica del Estado contemplada en la Constitución es la comunidad autónoma, que puede ser uni o pluriprovincial.

Cada comunidad autónoma debe tener su propio presidente, gobierno, legislatura y tribunal supremo. Los poderes exactos de las comunidades autónomas debían definirse más tarde, en los respectivos estatutos. La Constitución, por su parte, establece ciertas directrices, aunque bastante ambiguas. En primer lugar, especifica las áreas de gobierno que se pueden adjudicar a las comunidades autónomas, las más importantes de las cuales son vivienda, agricultura, planificación urbana y rural, deporte, turismo, salud y servicios sociales (si bien con la salvedad de que, en varios de esos campos, las acciones de los gobiernos autónomos deben entrar en un marco definido en Madrid). En segundo término, enumera los campos en los que el gobierno central conserva una «competencia exclusiva», entre los que están las relaciones internacionales, el comercio exterior, la defensa, la administración de justicia, la marina mercante y la aviación civil. No obstante, en varios casos, añade que este o aquel ámbito de actividad se adjudica a Madrid, «sin perjuicio» de los poderes que se puedan otorgar a las autonomías. Estas zonas grises, junto otras como educación, que no se asignaron específicamente ni al gobierno central ni al regional, o como medio ambiente, que se dividieron muy vagamente entre ambos gobiernos, dieron un campo en el que los estatutos autonómicos podían variar de una forma sustancial.

Salvo el caso del País Vasco, Cataluña y Galicia –las llamadas «nacionalidades históricas»[1]–, donde lo único que se necesitaba era que los existentes gobiernos preautonómicos notificaran su interés al gobierno central, el proceso por el que una región obtenía su gobierno propio empezaba cuando una diputación provincial decidía que su provincia debía convertirse en comunidad autónoma por sí misma o unirse a otras para configurar esa comunidad. Tras esto, había dos caminos constitucionales por los que una región podía llegar al autogobierno. El procedimiento normal está estipulado en el artículo 143.

La segunda vía ofrecida por la Constitución estaba al alcance de las «nacionalidades históricas» y de cualquier otra región en que la propuesta de gobierno autónomo tuviera más de la mitad de los votos en un referéndum regional. Las comarcas que buscasen su propio gobierno según esta opción, descrita en el artículo 151, podían reclamar en el borrador de su estatuto los poderes que la Constitución deliberadamente no otorga con claridad ni al gobierno central ni al regional. Sin embargo, también se establecía que el texto, una vez aprobado por las Cortes, debía ser refrendado por los electores de la región en un referéndum. Los desafíos presentes en el recorrido de esta vía puede que hayan sido grandes, pero también lo son los poderes que con ella se ganan. A su pesar, lo que los padres de la Constitución habían hecho era crear una especie de prueba de virilidad regional y, como se verá, eso tendría efectos importantes en la fortuna de España durante los años siguientes.

En diciembre de 1978, la Constitución consiguió una aprobación abrumadora en el referéndum popular. De inmediato, a principios del año siguiente, Suárez disolvió lo que en realidad habían sido unas Cortes constituyentes y convocó otras elecciones generales para el 1 de marzo. El resultado fue casi idéntico al anterior.

Inmediatamente después de las elecciones de 1979, Suárez creó un nuevo ministerio de Administración Territorial, cuya tarea principal era la de supervisar la transferencia de los poderes a las autonomías. Con rapidez y generosidad se garantizó el gobierno autónomo de vascos y catalanes. Ambas comunidades recibieron las competencias en educación y tuvieron derecho a organizar sus fuerzas policiales autónomas, además de instalar emisoras de radio y televisión. Las primeras elecciones a los parlamentos vasco y catalán se hicieron al año siguiente. Los dos estatutos, conocidos como el de Guernica y el de Sau, se impusieron por amplia mayoría de votos en los plebiscitos correspondientes, celebrados en octubre de 1979, y entraron en vigor un par de meses más tarde.

El estatuto de autonomía gallego, llamado de Santiago, dio a los gallegos poderes casi tan amplios como los que se habían otorgado a vascos y catalanes. Sin embargo, cuando en diciembre de 1980 se sometió a referéndum, votó menos del 30 por ciento del electorado gallego y de los que acudieron a las urnas casi uno de cada cinco votó «no». Fue una victoria moral para los que, sobre todo en la derecha, veían innecesario y a la vez peligroso ese proceso de descentralización.

Con todo, en conjunto, no fueron las «nacionalidades históricas» sino las otras regiones las que dieron al gobierno los peores quebraderos de cabeza.

Entre los políticos locales, era tremenda la presión para demostrar su lealtad a la región, y su fe en ella, a través del apoyo a la autonomía obtenida por la vía del artículo 151. Hacia fines de 1979, sólo dos de las siete regiones donde se había aprobado la petición habían emprendido la vía normal.

A principios del año siguiente, Suárez siguió el errado consejo de tratar de disuadir a los andaluces, que habían sido los primeros en optar por el camino más duro, pero más remunerativo, para pedir la autonomía y cuyo entusiasmo por ella les daba el derecho legítimo de exigir un tratamiento preferente para llevar adelante sus planes. El intento fue un tiro por la culata: la autonomía tuvo un refrendo electoral aplastante, en un plebiscito convocado según las exigencias constitucionales.

El gobierno empezaba a sentir la muy incómoda sensación de que el experimento se le escapaba de las manos y, con la esperanza de llevar cierto orden y un poco de disciplina al procedimiento, en septiembre el ministerio de Administración Territorial se puso en manos del hombre fuerte del equipo de Suárez: Rodolfo Martín Villa. Pocos meses más tarde, el nuevo ministro proponía que los partidos más importantes llegaran a un acuerdo sobre el proceso autonómico, semejante a los Pactos de la Moncloa, y aceptaba una idea lanzada por Felipe González, la de que hubiera una ley especial para poner en claro, de una vez por todas, las ambigüedades de la sección del texto constitucional referida a los gobiernos autónomos.

El otro reto destacado que enfrentaba el gobierno era asegurar que la transición de la dictadura a la democracia se reflejase en la vida cotidiana del pueblo. El divorcio y el aborto aún estaban prohibidos; la administración, el ejército, la policía, la justicia y los servicios sociales, la red de radio estatal y los colegios y universidades estaban todos imbuidos del espíritu de un régimen totalitario. Se necesitaba un programa de reforma completa para eliminar instituciones y prácticas autoritarias supervivientes aún en cada rincón de la sociedad. Pero pronto se advirtió que Suárez y su partido eran incapaces de enfrentarse con aquel desafío. Hasta cierto punto, eso era una consecuencia de la personalidad misma del jefe del gobierno. Todos los políticos son una mezcla de ambición y convicción. Sin embargo, en el caso de Suárez el elemento de fe parecía limitado a una premisa única: que la democracia era preferible a la dictadura. Una vez hecho el paso de una a otra, el presidente del gobierno, daba la impresión, no tenía una aspiración que lo alentara o una ideología que lo guiara. Por contra, el problema de UCD era un exceso de aspiraciones e ideologías, muchas de las cuales estaban en conflicto entre sí. Dentro del convencional espectro europeo, los partidos que configuraban la Unión iban desde un punto a la izquierda del centro hasta muy adentrada la derecha y contenían una mezcla mal surtida de lo secular y lo confesional. Hacia el verano de 1980, a causa del plan del gobierno para legalizar el divorcio, una brecha que se demostraría infranqueable había empezado a abrirse entre los social demócratas y la democracia cristiana de las filas de UCD. En cuanto a los hombres y las mujeres que se plegaron a la Unión, por insistencia de Suárez a principios de 1977, el problema no estribaba en sus diferencias sino en lo que tenían en común. Todos provenían de la antigua administración franquista y por ello les resultaba difícil de veras advertir la necesidad de hacer algo más que seguir con las torpezas del legado de Franco y, fieles a su estirpe política, cada vez que salía a la luz una posible falta o injusticia, su primer impulso era cubrirla y no investigarla. Dentro del partido, les resultaba complicado hacerse a la idea de que, en una estructura democrática, las iniciativas políticas pueden provenir de las bases tanto como de los máximos dirigentes.

En los últimos meses de su gobierno, Suárez empezó a dejar ver –o quizá a descubrir– sus verdaderas simpatías. Pero eso, antes que mejorarlas, empeoró las cosas. El presidente del gobierno se decantaba hacia el ala más progresista de su partido, mientras era prácticamente imposible liderar una coalición tan variopinta como UCD desde cualquier punto que no fuese el centro. Por tanto, no es extraño que en su momento hubiera una rebelión contra el liderazgo de Suárez, organizada por los demócrata cristianos, aun cuando la carencia de consultas alimentaba en gran medida el descontento de todos los sectores del partido. En enero de 1981, Suárez dimitió de su cargo y en reconocimiento por sus servicios el rey le acordó un ducado.

Uno de los aspectos menos satisfactorios de las nuevas estipulaciones constitucionales de España es que se permite un período demasiado largo entre dos gobiernos. Durante ese interregno de un mes entre la dimisión de Suárez y la jura de su sucesor, Leopoldo Calvo Sotelo, se hicieron realidad todas las pesadillas españolas.

Desde el primer momento, la amenaza más seria a la democracia provenía de los oficiales reaccionarios de las Fuerzas Armadas. En 1978, se descubrió que se había incubado una conspiración en una cafetería de Madrid y, en más de una oportunidad, el general Manuel Gutiérrez Mellado, responsable de los temas de defensa en el gobierno, recibió insultos directos de boca de otros militares. A comienzos de 1981, un grupo de altos oficiales se convenció de que el país se enfrentaba con un desastre político y económico y de que la unidad de España, cuyo mantenimiento confiara la Constitución al Ejército, corría riesgos a causa de la política autonómica del gobierno.

En la tarde del 23 de febrero, Antonio Tejero Molina, un coronel de la Guardia Civil que ya había sido degradado por su participación en la conjura de 1978, asaltó el Congreso con un destacamento de hombres y, a punta de pistola, mantuvo secuestrados prácticamente a todos los políticos importantes de España durante casi veinticuatro horas. Tejero era lo que parecía ser: un fanático ingenuo. Pero no fue sino la marioneta de oficiales superiores, en particular del comandante de la División Motorizada de Valencia, teniente general Jaime Milans del

Bosch, y de un antiguo instructor militar y secretario personal del rey, el teniente general Alfonso Armada. El golpe fracasó gracias a la rápida inteligencia y a los nervios de acero del rey. Desde su centro de comunicaciones, instalado en La Zarzuela y especialmente diseñado para hablar en forma directa con los once capitanes generales del país, don Juan Carlos les aseguró que la acción de Tejero no tenía su consentimiento, cosa que afirmaban los sediciosos. A algún capitán general que se mostró fluctuante se le ordenó obedecer.

El golpe abortado persuadió al gobierno siguiente de que debía procurar un apaciguamiento de los militares. Se dio al Ejército un papel peculiar en el conflictivo País Vasco y se diluyeron o dejaron de lado los planes de reformas en una cantidad de ámbitos. Quizá de un modo inevitable, la política autonómica fue la principal baja.

En abril, el gobierno y el PSOE iniciaron conversaciones destinadas a preparar un pacto del tipo sugerido por Martín Villa. Después de un intento breve y no muy serio de incluir a los dos partidos menores, UCD y PSOE firmaron un acuerdo formal en julio, en el que establecieron una fecha límite para el fin del proceso de descentralización (1 de febrero de 1983) y una estrategia para que fuese general y homogéneo.

El acuerdo estipulaba que, con excepción de Andalucía –que ya se había adentrado en la vía señalada por el artículo 151 y donde, por tanto, era inútil hacer cambios–, las regiones que aún necesitaban un estatuto llegarían al gobierno autónomo por la vía corriente. Además, se acordó que ninguna de ellas obtendría más que los poderes mínimos señalados en la Constitución. Todos los demás poderes acordados durante la negociación del estatuto se pondrían en un apartado especial y, al menos por tres años desde la fecha en que el estatuto entrara en vigor, quedarían congelados. Las pocas excepciones fueron las de las Islas Canarias y Valencia, comunidades para las que se promulgaron leyes especiales, que les acordaban poderes mayores que a las demás, y la de Navarra, la única comarca dueña de cierto tipo de autonomía en tiempos de Franco y donde sólo se requería una ley que actualizara los arreglos ya existentes.

Al cabo de sólo cuatro años, una de las naciones más centralizadas de la tierra se había dividido en diecisiete unidades administrativas autónomas, cada una con su bandera propia y su capital.

La descripción de lo que resultaba de aquello era un problema. Aunque los poderes otorgados a algunas de las comunidades autónomas eran mayores que los detentados en muchas regiones de países federativos, en el caso español no había habido la transferencia de soberanía que define a una federación. Ni tampoco se le podía aplicar la palabra «devolution», como en el caso británico. En muchos casos, la autoridad no se había devuelto a las comunidades autónomas, como se podría hacer en el caso de Escocia o Gales, sino que se había entregado a una nueva entidad por primera vez.

Por tanto, la nueva circunstancia se bautizó al fin como «Estado de las autonomías», otra de esas expresiones que fuerzan la gramática, en las que tan rico fue el proceso de creación de esa nueva realidad.

A pesar del impulso hacia la homogeneidad posterior al golpe, el aspecto más notable del nuevo sistema era hasta qué punto variaban los poderes transferidos a una u otra región. Si se adjudicaban puntos a cada región según su singularidad histórica, cultural y lingüística y además a su dosis de entusiasmo por la autonomía en los últimos años, el resultado podría haber sido una clasificación más o menos coherente con su relativa autonomía: vascos y catalanes por delante, seguidos a corta distancia por gallegos y andaluces; muy por detrás estarían los canarios, valencianos y navarros y en un último escalón el resto.

De alguna manera, creo, y para su propia sorpresa, los españoles se habían dotado de un sistema de gobiernos regionales que reflejaba, en forma más o menos precisa, no sólo la diversidad de España sino también el grado de variación respecto del término medio de cada una de las partes componentes.

Dentro de UCD, en principio, el golpe tuvo el efecto de que los grupos contrincantes se vieran obligados a cerrar filas. Pero la tregua fue breve y, en cuanto el gobierno tuvo que enfrentar una decisión política importante, reaparecieron las ya conocidas divisiones familiares. A lo largo del año y medio que medió entre el golpe y las siguientes elecciones generales de noviembre de 1982, cada vez que el primer ministro Calvo Sotelo trataba de corregir el equilibrio de sus programas hacia la izquierda o hacia la derecha, para mantener a un grupo rebelde dentro de un ala del partido, invariablemente provocaba deserciones de la otra. Así fue como UCD generó un partido socialista democrático (que se relacionaba con el PSOE), un partido demócrata cristiano (que se enlazaba con AP) y un partido liberal. En 1982, el duque de Suárez dio el que muchos vieron como el *coup de grâce* al partido que había fundado: organizó una nueva agrupación política, el Centro Democrático y Social (CDS). Cuando se convocó a elecciones generales, UCD había perdido un tercio de sus diputados en el Congreso. La desaparición de ese apoyo en el país fue mucho más crítica y, en parte, se debió al golpe. Los centristas habían ganado dos elecciones vendiéndose, en muchos sentidos, tal como se puede vender un anticonceptivo, persuadiendo al electorado de que ellos representaban «el camino seguro» a la democracia. Después, los votantes se dijeron: si hubo un golpe con la UCD en el poder, ¿qué se podrá perder votando por un partido que tiene un compromiso reformista mucho más genuino? De esa manera, por fin, se abrió la puerta para Felipe González y el PSOE.

Desde las elecciones de 1979, tal como Suárez aunque con más éxito, González trataba de llevar a su partido hacia lo que las encuestas señalaban como el núcleo político de España: el centro izquierda. En determinado momento, incluso llegó a amenazar con dimitir de la secretaría del PSOE y consiguió que sus seguidores eliminaran el concepto de marxismo en la definición del partido. En las elecciones de 1982, con una plataforma de moderación excepcional, los socialistas tuvieron más de diez millones de votos, es decir, cuatro millones más que los centristas en 1979. Sus 201 escaños les dieron una amplia mayoría en el Congreso. A la izquierda de los socialistas, el número de diputados comunistas bajó, de un modo y humillante, de 23 a 5. Hacia la derecha, Alianza Popular surgía como el mayor partido de la oposición, con 105 representantes. Por su parte, tras gobernar el país durante cinco años, UCD se quedaba con 11 diputados. Suárez, el artífice de la transición, el hombre que condujo al país durante la mayor parte de ese feliz viaje por la senda de la dictadura hacia la democracia, ganaba con su Centro Democrático y Social sólo dos escaños.

NOTAS CAPITULO 3

1) Esta expresión se oyó por primera vez poco después de la muerte de Franco y desde entonces su uso es corriente. Sin embargo, hay que señalar que la palabra «nacionalidad» siempre denotó antes de ahora una condición más que una entidad. Empezó a utilizarse fuera de contexto con el fin de satisfacer las demandas con que los vascos y los habitantes de otras regiones reivindicaban su índole de nación diversa, aunque sin llegar a darles tal categoría.

4

España socialista

En la noche de la victoria socialista, conversaba yo sobre el resultado electoral con una periodista española y, en un momento de la charla, debo haber descrito aquello como un triunfo de la izquierda o una derrota de la derecha. «Cuidado, no es una victoria de la izquierda frente a la derecha. Es una victoria de los jóvenes ante los viejos», me dijo.

Esa observación explicaba buena parte de la naturaleza peculiar de la campaña electoral precedente. El lema socialista había sido, sin más, «El cambio». Pero sólo en términos muy vagos se había explicado qué era lo que se pretendía cambiar y de qué modo. Virtualmente, el único compromiso sustancial de los socialistas era crear 800.000 nuevos puestos de trabajo.

En su mayor parte, los corresponsales extranjeros que cubrían la campaña electoral explicaron la moderación del PSOE como un recurso sólo táctico y pragmático: la democracia española acababa de sobrevivir a un intento de golpe de Estado y los socialistas eran propensos a no incomodar a los militares reaccionarios. En cualquier caso, la economía estaba en una recesión grave y el futuro gobierno necesitaría generar riqueza antes de poder preocuparse por redistribuirla. Gracias al corporativismo franquista, todo estaba ya muy nacionalizado, de modo que era innecesario un programa socialista convencional para ampliar las propiedades estatales.

Así estaban las cosas, pero había algo más. El PSOE no necesitaba prometer cambios, porque los electores ya estaban convencidos de que el nuevo gobierno lo cambiaría todo. Nada más que por ser quienes eran –mujeres y hombres jóvenes sin el peso de un bagaje intelectual ni el lastre de un pasado totalitario–, estaban en condiciones de generar una revolución en la sociedad española, en cuanto aplicasen a los asuntos del país las actitudes que se consideraban normales en el resto de la Europa democrática. Alfonso Guerra, el amigo de toda la vida de Felipe González que se convirtió en vicepresidente del gobierno, captaba el espíritu del momento cuando prometía que los socialistas cambiarían a España tanto que no la reconocería «ni la madre que la parió». Y por un tiempo se pensó que así sería.

Los socialistas se entregaron a la tarea con una energía deslumbrante, y empezaron a diseñar reformas en casi todos los campos en que el gobierno ejercía su control. Fueron unos «primeros cien días» al estilo de los de John Kennedy y su equipo. Pronto demostraron que habían aprendido las lecciones que se podían extraer del fracaso de UCD para neutralizar a los militares: los soldados toleraban e incluso admiraban la rudeza. Cuando un general justificó en público el golpe de 1981, antes de una hora pasaba a retiro. Se enfrentaron con fuerza y resolvieron el desafío de RUMASA, el grupo financiero privado más grande de España, que amenazaba con quebrar y afectar con ello buena parte del sistema bancario. Con una decisión muy discutida, el nuevo gobierno expropió el grupo y vendió las empresas que lo componían.

La promesa –y la prueba– de que los socialistas eran capaces de dar a España un futuro nuevo y brillante les ayudó a emprender el muy necesario cierre de las viejas industrias españolas. Pero la pérdida de puestos de trabajo que así se produjo, conocida con el eufemismo de «reconversión industrial», llevó a estallidos de violencia en las calles, como los que hubo en torno a los altos hornos ya condenados de la valenciana ciudad de Sagunto. En lugar de crear nuevos puestos de trabajo, la política de austeridad aplicada por los socialistas elevó sin atenuantes la tasa de desempleo: del 16 por ciento que se calculaba cuando el PSOE llegó al gobierno, a un máximo de más del 22 a principios de 1986. En una sociedad en la que casi no había una tradición de ahorro y en la que el derecho a la prestación del desempleo estaba muy limitado, los efectos fueron terribles. La caída de la prosperidad relativa a una indigencia total podía llevar unos meses o incluso unas semanas.

Si el gobierno pudo mantener su curso de acción, en gran parte se debió a la cooperación que brindaron los dirigentes sindicales del país. Reconocieron que la competitividad española tenía que mejorar para que se produjese la entrada del país en el Mercado Común Europeo y así fue como los sindicalistas, a veces junto a los representantes empresariales, firmaron una serie de acuerdos en la primera época del gobierno socialista, en los que aceptaban la congelación de salarios y la reducción de puestos de trabajo. Pero lo hacían con la idea implícita –y a veces explícita– de que, cuando la economía empezara a crecer de nuevo, el gobierno les aseguraría una distribución más equilibrada de la riqueza generada. En particular, el gobierno aseguraba que aumentaría la proporción de trabajadores sin trabajo que recibirían el seguro de desempleo. El porcentaje al que se aspiraba, bastante modesto comparado con el del resto de Europa occidental, era del 48 tan sólo.

Los españoles que habían votado por Felipe González y su equipo en 1982 no optaban por un socialismo rojo, y habría sido injusto pensar que gobernaban con ese criterio. Lo que el electorado quería era modernización. Pero todos se figuraban una modernización teñida de un espíritu progresista. Durante el primer período de gestión del PSOE, las medidas de ajuste económico duras se equilibraron con un programa enérgico de reformas sociales. También se benefició mucho el gobierno de que la solicitud española de ingreso en la Comunidad Europea se aceptara durante su primer mandato. La perspectiva de la entrada era una esperanza de mejoras, cosa que se concretó. Pero en el momento en que España se convirtió en miembro de la CE, a principio de 1986, cada vez eran más los que advertían que los socialistas habían llevado al gobierno una cantidad de actitudes y prácticas no acordes con lo que de ellos esperaban muchos de sus votantes.

Cuando el poder pasa de un partido a otro en España, se produce una limpieza aún mayor que la que genera un cambio de presidente en Estados Unidos. En el siglo pasado, los gobiernos nuevos eliminaban en España a todos los empleados públicos. La práctica cayó en desuso durante el franquismo, pues desde el principio los cargos burocráticos se cubrieron con los leales al Caudillo, quien no vio motivos para hacer cambios cada vez que remodelaba su gabinete. Tampoco se produjeron demasiados debates en tiempos de UCD, porque en gran medida los centristas estaban contentos de trabajar con los hombres y mujeres que habían servido a Franco. No obstante, en los momentos en que los socialistas llegaron al poder, el grado de patronazgo del que disponía el gobierno había crecido muchísimo. Franco había establecido una gran cantidad de organizaciones gubernamentales casi independientes, y había fundado innúmeras empresas estatales dirigidas por protegidos del régimen. Tras la vuelta a la democracia, la autonomía acordada a las regiones creó una capa adicional de actividad ejecutiva entre el gobierno central y los municipales.

Según *España 2000*, un documento publicado por el PSOE en 1988, un total de 40.000 miembros del partido –casi uno de cada tres– «puestos institucionales» ocuparon la victoria socialista. Más de 26.000 fueron elegidos como alcaldes o concejales cuando el PSOE barrió en las elecciones municipales de 1983. Pero la mayor parte de los demás habían recibido un nombramiento.

Al ceder a la tentación de poner a los miembros del partido a cargo de todo, desde la compañía estatal más importante hasta el museo de la más pequeña de las ciudades, los socialistas perpetuaban una tradición contraria a sus pretensiones de ser el partido del cambio. Al cabo de poco tiempo, hubo críticas acerbas en las que se comparaba al PSOE con el viejo Movimiento Nacional.

Todos esos miembros del partido dependían de la buena voluntad de sus dirigentes para mantener su medio de vida, o sea que muy pocos estaban dispuestos a desafiar las directrices de la cumbre. Esto tenía un significado particular a la vista del pasado inmediato. Los socialistas acababan de ver que las luchas internas habían deshecho a UCD, que en rigor desapareció por completo durante el primer gobierno socialista. La lección que así aprendieron fue que la unidad era de capital importancia. En los años inmediatamente siguientes, el PSOE iba a convertirse en uno de los partidos más discretos y disciplinados de Europa occidental. Los medios quedaron excluidos de sus reuniones, como no fueran las sesiones de apertura y cierre de sus congresos. Con rapidez y eficacia se apartaba de los cargos públicos a los miembros que hablaban en público contra la política del gobierno. Si tenían el cargo por nombramiento, se les cesaba en sus funciones. Si habían sido elegidos, sus nombres quedaban fuera de las listas en la siguiente elección.

Lo más notable de la nueva oligarquía española era su juventud. La victoria del PSOE hizo que llegara al poder, por primera vez en Europa, la «generación del 68». Un joven ministro del Interior se encontró dando órdenes al policía que lo había arrestado por manifestarse en contra de Franco. Muy pocos miembros antiguos del PSOE se habían mantenido en puestos de responsabilidad, después de que González hubiera obtenido el poder de los líderes en el exilio. La edad media de los integrantes del primer gabinete era de cuarenta y un años. Uno de los consejeros del monopolio de las telecomunicaciones, Telefónica, entró en la directiva de la empresa con treinta y dos años de edad.

Otra característica de los nuevos dirigentes políticos de España era que muchos de ellos provenían del mundo de la enseñanza. Un análisis de los delegados al XXXII Congreso del PSOE, celebrado en 1990, mostraba que más del 20 por ciento habían sido profesores de instituto o catedráticos universitarios. Pero muchos eran tan jóvenes que no habían tenido tiempo de adquirir una reputación antes de dedicarse por entero a la política.

Se podía decir que sin duda España tenía el grupo gobernante más joven de Europa, y tal vez el más inteligente. Pero también que sus miembros eran los menos utilizables fuera de la política. Un número demasiado alto de socialistas que habían tenido algún cargo público, tras dejar el gobierno, montaban consultorías o algo semejante que dependían, sobre todo, de los contratos oficiales. El efecto fue la creación de una red de antiguos altos cargos que se extendía mucho más allá de la propia Administración.

El poder de esa nueva clase socialista se fortaleció, hasta un punto considerable, por la mayoría parlamentaria que habían ganado y de la que iban a disfrutar durante otros once años. Siempre se ha supuesto que un sistema de representación proporcional tiene que dar nacimiento a una sucesión de parlamentos sin mayoría absoluta. Por tanto, la comisión que hizo el borrador de la Constitución en 1978 decidió que sería más seguro, y más justo, que los miembros de todas las instituciones nuevas quedaran determinados por el equilibrio de las fuerzas parlamentarias. La mayoría absoluta daba, pues, a los socialistas el control automático de cuerpos tan importantes como el Consejo del Poder Judicial y la red de radio y televisión estatal.

La llegada de los socialistas también trasladó el peso del poder del norte al sur, en un país en el que las diferencias regionales son profundas. Tanto González como Guerra eran de Sevilla. Varios ministros y muchos altos cargos salieron de las filas socialistas del sur español pobre. Quizá no sea coincidencia que los valores del sur se hayan apoderado de España después de 1982. Las corridas de toros subieron en popularidad. Pocos años después de que un sevillano llegara al poder, las sevillanas hacían furor en todas partes[1]. Sevilla es a España lo que Nápoles a Italia. Los andaluces aportaron su vitalidad, su estilo y su elocuencia a la vida pública. Pero también llevaron a ella una tendencia a la formación de clanes y un concepto del honor anticuado, en el que admitir errores se considera señal de debilidad más que de fortaleza.

Para muchos españoles, la línea divisoria de la era socialista se produjo con el referéndum sobre la incorporación a la OTAN. España se había unido a la alianza con un mínimo de discusión en 1982, en tiempos de UCD. Los socialistas, que se mostraron críticos entonces, en su programa electoral se comprometieron a celebrar un referéndum para retirarse de la Organización; pero al cabo de poco tiempo se les persuadió de que la pertenencia continuada era una condición necesaria para que España estuviera dentro del «club» occidental. Cuando llegó el momento, se ofreció la posibilidad de salir de la OTAN o mantenerse en ella pero sin integración en el mando militar. Sin embargo, antes del referéndum que se celebró el 12 de marzo de 1986, todo el peso de la disciplina partidaria se aplicó a hacer cambiar de criterio a sus miembros o, al menos, a mantenerlos silenciados si se oponían a la política del gobierno. Que tantos socialistas optaron por la lealtad al partido antes que por la propia conciencia dejó desilusionados a muchos de los que votaban tanto a favor como en contra de la OTAN. No obstante, el resultado del referéndum fue de más de nueve millones a favor de permanecer en la organización y menos de siete millones en contra.

Con estos antecedentes, no fue extraño que en las elecciones generales de junio de 1986 el PSOE perdiera más de un millón de votos. Los resultados podrían haber sido peores, de no ser porque una economía española débil, ajustada, empezaba a beneficiarse del ingreso en la CE. La inversión extranjera llegaba al país desde hacía un año y el desempleo empezó a disminuir unos pocos meses antes de las elecciones.

El número de escaños socialistas en el Congreso cayó hasta 184, pero todavía se trataba de una cómoda mayoría absoluta. El partido de Manuel Fraga, Alianza Popular, se alió con otras fuerzas bajo el nombre de Coalición Popular y mantuvo sus 105 diputados, pero no logró apoderarse de los escaños que quedaban vacíos por el derrumbamiento de UCD, que fueron junto con otros al CDS de Suárez, cuya representación en el Congreso subió de 2 a 19. A su vez, Izquierda Unida, una alianza que incluía al Partido Comunista y también a varios grupos y personalidades no comunistas, obtuvo 7 representantes.

En ese año de situaciones cruciales, también llegó la muerte de un socialista que encarnaba muchos de los valores que habían llevado al PSOE al poder. Ninguno de los catedráticos que habían luchado durante el franquismo para dar a conocer ideas progresistas a sus alumnos habían inspirado tanta devoción como el profesor Enrique Tierno Galván. Hacia el fin de la dictadura, se le conocía en todo el país con el cariñoso apodo de «el viejo profesor». El pequeño partido de intelectuales que él había dirigido se fundió con el PSOE antes de que este último llegara al poder. Aunque algunos de sus seguidores pasaron a integrar el gobierno después de 1982, él se quedó como alcalde de Madrid, puesto para el que había sido elegido tres años antes. Su administración fue ejemplar: eficaz, imaginativa y solidaria. Un millón de personas, uno de cada tres habitantes de la ciudad, asistieron a su funeral. Después, a veces, a la vista de lo sucedido, se ha dicho que ese día los socialistas españoles enterraron el espíritu de sus ideales juveniles junto al cuerpo de su viejo profesor.

A lo largo de 1986, la economía creció una media de 3,3 por ciento y ese porcentaje iba en aumento hacia fines del año. España se había embarcado en una típica expansión posterior a la entrada en la

CE. Entre 1986 y 1991, la economía española iba a crecer con mayor ímpetu que la de cualquier otro país comunitario.

NOTA CAPITULO 4

1) La sevillana es la danza que más a menudo se muestra a los extranjeros como expresión del flamenco. En realidad, está en el límite del canon flamenco y muchas autoridades afirman que no tiene nada en común con el flamenco.

5

Una España no tan socialista

Por todo el mundo desarrollado, en los años ochenta, la creación y disfrute de la riqueza dejaron de ser desaprobados. Pero, en España, las actitudes sociales hacia el dinero pasaron por una revolución. Un país, al que su pobreza histórica había llevado a construir todo un sistema de valores en torno a las virtudes inmateriales –dignidad, austeridad y sobriedad–, de pronto se zambullía en el negocio de ganar y gastar dinero, al parecer casi sin echar una mirada atrás.

Las cosas raramente se producen a medias en España, pero es bueno recordar que la recesión había sido más honda y prolongada que cualquiera en Europa occidental. Se había ahondado porque los anteriores dirigentes del país, inmersos en los problemas de la transición, no habían sabido reaccionar con energía ante los retos que presentaban la crisis del petróleo de la OPEP y la revolución de la tecnología de la información. La recesión española fue más larga, porque la economía del país aún estaba en vías de reestructuración en los primeros años ochenta y, por tanto, no disfrutaba de la situación adecuada para beneficiarse de la primer alza del crecimiento mundial tras la recesión: hacia 1984, los ingresos medios reales en España eran, ligeramente, más bajos de lo que habían sido en 1975, a la muerte de Franco. Después de tantos años de privaciones, era lógico que los españoles estuvieran propensos a celebrar la prosperidad.

El rasgo excepcional del auge económico español de los años ochenta, que resultaron más entretenidos que los de muchos otros países, fue el punto hasta el que el dinero serio se asoció con el estilo, con el encanto y, por fin, con el escándalo. La recién construida Torre Picasso, un edificio de oficinas sobre el Paseo de la Castellana madrileño, dio a los españoles un notable símbolo fálico de los valores dinámicos de los ochenta. Mario Conde, elegante hijo de un funcionario de aduanas, se había convertido en el presidente de Banesto, el más aristocrático banco español, y desde ese cargo ofrecía, con su atildamiento sin mácula, el arquetipo del nuevo financiero sin clase social.

Junto a sus socios y rivales, Conde pronto ocupó el sitio de honor en las revistas del corazón, por encima de los habituales grupos de estrellas, de artistas y de herederos reales desterrados. Los lectores descubrieron que la élite financiera, a fin de cuentas, daba mucho más de sí en materia de entretenimiento.

Entre los personajes más peculiares que iban a surgir de los balances estuvieron los «dos Albertos». Primos carnales, cuñados, tocayos y vecinos, Alberto Alcocer y Alberto Cortina se complacían en reforzar sus similitudes llevando idénticas gabardinas. También estaban asociados en sus negocios, pues eran presidente y vicepresidente, respectivamente, de ConyCon, la central de un conglomerado que iba a desempeñar un papel activo en la reestructuración de la banca española. En 1987, ConyCon se unió a la Oficina de Inversiones de Kuwait, que ya había hecho compras muy importantes en España, para formar una compañía de gestión de inversiones, que había puesto dinero tanto en Banesto como en otra potente institución financiera, el Banco Central.

Infortunadamente para los «dos Albertos», ConyCon era casi por entero propiedad de sus mujeres, Esther Koplowitz, marquesa de Casa Peñalver, y Alicia Koplowitz, marquesa del Real Socorro. El imperio se estremeció por primera vez en 1989, cuando Alicia Koplowitz se separó de su marido, tras hacerse pública la relación que él mantenía con Marta Chávarri, hija del jefe de protocolo del gobierno y también marquesa por su matrimonio. En la cúspide del escándalo, la revista *Interviú* publicó una fotografía de Marta Chávarri en un *night-club*, en la que era evidente que bajo su minifalda no llevaba nada. Poco después, el nombre de Alcocer se asoció con el de su secretaria y también él se separó de su mujer, Esther Koplowitz. Las hermanas, entonces, se vengaron de un modo espectacular de sus infieles maridos, apartándolos de la empresa para ocupar ellas sus puestos, en una revolución de junta directiva.

La riqueza ejercía su fascinación sobre todos los sectores sociales, incluido el gobierno. Una de las primeras tareas de los socialistas había sido obtener el apoyo –o al menos cultivar la tolerancia– de la banca madrileña. En España, como en Alemania, los bancos tienen y gestionan amplias franjas del resto de la economía. Una gran cantidad de las primeras captaciones las hizo Miguel Boyer, el primer ministro de Economía y Hacienda de los socialistas. Después de renunciar al cargo en 1985, Boyer se divorció para casarse con una de las personalidades sociales más notables del país, la bella filipina Isabel Preysler, que con ese matrimonio llegaba al tercero, pues había sido la mujer de Julio Iglesias y, más tarde, de un marqués.

Boyer y su segunda mujer, Carlos Solchaga –sucesor de Boyer en el ministerio– y la suya, junto con otras muchas luminarias socialistas, empezaron a aparecer con regularidad en las fiestas de la alta sociedad madrileña y en las de la *jet-set* de Marbella, en la Costa del Sol. La prensa les aplicó la sarcástica etiqueta de «*la beautiful people*».

La reacción podía haber sido menos dura, de no haber demandado Boyer tan grandes sacrificios al pueblo español durante los tres años en los que estuvo a cargo de la economía o si, en tiempos de Solchaga, los beneficios del crecimiento se hubieran repartido mejor. Pero, a mediados de 1988, aún no se habían creado los 800.000 puestos de trabajo prometidos por los socialistas en su primer programa electoral: para esa fecha, a causa del aumento continuado de los que se incorporaban al mercado del trabajo, el desempleo seguía muy por encima del 18 por ciento.

Además, estaba claro que mucha de esa riqueza exhibida con tanta ostentación, en mayor o menor grado, no se había ganado con el trabajo. Gran parte de ella provenía de la venta de negocios familiares a inversores extranjeros; otra buena parte, de la especulación con acciones y valores, algo que en ese período resultó ser una actividad mucho más rentable que sacar adelante una empresa, porque los socialistas mantuvieron los tipos de interés altos y la moneda fuerte, para atraer las inversiones extranjeras. Otra buena cantidad de dinero procedía de la subida de los precios de la tierra y la propiedad, lo que también, en gran medida, se podía atribuir a la acción del gobierno. En los primeros años del gobierno socialista se aprobó una ley que pretendía estimular el alquiler de viviendas, y que tuvo el efecto de llevar al sector grandes sumas que se mantenían a espaldas de Hacienda. Cuando este llamado «dinero negro», invertido por españoles de clase media alta que procuraban engañar al fisco, se encontró con el metálico que hacían florecer los extranjeros deseosos de establecerse en España tras su ingreso en la CE, los precios se dispararon primero en Madrid, después en Barcelona y, por fin, en Sevilla y en las demás capitales de provincia importantes. En un país con un alto nivel de propietarios, el efecto no fue socialmente tan desastroso como podría haber sido. En rigor, así se enriqueció una amplia franja de la nueva clase media. Pero otra consecuencia fue que quienes vivían en las grandes ciudades y no tenían sus ahorros invertidos en una propiedad inmobiliaria al comienzo de aquella expansión terminaron con pocas o nulas posibilidades de tener una vivienda propia.

No obstante, lo que resultaba inaceptable era que una cantidad de nuevos ricos españoles debieran sus bienes lisa y llanamente al cohecho: funcionarios civiles que habían aceptado sobornos para adjudicar contratos públicos, representantes del pueblo que habían desviado fondos públicos a sus bolsillos. Habría sido sorprendente que tan súbito aumento de las fortunas en el país no se hubiera acompañado por un aumento de la corrupción. Pero otros factores hacían de España un país de especial vulnerabilidad: la importancia enorme de los lazos familiares; el tamaño de su sector público; el rápido crecimiento de los ingresos –y gastos– del gobierno por el aumento que los socialistas aplicaron a los impuestos y, quizá lo de mayor peso, la pobreza en materia de leyes anticorrupción. En un principio, esto se podía disculpar explicándolo como una herencia del franquismo. Pero los socialistas mostraron poco interés en cambiar las cosas, e incluso hubo indicios de que la omisión era deliberada, de que algunos líderes socialistas creían que la corrupción, en realidad, podía promover el crecimiento económico español, porque ayudaba a sortear los cuellos de botella que creara su anticuada burocracia. En 1991, el *Word Economic Forum* concluyó que, entre los países desarrollados, España era el segundo, detrás de Italia, por la carencia de medidas anticorrupción.

Desde el principio mismo de su mandato, González confió el control de la economía al grupo más conservador de su partido. Boyer, Solchaga y la mayoría de los funcionarios jóvenes a los que se encomendaron los cargos de economía provenían del sector llamado «social demócrata». En la medida en que siguieron una política de presupuestos deficitarios y consintieron que el gobierno hiciera inversiones para crear empleo a través de obras públicas, eran neokeynesianos. Permitieron que se gastara más dinero en salud y educación. Persiguieron el fraude fiscal con más energía que la aplicada por sus predecesores de UCD. No optaron por verdaderas privatizaciones (bajo el poder del PSOE, aunque se vendieron acciones de empresas públicas, casi siempre el Gobierno retuvo el control efectivo).

Los «socialdemócratas» españoles se diferenciaban de sus pares del resto de Europa porque eran reacios a aprobar una política destinada a la redistribución dirigida de la riqueza. El objetivo continuado de la política económica de los gobiernos de González fue el crecimiento absoluto, con la expectativa de que la riqueza se filtrara a través de la pirámide social sin necesidad de una intervención del gobierno.

Durante varios años, los socialistas consiguieron un crecimiento y, por cierto, en una escala notable. En 1992, España había aumentado en un 40 por ciento, en términos reales, el PIB del año 1980. En consecuencia, la mayor parte de sus habitantes estaban mucho mejor que nunca.

La política económica realista adoptada por los «socialdemócratas» españoles era similar a la imperante en muchos otros países de Europa occidental a fines del decenio de 1980. Sin embargo, en esos otros países que se atenían a las doctrinas de libre mercado, ya existían una amplia estructura de prestaciones sociales. El equipo de González empezó a aplicar políticas semejantes en un país en el que apenas algo más de una cuarta parte de los parados tenían derecho a la percepción de la prestación por desempleo. Las promesas hechas a los sindicatos en este sentido se olvidaron en cuanto subió el PIB. Una mirada a las estadísticas relacionadas con otros aspectos de las prestaciones sociales demostrará que, en la mayoría de los casos y sobre todo después de 1986, el ritmo de las mejoras se frenó.

La prioridad máxima en los proyectos del gobierno era el progreso de la infraestructura del país. En parte, había que crear nuevos puestos de trabajo; en parte, aumentar la competitividad española pero también, hasta cierto punto, responder a las demandas que imponían al país los acontecimientos de 1992 y los planes al respecto. Sevilla sería el escenario de la feria mundial, la Expo '92. Barcelona iba a albergar los Juegos Olímpicos. Madrid sería la Capital Cultural de la CE. Distintas reuniones celebrarían en diversos puntos de España el Quinto Centenario del primer viaje de Colón a América.

Los fastos de 1992 siempre tuvieron un aire de «pan y circo»; pero la compañía de proyectos aparentes de necesidad tan poco clara como la línea del tren de alta velocidad Madrid-Sevilla hizo que el enfoque socialista trajera el recuerdo de algo habitual en las naciones del Tercer Mundo inmediatamente después de una descolonización: España también se sentía como un «país joven» y tenía cierta proclividad a excederse en sus esfuerzos para impresionar a los demás.

A mediados de 1988, el gobierno de González se enfrentó con un escándalo en potencia catastrófico. Poco después de que los socialistas subieran al poder, se dio a conocer una organización autodenominada Grupos Antiterroristas de Liberación (GAL), que se responsabilizó del asesinato de 24 personas en el suroeste de Francia. La mayoría eran miembros exiliados o simpatizantes de ETA, la banda terrorista vasca. Pero algunos no lo eran.

Posteriores investigaciones de la prensa, en especial las que llevó adelante el periódico *Diario 16*, acumularon una gran cantidad de pruebas que sugerían que la organización de los GAL estuvo a cargo de dos policías españoles, el comisario José Amedo y el inspector Michel Domínguez. Tras una instrucción impulsada por las revelaciones de la prensa, ambos fueron encarcelados a la espera de su juicio. Pero la pregunta clave sobre si actuaron por propia iniciativa o cumplían órdenes superiores no tuvo respuesta. El jefe de la policía española declaró que un viaje en el que se decía que los dos hombres debían reclutar mercenarios se había pagado con fondos reservados del gobierno. Pero cuando el juez instructor quiso más datos acerca de los fondos reservados, el ministerio de Interior se negó a dar la información, actitud que desencadenó una confrontación entre el poder judicial y el ejecutivo como nunca antes se había visto en la España democrática. Al fin, pese a todo, el Consejo General del Poder Judicial que administra el sistema judicial dio un paso atrás y se mantuvo ese privilegio del ejecutivo[1].

El asunto GAL fue el primero de una sucesión de escándalos mezquinos, que implicaban a políticos y funcionarios socialistas. En todos ellos el tema en disputa era la incapacidad, o falta de interés, de los socialistas para trazar una línea que diferenciara lo que podían hacer en su papel de políticos, altos cargos o lo que sea y lo que podían hacer a título personal. Al respecto, ya en 1985 se manifestó la preocupación general, cuando Felipe González y su familia pasaron parte de sus vacaciones a bordo del antiguo yate de Franco, el *Azor*. Volvería a la superficie otra vez cuando su vicepresidente, Alfonso Guerra, se hiciera llevar en un avión militar para no sufrir los inconvenientes del exceso de viajeros en su regreso tras unas vacaciones de pascua. En octubre de 1988, la directora del monopolio de radiotelevisión estatal, Pilar Miró, nombrada por los socialistas, tuvo que renunciar ante una denuncia de que había usado el dinero de la corporación para comprar ropas y joyas para sí y regalos para sus amigos.

Más tarde se levantaron los cargos contra Pilar Miró, pero en ese ambiente de disgusto general creciente las centrales sindicales, después de muchos y fracasados intentos de lograr que el gobierno cumpliera sus compromisos, convocaron una jornada de huelga general para el 14 de diciembre de 1988. El resultado superó todas las predicciones, incluidas las de los sindicatos: pararon dos tercios de los trabajadores del país. La respuesta del gobierno fue permitir que se celebrara en las Cortes un debate especial, en el que González explicó por qué era imposible satisfacer la mayor parte de las demandas sindicales. Se esbozó un plan de empleo juvenil, cuya elaboración se exigía. Y allí pareció que quedaba todo.

Sin embargo, transcurrido un intervalo adecuado, los ministros de Felipe González con lentitud y mucha cautela volvieron a establecer contacto con los gremialistas y, tras una etapa de varios meses de negociaciones largas y enredadas, el gobierno aceptó muchas de las demandas sindicales. Los resultados de esas conversaciones, que mejoraron sustancialmente las prestaciones sociales en España, tuvieron un mínimo de publicidad. Con la huelga general de 1988 y sus casi clandestinas consecuencias, se descubría algo hasta entonces desconocido en lo que se refería al gobierno: lo que más importaba a González y a sus ministros –y lo que ellos creían que más importaba a los electores– no era que la opinión pública los viese sensibles a ella sino que no debían perder su imagen a los ojos de los votantes.

Los socialistas pensaron, y no se equivocaban, que el crecimiento económico pronto empezaría a reducir el número de parados. En cualquier caso, los electores insatisfechos no tenían una alternativa política obvia. En momentos en que el comunismo quedaba desacreditado y se desmantelaba en toda Europa, se supuso que la gente no querría apoyar a los comunistas y a sus aliados de Izquierda Unida. A la derecha del PSOE, aunque en esa época aportaran ideas políticas incluso más izquierdistas que las del gobierno, estaban el CDS y AP.

Ambos partidos tenían el problema de que sus líderes eran hombres cuyas perspectivas estaban enturbiadas por su pasado franquista. El papel de Adolfo Suárez en la transición había convencido a los electores de que su compromiso democrático era genuino; pero no parecía que él fuera capaz de actuar con la idea de que un político democrático ha de hacer algo más que ir a las tribunas en período preelectoral. Sus apariciones públicas entre las elecciones se habían hecho tan raras que un dibujante empezó a caricaturizarlo como un caracol.

La contribución de Manuel Fraga era de un valor casi equivalente. Al participar en el juego democrático con tan visible gusto, persuadió a los elementos más reaccionarios de la sociedad de que no tenían nada que temer de la democracia. Pero su actitud autoritaria era un recuerdo constante de su pasado totalitario.

Después de las elecciones de 1986 y a regañadientes, Fraga y AP llegaron a la conclusión de que jamás alcanzarían el poder con él como líder. A principios del año siguiente, Fraga dimitió para que ocupara su puesto un joven abogado andaluz, Antonio Hernández Mancha. Pero la actitud y la apariencia frágiles de Hernández Mancha no le ganaron mucho respeto y AP pronto se deshizo en rencillas. A principios de 1989, Fraga volvió al partido para preparar el camino de un sucesor más perdurable.

Su primera elección recayó en Marcelino Oreja, antiguo ministro de UCD y Secretario General del Consejo de Europa, que tenía el atractivo adicional de llevar consigo a una cantidad de demócrata cristianos que estaban a la deriva. Aunque pasara a ser más que nunca una alianza, a causa de esa inclusión, Alianza Popular se rebautizó, perversamente, con el nombre de Partido Popular (PP). Oreja fue su candidato en las elecciones al Parlamento europeo celebradas en junio pero, a pesar de las impecables eurocredenciales del candidato, el partido perdió terreno. Se sabía que los socialistas querían un mandato que les asegurara la permanencia en el poder durante todo el año

1992. De modo que Fraga tuvo que salir en busca de un candidato aceptable como futuro presidente del gobierno, para unas elecciones generales que se podían convocar en cualquier momento. Optó por José María Aznar, un joven ex inspector de Hacienda que había hecho un trabajo notable como presidente del gobierno autónomo de Castilla-León.

En la campaña de las elecciones generales de octubre de 1989, el mensaje socialista al electorado no varió. Felipe González dijo a quienes se congregaban para oírlo que España disfrutaba de un prestigio internacional mayor que nunca desde los tiempos del emperador Carlos V, en el siglo XVI. Tal vez fuera cierta su afirmación, pero se criticó a él y a sus ministros que hubieran caído en el delirio de grandeza. En una entrevista concedida a un periódico, el líder comunista Julio Anguita también recurrió a la España del Siglo de Oro en busca de inspiración, pero comparó la situación del país con una carabela de la flota de los Habsburgo: un exterior de ornamentación brillante ocultaba un interior en estado de pudrición.

Su crítica contra el gobierno tocó una cuerda sensible en los votantes, porque cuando se conocieron los resultados fue evidente que Izquierda Unida había desafiado la tendencia general europea de apartamiento del marxismo. La coalición duplicó el número de votos y aumentó el de escaños en el Congreso de 7 a 17, con los que superaba al CDS, que de 19 diputados pasó a tener sólo 14. El éxito de Izquierda Unida también arrebató a los socialistas la mayoría absoluta[2]. El PSOE se quedó con la mitad de escaños en el Congreso, aunque todavía estaba en condiciones de legislar sin el apoyo de la oposición.

En el total de la votación, el Partido Popular conducido por Aznar tuvo un resultado algo peor que el conseguido por la Coalición Popular de Fraga en 1986. Pero consiguió un escaño más y se consideró que lo logrado era suficiente para un candidato que había recibido su confirmación con la campaña preelectoral ya iniciada. Cuando Fraga fue elegido presidente del gobierno autónomo de su Galicia natal, se despidió de la dirección del partido con la convicción de que, por fin, había un líder capaz de ofrecer al electorado un conservadurismo moderado y digno de crédito.

Apenas si habían pasado las elecciones, cuando los socialistas se encontraron con un escándalo de dimensiones bien distintas al de Pilar Miró. Se descubrió que Juan Guerra, hermano menor de Alfonso, había ocupado un despacho oficial en Sevilla durante varios años, en los que nunca tuvo ningún cargo oficial. También se le acusó de haber usado sus relaciones con la Administración para amasar una fortuna personal por tráfico de influencias. Alfonso Guerra dimitió de la vicepresidencia del gobierno –aunque no de la vicesecretaría del partido– a principios de 1991. Su alejamiento ahondó una brecha, creciente desde hacía tiempo, entre la maquinaria del partido socialista, que permanecía leal a la retórica, ya que no a la práctica, del socialismo ortodoxo, y un gobierno socialista que cada vez se mostraba más seducido por el neoliberalismo.

Sobre el nacimiento de una nueva clase de intermediarios, había rumores desde tiempo atrás y a principios de 1989 un diputado del Parlamento autónomo de Madrid aseguró que cierto «Señor Fixit», que lo hacía de parte del PP, le había ofrecido 100 millones de pesetas para que olvidara su lealtad partidaria. Sin embargo, Juan Guerra estaba tan íntimamente ligado al nivel más alto del partido gobernante que nacieron las preguntas de si en realidad había obrado por su cuenta o a favor del PSOE.

Todo el que hubiera asistido a los actos electorales, donde había equipos de sonido de gran calidad y efectos lumínicos caros, alcanzaría el perdón si se preguntara cómo podía ser que un partido que por su nombre pertenecía a los trabajadores pudiera permitirse esos gastos. Parte de la respuesta era que el PSOE, como otros partidos españoles, venía arrastrando una deuda enorme. Pero crecían las sospechas de que esa respuesta no era la totalidad de la respuesta.

En teoría, el PSOE debía cumplir con las estipulaciones de una ley sobre la financiación de los partidos, vigente desde 1987, por la que era ilegal que los partidos políticos obtuvieran fondos de cualquier fuente que no fueran los subsidios públicos, las cuotas de sus afiliados y algunas donaciones estrictamente limitadas. En la práctica, el único que controlaba esto era un tribunal cuyos miembros nombraba un parlamento en el que el PSOE tenía mayoría absoluta.

A pesar de todo, el primer partido que resultó cazado en un escándalo de supuesta financiación ilegal fue el PP y no el PSOE. A principios de 1990, llegó a la prensa la transcripción de conversaciones telefónicas grabadas por la policía –eran un elemento lateral de una investigación sobre tráfico de drogas–, en las que funcionarios del PP, incluidos dos tesoreros nacionales sucesivos, hablaban con un lenguaje digno de la Mafia de la forma en que hacían sus «colectas» entre los promotores y constructores, para brindarles el privilegio de no ver obstruidos sus proyectos por gobiernos municipales o autonómicos[3].

Surgió la sospecha inevitable de que el asunto salió a la luz por instigación de los socialistas. Si fue así, lo que ganaron fue una tregua muy breve, porque en abril de 1981 estallaba el llamado caso FILESA en las primeras planas de los periódicos. El tema saltó cuando un indignado contable chileno, Carlos Alberto van Schouwen, inició una querella por despido injusto contra los propietarios de un grupo de compañías con base en Barcelona y del que FILESA formaba parte. En la documentación que presentó al juez, aseguraba que la verdadera actividad del grupo era obtener fondos facturando a grandes empresas unos trabajos de consultoría inexistentes.

Cuando los socialistas tenían que volver al pueblo, en las elecciones municipales de mayo de 1991, las encuestas de opinión les transmitieron dos mensajes alarmantes. Uno era que el voto de la derecha se consolidaba tras Aznar y su remodelado PP. El CDS vivió un desastre en esas elecciones e inmediatamente después Adolfo Suárez renunció a la dirección del partido. Desde entonces ha desaparecido de la escena política.

La otra señal de advertencia era que los votantes del PSOE se encontraban, cada día más, sólo entre los sectores de población menos conscientes de la política. Crecía sin cesar la dependencia de los socialistas de votantes mayores, de zonas rurales, en especial de los del sur pobre. Su vulnerabilidad quedó en evidencia cuando perdieron la alcaldía de Sevilla, la ciudad natal de González, Guerra y varios de sus colaboradores más cercanos, que además era donde los socialistas estaban poniendo enormes sumas de dinero para adecuarla a su papel durante las celebraciones de 1992.

El «año de España», como se lo llamaba, había tenido unos orígenes más bien casuales. Aunque la Expo'92 se identificó con los socialistas, cuyos principales líderes eran sevillanos, se la concibió –antes de que ellos llegaran al poder– como la mitad de una feria mundial única con dos sedes, la segunda en Chicago. Cuando los norteamericanos dieron marcha atrás, los españoles decidieron seguir adelante.

Al mismo tiempo, las autoridades catalanas aportaban una iniciativa independiente: la de que en Barcelona se celebraran los Juegos Olímpicos. Cuando lo consiguieron, parecía que la CE no podía hacer otra cosa que no fuese ofrecer a Madrid un premio de consuelo, nombrándola Capital Cultural europea durante 1992.

Así fue como España se encontró con la responsabilidad de poner en escena un capricho único. En el momento en que trataron de racionalizar la situación, las autoridades aportaron diversos argumentos: el país debía trabajar para cumplir con una fecha tope, una excusa para desarrollar su infraestructura y una oportunidad para recuperar con estilo su puesto en la escena mundial.

En los tres ámbitos, se puede decir que 1992 fue un éxito parcial, únicamente parcial. Cierto número de los proyectos concebidos quedaron en el olvido, como la extensión del metro barcelonés, o no se terminaron a tiempo, como la restauración del Teatro Real madrileño. Se hicieron notables mejoras en la red de comunicaciones de España, pero a menudo tergiversadas por las exigencias específicas de los acontecimientos de 1992. Por ejemplo, en Sevilla se construyó un aeropuerto inmensamente caro, que no podrá usar en su totalidad hasta ya bien entrado el próximo siglo.

Es verdad que el año 1992 permitió que España hiciera una nueva entrada tras el aislamiento de los años franquistas. Pero, creo, se puede afirmar que, de no haber sido por el éxito resonante de los Juegos Olímpicos de Barcelona, se habría dicho que España dio un traspié y trastabilló al subir otra vez a la plataforma. El comentario más benévolo del papel de Madrid como Capital Cultural europea es que no fue algo excepcional. Tanto la Expo'92 como el Quinto Centenario mostraron una extraordinaria tendencia a los accidentes. Una réplica de la primera nave que circunnavegó el planeta, especialmente encargada, se hundió en cuanto dejó su grada del astillero. En la flotilla que repitió el derrotero de Colón hasta el Nuevo Mundo hubo un motín. Un incendio destruyó hasta sus cimientos el pabellón central de la Expo'92, en la víspera de cuya apertura la policía disparó con balas verdaderas contra manifestantes, con lo que revivía la imagen de la España que los festejos del '92 querían borrar.

El presidente del gobierno, terminadas las celebraciones, dijo que se había apartado el fantasma de la ineficacia española y se había demostrado que el país era tan capaz como cualquiera para organizar acontecimientos importantes. En realidad, me figuro que, para convencer al mundo de la capacidad española de organización, más valor tuvo el éxito de España al convertirse, un año antes, en sede de la conferencia de paz en Oriente Medio con un plazo de preparación temiblemente breve.

Lo que constituyó toda una revelación fue la forma abrupta en que terminó la «fiesta» española. Aun antes del fin de 1992, el país se precipitaba en la recesión. Como si fuera un símbolo la *Kuwait Investment Office* (KIO), máxima inversora extranjera en el auge económico de los años ochenta, cerró sus puertas. El PIB del primer trimestre de 1993 fue un 1,2 por ciento más bajo que en el trimestre correspondiente del año anterior. A fines del segundo trimestre, el porcentaje de desempleo llegaba al 22,5, el mayor de la CE. Entre tanto, la peseta soportaba su tercera devaluación en el lapso de ocho meses.

De hecho, el auge económico había perdido empuje mucho antes: según algunos, ya en 1989. Lo que el gobierno hizo entonces fue presentar un par de presupuestos expansionistas, pensados para poner al país a punto para 1992. Se construyó mucho, lo que contribuyó a la generación de actividad económica, en general, y mantuvo a la gente apartada de las colas de desocupados, en particular. Pero, cuando se produjo, el colapso fue mucho más abrupto en correspondencia.

Lo que he dicho en un capítulo anterior acerca del crecimiento veloz entre 1961 y 1973 también se aplica al breve pero vertiginoso auge de los años ochenta: lo que menos cambió fue la forma de la economía. A principios del decenio de 1990, España aún padecía los problemas tradicionales de alto desempleo y altos precios del dinero. La inversión había sido considerable, pero buena parte de ella especulativa más que productiva. En rigor, después de que España se incorporara, a mediados de 1989, al mecanismo de tipos de cambio del sistema monetario europeo (SME), acumular pesetas se convirtió en una apuesta de una sola vía: el rendimiento verdadero de los depósitos era mayor que la depreciación máxima que permitía el mecanismo. Muchas empresas se modernizaron, a menudo después de pasar a manos extranjeras, pero la industria en su conjunto no había resuelto el problema de cómo podría competir de verdad con sus rivales europeas.

En muchos campos, las mejoras de calidad o de cantidad en la producción se diluían ante el aumento del costo de la mano de obra. España ya no era un país de manufacturas baratas; sobre todo cuando se la comparaba con las nuevas democracias de Europa oriental y central y, en términos generales, tampoco podía ofrecer productos equiparables con los de las naciones más avanzadas de la CE.

Los agobios del gobierno aumentaron con la continuada investigación de FILESA. En marzo de 1993, los auditores del gobierno entregaron al Tribunal Supremo un informe de 500 páginas que exponía las principales acusaciones y detallaba pagos irregulares por un total de 997 millones de pesetas. La reacción de González fue una amenaza de dimisión, a menos que alguien del partido asumiera la responsabilidad. Cuando los jefes del partido, con Guerra a la cabeza, se negaron, el jefe del gobierno convocó elecciones.

La campaña para las elecciones generales de 1993 tuvo de todo. Las encuestas daban el primer lugar cada día a uno u otro de los dos principales candidatos. El tenor era tan alto en las tribunas que Julio Anguita, líder de Izquierda Unida, la coalición dominada por los comunistas, terminó ingresado en un hospital. También fueron las primeras elecciones generales españolas en las que se llevaron a cabo debates televisados, al estilo de los de Estados Unidos. En el primero de ellos, Felipe González, a quien se creía imbatible en cualquier enfrentamiento directo, cayó en la confusión ante un José María Aznar mejor preparado. En el segundo de esos encuentros, el presidente del gobierno volvió a ocupar la cabeza.

Al parecer, el equilibrio se rompió en los últimos días previos al de la votación, porque los socialistas apelaron a la táctica del miedo. En varias oportunidades, compararon a Aznar con Hitler, con Franco y con el líder del abortado golpe de 1981. La constante insistencia en la necesidad de apoyar a la «izquierda» frente a la «derecha» hizo perder votos a la coalición de Anguita.

Por último, el PSOE ganó 159 escaños en el Congreso de los diputados, contra los 141 del PP; Izquierda Unida sacó sólo un diputado más que en 1989, es decir, 18 en total. El CDS no obtuvo representación.

En diversos sentidos, la joven democracia española surgió fortalecida y también debilitada de las elecciones. Lo emocionante de la contienda ayudó a estimular una cultura política que parecía correr el riesgo de una atrofia. Pero lo que una democracia bisoña necesita, por encima de todo, es la experiencia de la alternancia en el poder, y eso no ocurrió.

En la noche del día de las elecciones, el presidente del gobierno prometió a sus jubilosos seguidores «un cambio del cambio». Era una alusión directa al espíritu del año 1982 y, sin duda, la aritmética electoral demostraba que, hasta cierto punto, González ya había logrado evocarlo, pues las cifras implicaban que el PSOE había ganado el apoyo de una cantidad de votantes que se habían abstenido en elecciones anteriores, pero que once años antes habían dado su voto al PSOE para evitar que volviese una dictadura de derecha y, en ese momento, se habían dejado persuadir de que debían hacerlo una vez más.

Sin embargo, todas las decisiones posteriores de González sugerían que, tras pedir y obtener el voto del centro-izquierda, estaba decidido a mantenerse en su política de centro-derecha. Los resultados electorales dejaron a los socialistas a 17 escaños de la mayoría absoluta. González ofreció puestos dentro de un gabinete de coalición a los principales grupos nacionalistas catalán y vasco, ambos, ideológicamente de centro-derecha. Aunque su oferta no fue aceptada, continuó gobernando sin pactar con la izquierda. Cuando por fin presentó un nuevo gabinete en minoría, lo configuró purgando de él a la facción más ortodoxa y leal a su antiguo amigo y vicepresidente, Alfonso Guerra. Un tercio de los miembros del nuevo gabinete ni siquiera pertenecía al PSOE.

Las elecciones de 1993 fueron el preludio de tres años de parálisis generalizada en los que los socialistas se hundieron cada vez más en el escándalo y los nacionalistas catalanes, cuyos votos los mantuvieron en el poder, sufrieron cada vez mayores presiones para abandonarlos. Tal vez el asunto que más daño causó surgió en 1994, cuando el ex director general de la Guardia Civil, Luis Roldán, huyó del país para evadirse de las acusaciones de malversación de fondos públicos. Sin embargo, no fue hasta finales de 1995 cuando los nacionalistas catalanes retiraron por fin su apoyo a Felipe Gónzalez y al gobierno de éste.

Las elecciones generales que se celebraron al año siguiente fueron sin duda alguna un acontecimiento que hizo época, ya que echaron a los socialistas después de 13 años en el gobierno y dieron el poder, por primera vez desde el regreso de la democracia, a un partido con ideas inequívocamente a favor del libre mercado, y proporcionaron a España un presidente nuevo en la persona de José María Aznar. Lo que fue quizá más importante: demostraron que en España el poder podía cambiar de manos de manera democrática y pacífica, sin que fuera necesario que el partido que estaba en el gobierno desapareciera, como había ocurrido con UCD a principios de los ochenta.

De todos modos, el resultado fue menos nítido de lo esperado. El Partido Popular no consiguió la mayoría absoluta en el Congreso de los Diputados, y tuvo que acceder al gobierno dependiendo de la buena voluntad de los nacionalistas catalanes, igual que les ocurrió antes a los socialistas. Lo que mostraron los resultados de las elecciones fue que, a pesar de las manchas en el expediente de los socialistas, a muchos españoles les costó votar al PP, ya sea porque no se imaginaban a Aznar, un líder poco carismático, como presidente del país, ya sea porque seguían teniendo miedo de su partido, el cual, a pesar de ser democrático en su estructura y en sus objetivos, había sido fundado por un antiguo ministro de Franco. También podría decirse que el resultado de las elecciones de 1996 trajeron a la superficie algo que yacía profundamente enterrado en la mente de los españoles.

A pesar de su historia, o tal vez por ella, los españoles son bastante reacios a cambios radicales o transformaciones súbitas. Y su actitud estaba inevitablemente reforzada por los treinta y seis años de gobierno franquista. Esto se puede ver, creo, en la forma en que los españoles se tranquilizan unos a otros con frases que denotan la inexistencia de cambios. Mientras ingleses, franceses e italianos usan expresiones afirmativas para decir que las cosas marchan bien –*all right, ça va, va bene*–, los españoles siempre usaron formulaciones negativas. En tiempos fue «sin novedad» y hoy se emplea «no pasa nada». Un extranjero se queda perplejo al ver que una remodelación de gabinete es en España, invariablemente, una «crisis gubernamental».

Es una de las muchas formas en que, casi veinte años después de la muerte de Franco, la nueva España todavía da testimonio de esa larga dictadura y de aquellos cambios posteriores que esta hizo inevitables.

NOTAS CAPITULO 5

1) En septiembre de 1991, Amedo y Domínguez fueron sentenciados cada uno a más de cien años de prisión por su relación con los «escuadrones de la muerte» de los GAL. En la sentencia, los jueces liberaron al Estado de toda responsabilidad o complicidad en las actividades de los policías.

2) El resultado no se conoció hasta casi cinco meses después. Se presentaron numerosas recusaciones de irregularidad a la votación y todas ellas pasaron a los tribunales; en algunos casos hubo que repetir la votación. La última repetición se celebró en febrero de 1990 en Melilla, el enclave del norte de Africa.

3) El caso se cerró porque la justicia no aceptó como prueba las cintas grabadas.

6

El espíritu de la nueva España

El «año de España», vino a tener tantos aniversarios que empezó a parecer casi artificial. Aparte del Quinto Centenario del primer viaje de Colón a América y del aniversario de la conquista de Granada y de la expulsión de los judíos, 1992 era el año del centenario del nacimiento del general Franco.

En España misma no se hizo mucho caso de esto. Se publicaron unos pocos libros nuevos sobre el Caudillo. Algunos metros de película originales sobre él se descubrieron y emitieron por televisión; en la propia fecha del aniversario, el 4 de diciembre, la mayoría de los periódicos publicaron un suplemento o un editorial, o ambas cosas.

Posiblemente el sentimiento expresado con mayor frecuencia respecto de Franco en los días cercanos a su centenario fuera el de que se había convertido en algo incongruente. Según un editorial de *El Mundo*, «los españoles miran la era de Franco como desde una enorme distancia... Su recuerdo se ha borrado del presente colectivo. Hoy no sirve como un punto de referencia prácticamente para nadie».

En un sentido esto es verdad. El franquismo no sobrevivió como movimiento político. Además, la historia que se enseña en las escuelas termina en la Guerra Civil, por lo que la mayoría de los jóvenes españoles no tiene más que una idea vaga sobre quién era ese personaje. Algunos escolares entrevistados en la radio para un programa sobre el centenario tenían la impresión de que Franco había sido un afiliado del PSOE. Los que crecieron ya en democracia se desconciertan, e incluso molestan, cuando oyen que los extranjeros siguen hablando de su país como de una «España postfranquista», cuando ya han pasado veinte años desde la muerte del dictador.

Pero los extranjeros a menudo ven con más claridad que los españoles lo que diferencia a España y saben, o sienten, que muchos de sus rasgos peculiares son la consecuencia de que un solo hombre haya gobernado el país no durante cinco, diez ni veinte años, sino a lo largo de treinta y seis. Aunque los españoles no quieran reconocerlo –y la mayoría no lo hace–, la firma de Franco continúa estampada en todo el país al que gobernó. Su inflexible mercado laboral, su enorme, ampliamente ineficaz e improductivo sector público y el corporativismo que se encuentra en la administración pública y en las profesiones liberales son herencia del pasado franquista de España.

Otro tanto ocurre con muchos de los instintos y actitudes más característicos de la nueva España. Por paradójico que sea, el legado más evidente de Franco es uno que, según sugieren todas las pruebas, era el que menos intención de dejar tuvo él: una tolerancia generosa que se ha convertido en el sello de la sociedad española moderna.

Franco fue un individuo obsesivamente vengativo. Varios meses antes del fin de la Guerra Civil, promulgó una ley de responsabilidades políticas que consideraba delito no sólo haber luchado contra los nacionales, sino también no haberse plegado al alzamiento, y no sólo haber estado en el otro bando durante la guerra, sino también haber estado en el otro bando incluso antes de la lucha.

Decenas de miles de «rojos» fueron ejecutados en los años posteriores a la contienda. Se promulgó un «decreto punitivo» contra los habitantes de las dos provincias vascas más pobladas. El principal dirigente catalán fue fusilado y, aunque el régimen de Franco poco a poco fue dejando de lado la persecución activa de sus opositores, algunos nunca se convencieron de que podían estar seguros fuera de la clandestinidad. Uno de los hechos más notables de los años inmediatamente posteriores a la muerte de Franco fue la reaparición de una cadena de los llamados «topos» que habían estado ocultos en España durante más de tres decenios y medio. Al conseguir que las heridas ocasionadas por la Guerra Civil permanecieran abiertas tanto tiempo, sin embargo Franco inoculó en sus compatriotas el antídoto contra la intolerancia de la que él mismo era símbolo.

En forma simultánea, Franco o sus acólitos sembraron en la sociedad española una particular mezcla de actitudes conservadoras y corporativistas. España es el único país de Europa que se convirtió en una sociedad tecnológicamente avanzada bajo el mando de un dictador de ultraderecha. Como veremos, la mayoría de los españoles saborearon por primera vez el bienestar económico en una sociedad en la que los impuestos eran bajos; en la que comprarse una vivienda era casi obligatorio y en la que se debía ahorrar para el propio futuro y para pagarse la propia atención médica; en la que se podía trabajar horas extra, pero en la que los sindicatos y las huelgas eran ilegales.

Los tecnócratas del *Opus Dei*, artífices del «despegue» económico de España, quizá no tuvieron éxito en el intento de cambiar totalmente el tradicional desdén por el trabajo manual por una ética del trabajo nueva, católica y no protestante. Las dos actitudes pueden verse en conflicto diario. Pero esos hombres consiguieron superponer la una a la otra e introducir en la sociedad el elemento ético del «ponte de pie».

Los españoles no suelen esperar del Estado el tipo de amortización que se considera lógico en el resto de Europa occidental. De vez en cuando, el gobierno organiza campañas para evitar que la gente pierda la vida en las carreteras, con el tabaco o por el SIDA, pero no son muy corrientes. Las prestaciones sociales se volvieron más generosas bajo el mandato socialista, pero ellos mismos pensaron en recortarlas si los tiempos se ponían duros. Al menos en tres ocasiones, los socialistas respondieron a una depresión económica limitando el derecho al subsidio de desempleo. Los españoles miran asombrados a quien les dice que, entre todas las sociedades europeas, la española es la que tiene, con respecto al papel del Estado, las actitudes más cercanas de las que hay en Estados Unidos.

Más cercanas aunque más extremas, porque los tecnócratas no estaban escribiendo en una tablilla en blanco. Imponían sus ideas liberales en una sociedad ya hondamente afectada por el fascismo de los primeros tiempos franquistas. Una de las ideas que caracterizó al fascismo, como al comunismo, era considerar bueno que el Estado fuese dueño de todo e intervencionista. La proyección de ese concepto se puede ver en muchos aspectos de la vida española actual y, en ese sentido, España es semejante a algunos países del antiguo bloque soviético.

Por ejemplo, nadie en España procura arrebatar al gobierno la iniciativa de llevar adelante –aunque hasta ahora no haya habido suerte– la negociación de pactos tripartitos sobre política económica y social con los sindicatos y la organización patronal. Sin duda hay argumentos para defenderlos: están dentro del pensamiento socialista; son la norma en varios países europeos; están implícitamente recomendados en la Constitución. Pero lo que hace que España sea tan notable es que, aunque el resto del mundo ha pasado por una revolución de libre mercado en los últimos quince años, nadie –los empresarios menos que nadie– se plantea si tales asuntos no deberían estar, tal vez, en manos de las fuerzas del mercado.

No obstante, casi no se discute al gobierno el derecho de fijar los precios de los combustibles; ni el de hacerse con miles de millones de pesetas obligando a los bancos a depositar parte de sus dineros en el

Banco de España. Nadie ve raro que aún exista una agencia oficial de noticias; ni que se use el dinero de todos para financiar encuestas de opinión cuyos resultados se entregan primero al gobierno y más tarde, si es que se les hacen llegar, a los partidos de la oposición.

El gobierno de Franco hizo que los españoles dependiesen más de sí mismos y de su Estado, pero no unos de otros. Su poca propensión a asociarse ya se había señalado mucho antes de Franco. Richard Ford, un viajero del siglo XIX, declaraba: «Los iberos jamás se unirán, jamás, como decía Estrabón, pondrán sus escudos juntos, jamás sacrificarán su propio interés privado local por el bien común». Los pensadores españoles llegaron a conclusiones semejantes. Para Ortega y Gasset, en su famoso texto de 1921, España era «invertebrada».

Lo que sin duda es verdad es que ha sido un país tradicionalmente pobre en asociaciones voluntarias, como gremios, mutualidades, clubes políticos, grupos de presión, fundaciones de caridad y otras similares. Los orígenes del fenómeno tal vez estén en la naturaleza de la sociedad española o en la personalidad de su pueblo, pero la dictadura de Franco dio lugar a que el rasgo persistiera al hacer difícil, y en muchos casos ilegal, la creación de tales grupos. Es irónico que la continuada «invertebración» de España pueda ser una de las causas por las que ha resultado tan fácil el cambio. Las autoridades no tuvieron que luchar con el habitual surtido de grupos de interés bien organizados, que en otros países podrían haber cuestionado y obstruido las reformas.

Una forma de juzgar a Franco es la de comparar sus hechos con los de Salazar, el vecino dictador de Portugal. Destacan dos diferencias y ambas tuvieron una influencia de gran alcance en el camino que siguió España. En primer lugar, Franco no se resistió a los intentos de mejorar el bienestar material de su pueblo, cosa que sí hizo Salazar; tampoco se dejó llevar a una guerra colonial, por lo que a diferencia del fracaso de Salazar al respecto, él consiguió mantener leal al ejército.

Así se evitó una revolución como la que los oficiales portugueses descontentos desencadenaron en 1974. En realidad, se descartó una revolución de cualquier clase porque el ejército –todavía leal, en términos amplios, a la memoria y a los ideales de su Generalísimo– podría haberse basado en cualquier prueba de un regreso al caos prefranquista como pretexto para intervenir. Predispuestos por su memoria popular de la Guerra Civil más a la evolución que a la revolución, los españoles tuvieron así un incentivo añadido para producir un cambio por el camino de la conciliación. La palabra que usaron para describir el proceso fue «transición». Aunque pocas veces se ha señalado, fue un proceso especial, quizá único, que dio al país que de él surgió características especiales, quizá únicas. Sin embargo, aunque puede que la transición fuera el único curso adecuado transitable tras la muerte de Franco, su conveniencia no debe ocultar el hecho de que generó efectos negativos además de los positivos.

Es habitual hablar de la «transición pacífica» española de la dictadura a la democracia, como si ese pacifismo fuera un rasgo definitorio. Y no lo fue. La violencia nacida de causas políticas se llevó la vida de más de veinte personas en el lapso que medió entre la muerte de Franco (noviembre de 1975) y las primeras elecciones generales democráticas (julio de 1977). Desde entonces, el número ha superado el millar, sobre todo por atentados de ETA, el grupo separatista vasco.

Lo que configura el carácter especial de la transición española fue la ausencia de una clara ruptura con el pasado. En esencia, la transición se completó gracias a un pacto no escrito y, prácticamente, tampoco dicho. Los círculos franquistas reconocieron que había llegado el momento de emprender el camino de un cambio y aceptaron la tarea de impulsarlo, con la condición de que jamás hubiera represalias contra ninguno de sus miembros.

Al fin, los que habían servido a Franco se marcharon no sin retribución sino sin refutación. En los años posteriores a la muerte de Franco, los políticos no dejaban de ensalzar las virtudes de las nuevas circunstancias. Pero la amenaza constante de las fuerzas armadas les impedía mostrarse igualmente ansiosos de recordar los males del pasado. A menudo se decía a los españoles que la democracia era buena, pero muy pocas veces que la dictadura era mala.

La carencia virtual de una extrema derecha en la política española se puede interpretar como una prueba de que no había necesidad de insistir: la experiencia del franquismo había obrado como una especie de terapia de rechazo. Pero no todos los testimonios señalan esto mismo.

Entre las encuestas publicadas en la época del centenario de Franco, hubo una hecha entre jóvenes de 18 a 29 años de edad, cuyas opiniones tenían que basarse en lo que les habían contado sus padres y ellos habían leído en libros, ya que los mayores tenían tan sólo once años cuando Franco murió. El juicio sobre el dictador era muy ambiguo. A la pregunta de si su gobierno había sido bueno o malo para España, el 14 por ciento respondió que no sabía; otro 14 por ciento respondió «muy malo» y el 33 por ciento, «malo»; pero un 22 por ciento respondió «aceptable» y el 17, «bueno» o «muy bueno». Dicho de otra manera: menos de la mitad de los españoles jóvenes consideraba que el franquismo había sido un error. También resulta digno de mención que los españoles, a veces, no consiguen comprender la censura que inspira en otros países la colaboración con una dictadura. Durante los preparativos de los Juegos Olímpicos de Barcelona, dos periodistas británicos atacaron en un libro a Juan Antonio Samaranch, presidente del Comité Olímpico Internacional (COI), apoyándose sobre todo en su pasado franquista. Los españoles estaban desconcertados y, en general, dieron crédito a las protestas de Samaranch, para quien se trataba de una conjura antilatina, lanzada por enemigos anglosajones no identificados.

El espíritu de la transición a veces se describe como el de «perdón y olvido». Esto no es del todo cierto. En España no se juzgó a nadie, de modo que tampoco se declaró culpable a nadie. Si nadie fue declarado culpable, no había nada que perdonar. Sólo se trataba de olvidar.

Los familiares de Franco no siguieron llevando sus vidas de paz, sino que se convirtieron en celebridades también gracias a las revistas del corazón. Los torturadores más conocidos de la época franquista no pagaron por lo que hicieron y, además, se les permitió seguir en la policía y, en algunos casos, promovidos a los cargos más altos. Los periodistas que se aprovecharon lindamente de su colaboración con el régimen de Franco han continuado con sus carreras; pero no sólo eso: algunos resurgieron como comentaristas respetables, cuyos puntos de vista acerca del mejor modo de manejar una democracia se pueden leer y oír todos los días de la semana.

Pero también hay casos en los que el cambio de bando y de puntos de vista es algo que no sólo no debe ignorarse sino que también despierta admiración. De todas las figuras públicas cuyas vidas terminaron en los últimos años, pocas han recibido tanto encomio como la de Francisco Fernández Ordóñez. Este hombre que, en tiempos de Franco, fue presidente del Instituto Nacional de Industria (INI), una compañía estatal, pasó cuatro años en los gobiernos de centro derecha de Adolfo Suárez, para terminar uniéndose al PSOE poco antes de que los socialistas llegaran al poder. Por tanto, estuvo en condiciones de continuar su extraordinaria carrera política y, por último, de llegar a ser ministro de Asuntos Exteriores de Felipe González. Pues bien, Fernández Ordóñez era una persona gentil y agradable y no tengo ningún deseo de empañar su memoria. Sin embargo, dudo de que en cualquier otro país que no sea España alguien que tantas veces había cambiado de bando hubiese recibido un adiós sin crítica alguna.

Con estos elementos, es más fácil entender algunas de las particularidades de la política española contemporánea. Por ejemplo, el hecho de que los líderes nominalmente socialistas hayan podido dejar a un lado sus compromisos ideológicos con tanta facilidad, y el motivo por el cual los dos partidos que gobernaron España después de la muerte de Franco, UCD y PSOE, evolucionaran con tanta rapidez para convertirse en alianzas amplias.

Desde la social democracia hasta el conservadurismo de derecha, UCD lo abarcó todo; en el PSOE militan por igual partidarios del libre mercado y marxistas. Además y tal como UCD, desde que llegó al poder, el PSOE se atrajo a un gran número de antiguos críticos y opositores. Entre los que se unieron a los socialistas y hoy tienen un escaño de diputados o un cargo público, hay antiguos líderes de movimientos maoísta y trotskista, muchos ex comunistas y alguno que fue mano derecha de Fraga en los tiempos de Alianza Popular.

La preocupación por la fuerza centrípeta que ejercen las autoridades, «el poder», como gráficamente se lo describe en España, llegó a su culminación poco antes de las elecciones de 1993, cuando se anunció que el juez Baltasar Garzón, conocido por haber desafiado al gobierno en la instrucción del caso GAL[1], iba a ocupar el segundo lugar de la lista del PSOE, detrás de Felipe González, en Madrid.

El hecho de que España pasara por una transición y no por una revolución o algo parecido es otro importante motivo para que la tolerancia se haya erigido en el valor supremo de la España contemporánea. Pero también es, creo, una de las causas de algo que va más allá de la simple tolerancia: una especie de vacío ético que, igualmente, es una característica de la España de hoy.

Una investigación de *Cambio 16* hecha durante la época de la crisis del Golfo descubrió que sólo el 8 por ciento de los españoles daría la vida por su país; sólo el 3 por ciento por la libertad y un exiguo 2 por ciento por un ideal. Los resultados dejaron atónito a Juan Tomás de Salas, propietario de la revista, que escribió un editorial apasionado diciendo que era tiempo de que «los españoles dejemos de creer que nuestro destino en este planeta es gozar, gozar, gozar, y que nuestros problemas los arreglen otros». Como descripción del espíritu de la España postfranquista no es fácil mejorarla.

«Gozar, gozar, gozar». Un lema nada inadecuado para una nación que, según una encuesta del gobierno hecha en el invierno 1989-1990, tenía 138.200 bares, apenas algunos menos que los abiertos en todo el resto de la Unión Europea. Jamás he visto a otro pueblo que pusiera el esfuerzo que ponen los españoles en pasárselo bien. Sean cuales sean los problemas económicos y políticos, España es un inmenso lugar de entretenimiento. Después de las espectacularidades del 1992, las autoridades turísticas iniciaron una campaña de propaganda que trataba de capitalizar aquello con el lema «España, pasión por la vida». Los españoles de hoy tienen una pasión por la vida que iguala su reconocida fascinación por la muerte. En realidad, ambas están sin duda enlazadas: pensar a menudo sobre la muerte realza el aprecio por la vida. Una explosión de hedonismo despreocupado era sin duda inevitable después de tantos años de represión franquista. Lo que al parecer la postergó fue la falta de un verdadero crecimiento económico entre 1975 y 1985. Pero si se mira al pasado reciente de España, se ve un esquema en el que a una guerra civil siguió una dictadura militar, algo no muy distinto de lo que ocurrió en la Inglaterra del siglo XVII. Por tanto, quizá no es sorprendente que la España de la Restauración tenga el mismo aire frívolo que la Inglaterra de la Restauración. ¿Almodóvar como Congreve? Hay comparaciones peores.

Esa vena irresponsable que De Salas identificó con precisión también es atribuible, creo, a la reciente historia española, aunque no directamente a Franco ni a la transición. El hecho es que esos españoles que prefieren pensar que sus problemas quedarán a cargo de los demás no están del todo equivocados. En distintas medidas, se les concedió tanto su prosperidad como su libertad.

El auge económico del decenio de 1960 fue posible gracias, en gran parte, al flujo del turismo extranjero; el del decenio de 1980 se disparó con el ingreso de España en la Comunidad Europea. Los españoles pudieron aprovechar esas oportunidades sólo a costa de una buena cantidad de trabajo duro, es cierto. Pero en ambos casos el papel que desempeñaron los factores externos fue crucial, y el consiguiente crecimiento rápido se basó, sobre todo, en la inversión extranjera.

En cuanto a la libertad, la realidad pura y dura es que Franco murió en su cama. Una cantidad de españoles –en especial estudiantes y obreros– se arriesgaron a recibir terribles palizas, o algo peor, para protestar contra la dictadura. Su valentía contribuyó a crear un consenso para el cambio. Al fin, sin embargo, no fue la oposición a Franco la que pensó y aplicó la fórmula que convertiría a España en una democracia, sino un joven que había vivido mucho tiempo a la sombra del dictador.

NOTA CAPITULO 6

1) Véanse las págs. 75-76.

SEGUNDA PARTE

LOS PILARES
DE LA
SOCIEDAD

7

Una monarquía modesta

El tono del reinado de don Juan Carlos quedó establecido antes de su comienzo. Unos meses antes de la muerte de Franco, mientras aún era príncipe, decidió que cuando subiera al trono no se mudaría al palacio de Oriente, la madrileña residencia de sus antepasados construida en el siglo XVIII, sino que seguiría en la casa en la que había vivido desde 1962.

Aunque se hicieron ampliaciones en años posteriores, el palacio de La Zarzuela, a unos kilómetros al noroeste de la capital, no es más grande que las casas de muchos presidentes de empresas. El salón sólo puede recibir a cien personas de pie, de modo que las recepciones oficiales muy concurridas se celebran en el palacio de Oriente. A pesar de todo, La Zarzuela aloja a la familia real y, además, las oficinas de la Casa Real y las viviendas de algunas de las personas que trabajan para ella. Aparte de La Zarzuela, el rey y la reina pasan el mes de agosto y algunos fines de semana en verano en el palacio de Marivent, antiguo museo que domina una bahía en las afueras de Palma de Mallorca. En el invierno, la familia real suele ir a esquiar a Baqueira Beret, una estación de montaña catalana.

Los reyes, con gran pesar de algunos aristócratas, no restablecieron ningún tipo de corte. La monarquía española cuesta más o menos la mitad que la británica y, de hecho, menos que cualquier otra en Europa.

No obstante, la modestia de la demanda al país refleja un cálculo realista de la posición en que se encuentra el rey: sabe que si va a conservar el respeto del pueblo español y asegurar la supervivencia de la monarquía, necesita que todos vean que pone más de lo que se lleva.

Puede que esta conclusión parezca rara, referida como está al hombre que dio a los españoles la democracia y la salvó en 1981. Las encuestas señalan que la gente aprecia en lo que vale la contribución del rey. Tres encuestas hechas por el gubernamental Centro de Investigaciones Sociológicas (CIS) entre 1987 y 1989 dieron el resultado de que dos tercios de los encuestados consideraban que, sin don Juan Carlos, «en España no habría sido posible la democracia».

Paradójicamente, una minoría aún tiene dudas acerca de su papel durante el golpe abortado. En las regiones del país con fuertes tradiciones nacionalistas y ciertos españoles radicales tanto de izquierda como de derecha, siempre mantienen la sospecha de que el general Armada, que había sido uno de los pocos confidentes del rey, no habría actuado sin la complicidad del monarca. Una variación más suave sobre el mismo tema dice que don Juan Carlos esperó hasta comprobar que el golpe iba a fallar antes de comprometerse. Sin embargo, hay que subrayar que ambos son puntos de vista minoritarios. La amplia mayoría de los españoles –cuatro de cada cinco, según una de las encuestas del CIS– piensa que la forma en que se enfrentó con los acontecimientos de la noche del intento de golpe reforzó su reputación de campeón de la democracia.

Desde entonces ha sido considerable la popularidad personal del rey, que llegaría a nuevas alturas en los Juegos Olímpicos de 1992, donde parecía que su sola presencia bastaba para garantizar el éxito de los deportistas españoles. Su apoyo entusiasta al equipo español, y por cierto el de toda su familia, lo unió más aún a su pueblo. Pero, como suelen decir los propios españoles, sus súbditos son «muy juancarlistas pero poco monárquicos». Más de cuatro de cada diez personas interrogadas por el CIS pensaban que la institución monárquica estaba «obsoleta».

Está claro que la ausencia de monarquía en España durante casi medio siglo es la responsable de tal idea. Pero también sucede que, en la época moderna, los reyes españoles no prestaron un buen servicio al país. Con pocas excepciones, los Borbones de España, de los que don Juan Carlos es el último representante, fueron bastante ineficaces y con demasiada frecuencia su papel fue el de dividir a la nación que gobernaban. De las tres instituciones que tradicionalmente unificaron España, los «tres pilares», como se las ha llamado –monarquía, ejército e Iglesia–, la monarquía siempre fue la más débil.

Los Borbones llegaron al trono español no invitados sino por una guerra, la guerra de la sucesión española, entablada entre las casas europeas que podían heredar el trono español tras la muerte del último monarca Habsburgo, que no dejó heredero. Esa guerra dividió a Europa y también a España. Un número apreciable de españoles –en especial catalanes, valencianos y aragoneses– apoyaba a los contrincantes de la casa de Borbón y, una vez terminada la guerra, sufrieron castigo por haberse plegado al bando vencido.

Además, fue un Borbón el que firmó una rendición abyecta ante las fuerzas naopoleónicas en 1808; aunque su hijo fue restaurado seis años después, sus descendientes jamás consiguieron que se olvidara que un soberano se había mostrado menos patriota que sus súbditos. Durante los ciento veintitrés tumultuosos años que siguieron, el disgusto con la monarquía por dos veces llegó a tal extremo que el rey que ocupaba el trono en ese momento se vio obligado a abandonar el país.

La primera de esas ocasiones se produjo en 1868, cuando una alianza de generales y almirantes se desembarazó de la ninfómana reina Isabel, y las Cortes invitaron a ocupar el trono a un miembro de la familia real italiana, quien abdicó poco después, con lo que sobrevino un breve y desordenado período republicano. Tras el fracaso de la Primera República, los españoles decidieron que ya no quedaba nada por intentar y restauraron a los Borbones, en la persona del hijo de Isabel, Alfonso XII, cuyo hijo, Alfonso XIII, sería quien perdiese el trono una vez más.

En 1923 este rey permitió que un grupo de oficiales encabezado por un extravagante excéntrico, el general Miguel Primo de Rivera, se hiciera con el poder. Con su tolerancia ante la dictadura de Primo de Rivera, el rey escarnecía la constitución misma, de la que se derivaba la legitimidad de la restauración monárquica, y unía su permanencia en el poder al éxito o al fracaso del experimento de Primo de Rivera. Al cabo de siete años, el ensayo fracasó. El rey siguió en el trono apenas algo más de un año hasta que permitió que las elecciones municipales de 1931 se convirtieran en una prueba de fuerza entre los monárquicos y los antimonárquicos. Cuando se conocieron los resultados de las ciudades, únicos lugares en que se hizo una elección legal, se vio que los adversarios del rey barrían. Se declaró una república en el centro industrial vasco de Eibar y quedó claro que, a menos que el rey dimitiera, correría la sangre. En la noche del 14 de abril, don Alfonso dio a conocer una declaración en la que evitaba con cuidado hablar de abdicación pero decía que no quería ser responsable del estallido de una guerra civil. Agregaba que «Por consiguiente, hasta el momento en que la nación se manifieste suspenderé intencionadamente el uso de mi prerrogativa real». Esa noche salió de Madrid hacia el exilio. España se convirtió en república, pero las tensiones entre la derecha y la izquierda, que se habían articulado durante un corto período como apoyo y oposición a la monarquía, no hicieron más que volver a la superficie con otro aspecto: cinco años más tarde, estallaba el destructivo conflicto que don Alfonso había procurado evitar.

El rey murió en Roma en 1941, pocas semanas después de que su salud escasa le hiciera abdicar. Su hijo mayor, también llamado Alfonso, había renunciado a sus derechos al trono en 1933, para casarse con una cubana. Murió en un accidente automovilístico cinco años después, sin dejar hijos. Poco después de la renuncia de Alfonso, su hermano Jaime, siguiente en la línea sucesoria, aunque por su sordera se le consideraba incapacitado para asumir las responsabilidades del reinado, también renunció a la sucesión. Más tarde, don Jaime se casó y tuvo dos hijos, Alfonso y Gonzalo. Por tanto, el legítimo heredero de Alfonso XIII era su quinto hijo, tercer varón, don Juan, conde de Barcelona.

Don Juan, como se le conoció siempre, había partido de España con su padre, en 1931, y luego había ido al Royal Naval College de Dartmouth. En 1935 se casó con otra Borbón, doña María de las Mercedes de Borbón y Orléans, princesa de las Dos Sicilias. El levantamiento militar de 1936 contra la República hizo pensar al joven príncipe que, tal vez, ése era el medio de recuperar su trono y que él debía intervenir. Un par de semanas después del inicio de la rebelión, pasó en secreto la frontera para unirse a la fuerzas nacionales, pero los rebeldes, reacios a poner en peligro la vida del heredero del trono, lo llevaron de nuevo al otro lado de los Pirineos. Quizá eran sinceros en sus motivos, pero desde luego que fue una decisión conveniente para el general Franco, que se proclamó jefe del Estado algo más tarde en ese mismo año.

Terminada la guerra, el Caudillo no mostró intenciones de entregar a don Juan la jefatura del Estado. El motivo principal era, por supuesto, que él disfrutaba a fondo con el ejercicio del poder, pero justo es señalar que si se hubiera convertido en primer ministro bajo el reinado de don Juan, podría haber deshecho la débil alianza de las fuerzas que había ganado la guerra: si un rey, cualquiera que fuese, hubiera subido al trono, la antimonárquica Falange se habría puesto en contra; el acceso a la corona de uno de los hijos de Alfonso XIII habría irritado a sus rivales carlistas. Asimismo, el consiguiente desencanto de don Juan con Franco, aunque se arraigaba en la negativa del Caudillo a entregar el poder, se hizo más fuerte a medida que el conde, que veía en la monarquía un instrumento de reconciliación, tuvo que permanecer a la expectativa, mientras el dictador usaba su poder para humillar a antiguos enemigos.

La Ley de Sucesión de la jefatura del Estado, que las Cortes votaron en 1949, restauró la monarquía nominalmente, pero convirtió a Franco en Jefe de Estado vitalicio en funciones y le dio derecho a nombrar a su sucesor «como rey o regente». Según la frase que se hizo clásica, España se convirtió en «una monarquía sin rey». La ley dividió a los partidarios de don Juan en dos facciones. Para unos, los más liberales, era la prueba de que Franco pretendía mantenerse en el poder tanto como pudiese y de que la única respuesta sensata era unirse a la oposición proscrita. Para otros, los más conservadores, demostraba que la única posibilidad de restauración de la monarquía vendría a través del franquismo y que, si los monárquicos querían llegar al poder, debían colaborar con el régimen. Los cambios de conducta de don Juan, a veces desconcertantes, en el curso de los años siguientes, que tuvieron el resultado de enemistar a la mayoría de los pro y antifranquistas, hasta cierto punto pueden explicarse por los consejos antitéticos que recibía de los «puristas» y de los «colaboracionistas» que integraban su consejo privado de 93 miembros. Por ejemplo, poco después de promulgada la Ley de Sucesión, sus representantes iniciaron negociaciones con exiliados socialistas y comunistas. Esas conversaciones terminaron en los llamados Acuerdos de San Juan de Luz por los que, si Franco caía, se iba a celebrar un referéndum para decidir la forma de gobierno del Estado. No obstante, antes de firmar los acuerdos, don Juan se había entrevistado con Franco a bordo de su yate para hablar de la sugerencia del dictador sobre la educación del príncipe Juan Carlos en España.

El heredero de don Juan había nacido en Roma el 5 de enero de 1938. Era el tercer hijo de don Juan y doña Mercedes, quienes ya tenían dos hijas, Pilar y Margarita. En 1942, la familia se trasladó a Lausana, en la neutral tierra suiza, y allí don Juan Carlos empezó a ir a la escuela. En 1946, sus padres se mudaron a Portugal, para estar lo más cerca posible de España, y precisamente dejaron a su hijo interno en la escuela de Friburgo de los padres marianistas.

La oferta de Franco ponía al conde de Barcelona en una posición extraordinariamente difícil. Por una parte, se le pedía que entregara el control de la educación de su hijo y heredero a un hombre del que no se fiaba. Además, si lo hacía, daría visos de verdad a la afirmación de que el dictador restauraba la monarquía. De otra, Franco tenía un punto a su favor. Si en algún momento se producía la restauración monárquica, tenía que ser en la persona de un representante digno de confianza y, si don Juan moría antes que el Caudillo, su hijo tendría que ser capaz de enfrentarse a ese reto. En esos tiempos, don Juan Carlos –que nunca había visto España– hablaba español con marcado acento francés. Después de varias semanas de deliberaciones, don Juan decidió aceptar la oferta de Franco y el 8 de noviembre, a sus diez años, el príncipe abordaba en Lisboa el Lusitania Express en compañía de su hermano menor, Alfonso[1], para iniciar un viaje que lo llevaría hasta el trono.

En los primeros años de la permanencia del príncipe en España, durante los cuales estudió en Madrid y en San Sebastián, hubo una especie de reconciliación entre el conde y el Caudillo. Pero cuando don Juan Carlos hubo terminado su bachillerato, en 1954, se puso de manifiesto que ambos tenían ideas muy distintas acerca de la educación superior del joven. Don Juan quería que estudiara en una universidad extranjera, donde recibiría una educación liberal «europea». Franco, por su lado, quería que estudiase en la Academia Militar antes de ingresar en una universidad española. En diciembre de 1954, don Juan y Franco volvían a entrevistarse, en esa ocasión en un coto de caza, cerca de la frontera portuguesa y, por segunda vez, el Caudillo se impuso.

En el otoño siguiente, don Juan Carlos iniciaba un entrenamiento militar de cuatro años: dos en el Colegio del Ejército de tierra en Zaragoza, a los que siguieron un año en cada una de las escuelas de la marina y de la fuerza aérea, bajo la supervisión del general Carlos Martínez Campos, duque de La Torre. En 1959, con los despachos de teniente de las tres fuerzas, el príncipe regresó a casa de sus padres, en Estoril. Franco había decidido, tras consultarlo con el duque de La Torre, que la siguiente fase de la formación de don Juan Carlos se haría en la Universidad de Salamanca; sólo después de que se le hubiera buscado alojamiento y ya designados los tutores pertinentes, don Juan comprendió, al parecer, lo que implicaría que su hijo asistiera a una institución que intelectualmente llevaba siglos de fosilización; se negó, pues, a aceptar la idea y el duque renunció a su puesto. Don Juan y el general Franco volvieron a verse en el coto de caza en marzo de 1960 y esta vez fue el conde quien impuso su criterio. El lugar del duque fue ocupado por un equipo de seis académicos eminentes que organizaron un curso especial de dos años de estudios liberales para el príncipe. Se matricularía en la universidad de Madrid, pero también recibiría clases de los académicos del equipo y de otros profesores que ellos seleccionarían.

El compromiso del príncipe con la princesa Sofía de Grecia se anunció mientras él aún asistía a la universidad. Se habían conocido en 1954, a bordo del yate de la familia real griega, durante un crucero por el Egeo, pero su romance empezó siete años más tarde, con motivo de la boda de los duques de Kent.

«Estábamos solos, sin nuestros padres y más o menos nos comprometimos en Londres» contó tiempo después doña Sofía en una entrevista. «En realidad, mis padres nunca habían pensado en la posibilidad de que me casara dentro de la familia real española. Las religiones de nuestros países eran distintas.» Un problema que resolvió la abuela de don Juan Carlos, la reina Victoria Eugenia, que viajó a Roma para solicitar el permiso papal para una doble ceremonia.

La princesa Sofía, hija mayor de los reyes Pablo y Federica, había nacido el 2 de noviembre del mismo año que el príncipe Juan Carlos.

Ambos compartían el gusto por la navegación a vela. Doña Sofía había sido reserva en el equipo de su hermano Constantino en los Juegos Olímpicos de 1960, en los que ganó una medalla de oro. El príncipe participaría por España en los Juegos de 1972. Pero al principio ese interés común más que unirlos, los separó. «Un día salimos a navegar cuando aún estábamos comprometidos», recordaba doña Sofía años más tarde, «y nunca comprenderé cómo me decidí a casarme con él después de eso.»

Pero tal vez fuese más importante el hecho de que los primeros recuerdos de ambos fueran de exilio. En 1940, los padres de doña Sofía salieron de Grecia antes de la invasión nazi y se instalaron en Africa del Sur. Cuando volvió a su país, a los ocho años, la princesa ya no recordaba su tierra. Como don Juan Carlos, fue a un internado, aunque algo más tarde y por más tiempo que él.

El 14 de mayo de 1962, don Juan Carlos y doña Sofía se casaron en la catedral católica de Atenas, con la presencia de una constelación de reyes, reinas y presidentes. En los siguientes seis años, doña Sofía dio a luz tres hijos: las infantas Elena, en 1963; Cristina, en 1965 y el príncipe Felipe el 30 de enero de 1968.

Después de la universidad, don Juan Carlos pasó unas semanas en cada uno de los ministerios para enterarse de cuál era su funcionamiento. En diciembre de 1962, Franco celebró su septuagésimo cumpleaños y parecía cada día más urgente determinar quién sería su sucesor. Pero no era fácil ver de qué modo concretaría su aparente intención de restaurar la monarquía.

Los carlistas eran una fuerza agotada. En primer lugar, su derecho al trono ya parecía demasiado débil. Alfonso Carlos, el último descendiente varón directo del pretendiente original, había muerto en 1936 sin dejar ningún hijo. Su pariente varón más cercano y, por tanto, sucesor en la demanda carlista no era otro que don Juan, de modo que para mantener con vida su causa, Alfonso Carlos antes de morir nombró heredero a un primo remoto, el príncipe Javier de Borbón y Parma. A pesar de esto, en 1958 varios carlistas destacados reconocieron públicamente a don Juan como legítimo pretendiente. Javier abdicó más tarde en su hijo Carlos Hugo que, aunque ocho años mayor que don Juan Carlos, aún era lo bastante joven como para resultar un sucesor adecuado para el trono; además, en 1964 aumentó sus méritos al respecto casándose con la princesa Irene de Holanda, después de un romance muy sonado. Pero el sueño de los carlistas de volver a una monarquía absolutista incluso a Franco le parecía impracticable a fines de la segunda mitad del siglo XX, y durante su mandato los carlistas no tuvieron más que una presencia simbólica en el gobierno.

El problema residía en que la otra rama de la familia estaba representada por un hombre que no le gustaba ni suscitaba respeto. En vista del desdén de Franco hacia don Juan, un número creciente de los seguidores más reaccionarios del conde, que siempre habían creído que lo mejor era que Franco sobreviviera al conde, para apelar a un rey criado a la sombra de la dictadura, empezaron a jugar con la idea más o menos estrafalaria de que, aunque el conde sobreviviera a Franco, podría ser don Juan Carlos quien subiera al trono. Los propulsores más comprometidos de la «solución Juan Carlos» eran los «tecnócratas» del *Opus Dei*, responsables del «milagro económico» y cuyo valor ante Franco crecía al mismo ritmo que el PIB. El patrocinador del grupo era el almirante Carrero Blanco, antiguo amigo del dictador.

Sin embargo, eran muchos los españoles convencidos de que, dados los problemas existentes, Franco jamás por su propia voluntad nombraría un sucesor. En especial, los falangistas esperaban que diluyera la cuestión transmitiendo el poder a un regente. El hombre en quien pensaban era otro antiguo amigo de Franco, el teniente general Agustín Muñoz Grandes. Falangista de toda la vida, este militar había comandado la División Azul –contribución de Franco al esfuerzo bélico del Eje– y había sido ministro en dos gabinetes. En 1962, Franco lo había elegido viceprimer ministro, cuando creó el cargo.

Aquella promoción de Muñoz Grandes produjo una enorme alarma entre los monárquicos de toda laya, y fue entonces cuando los tecnócratas y el almirante Carrero Blanco iniciaron una campaña, que se llamó «Operación Lucero», cuyo fin era promover la candidatura de don Juan Carlos ante Franco y ante el país. Visto con perspectiva, está claro que Franco necesitaba muy poco para dejarse convencer, pues por aquellos mismos tiempos había señalado al príncipe que él «tenía más posibilidades que su padre de convertirse en rey». En cambio, vender al país esa candidatura era una tarea más difícil. Los tecnócratas tenían una influencia considerable en los medios, la empresa y las universidades, pero la Falange –a través del control del Movimiento– dominaba gran parte de los gobiernos locales. Cuando don Juan Carlos y doña Sofía visitaban las provincias, como lo hicieron con frecuencia en esa época alentados por sus partidarios, a menudo se encontraban con una indiferencia total o con tomates podridos. Don Juan Carlos, que había sufrido las burlas de los falangistas en las calles de San Sebastián cuando estudiaba y que había tenido que enfrentarse con una manifestación de los carlistas en la universidad, sabía cómo responder. Tiempo después recordaba lo ocurrido en una ocasión, mientras iba acompañado por un personaje local en una ciudad: «Notaba que algo iba a suceder, algo desagradable, por supuesto. Caminábamos y yo iba atento, buscando el lugar de donde imaginaba que saldría la intemperancia. De repente, di un paso adelante y dos atrás y un tomate se estampó en el uniforme de mi acompañante». Para doña Sofía tuvo que ser toda una prueba.

Sigue siendo un misterio hasta qué punto don Juan Carlos simpatizó con los motivos finales de la «Operación Lucero». En la tardía fecha de enero de 1966, dijo a un periodista que lo entrevistaba: «Jamás, jamás aceptaré la corona mientras viva mi padre». La primera señal pública de que el plan tenía éxito llegó al año siguiente, cuando Franco hizo dimitir a Muñoz Grandes y dio el cargo a Carrero Blanco. El acceso de don Juan Carlos al trono empezaba a ser una posibilidad, más que una probabilidad. Con la certeza de que la regencia era una causa perdida, muchos falangistas se hicieron a la idea de una monarquía, y empezaron a promover la candidatura de Alfonso de Borbón-Dampierre, hijo de aquel hermano sordomudo de don Juan que había renunciado a sus derechos al trono en 1933. Entre tanto, Carlos Hugo se movía rápidamente de la derecha a la izquierda del espectro político, en un intento de asegurarse el apoyo de la oposición democrática, un gesto que consternó a muchos de los seguidores habituales de su causa. En diciembre de 1968, pronunció un discurso en el que atacaba abiertamente a don Juan Carlos y, cinco días después, él y su mujer eran emplazados por la policía a abandonar el país en veinticuatro horas.

Con falangistas y carlistas agarrados a un clavo ardiente, don Juan Carlos no tenía más que pedir la sucesión. En 1969 lo hizo, declarando a la agencia oficial de noticias: «Estoy dispuesto a servir a España en cualquier cargo o responsabilidad en la que pueda ser más útil al país». Las palabras del príncipe sorprendieron a su padre, pero no había nada que él pudiera hacer para detener el curso vertiginoso de los acontecimientos.

El 12 de julio, Franco convocó a don Juan Carlos y en el curso de una conversación de cuarenta y cinco minutos le dijo que se disponía a nombrarlo su sucesor. Diez días después Franco anunció su decisión a las Cortes, que la aprobaron por 491 votos contra 19 y 9 abstenciones. Para dejar sentado que el derecho de don Juan Carlos al trono se derivaba de su condición de protegido de Franco y no de ser el nieto de Alfonso XIII, se le dio en adelante el título de príncipe de España y no el de príncipe de Asturias, que es el tradicionalmente acordado a los herederos de la corona española.

Al día siguiente, don Juan Carlos prestó juramento de lealtad a Franco y al Movimiento Nacional. Don Juan, que había hecho saber a todos que estaba en su yate en el mar, ancló esa tarde en un pueblo de la costa portuguesa para ver la ceremonia en el televisor de un bar de pescadores. Su único lacónico comentario cuando su hijo terminó de hablar fue: «¡Muy bien leído Juanito, muy bien leído!» De regreso en Estoril, disolvió su consejo privado y redactó un manifiesto en el que, contundemente, señalaba que no se le había consultado y que no se había requerido la opinión del pueblo español expresada con libertad. Desde ese momento, mantuvo contactos cada vez más amistosos con algunas figuras importantes de la oposición democrática, incluidos algunos notorios republicanos. Después, en junio de 1975, durante una cena en Barcelona, pronunció un discurso en el que censuraba con dureza a Franco y a su régimen: se le prohibió que volviera a entrar en el país.

Pero los problemas de don Juan Carlos no terminaron con su nombramiento como sucesor. Ni carlistas ni falangistas estaban dispuestos a renunciar a sus aspiraciones. Carlos Hugo decidió que su causa tendría más posibilidades, si se formaba un partido político en el que coincidieran el socialismo de izquierda y el control de los trabajadores. Los carlistas más tradicionales se agruparon en torno a su hermano menor, Sixto Enrique[2].

Pero en 1972, surgió una amenaza más importante para don Juan Carlos, cuando Alfonso de Borbón-Dampierre se casó con la nieta mayor de Franco, María del Carmen Martínez Bordiú. A continuación varios miembros de la familia de Franco –en especial su mujer, doña Carmen– se aliaron con los conspiradores falangistas que apoyaban a Alfonso para llevarlo al trono de España. Carmen Polo intentó que el matrimonio fuera declarado boda real y se propuso que se aplicara a Alfonso el tratamiento de «Alteza Real». La intervención personal de don Juan Carlos impidió que ambas ideas se concretaran. El carácter monárquico de Franco había sido, en parte, un reflejo de sus propias pretensiones de soberano[3] y algunos partidarios de don Juan Carlos tuvieron el temor de que el Caudillo, en los últimos años de su vida, cambiara de idea y pasara la sucesión a Alfonso, para convertirse él mismo en fundador de una dinastía.

A la inteligente conducción de los asuntos políticos que durante los primeros años de su reinado llevó adelante don Juan Carlos se debe, en gran medida, la desaparición del distanciamiento surgido entre él y su padre. A principios de 1977, cuando se vio que sin duda el gobierno de Suárez se encaminaba hacia el establecimiento de una democracia plena, don Juan decidió dar a su hijo la aprobación pública que hasta ese momento le había retaceado. El 14 de mayo, en el palacio de La Zarzuela, renunció a sus derechos al trono en un discurso que reiteraba su fe en la democracia. Al final de sus palabras, se puso firmes con un taconazo, inclinó la cabeza y exclamó: «Majestad, España sobre todo» Don Juan, sospecho, pasará a la historia como una de esas figuras trágicas del siglo XX: el rey que nunca lo fue, un hombre sencillo que siempre dijo que los años más felices de su vida los había pasado como oficial de la marina, un hombre indeciso atrapado entre el disgusto que le producía un dictador arribista y la responsabilidad de mantener viva su dinastía pero, con todo, por fin, lo bastante sabio y humilde como para reconocer que, después de perder un trono, no era necesario que perdiera otro hijo.

En ese mismo año también se produjo el principio del fin de otra división, mucho más amenazante, dentro de la familia Borbón. En octubre, Carlos Hugo volvió a España después de nueve años de exilio y dejó claro en su primer discurso que se veía como jefe de un partido político, y no como cabeza de una dinastía rival. Cinco meses más tarde se entrevistaba con el rey y en 1979 recibía la ciudadanía española. Desde entonces su partido desapareció, virtualmente, de la escena política.

En las grandes ocasiones, don Juan Carlos todavía se muestra algo incómodo y nunca ha conseguido el don de leer con soltura un discurso preparado. En la atmósfera más informal de las audiencias y de las recepciones es donde el rey está a sus anchas. Espontáneo y nada solemne, tiene la gracia del sentido del humor y una memoria prodigiosa para nombres y caras. Su actitud abierta y cordial está muy de acuerdo con la mentalidad de un país nada pomposo.

El rey bebe y fuma poco: algún whisky y uno que otro puro. Se mantiene en forma practicando ejercicio con regularidad y sigue siendo un deportista activo. Aparte de navegar, le gustan –y se dice que es bueno en ello– el esquí, el *squash*, el tenis y el karate.

También muestra un entusiasmo juvenil por los artilugios de la tecnología. En su despacho tiene un videoteléfono conectado con el palacio de la Moncloa, residencia oficial del presidente del gobierno, y el cuarto contiguo al despacho está lleno de equipos de audio y vídeo, cámaras, lentes y un equipo de radio de onda corta. Pero el videoteléfono tiene una estricta justificación práctica, y podría ser que la habilidad del rey como radioaficionado esté basada en motivos de prudencia. Muchos otros monarcas practican ese mismo pasatiempo, incluido el rey Hussein de Jordania, con quien don Juan Carlos a veces se comunica. Sin duda, ambos tienen presente que el rey Hasán de Marruecos salvó su vida, y su trono, gracias a su capacidad para operar un equipo emisor-receptor, durante un golpe de Estado, a principios del decenio de 1970.

La reina Sofía ha pasado por un cambio evidente en los últimos años. A principios de su edad madura, esta hija discreta de una madre temible se ha convertido en una mujer segura y equilibrada. Tal como ocurre con su marido, cuanto menos formal es la ocasión, más favorable resulta la impresión que produce. Ella misma ha reconocido que tiene una «expresión ceremonial» visiblemente distante, como la de la reina Isabel de Inglaterra. Pero doña Sofía es capaz de ofrecer sonrisas deslumbrantes, que muestran su grata personalidad.

Muchas pruebas sugieren que en realidad así es. Los periodistas que la siguen en sus visitas oficiales al extranjero la aprecian muchísimo. En un gesto característico, doña Sofía y la infanta Elena llevaron cestos de comida a los periodistas que montaban guardia a la puerta de Marivent, en Mallorca, hace unos años.

Pero los encantos de la reina son reservados y, en un país donde se aprecian las personalidades enérgicas, la reserva a menudo se confunde con la frialdad o el disimulo. Tal vez se pueda decir que en público, por instinto, los españoles se vuelcan con el rey más que con la reina, que asegura que hoy siente que España y no Grecia es su tierra, pero sin duda tuvo problemas para adaptarse. En una entrevista concedida con motivo de su quincuagésimo cumpleaños, se le preguntó qué le gustaba más y qué le gustaba menos de los españoles. Su respuesta fue franca: «Admiro su generosidad, gentileza, alegría y su orgullo, cuando está controlado. Admiro menos –por no decir que detesto– la exageración de ese orgullo y también la codicia».

Los intereses de la reina son muchos. Con una sola excepción idiosincrásica, todos son intelectuales, humanitarios o artísticos. Como corresponde a una griega, es amante de la arqueología. En su juventud, doña Sofía participó en varias excavaciones y escribió dos libros en colaboración con su hermana, la princesa Irene. También se sabe que se interesa por temas tan diversos como los ovnis y los sefardíes, cuya historia y cultura estudiaba en la Universidad Autónoma de Madrid cuando se produjo la muerte de Franco, por lo que debió abandonar el curso.

De otra parte, es una apasionada de la música clásica, en especial la del barroco, toca el piano y asiste con regularidad a los conciertos. A la vez, ha hecho mucho para promover a intérpretes y compositores españoles dentro y fuera del país y, a modo de reconocimiento por su contribución, la orquesta de cámara nacional lleva su nombre. Montserrat Caballé y Mstislav Rostropovich están entre los amigos personales de la reina.

Doña Sofía, que fue en Grecia puericultora, dijo más de una vez que le hubiera gustado llegar a ser pediatra. En la actualidad está a la cabeza de dos organizaciones dedicadas al bienestar de los niños. Sin embargo, también ha dicho que, de no haber nacido princesa, no le habría importado ser peluquera. Por encima de todo, la reina Sofía da la impresión de una persona que quiere vivir una vida tan normal como se lo permitan las circunstancias. Cierta vez confesó: «Hay una sola cosa que odio de mis tareas: tener que probarme la ropa». Aunque se dice que es la más prudente de la familia, por irónico que parezca, es la única que fue multada un verano en Mallorca por exceso de velocidad en la conducción.

Se cuenta que es muy religiosa pero, como se sabe, sus hijos han asistido a colegios laicos. De sus actitudes políticas, nada se sabe con certeza, pero sus puntos de vista sobre diversos temas sugieren que se trata de una mujer con criterios progresistas. Se opone al uso de pieles, y también a las corridas de toros, y es más o menos vegetariana. Para sus hijos eligió colegios conocidos por sus métodos progresistas y una anécdota muy significativa al respecto se refiere a la escuela en que estudió el príncipe Felipe. Algunos padres sostenían que el costo de las comidas era demasiado alto y decidieron mostrar su desacuerdo enviando a sus hijos con un bocadillo a la escuela. La reina Sofía se puso de parte de los padres y el heredero del trono acudió cada día con su propio bocadillo en la mochila.

Existe la teoría de que la reina, cuyo aspecto dulce, se dice, oculta una voluntad de hierro, pudo ejercer en la reciente historia de España tanta importancia como su marido. La joven princesa, dicen, se horrorizó ante la influencia que Franco y su mujer tenían sobre don Juan Carlos y se propuso hacer de él el hombre que ella quería, hacerle ver que ninguna monarquía apoyada por los seguidores de un régimen totalitario podría sobrevivir a fines del siglo XX. Lo que haya de verdad en estas afirmaciones no se sabrá hasta dentro de muchos años, si es que llega a saberse alguna vez. Pero es indudable que el futuro rey empezó a entrevistarse en secreto con políticos y otras personalidades poco después de su matrimonio.

Los amigos más cercanos de la pareja son el hermano de doña Sofía, el ex rey Constantino, y su mujer, Ana María, que a menudo pasan temporadas en Marivent en verano. En cuanto a la realeza reinante, es probable que estén más cercanos a la familia real británica, con la que ambos están emparentados. Sin embargo, por más de un decenio los contactos entre las dos monarquías fueron limitados, a causa de la disputa continua sobre Gibraltar. En 1985, cuando el gobierno español eliminó las restricciones impuestas a la Roca por Franco, quedó abierto el camino para una visita oficial de los reyes a Gran Bretaña, que se hizo al año siguiente.

En los últimos tiempos, como era inevitable, los hijos de la pareja real han despertado un interés creciente. La mayor es, paradójicamente, la menos conocida para el pueblo español. Aunque sus amigos aseguran que tiene un gran sentido del humor, la infanta Elena es una joven tímida. De los tres hermanos, ella parece la que menos cómoda se encuentra en los actos oficiales. Es profesora de escuela primaria y durante un lapso breve enseñó en la escuela donde había estudiado, pero después de eso ha dejado de trabajar. Doña Elena es una amazona experimentada y se afirma que la mejor de la familia. En la ceremonia de apertura de los Juegos Olímpicos de Barcelona, en 1992, emocionó a muchos cuando su hermano, enarbolando la bandera nacional, desfiló al frente del equipo nacional en el estadio y las cámaras de televisión mostraron a la infanta con su mejor sonrisa, mientras las lágrimas se le deslizaban por las mejillas.

Entre todas las princesas jóvenes de las familias reales europeas, la infanta Cristina ocupa el puesto de las más atractivas: tiene belleza, un gran encanto e inteligencia. También ha destacado en el deporte de la vela. En 1988 se clasificó para integrar como reserva el equipo español en los Juegos Olímpicos de Seúl y llevó la bandera española en la ceremonia de apertura. Cuatro años antes había ingresado en la Universidad Complutense de Madrid para estudiar ciencias políticas. Después de graduarse, se trasladó a Barcelona, donde trabaja para la fundación cultural de la mayor caja de ahorros española, La Caixa.

Como escribió cierta vez un periodista español, dirigirse al heredero del trono llamándolo «Su Alteza» no es más que hacer honor a la verdad, porque el príncipe Felipe mide casi dos metros. Esa altura le da ventaja notoria sobre la amplia mayoría de sus futuros súbditos, lo que significa que casi no puede salir de incógnito.

Felipe hizo su primera aparición oficial en 1975, cuando su padre fue proclamado rey. Dos años más tarde recibió el título de príncipe de Asturias, destinado por tradición al heredero del trono español. En 1980, se creó la Fundación Príncipe de Asturias, entre otras cosas, para conceder premios a las artes y las ciencias. La ceremonia anual de la entrega de premios, presidida por don Felipe, le dio una oportunidad temprana de habituarse a las ocasiones formales. En una de esas ceremonias, cuando tenía trece años de edad, leyó su primer discurso público.

Sin embargo, para esas fechas ya había tenido una lección dura sobre la realidad de su posición. Porque así lo dispuso su padre, pasó toda la noche del 23 de febrero de 1981 junto a él, viendo cómo conjuraba el golpe de Estado. Desde entonces el príncipe heredero se fue introduciendo, aunque gradualmente, en los deberes de un heredero. En 1985 asistió a un colegio canadiense durante un año, antes de volver a España para cursar un año en cada una de las tres academias militares. En 1988, ingresó en la Universidad Autónoma de Madrid, donde se matriculó en derecho y ciencias económicas; cinco años más tarde iniciaba un curso de relaciones internacionales en la Universidad de Georgetown, en Washington D. C.

En sus estudios, se mostró interesado por las ciencias, aunque parece haber heredado de su madre el gusto por la música. Los que han trabajado con él dicen que es afable y concienzudo.

A largo plazo, se enfrenta con el desafío de encontrar un papel útil con el cual llenar los años que pasen hasta que suba al trono. A corto plazo, tendrá que buscar a una mujer que pueda ser la futura reina de España. La vida amorosa del príncipe ya ha estado en el centro de una controversia, con implicaciones potenciales de largo alcance.

En 1989, empezó a salir con una joven aristócrata, Isabel Sartorius. Pronto surgieron los rumores: primero, de que el príncipe estaba muy enamorado y, segundo, de que sus padres desaprobaban la relación. Isabel tenía, sin duda, más experiencia de la vida; es tres años mayor que don Felipe, tuvo una educación sofisticada y cosmopolita, pues su madre –divorciada dos veces– siempre entró y salió de la *jet-set* internacional. Pero un año más tarde las cosas tomaban un giro mucho más duro, pues la prensa relacionó a algunos amigos de la madre de Isabel con acusaciones de tráfico de cocaína. Jamás se aportó nada que probara esa acusación y el interés se centró en otras explicaciones para la presunta negativa de los reyes.

Se señaló que una de las «normas de la casa» de la familia real española, establecidas por Carlos III en el siglo XVIII, es la de que cualquiera de sus miembros que quiera casarse con un plebeyo debe renunciar antes a sus derechos al trono. Lo que complicaba la situación, según este criterio, era que el propio rey Juan Carlos había llegado a ser heredero del trono a causa de una renuncia de esa clase, la de su tío Alfonso[4]. Pero don Alfonso murió sin descendencia, de modo que ese asunto es una discusión académica. Además, la reina, de quien se dice que fue la más firme en su rechazo de aquella relación, en una entrevista que concedió en 1989 parecía dejar de lado la norma de Carlos III. «Todo lo que les pedimos es que se casen con alguien agradable y honrado que se preocupe por ellos», afirmó al hablar de sus hijos.

La opinión pública española en su totalidad, y de un modo asombroso, estaba a favor de un posible matrimonio entre don Felipe e Isabel, pero hoy parece imposible que se produzca. En 1993, después de meses de que sí–que no, Isabel Sartorius (que se había ido a vivir a Londres) concedió una entrevista a *El Mundo*, en la que dejó claro que la relación estaba terminada, aunque no explicó los motivos.

Una mala secuela del asunto puede que haya sido el efecto en la actitud del príncipe respecto a la prensa, que había mostrado un apetito insaciable de detalles sobre el estado de la relación y se había permitido gran cantidad de especulaciones. «Si hubiera habido algo de verdad», declaró con cierta amargura don Felipe, «la prensa ya me lo habría estropeado». Algo bien distinto, por el tono, de lo que en público suelen decir sus padres cuando hablan de la prensa. Pero las noticias sobre las vidas privadas del rey y de la reina e incluso los comentarios sobre sus papeles públicos han sido hasta hace poco tabú. Hay que recordar que se ve al rey no sólo como el arquitecto sino también como la garantía de la democracia española, y en la medida en que la supervivencia de la democracia se vio en peligro, la figura del monarca estuvo protegida por la limitación voluntaria de los editores de periódicos. Lo más que se han permitido fue algún murmullo de desaprobación, cada vez que el entusiasmo del rey por los deportes peligrosos ha producido algún accidente.

Por ejemplo, raramente comenta la prensa que las relaciones entre el rey y la reina parecen a veces ser distantes. En una entrevista, cuando se lo preguntaron, doña Sofía respondió tan sólo: «Son buenas, dadas las diferencias que pueden existir entre dos personas».

Pero en el verano de 1990, el pacto de silencio se quebró. *Tribuna* publicó un informe detallado sobre la poco discreta *jet-set* que sigue al rey hasta Mallorca, y *El Mundo* le echaba en cara en un editorial el hecho de no interrumpir sus vacaciones con motivo de la crisis del Golfo. De distinta manera, ambos artículos sacaban a luz el mismo problema.

Las imágenes del rey a las que se han acostumbrado sus súbditos lo muestran a bordo de un yate o en algún otro tipo de entretenimiento. En rigor, él hace bastante por el bien del país: viaja al exterior con frecuencia, todas las semanas concede audiencias civiles y militares para mantenerse en contacto con la gente y se ocupa de las distintas funciones ceremoniales que le impone su cargo. Pero, por ejemplo, se ocupa menos que la reina Isabel de Inglaterra de las actividades que harían más evidentes para su pueblo sus empeños: a diferencia de la soberana británica no está inaugurando constantemente hospitales o fábricas.

En ese mismo año de 1990, un pasaje del mensaje navideño del rey, en el que se señalaba la necesidad de equilibrar la libertad de prensa y la responsabilidad en la información, suscitó nuevas críticas por parte de los medios, tras un año en el que tanto habían colaborado para descubrir diversos escándalos. El rey tuvo la poca fortuna de estrellar su Porsche mientras iba hacia una estación de esquí de los Pirineos justo dos días después, con lo que volvió a llamar la atención de los medios hacia su ya criticada imprudencia.

Más tarde, en julio de 1992, se supo que el rey había hecho, sin la compañía de la reina, dos visitas a Suiza en menos de una semana. La explicación oficial de que había viajado para tomarse un descanso, sólo sirvió para disparar los temores sobre su salud, a la vez que generaba cierto escepticismo. Al mes siguiente, *El Mundo* informaba de que una revista italiana había relacionado al rey con una dama mallorquina, por esos mismos días también nombrada en la prensa británica y en la francesa. El artículo provocó una tormenta de protestas, sobre todo de los periódicos rivales. Se habló de una «campaña orquestada» y hasta medió Felipe González, afirmando que eran las consecuencias de la envidia que despertaban fuera los éxitos internacionales de España. El Mundo abandonó el tema y nunca lo ha retomado. De momento, siguen siendo tabú las referencias a la vida privada de la pareja real.

Las especulaciones sobre el rey, la reina y sus hijos se produjeron a lo largo de un período de unos tres años; visto a la distancia, bien se puede pensar en una fase bastante definitiva en la evolución de la monarquía. En esa misma época, que va de 1989 a 1992, también hubo indicios de considerables trastornos en palacio. En 1991, el jefe de la secretaría del rey, José Joaquín Puig de la Bellacasa, distinguido antiguo embajador, abandonó La Zarzuela después de menos de un año en el cargo. Como servidor del príncipe, Puig de la Bellacasa lo había puesto en contacto con miembros de la oposición, antes de la muerte de Franco. Ese hombre enérgico, cosmopolita, recto y abierto había dado la imagen de la persona que podía encaminar al rey hacia un nuevo papel. Dos años más tarde, el Jefe de la Casa Real, el general Sabino Fernández Campos, también dejó su cargo en circunstancias y por razones igualmente poco claras. Se dijo –y Fernández Campos lo negó– que había habido un enfrentamiento acerca de un programa filmado para la televisión británica. Otros dijeron que el general se oponía a que don Juan Carlos colaborara con el marqués de Vilallonga en el libro que éste escribió sobre el monarca[5].

Lo que parece haber sido una preocupación para el general Fernández Campos era el punto hasta el que aparecían las verdaderas opiniones del rey tanto en el libro mismo, basado en una serie de largas conversaciones grabadas, como en las entrevistas que concedió su autor para lanzar la publicación

Quizá lo más llamativo fue lo que el marqués de Vilallonga llamó una especie de obsesión por no decir nada que pudiera verse como ofensivo por los instigadores del golpe de 1981. Vilallonga dijo a quienes lo entrevistaron que el rey había eliminado o atenuado una cantidad de pasajes referidos al golpe y que incluso puso objeciones a que el jefe de la sedición, el general Armada, fuese descrito como «traidor». Sin embargo, como comandante en jefe del ejército, es probable que don Juan Carlos entienda mejor que nadie la sensibilidad de sus oficiales. Hay que tener en mente su propia sensibilidad cuando se sopesan las afirmaciones, que españoles de todas las clases no dudan en repetir, de que la amenaza de la intervención militar ha desaparecido y jamás volverá.

NOTAS CAPITULO 7

1) Como su tocayo de la generación anterior, don Alfonso murió en circuns-tancias trágicas. En 1956, cuando tenía quince años, resultó herido por un disparo que se escapó de una pistola cargada, con la que jugaba en la casa de la familia, en Estoril. Don Juan Carlos estaba con él en el momento del accidente y quedó profun-damente afectado. Sus amigos de la infancia aseguran que aquella desgracia trans-formó al joven algo valentón que por entonces era en un muchacho más reflexivo y sensible.

2) En 1976, cuando los seguidores de Carlos Hugo hicieron su tradicional pere-grinaje anual a la cumbre de Montejurra, un monte cercano a Pamplona, se vieron sorprendidos por una banda armada de izquierdistas dirigidos por Sixto Enrique. En la refriega hubo un muerto y varios heridos.

3) Entre otras cosas, Franco se adjudicó el derecho de otorgar títulos nobilia-rios. Hoy, más de treinta familias españolas deben su rango a la munificencia del hijo de un oficial de la intendencia marina. Uno de los aristócratas a los que el Cau-dillo otorgó el título, Pedro Barrié de la Maza, presidente de Fuerzas Eléctricas del Noroeste, Sociedad Anónima (FENOSA), tiene autorización para llevar el título con el nombre de la empresa, por lo que se convirtió en conde de Fenosa.

4) Véase pág. 100.

5) Resulta hoy irónico que fuera Vilallonga quien años antes predijese que la historia conocería al rey como «Juan Carlos el Breve».

8

¿Un ejército para una nueva España?

La reacción de los españoles ante la invasión iraquí de Kuwait puso de manifiesto una diferencia importante entre la nueva y la vieja España. Un país con una de las tradiciones militares más formidables de la tierra –tierra de El Cid y cuna de los conquistadores– se había convertido en una nación de pacifistas.

La modesta contribución española a las fuerzas de control del bloqueo de Irak y Kuwait consistió en un contingente de marineros, a cuya partida los medios de comunicación dieron un tratamiento que fue desde lo consternado hasta lo sensiblero.

«Muchos no saben nadar y otros se marean» decía el artículo de *Diario 16* sobre la partida. Un dibujante de *El Mundo* presentaba a un marinero llorando sobre una carta dirigida a sus padres, en la que decía que iba a entrar en batalla al día siguiente. Las protestas de los familiares que quedaron a la espera tuvo una cobertura amplia. A menudo las notas se ilustraban con la fotografía de una madre que mostraba otra de su hijo, como si se tratara de un muerto.

El gobierno manifestó su desagrado ante los medios, a los que acusaba de difundir el abatimiento y la alarma, pero los datos sugerían que sólo reflejaban con fidelidad el clima de la nación. En España se produjeron algunas de las mayores manifestaciones antibélicas europeas. Las encuestas señalaban que más de dos tercios de la población estaban contra la guerra –la mayor proporción entre los países de Europa, tras Alemania– y que una clara mayoría estaba también contra las sanciones, tal vez porque España se había comprometido en el bloqueo necesario para aplicarlas. Una investigación de la revista

Cambio 16, indicaba que la mayoría de la población se mostraba propensa, simplemente, a «mantenerse al margen del conflicto entre los países árabes».

Es cierto que en torno a la crisis del Golfo había circunstancias especiales. Era la primera vez, desde el decenio de 1920, que España se embrollaba en un conflicto exterior y, sin duda, parte de la reacción provenía del impacto de verse pillados en los asuntos mundiales después de tantos años de aislamiento. Además, los españoles siempre habían estado de parte de los árabes en los conflictos con Israel y la opinión pública simpatizaba con el argumento iraquí de que la operación Escudo del Desierto, más tarde Tormenta del Desierto, eran iniciativas antiárabes. Tuvo importancia crucial el hecho de que los barcos españoles enviados para el bloqueo estuvieran tripulados, en parte, por quintos. La reacción pública, dos años más tarde, ante el envío a Bosnia, como fuerzas de la ONU, de un contingente compuesto sólo por profesionales y voluntarios tuvo mucho menor eco. Pero es posible que otra razón por la que los españoles se mostraron favorables fuera que se les vendió la iniciativa de Bosnia como un recurso para mantener la paz. Muchas encuestas descubrieron corrientes vigorosas de pacifismo dentro de la sociedad española contemporánea.

Sólo se pueden imaginar los motivos: uno, indudable, es el resentimiento ante el servicio militar obligatorio; la memoria pública de la Guerra Civil y de la dictadura quizá sean otros. Pero tal vez sea también que los militares, los militares españoles, fueron los que dieron a la mayoría de los españoles de hoy el mayor susto de sus vidas.

Así como todos los americanos recuerdan dónde estaban cuando se enteraron del asesinato del presidente Kennedy, ninguna española, ningún español olvidará lo que estaban haciendo la tarde del lunes 23 de febrero de 1981, cuando un grupo de guardias civiles dirigidos por Antonio Tejero, un hombre provisto de historiados mostachos, asaltó el Congreso interrumpiendo el debate televisado de la investidura del nuevo presidente del gobierno. Los millones de personas que escuchaban la radio oyeron, primero, unos gritos confusos y después una ráfaga de disparos, con los que se obligaba a los diputados a echarse al suelo. Para los oyentes, aquello fue como si un loco hubiera borrado de un golpe a toda la clase política de España.

Es probable que jamás se sepa cuántas unidades del ejército se habían comprometido a sublevarse en las horas siguientes. En concreto, sólo salió a la calle la División Motorizada de Valencia, bajo el mando del general Milans del Bosch. Cristina Soler Crespo, residente en Valencia, garabateó lo que veía y oía mientras estaba pasando. Su relato, publicado unos días después en el periódico *El País*, evoca algo del terror y el atropello inconcebible de esa noche.

«En el momento que escribo estas líneas, a las dos de la madrugada de una noche fría de febrero, desde mi ventana de un tercer piso de la Gran Vía valenciana, tengo a pocos metros de distancia de mis ojos un tanque –un enorme, verdoso, terrible tanque– estacionado y tomando posiciones con su cañón... apuntando a miles de ventanas, a través de cuyos visillos se adivinan cabezas atemorizadas, atemorizados ojos de pacíficos ciudadanos, de familias con niños, de ancianos que ya vieron estas escenas antes, y vuelven a revivir ese pánico sordo, impotente, silencioso de quien no comprende nada (...) Llegan camiones cargados de soldados, *jeeps*, coches de policía, toman cada esquina de la gran avenida y los pájaros despiertan tan asustados como los seres humanos. Se apagan las farolas del Jardín Central y la escena toma aspecto de pesadilla. Los tres jóvenes que ocupan el tanque más cercano, puedo ver que no tienen más de veinte años. El cañón ahora apunta definitivamente a las ventanas de la sede del PSOE y a su bandera roja situada frente a mi ventana. La gente de las ventanas superiores deja caer los visillos y apaga las luces.»

Los acontecimientos del 23-24 de febrero hicieron realidad algo que gran parte de los españoles temía desde la muerte de Franco. La amenaza de la intervención militar había distorsionado casi todos los aspectos de la vida española, condicionando la forma en que los políticos enfocaron una cantidad de temas y, en particular, la política autonómica, por lo que sus preocupaciones fueron muchas más de las que podrían haber sido. Sin embargo, según la historia misma de España, la intervención militar es la norma y no la excepción.

Los orígenes del entusiasmo del ejército por entrometerse en los asuntos de Estado se remontan al siglo XVIII, cuando altos oficiales militares desempeñaron un papel prominente, poco habitual hasta entonces, en el gobierno. Pero la invasión napoleónica de 1808 sería la que crease las condiciones previas para esa continua intervención militar, que se convertiría en el sello de la política española durante los próximos cien años.

Una de las paradojas de la Guerra de la Independencia que siguió a la invasión fue que los funcionario públicos de clase media y los oficiales que llenaron el vacío dejado por el rey y la corte, mientras luchaban contra los invasores, a la vez adoptaban muchas de las ideas que los franceses iban propagando. Una de las más básicas era la de que el monarca tenía que estar sujeto a las limitaciones de una constitución escrita. Sin embargo, Fernando VII, que volvió al trono en 1814, se negó a reconocer que los tiempos habían cambiado; en consecuencia, su reinado tuvo que soportar con breves intervalos las sediciones encabezadas por los oficiales que habían servido en la Guerra de la

Independencia y que querían imponer una constitución. Las revueltas de la época de Fernando dieron al mundo dos nuevas palabras. Una, acuñada para nombrar a los opositores de la monarquía absoluta, fue *liberal*[1]. La otra, usada por primera vez por el general Rafael del Riego para referirse a su declaración de rebeldía contra la corona en 1820, fue *pronunciamiento*, palabra que, en un principio, sólo se refirió a una llamada inicial a las armas, pero después pasó a nombrar a una insurrección en todo su curso. En 1936, ya se contaban nada menos que cuarenta y cuatro pronunciamientos.

El rey Fernando murió en 1833, cuando su heredera, la princesa Isabel, aún no tenía tres años, y el país se vio con una forma menos autoritaria de gobierno, la regencia, ejercida en este caso por la viuda del rey, doña María Cristina. La autoridad insegura de la regente sufrió, además, la pugna dinástica que llevó al hermano del difunto rey, Carlos, a declarar la guerra al gobierno y a reclutar para su causa a todos los que, por intereses creados, apoyaban la perpetuación del absolutismo. La guerra carlista hizo que doña María Cristina pasara a una excepcional dependencia del ejército, de modo que cuando sus dos generales destacados le pidieron que aceptara promulgar una constitución, la regente no pudo negarse.

En cierto sentido, España se adaptó a una democracia parlamentaria bipartidista. Desde el principio los liberales se dividieron en dos grupos, conocidos como el de los Moderados y el de los Progresistas. Infortunadamente, la falta de desarrollo económico de España y su inexperiencia política eran tales que la idea de que un partido entregara el poder a otro, tras unas elecciones justas, jamás llegó a arraigar y, en cambio, los políticos pronto cayeron en la costumbre de expulsar al gobierno con la intervención del ejército. En una sociedad en la que estaba demostrado que era imposible expresar la opinión pública a través de las urnas, generales y coroneles actuaban ostensiblemente como intérpretes de la voluntad popular. A lo largo del reinado de Isabel, lo común fue que el poder cambiara de manos por los *pronunciamientos* de oficiales aliados a una u otra facción del bando liberal, a hombres como Espartero, O'Donnell y el indomable Ramón María Narváez, del que se cuenta que, cuando su confesor en su lecho de muerte le pidió que perdonara a sus enemigos, se negó diciendo: «Los he matado a todos».

Como era quizá inevitable, el «pronunciamiento» de una coalición de generales y almirantes progresistas arrebató por fin el trono a la reina Isabel, en 1868. Pero lamentablemente para los progresistas su idea de importar un mandatario más dócil no funcionó, y la iniciativa pasó fuera del campo liberal a los que no querían monarquías de ninguna clase, ni constitucional ni absoluta. Los políticos que goberna-

ron España durante la breve Primera República además de antimonárquicos eran antimilitaristas, y sostenían varias ideas que la oficialidad
aborrecía. En especial, muchos de ellos apoyaban la de que España se
convirtiese en un estado federal. En este sentido, tenían algo en
común con los carlistas, que soñaban con devolverlo todo a lo que había
sido en el siglo XVIII, y en ese sueño incluían la restauración de los
tradicionales derechos y privilegios de las regiones. Para la oficialidad,
cuya tarea principal había sido la supresión del carlismo, la autonomía
regional bajo cualquier forma era motivo de anatema y fue lógico que
un general que procuraba impedir la introducción del federalismo hiciera caer la República[2].

La experiencia de la Primera República persuadió a los liberales
de que debían conseguir un buen funcionamiento del sistema bipartidista, y en 1874, con la restauración de la monarquía, se inició un
período de democracia artifical, en el que las dos facciones liberales
contendientes, rebautizadas Conservadores y Liberales, se alternaron
en el poder por medio de elecciones manipuladas, en un esfuerzo por
mantener a raya a los republicanos y a otros grupos radicales. Casi por
casualidad, este sistema consiguió poner fin a los pronunciamientos.
Su falló consistió en que los únicos sectores de la sociedad representados eran las clases alta y media. A medida que parte de España se
industrializaba en los siguientes cincuenta años, una clase trabajadora
urbana cada vez mayor y más fuerte se veía sin voz en el parlamento,
por lo que con frecuencia expresaba su agravio en las calles; los sucesivos gobiernos acudieron al ejército para restaurar el orden.

Por esa misma época, se produjo una serie de derrotas humillantes
en ultramar. La primera fue una lucha desesperada por mantenerse en
Cuba, que terminó en forma abrupta en 1898, cuando Estados Unidos
declaró la guerra a España, hundió su flota y le arrebató no sólo Cuba
sino también Puerto Rico y las Filipinas. Seis años más tarde, España
recibió la compensación virtual de dos pequeñas porciones de
Marruecos. Pero, casi de inmediato, se enfrentó con la resistencia en
la región septentrional. Desde 1909 hasta 1925 se desarrolló una guerra total, emprendida por las tribus de la zona del Rif[3]; aunque los españoles fueron los vencedores al fin, sufrieron toda una sucesión de derrotas. En la peor, el desastre de Annual (1921), perdieron 15.000 hombres
y 5.000 km^2 de territorio en pocos días. Como los jefes de muchos ejércitos vencidos antes y después, los mandos españoles trataron de explicar la derrota en la presunta incompetencia o indiferencia de los
políticos «que están en la capital». En ese proceso, se hicieron demasiado sensibles a las críticas. Por ejemplo, después de las elecciones
municipales de 1905, el partido ganador en Cataluña celebró un banquete multitudinario, que llevó a la revista *Cu-Cut* a publicar un dibu-

jo en el que un soldado pregunta a un hombre de paisano qué era ese grupo de personas congregadas ante una puerta.

«El banquete de la victoria», explicaba el de paisano.

«¡Victoria! Ah, entonces tienen que ser civiles», decía el militar.

Esa caricatura puso tan furiosos a los militares que, para apaciguarlos, las Cortes votaron una ley que iba a perturbar las relaciones entre las fuerzas armadas y el resto de la sociedad hasta hace muy pocos años: la Ley de Jurisdicciones, según la cual toda ofensa contra el ejército o sus miembros se juzgaría en un tribunal militar.

Hacia 1923, cuando tomó el poder y estableció su dictadura el general Primo de Rivera, el oficial militar español había comenzado a desempeñar los papeles de policía y juez. Ya estuviese de servicio en las montañas de Marruecos o en un despacho de Madrid, era evidente que crecía la distancia entre él y sus conciudadanos. Esto planteaba un problema especial para ese cuerpo de hombres habituados a considerarse como un instrumento de la voluntad colectiva, y así empezaron a desarrollar la peculiar idea de que, aun cuando no reflejaran las preferencias circunstanciales del electorado, no obstante encarnaban los valores eternos de la patria. Empezaba a dibujarse entre España y los españoles la diferencia que serviría, en 1936, para justificar una guerra contra la mayoría de los ciudadanos definiéndola como una guerra en defensa de España. Aun así, sólo una prolongada etapa casi anárquica bajo la Segunda República crearía las condiciones para un levantamiento victorioso.

Durante los cien años transcurridos entre la coronación de Isabel y el estallido de la Guerra Civil, llama la atención que en el papel del ejército se haya producido no un gran cambio sino un cambio exiguo. A primera vista, parece que una oficialidad ferviente en su defensa del liberalismo durante el siglo XIX se había transformado en una potente fuerza de reacción en el XX. Pero más que nada, eso es consecuencia de una confusión acerca del significado de la palabra «liberal». Lo que pasó en rigor fue que, a medida que el centro de gravedad de la vida política se desplazaba de manera sostenida hacia la izquierda, como ocurrió en toda Europa a lo largo de este período, la oficialidad siguió obstinada en ocupar el mismo sector del espectro político, aferrándose a una ideología que podía pasar por radical, si se la comparaba con el absolutismo de Fernando VII, pero que empezaba a tener cierto aire conservador en los tiempos de la Primera República y, sin más, reaccionario en la etapa de la Segunda.

Dicho esto, es importante subrayar que el campo ocupado en el espectro político por el cuerpo de oficiales siempre fue bastante amplio. En tiempos de Isabel, el foco de la vida política se situó poco más o menos en el centro y, en esa ocasión y en otras semejantes, la oficialidad quedó muy dividida. Los acontecimientos de la Primera República sirvieron para que los puntos de vista de los militares se hicieran algo más uniformes de lo que habían sido, pero continuaron variando de manera significativa, como lo demostró el alzamiento de 1936. No todos los oficiales se unieron a la rebelión y una minoría importante, que abarcaba la mayor parte de la oficialidad superior, se mantuvo del lado de la República.

Lo que realmente cambió las cosas fue el resultado de la Guerra Civil. Una purga afectó a los 3.000 oficiales leales a la República que sobrevivieron, y se permitió que permanecieran en las filas a cerca de 10.000 jóvenes que, alistados en las fuerzas nacionalistas como alféreces provisionales, fueron al campo de batalla tras un breve curso de entrenamiento. En consecuencia, la oficialidad se hizo mucho más homogénea, compuesta por hombres reaccionarios, un proceso que continuó a medida que, con el paso del tiempo, una proporción cada vez mayor de ese grupo pasó a estar compuesta por aquellos reclutas del período de posguerra, hombres jóvenes que por propia voluntad servían a una dictadura y eran proclives a definirse como simples «franquistas» más que como partidarios de una «familia» específica dentro del régimen.

Seguro de la lealtad de esos hombres, Franco los introdujo en esferas de actividad que en otros países se veían como civiles sobre todo. Por un lado, cada una de las tres Fuerzas Armadas tenía su propio ministro, que era un oficial en activo; por otro, el Caudillo a menudo designaba a generales y almirantes para encabezar ministerios que nada tenían que ver con la defensa. De los 114 ministros que integraron los gabinetes de Franco, 32 fueron militares y 11 de ellos ocuparon carteras no relacionadas con defensa.

Los militares también desempeñaron un papel importante en la economía. Desde una época muy temprana –mucho antes de que el pluriempleo se hiciera corriente en el conjunto de la sociedad–, Franco aplicó la política de nombrar militares para dirigir empresas del Instituto Nacional de Industria (INI). La marina y la fuerza aérea ejercieron un control amplio en la marina mercante y en la aviación civil, con lo que, por ejemplo, la administración portuaria y el control de tráfico aéreo quedaron en poder de los servicios armados. La mayor parte de los oficiales de las dos fuerzas paramilitares provenían de las fuerzas armadas, y otro tanto ocurría con la mayor parte de los miembros de los servicios de inteligencia. Además, a menudo se convocaba a los oficiales para que juzgaran a los sospechosos de terrorismo en los tribunales militares. Era inevitable que todo eso crease entre la oficialidad la impresión de que su cometido tenía tanta relación con el control de la sociedad como la protección de la misma frente a sus enemigos.

La ley institucional del Estado, promulgada en 1967 –lo más cercano a una constitución que hubo durante la dictadura–, hacía responsables a las fuerzas armadas de garantizar «la unidad e independencia del país, la integridad de su territorio, la seguridad nacional y la defensa del sistema institucional». En otras palabras, las fuerzas armadas se encargaban de proteger al régimen tanto de sus enemigos internos como de los externos.

Cuando don Juan Carlos subió al trono, es probable que el grupo mayor de oficiales ideológicamente comprometidos estuviera compuesto por monárquicos. Pero, sin duda, los que sólo se veían a sí mismos como franquistas los superaban y se contentaban con aceptar como jefe y comandante supremo a cualquier hombre elegido por Franco. Sin embargo, miraban a don Juan Carlos como rey en virtud del juramento que prestara en 1969 más que por su pertenencia a la familia de los Borbones. Pronto se planteó la incógnita de si las fuerzas armadas verían la introducción de la democracia como una traición a aquel juramento. Si era así, podrían negar la legitimidad del gobierno nombrado por el rey, lo que les daría un pretexto para intervenir.

Un mes después de que su primer gobierno llegara al poder, Suárez mantuvo una entrevista con los más altos jefes militares españoles, en la que expuso sus planes y les pidió apoyo. De la reunión salió un comunicado florido que, en esencia, decía que las fuerzas armadas aceptarían las reformas del gobierno siempre y cuando las Cortes –en esa época aún constituidas por franquistas– las aprobaran. Sin embargo, durante aquel encuentro parece ser que los militares tuvieron la impresión de que se les consultaría antes de legalizar al Partido Comunista. Al año siguiente, cuando Suárez se vio llevado por los acontecimientos, y se diría que también por el rey, a legalizar al PCE, la oficialidad se mostró ofendida. Sólo uno de los tres ministros militares dimitió, pero el deterioro que sufrieron Suárez y la posición del gobierno a los ojos de las fuerzas armadas fue inmenso. Desde ese momento, siempre hubo una sedición cociéndose justo debajo de la superficie de la vida militar.

Los centristas respondieron renunciando a mantener una disciplina entre los militares. En los cinco años que van de 1977 hasta 1982, hubo varias ocasiones en las que las autoridades castrenses castigaron a oficiales que expresaban su apoyo a la Constitución, mientras se dejaba en paz a quienes abiertamente la lesionaban. El propio golpe de 1981 fue una consecuencia de la debilidad de UCD. Se había sorprendido a Tejero y a Milans del Bosch conspirando contra el gobierno y, no obstante, se les permitió continuar en cargos de responsabilidad.

El torrente de indignación desatado por el golpe debió ser para todos los oficiales, con excepción de los menos realistas, una prueba de que, si Tejero y sus jefes hubieran tenido éxito, a diferencia de lo ocurrido con Franco, no habrían contado con un apoyo popular significativo. Además de otras cosas, esto explica por qué el peligro de una nueva intervención militar disminuyó con rapidez en los años posteriores a 1981, y se suma al hecho de que las actitudes políticas adoptadas por la mayor parte de la sociedad en los años setenta se expandieron por las filas militares durante el decenio de 1980.

Sin embargo, también es verdad que, sólo después de que los socialistas asumieron el poder, disminuyeron el temor público a otro golpe y los indicios de conjuras en el ejército[4]. En este punto hay que felicitar a los socialistas, en particular al barbado y miope Narcís Serra, antiguo alcalde de Barcelona, que fue ministro de defensa desde 1982 hasta 1991, año en que pasó a ser vicepresidente del gobierno de González.

Sin comprometer sus promesas al electorado, los socialistas solucionaron muchos de los asuntos que habían producido inquietud entre los militares. Dieron al país el gobierno firme que había desaparecido desde que UCD se dividiera. Dejaron claro que el otorgamiento de poderes adicionales a las comunidades no pondría en peligro la unidad de España y, sobre todo, aplicaron al propio ejército la disciplina estricta cuya ausencia tanto desconcertara a la oficialidad desde la muerte de Franco.

Los socialistas también introdujeron a España en la Unión Europea. Los que organizaran un golpe en el futuro sabían que, en caso de tener éxito, la UE expulsaría al país, con las consecuencias funestas consiguientes.

¿Pero ha desaparecido para siempre la afición de los militares a meterse en política? La mayoría de los españoles –más del 70 por ciento, según una encuesta hecha por *El País* en 1991– dice que sí. Sin duda, la posibilidad de otra intervención militar parece remota. Cada día es más evidente que España se muestra como una de esas naciones estables y prósperas en las que los carros de combate no salen a la calle.

Pero «para siempre» es mucho tiempo y Europa se está convirtiendo en un continente turbulento. Como hemos visto, los españoles de hoy son muy reacios a mirar hacia atrás y ya hablan del 23-F como si se hubiera producido en el siglo pasado. Pero no es así. El tiempo transcurrido desde aquella fecha es todavía mucho más breve que los 161 años de intervenciones militares intermitentes que lo precedieron. Y más aún: es bastante más breve que el mayor lapso dentro de esos 161 años durante el que España se mantuvo libre de golpes y pronunciamientos.

Testimonios de tipo de puntos de vista que aún existen en las fuerzas armadas emergieron en 1993, cuando la Junta de Estado Mayor publicó el texto de las actas de un seminario sobre las relaciones entre la sociedad y las fuerzas armadas. «El gobierno, los sindicatos y las federaciones patronales están demasiado ocupados en sus disputas como para ocuparse de la economía o del bienestar del pueblo», declaró un coronel de artillería. La oposición a las fuerzas armadas, creía, era resultado de una campaña de desinformación, «bien orquestada sobre todo en círculos marxistas».

Con todo, la mayor preocupación que compartían oficiales mucho menos reaccionarios que ese coronel, se relacionaba con los movimientos nacionalistas. Como hemos visto, la unidad de España había sido la preocupación predominante de las fuerzas armadas desde la Primera República. Si bien hoy poco se alude a esto en España, a pesar de que es un factor de gran importancia potencial, la Constitución de 1978 hace responsables a las fuerzas armadas de preservar esa unidad, pues «tienen como misión garantizar la soberanía e independencia de España, defender su *integridad territorial* y el ordenamiento constitucional» (la cursiva es mía). Es difícil leer este pasaje sin deducir que no sólo tienen el derecho sino también el deber de intervenir si la unidad de España se ve amenazada. ¿Pero quién debe decidir cuándo han de hacerlo? ¿El rey? ¿El gobierno? ¿Los jefes del Estado Mayor? La Constitución no lo dice.

Sin duda que Tejero y los que lo apoyaban habrían usado la alusión constitucional a la responsabilidad de las fuerzas armadas en la defensa de la integridad territorial para justificar el golpe, en caso de que hubiera triunfado. Sin embargo, eso los habría hundido en lo ilógico, porque la misma Constitución que parece autorizar a las fuerzas armadas para intervenir también crea el sistema de los gobiernos autonómicos, al que tanto se oponían los conspiradores. No surge ese problema si se pueden describir las circunstancias como algo que supera los límites constitucionales. Pero como más adelante veremos en detalle, el debate entre el gobierno central y los autonómicos se enfoca, cada día más, en sectores que pueden hacer pensar si el pacto alcanzado es realmente constitucional.

La certeza de que las fuerzas armadas españolas jamás se volverían a meter en política sería mayor, si tuvieran una misión militar evidente y los medios para llevarla a cabo.

Bajo Franco, los únicos combates que el ejército afrontó fueron los que libró con los súbditos coloniales de Africa del Norte y, en realidad, no fueron episodios importantes. El Caudillo era realista, si algo era, y a pesar de todo lo que decía acerca de revivir el imperio español, comprendía que los tiempos estaban en contra del colonialismo. Una tras otra, las posesiones españolas se abandonaron al primer asomo de problemas. El Marruecos septentrional español se perdió en

1956; el meridional, en 1958, junto con Ifni, un enclave enfrentado a las Islas Canarias que se había cedido a España en 1868. Río Muni y Fernando Po se configuraron como Guinea Ecuatorial y se independizaron en 1968. En España, mientras tanto, Franco reinstauró la división del país en capitanías generales, cada una al mando de un teniente general y dotada de importantes poderes tanto civiles como militares. Pero a diferencia de muchos de sus antecesores, no sacó al ejército a la calle para impedir manifestaciones.

El papel evidente para el ejército español tras la muerte de Franco era el de unirse a las fuerzas defensivas del resto de Occidente en la confrontación con el comunismo. Pero al cabo de tres años de pertenencia a la OTAN, confirmada por el referéndum de 1986, cayó el Muro de Berlín y la influencia de la Unión Soviética se esfumó, lo que diluía los objetivos iniciales de la OTAN. Luego, los socialistas trataron de dar a los militares un papel adicional, comprometiéndolos ampliamente en la actividad pacificadora de la ONU. En 1989, el ejército tuvo su primera experiencia en ese tipo de operaciones, cuando siete oficiales intervinieron, como integrantes de un cuerpo de cascos azules, en la misión de supervisar la retirada de las tropas cubanas de Angola. Sólo tres años más tarde, España tenía más oficiales que cualquier otro país del mundo al servicio de la ONU. Estaban en Angola y, además, en Kurdistán, Bosnia, Namibia, Guinea Ecuatorial, Haití y varios países de América Central.

El hecho de que una unidad con una reputación capaz de helar la sangre de cualquiera, como es la Legión, cumpla tareas de mantenimiento de la paz en la antigua Yugoslavia a menudo aparece en boca de los políticos socialistas como una prueba del punto hasta el cual llegó el cambio de España bajo su gobierno. Pero, la velocidad con que los políticos han empujado a tantos soldados españoles hacia ese nuevo papel puede ser una prueba de que aún tienen dudas en cuanto a lo que los militares podrían hacer en caso de sentirse desocupados.

Lo que está claro es que el ejército español aún debe recorrer un buen trecho antes de completar, según la jerga de los sociólogos militares, su transición de un modelo «institucional», en el que lo militar se considera el instrumento de los valores nacionales o de la voluntad colectiva, a un modelo «ocupacional», cuyo único objetivo consiste en ser una fuerza militar eficiente. Es un cambio que requerirá anular casi dos siglos de ineficacia institucionalizada.

En la Guerra de la Independencia se reclutó una gran cantidad de oficiales a los que luego se permitió seguir en las filas. A lo largo del siglo XIX, su número alcanzaba a los 10.000, una cantidad bastante aceptable en tiempos de guerra, cuando el ejército totalizaba unos 100.000 hombres, pero excesiva en tiempos de paz, cuando tenían poco más del doble de hombres para mandar. Además, las promociones con objetivo político hacían que el cuerpo de oficiales, absurdamente, tuviera la forma de una pirámide invertida. Durante ese período, pocas veces hubo menos de 500 generales. Con las medidas que introdujo la Segunda República, pareció que el problema se resolvía. Pero entre 1936, cuando el programa normal de entrenamiento de oficiales se vio interrumpido por la guerra, y 1946, fecha en que se reanudó, se incorporaron unos 7.000 oficiales al ejército. Antes de la Guerra Civil, el promedio de despachos había sido de unos 225 por año. De modo que en diez años el ejército tuvo los ingresos de un lapso de más de treinta.

En 1953 y 1958, se aprobaron leyes por las que los oficiales que se retiraran con anticipación disfrutarían de generosas pensiones y gratificaciones pero, por esa época, los veteranos de la Guerra Civil estaban entre los treinta y cinco y los cuarenta años respectivamente y, era comprensible, se mostraban poco propensos a embarcarse en una nueva carrera de paisanos. Además, el ingreso en la restaurada Academia General Militar de Zaragoza– reducido al principio– luego se permitió que aumentara a medida que pasaban los años, hasta tal punto que, en 1955, recibieron sus despachos más de 300 nuevos oficiales.

La fórmula de Franco para reducir la proporción de oficiales por soldados consistió en mantener bajo armas a un número de hombres mayor que el necesario. Tras la Guerra Civil, los efectivos del ejército se recortaron en unos dos tercios (de un millón de hombres a unos 340.000). Hacia 1975, el número había bajado a 220.000, de los que más de 24.000 eran oficiales. Pero eso era aún mucho más de lo necesario para la defensa de España y también resultaba desproporcionado respecto de cualquier otra fuerza armada. En 1975, la marina tenía 46.600 hombres y la fuerza aérea, 35.700.

Todos los miembros de la primera promoción que salió de la restaurada Academia General Militar se convirtieron en generales y, aunque había que imponer un criterio de selectividad para sus sucesores, no existía ninguna clase de selección hasta que llegaban al grado de coroneles, cosa que sólo dependía de la extensión del servicio. Antes de que alguno de los oficiales que se habían graduado en Zaragoza, digamos en 1960, pudiera ser promovido a un rango particular, todos los oficiales que se habían graduado en 1959 tenían que haber llegado ya a ese rango. La capacidad de un oficial se reflejaba en los mandos que se le daban pero, también en este caso, su capacidad se determinaba sobre la base de la lista de su clase, o escalafón establecido al final de cada curso destinado al entrenamiento de oficiales. Por tanto, el día en que se marchaba de Zaragoza, un oficial no sólo sabía el rango que tendría treinta años después sino que también tenía una buena idea del tipo de trabajo que estaría haciendo hasta entonces.

El propio Franco, irónicamente, fue un ejemplo excepcional de lo que se podía hacer saltándose el sistema de escalafón. Después de egresar en el puesto 251 de una promoción de 312, ascendió con mayor rapidez que cualquier otro oficial antes o desde entonces, a fuerza de gran bravura y habilidad en el campo de acción. A los treinta y tres años llegó a ser general de brigada y se cree que fue el general más joven de Europa desde los tiempos de Napoleón.

En los años siguientes a la Guerra Civil, los ministerios de Ejército, Marina y Aire se llevaban, en conjunto, un tercio de los gastos del gobierno. Las tres fuerzas tenían armas y equipos modernos, y la paga de los oficiales regulares y de los suboficiales superaba a la de otros españoles durante los años cuarenta. Pero una vez pasada la amenaza de una invasión de los aliados, Franco comprendió que no había una necesidad verdadera de invertir tanto en las fuerzas armadas y calculó, sin equivocarse, que el prestigio que tenía entre sus compañeros de la oficialidad era tal que no necesitaba sobornarlos. Desde ese momento, los gastos destinados a defensa disminuyeron de manera constante, en proporción a los gastos totales del gobierno. Las pagas no subieron del mismo modo que el nivel medio de vida del resto de la sociedad —en especial durante los «años de desarrollo»— y, en vista de que las horas de trabajo de los oficiales militares españoles no eran precisamente muchas, no fueron pocos los que se dedicaron a otras actividades en su tiempo libre. Algunos se emplearon como ejecutivos; los que provenían de las ramas más técnicas a menudo ocuparon puestos de enseñantes en escuelas y universidades.

No obstante, había tantos oficiales que aún pagándoles un modesto salario se gastaba en ellos gran parte del presupuesto de defensa. Además, esto significaba que, en proporción, había menos dinero para comprar y mantener el armamento y los equipos. Juan Antonio Ansaldo, un conocido piloto del bando nacional que se convirtió en uno de los críticos más severos de Franco, escribió: «Los oficiales españoles sufren en silencio como chicos pobres delante del escaparate de una tienda el día de Nochebuena».

El tratado de Franco con Estados Unidos, por el que se permitía a los americanos instalar bases en España, estipulaba que las fuerzas extranjeras debían dar, prestar o vender a España equipos viejos a precios bajos. La fuerza aérea fue la mayor beneficiada, con la adquisición de sus primeros cazas de reacción, pero el ejército y la armada siguieron con sus equipos obsoletos.

Poco después de la muerte de Franco, las autoridades de la Academia General Militar hicieron una investigación de las actitudes y creencias de los cadetes. La formulación de esta encuesta tenía defectos graves (por ejemplo, para cada pregunta sólo se ofrecían cuatro respuestas), pero aun así los resultados fueron intrigantes. A la pregunta «¿Cuál es el factor más valioso para la eficiencia del ejército?» menos del 6 por ciento eligió la respuesta «la calidad de su equipo y la eficacia técnica de sus soldados regulares»; la mayoritaria fue «el patriotismo de sus miembros».

Estaba claro que, si el ejército tenía que adaptarse a cualquier tarea que no fuera la de derrocar gobiernos, necesitaba una buena sacudida.

Apenas un mes después de que Suárez se hiciera cargo del gobierno, el teniente general De Santiago y Díaz de Mendivil, vicepresidente con responsabilidades en defensa, dimitió como protesta ante los planes del gobierno para legalizar los sindicatos y Suárez pidió al teniente general Manuel Gutiérrez Mellado, jefe del Estado Mayor, que se hiciera cargo.

Con su cara pálida, su bigotillo y las gafas de montura fuerte, «Guti», parecía la imagen misma de un general franquista. Por cierto que había pasado la mayor parte de su vida adulta al servicio del Caudillo, primero como agente secreto del bando nacional en la zona republicana durante la Guerra Civil y, después, como distinguido oficial de estado mayor y comandante. Pero sus criterios no eran los de un franquista. En un discurso, poco después de la muerte de Franco, decía: «El ejército no está para mandar sino para servir».

El general se entregó a la tarea con vigor hercúleo. Trabajó con un equipo modesto, durmió sólo tres horas por noche y así esbozó una serie de decretos que reformaron el sistema de remuneraciones, establecieron los límites de la actividad política en las fuerzas armadas y abolieron su jurisdicción sobre los casos de terrorismo. Lo más importante fue que transformó la estructura de mandos de las fuerzas armadas, de modo que empezaran a asemejarse a las de una nación democrática. En tiempos de Franco, los representantes de mayor graduación de las fuerzas armadas –el jefe del Alto Estado Mayor y los tres ministros militares del gabinete– tenían todos habitual acceso directo al jefe del gobierno: las fuerzas armadas no estaban bajo el control del gobierno, formaban parte de él.

Gutiérrez Mellado convirtió a los jefes de Estado Mayor en comandantes de sus respectivas armas –por lo que pasaron a ser innecesarios los ministros de cada una de las fuerzas– e hizo lo mismo con el Alto Estado Mayor, al transferir sus poderes a un nuevo organismo, la Junta de Jefes de Estado Mayor (JUJEM), compuesta por los jefes de las tres armas y un presidente. A principios de 1977, las líneas de mando estaban claras. Desde las tres armas iban hasta la JUJEM y, a través de Gutiérrez Mellado, hasta Suárez. Las fuerzas armadas estaban supeditadas con firmeza al gobierno, y así se abría el camino para la abolición de los tres ministerios a ellas correspondientes y su reemplazo por un único ministerio de defensa, como se hizo inmediatamente después de las elecciones generales de junio de 1977.

Aunque su meta era apartarse de ese cargo tras prepararlo todo para dejar esa responsabilidad en manos de un civil, Gutiérrez Mellado pasó a ser el primer titular del nuevo ministerio. Después de las elecciones de 1979, por primera vez en cuarenta años, el control de las fuerzas armadas quedó en manos de alguien que no era ni había sido militar: Agustín Rodríguez Sahagún. No obstante, Gutiérrez Mellado conservó un puesto en el gabinete, como vicepresidente, con responsabilidades en seguridad y defensa. Sólo en 1981, cuando Suárez tiró la toalla, también Gutiérrez Mellado se apartó del gobierno, lo que permitió que Calvo Sotelo formara un gabinete sin ministros militares.

Pero para entonces Gutiérrez Mellado había emprendido una buena cantidad de reformas. Una de ellas, una revisión de las Reales Ordenanzas, se concretó mientras el general estaba aún en el gobierno; esas normas que rigen a las fuerzas armadas se habían establecido en el siglo XVIII, durante el reinado de Carlos III, y nunca desde entonces habían cambiado. Las nuevas Reales Ordenanzas, totalmente modernas, empezaron a aplicarse a principios de 1979. En el mismo período se introdujo una ley de justicia militar, aunque con demora y por la presión que ejercieron socialistas y comunistas, que condicionaron a ello la firma de los Pactos de la Moncloa. Esta nueva ley, que entró en vigor en 1980, limitaba la jurisdicción de los tribunales militares al ámbito puramente militar. En la etapa posterior al golpe, se produciría la congelación de una serie de leyes, cuyo borrador preparara Gutiérrez Mellado, que trataban sobre el despliegue, la movilización, el entrenamiento y servicio militar y las industrias de la defensa.

Sólo dos leyes de reforma pasaron por las Cortes durante el gobierno de Calvo Sotelo. Sin embargo, ambas eran medidas de importancia capital. Una daba a las autoridades militares la capacidad de eliminar de la lista activa a los oficiales por «incompetencia física, psicológica o profesional», y cambiaba las bases del retiro de modo que la oficialidad de rango inferior debía pasar a retiro más temprano. La otra medida determinó que el ascenso dependiese en parte del mérito, pues estipulaba que los oficiales tenían que pasar por procesos de selección antes de llegar a los grados de comandante y general de brigada. El efecto combinado de estas dos leyes, que se aplicaron desde 1981, era permitir que las autoridades redujesen el número de oficiales en activo, eliminando a los menos capacitados; cuanto más tiempo llevara a un oficial sortear las vallas impuestas por la segunda ley, más probable era que llegase a la edad del retiro establecida para su rango por la primera. No obstante, se garantizaba a todos los oficiales que llegarían al grado de coronel. Sin embargo, estas dos leyes despertaron un hondo rechazo en los militares que veían en el ejército un empleo vitalicio. La prensa de ultraderecha atizó esos temores, culpando de tal manera a los oficiales autores de los borradores de esas reformas tan drásticas que uno de ellos, el general Marcelo Aramendi, se suicidó.

La reforma de 1981 se quedó muy por debajo de lo que lógicamente se necesitaba, que era igualar el número de oficiales de cada rango con el número de puestos de importancia correspondiente. Aunque el ingreso anual de cadetes había disminuido con regularidad desde la muerte de Franco, desde un máximo de más de 400 hasta apenas algunos más de 200, cuando los socialistas llegaron al poder aún había 21.800 oficiales –uno por cada once de los otros rangos– de los que no menos de 300 eran generales. La oficialidad del ejército español era, además de numerosa, provecta. La edad media de los generales llegaba a sesenta y dos años; la de los coroneles, a cincuenta y ocho y la de los capitanes, a treinta y ocho.

El enfoque de los socialistas se basó en la estimación del número de oficiales que el ejército necesitaría a fines de 1990, en la que se vio que más de 5.000 –casi una cuarta parte del total– serían superfluos.

Se promulgó una ley que evitaba con cuidado cualquier cambio en el sistema de promoción. Se permitía que los oficiales continuaran con su camino de ascensos según su edad, pero no se les garantizaba un destino. Los que no se cualificaban para un destino podían retirarse con la paga completa. Pero no sólo eso; como miembros de una llamada «reserva transitoria», continuaban en el esquema de las promociones y los aumentos salariales correspondientes.

A principios de 1990, más de 4.400 oficiales habían aceptado el ofrecimiento, aunque con variaciones considerables en cada grado. El ejército tenía aún casi el doble de coroneles de los que necesitaba, consecuencia de los numerosos ingresos permitidos en la Academia de Zaragoza hasta mediados de los años cincuenta. El pago de las pensiones de los afortunados que estaban en reserva transitoria aún costaba al Tesoro más de 20.000 millones de pesetas, pero habría sido un precio bajo si lo que se obtenía era un ejército más eficiente.

Sin embargo, eso dependería de una reforma mucho más controvertida que no se aplicó hasta principios de 1990; por ella se divide a la oficialidad en vías «rápidas» y «lentas» según lo que rindan en el entrenamiento. Los que están en la «vía rápida» de promoción tienen asegurado el rango de mayor y los que están en la «vía lenta», el de capitán. Desde allí, los ascensos se determinan por selección. Si no llegan al rango de general de brigada tras treinta y dos años de servicio, quedan fuera del cuerpo, aunque con una pensión generosa. En el horizonte de la sociedad española se puede entrever una figura no muy distinta de la del típico mayor inglés, retirado a los cincuenta años, con ingresos que le permiten vivir con una holgura modesta.

La reforma del cuerpo de oficiales plantea la cuestión de la calidad de la tropa española. Los suboficiales del ejército son profesionales, como también lo son la mayor parte de los técnicos y los integrantes de las unidades de élite, como la **Guardia Real**, la **Brigada paracaidista** y la **Legión**. Pero el grueso se compone de quintos. Más de 200.000 reciben la convocatoria a filas cada año.

El cambio en las actitudes con respecto al servicio militar ilustra, tan bien como otros, la transformación de España en los últimos treinta años. Hubo un tiempo en que una gran cantidad de jóvenes esperaban con interés hacer la «mili», pues les daba la oportunidad de ver mundo fuera de su pueblo y, para algunos, era la ocasión de aprender a leer y escribir. Para el joven español de hoy es una pérdida de tiempo, ya que no le enseña nada que necesite saber durante el resto de su vida. Y para los que abandonan pronto la escuela, puede significar la pérdida de un trabajo que ha costado mucho encontrar.

Un síntoma del descontento creciente con la situación actual es el aumento del número de objetores de conciencia. Los gobiernos de Franco simplemente se negaron a reconocerlos[5] y hasta 1984 no hubo una legislación aprobada por las Cortes que lo hiciera. Desde entonces, el número de jóvenes que se presentan como objetores de conciencia ha aumentado muchísimo. En 1993, se esperaba que llegaran a un tercio del total de los convocados. Se reconoce como tales a más del 90 por ciento de los que se presentan como objetores.

Una de las peculiaridades de España consiste en que, a menudo, las leyes entran en vigor antes de su implementación adecuada y así ocurrió con la ley de objeción de conciencia, en cuyo texto se establecía que los objetores reconocidos deberían cumplir un servicio comunitario, la «prestación social». Pero no hubo trabajo bastante para los más o menos 20.000 casos que quedaron en el congelador mientras la ley pasaba por el parlamento, de modo que las autoridades se vieron obligadas, al fin, a licenciarlos. Desde entonces, no han sido capaces de dar trabajo a más de uno de cada veinte objetores.

Aunque no es demasiado probable que tengan que hacerlo, algunos objetores de conciencia radicales, los llamados «insumisos», se niegan incluso a cumplir la prestación social. Por ley, esto implica que se pasarán una temporada en la cárcel. Pero aun en esto las autoridades no han logrado ponerse al cabo del asunto. A fines de 1992, había más de 3.500 insumisos, de los que sólo ocho estaban entre rejas.

O sea que no asombra a nadie que todo el sistema del servicio militar reciba críticas, por igual, de militares y políticos. La mayor preocupación consistía en saber si, en caso de declararse una guerra, los quintos con unos pocos meses de entrenamiento serían eficaces en el frente de batalla. El coronel Amadeo Martínez Inglés, un oficial del Estado Mayor con una distinguida hoja de servicios, no tenía dudas. «El ejército español es inútil», dijo a *Cambio 16* en 1989. A fines de ese año, su negativa a dejar de abogar por un ejército de voluntarios lo llevó a él a la cárcel. Por último, terminaría licenciado del ejército.

Entre tanto, el servicio militar se convirtió en un tema de la campaña preelectoral de ese año. El primero en hablar de su abolición había sido el CDS de Adolfo Suárez, en la campaña electoral de 1986. Los demás partidos de la oposición tardaron cierto tiempo en comprender que la idea tenía gran aceptación entre los votantes jóvenes. Para cuando empezó la campaña electoral de 1989, todos ofrecían reducciones variadas. El resultado fue que los socialistas, que ya habían recortado el período de servicio militar de quince a doce meses, se vieron forzados a prometer otro recorte para dejarlo en nueve.

A modo de compensación, el plan del gobierno es el de aumentar el número de voluntarios en las tres fuerzas. Se espera que en 1997 haya unos 40.000 profesionales en las filas, además de un total de 50.000 oficiales y suboficiales. Esto significaría que la mitad del personal en las fuerzas armadas, enflaquecidas pero más eficaces, sería voluntario.

Lo que no está claro es de dónde saldrá el dinero para pagarles. Los socialistas dejaron muy claro que no querían gastar en las fuerzas armadas una peseta más de lo necesario. El porcentaje que representa el presupuesto de defensa en los gastos del gobierno central ha caído sin cesar desde que el PSOE llegó al poder. Como porcentaje del PIB, subió hasta 1985, pero después empezó a caer en picado. En otras palabras, el dinero de los ingresos del gobierno que pasa a defensa no está en relación directa con la creciente prosperidad del país. Los gastos de defensa de España en 1994 se presupuestaron en sólo un 1,26 por ciento del PIB, el porcentaje más bajo de la OTAN, con excepción de Luxemburgo.

En ese año, la mitad de la flota se mantuvo amarrada por falta de dinero para pagar el combustible. También se informó de que aproximadamente un 60 por ciento de los vehículos del ejército quedaron fuera de actividad. El primer contingente adicional de voluntarios recibió su paga porque se congelaron las de los soldados que ya estaban en servicio. Esto significa que un soldado raso en su primer año entró en 1993 con un sueldo anual bruto de menos de un millón de pesetas. Los quintos recibían apenas algo más de 1.000 pesetas al mes.

NOTAS CAPITULO 8

1) Aunque la palabra ha llegado a denotar a quienes en el espectro político anglosajón están a la izquierda del centro, es importante tener presente que el liberal español del siglo XIX pasaría por conservador en el XX. Para diferenciarlos de los modernos liberales, seguiré usando la cursiva cuando me refiera a aquel grupo español originario.

2) El golpe del general Pavía, que en 1873 puso fin a la Primera República, casi con seguridad fue el inspirador de la intervención del 23-F. Como Pavía, Tejero llevó a sus hombres a las Cortes y les ordenó disparar al aire.

3) Durante la guerra de Marruecos se creó la que llegaría a ser la unidad más renombrada del ejército español: la Legión, fundada en 1920 por el teniente coronel José Millán Astray. Como la Legión francesa, que le sirvió de modelo, la Legión española se pensó para que en ella se alistaran hombres de otras nacionalidades, y originalmente se llamó «Tercio de Extranjeros». En la realidad, los extranjeros nunca fueron más que una minoría. Pero los Legionarios, con su distintiva marcha rápida, sus mascotas exóticas y sus gorras con borlas, pronto se convirtieron en una fuerza de combate temible, con un robusto esprit de corps. *Su rasgo más peculiar era una actitud ante la muerte que casi rayaba en el amor y que quizá tenga alguna relación con la tradición musulmana de martirio entusiasta, que inspiró a sus primeros enemigos. Millán Astray los llamó «los novios de la muerte».*

4) Por un tiempo se supuso que el último intento militar de derrocar a un gobierno elegido en las urnas se conjuró en octubre de 1982, poco antes de que los socialistas asumieran el poder. Pero en 1991 un informe detallado de El País, *en el que no se citan fuentes, hablaba de que en 1985 se había detectado una conspiración para asesinar al rey, a la reina, al presidente del gobierno y a los jefes de las fuerzas armadas. Ese informe no dejaba en claro si sólo se descubrió la conjura o si se tomó alguna represalia contra los conspiradores.*

5) Un pobrecillo catalán, testigo de Jehová, antes de ser indultado en 1970, se pasó once años en la cárcel por negarse a hacer el servicio militar.

9

Una feligresía en menguante: la religión y la Iglesia

A fines del decenio de 1960, los trabajadores de una de las grandes bodegas de Jerez iniciaron lo que se convertiría en una larga y dura huelga. Entre sus demandas estaba la exigencia de que se les dieran dos días libres al año para los bautizos. Más tarde, uno de los líderes de la huelga recordaba que el jefe de la firma había preguntado por qué «una panda de comunistas» necesitaba tiempo libre para ir a la iglesia. «Le dijimos que eso era diferente. Puedes no creer en Dios, pero tienes que creer en el bautismo o tus niños serán moros, ¿verdad?», afirmó.

España, como Paquistán, se ha convertido en nación después de una segregación religiosa. El cristianismo llegó a considerarse tan esencial a la nacionalidad española como el islam a Paquistán. Hasta hace poco decir que eras cristiano –así lo demuestra el comentario del trabajador de la bodega jerezana– era proclamar la identidad nacional más que hacer una profesión de fe religiosa.

Si ser español significa ser cristiano, en España ser cristiano es ser católico. La Reconquista apenas había terminado cuando empezó la Reforma y, después de siglos de lucha contra el infiel, los españoles cristianos no estaban dispuestos a tolerar herejías ni disidencias. España fue líder indiscutible de la Contrarreforma. Ignacio de Loyola, un soldado vasco que se hizo sacerdote, dio al movimiento sus tropas de choque espirituales, los jesuitas, y comandantes españoles como Alba, Spínola y el cardenal Infante Fernando dirigieron la ofensiva militar contra las naciones protestantes nórdicas.

Dentro de las propias fronteras españolas, la Inquisición se aseguró de que en 1570 no quedara ningún protestante. La Inquisición se abolió en 1813, durante la Guerra de la Independencia; Fernando VII la restableció al año siguiente y, por último, se la suprimió en el decenio de 1830. Aun después de esto –con excepción de los tiempos de las dos Repúblicas–, la libertad religiosa era una idea, más que una realidad. Almas valientes como George Borrow, autor de ese exuberante clásico temperamental *La Biblia en España*, procuraron romper el dominio total del papado, pero sólo lograron crear algún que otro grupito religioso.

Aun cuando no prohibió otras organizaciones religiosas, Franco proscribió sus manifestaciones públicas. Los servicios no se podían anunciar en la prensa ni en carteleras y sólo la Iglesia católica era legal, de modo que otras instituciones religiosas no tenían derechos de propiedad ni podían publicar libros. La histórica declaración del Concilio Vaticano II sobre la libertad de conciencia obligó al régimen a abandonar esa política y, en 1966, se promulgó una ley por la que la Iglesia católica conservaba su situación de privilegio pero otros credos se liberaban de las restricciones anteriormente impuestas. Sin embargo, sólo con la vigencia de la Constitución de 1978 los españoles tuvieron asegurado el derecho inequívoco de elegir su culto. En la actualidad, no hay en España más de 60.000 protestantes que practiquen activamente su religión, la mayoría de los cuales está en Cataluña.

Un resultado de la ausencia virtual de protestantismo fue que el desacuerdo con la doctrina católica, que en otros países de Europa se había canalizado a través del luteranismo o del calvinismo, se decantó en España hacia la forma de la masonería. Muchos de los pronunciamientos del siglo XIX nacieron de conspiraciones masónicas.

Franco persiguió a los masones tal vez más que a cualquier otro grupo, quizá con excepción de los comunistas, y los borró de la vida española a lo largo de su dictadura. Aunque la masonería es hoy legal, ha tenido poca influencia en el país que surgió tras la muerte del caudillo.

Entre 1975 y 1986, según las encuestas del Instituto Gallup, el número de españoles que declaraban que su religión no era la católica se triplicó, si bien a fines de ese período aún no llegaba más que al 1,4 por ciento. Aparte de los protestantes, hay unos 15.000 judíos y entre 150.000 y 250.000 musulmanes en España. Los judíos españoles provienen de variados ámbitos, aunque más de la mitad llegaron del vecino Marruecos. Más o menos un 50 por ciento de los musulmanes residen en los enclaves norteafricanos de Ceuta y Melilla. La mayor parte del resto son españoles naturalizados nacidos en otros países del mundo, pero quizá un millar sean nativos conversos.

La conversión de los españoles al islam, uno de los hechos más fascinantes de la nueva España, se manifestó a principios de los años ochenta y fue muy notorio en las regiones que, en tiempos, estuvieron en poder de los árabes. En el Albaicín, el antiguo barrio moro de Granada, hay una comunidad de varios cientos de conversos.

Además de las religiones y denominaciones establecidas, se estima que entre 150.000 y 200.000 ciudadanos son seguidores de diversas sectas en España. No obstante, el total de los no católicos españoles tal vez no llegue ni al medio millón.

En realidad, el catolicismo todavía es en España no una religión sino la religión y su preeminencia se reflejó siempre en los muy estrechos lazos entre la Iglesia y el Estado.

Cuando la Reconquista amplió los límites de la España cristiana, la Iglesia adquirió inmensas extensiones de tierras, sobre todo en la mitad sur de la península. El político *liberal* Juan Alvarez de Mendizábal confiscó esas tierras en el decenio de 1830, pero sus sucesores pensaron que había que enmendar aquello: en el pacto llamado Concordato, establecido entre Madrid y el Vaticano en 1851 el gobierno se comprometió a pagar los salarios del clero y el costo de la administración de los sacramentos, a modo de indemnización. Hasta 1931, todos los gobiernos respetaron este compromiso extraordinario pero, en esa fecha, los autores de la constitución republicana se negaron a reconocerlo. No obstante, dos años después llegó al poder un gobierno conservador y se volvieron a pagar esos subsidios.

Franco, además de continuar pagándolos, destinó fondos públicos para restaurar iglesias en mal estado o destruidas durante la Guerra Civil y promulgó una serie de medidas que ponían la legislación española en la línea de los preceptos de la Iglesia. El divorcio, legalizado bajo la República, quedó abolido, la venta (aunque por algún motivo no la fabricación) de anticonceptivos se prohibió y la educación religiosa católica y romana se hizo obligatoria en todos los niveles de la enseñanza pública o privada.

A cambio, el Vaticano otorgó a Franco algo que los gobernantes españoles habían anhelado durante siglos: un control verdadero en el nombramiento de los obispos. La cooperación entre la Iglesia y el régimen se hizo más estrecha aún una vez terminada la Segunda Guerra Mundial, cuando Franco necesitaba mostrar a todos una imagen no fascista. Muchos prominentes laicos católicos pasaron a integrar el gabinete y uno de ellos, Alberto Martín Artajo, se encargó de negociar un nuevo Concordato con la Santa Sede.

En 1953, la firma de este pacto terminó con el aislamiento diplomático al que estaba sometida España desde la victoria de los aliados, y Franco se mostró propenso a hacer todas las concesiones necesarias para conseguirla. La Iglesia liberada de cargas fiscales, recibió créditos para construir templos y otros edificios religiosos y adquirió el derecho de pedir que se retirara de la venta todas aquellas publicaciones que le parecieran ofensivas, mientras sus propias publicaciones estaban libres de censura. Se reconoció el matrimonio religioso como el único válido para los católicos. La Iglesia podía fundar universidades, gestionar emisoras de radio y editar periódicos y revistas. Se prohibió a la policía que entrara en los edificios religiosos, salvo en casos de «necesidad urgente». No se podía acusar al clero de ningún crimen, si no se pedía antes el permiso del obispo diocesano (en el caso de los sacerdotes) o del Vaticano mismo (en el caso de los obispos).

El Concilio Vaticano II iba a ser el que cuestionara los términos de esta peculiar relación; favorable sin equívocos, en este tema, a una separación estricta entre Iglesia y Estado, el Concilio invitó a todos los gobiernos que tenían algo que decir en el nombramiento de los prelados de la Iglesia a que renunciaran al privilegio. Pero no hubo modo de persuadir a Franco de que debía entregar lo que él –con toda razón– consideraba un instrumento de control inmensamente poderoso. Gracias a su privilegio, el dictador había conseguido evitar que el Papa Pablo VI pusiera la mitra obispal sobre las cabezas de muchos sacerdotes de criterios progresistas. A lo largo de los últimos años de la vida de Franco, ministros y funcionarios volaron ida y vuelta a Roma con sugerencias de revisión del Concordato. Pero todos los intentos de volver a redactarlo chocaron con la negativa absoluta del viejo caudillo, que no quería perder la capacidad de nombrar obispos.

Su muerte y la desaparición de su dictadura crearon unas condiciones políticas bien distintas para las relaciones entre Iglesia y Estado. En su borrador de 1978, la Constitución no mencionaba siquiera a la Iglesia católica y, para que apareciera en el texto constitucional esa mención, los obispos tuvieron que hacer una campaña decidida. Pero aun así esa referencia tiene el aspecto de lo que es: una ocurrencia tardía. Tras rechazar específicamente la idea de una religión oficial, la Constitución prosigue diciendo: «Los poderes públicos tendrán en cuenta las creencias religiosas de la sociedad española y mantendrán las consiguientes relaciones de cooperación con la Iglesia católica y las demás confesiones». No hay una afirmación explícita de que la mayoría de los españoles son católicos ni de que el Estado debe tener en cuenta los preceptos católicos, y mucho menos guiarse por ellos.

Entre tanto, se habían hecho los preparativos para una revisión del Concordato. En 1976, el rey Juan Carlos renunció unilateralmente al privilegio, disfrutado por Franco, del nombramiento de obispos. En agosto de ese año, Marcelino Oreja, ministro de Asuntos Exteriores, y el cardenal Villot, secretario de Estado del Vaticano, firmaron un acuerdo que de modo formal devolvía a la Iglesia el poder de nombrar a su propia jerarquía en España. En diciembre de 1979, ambas partes se pusieron de acuerdo para hacer una revisión parcial del Concordato, lo que preparaba el terreno, al parecer, para una separación financiera entre Iglesia y Estado. En cuanto a la prolongada compensación estatal por las confiscaciones del siglo pasado, se pactó que «el Estado no puede ignorar ni prolongar indefinidamente las obligaciones jurídicas adquiridas en el pasado». Con este reconocimiento tácito de que la Iglesia no podía apañarse por sí misma de la noche a la mañana, el pacto proponía un período de transición de seis años, dividido en dos etapas trienales. Durante la primera, el gobierno continuaría pagando el subsidio usual. Pero en la segunda se establecería un nuevo sistema de financiación. Los contribuyentes tendrían la posibilidad de explicitar en sus declaraciones si querían que un pequeño porcentaje de sus impuestos se destinara a la Iglesia, y el gobierno lo entregaría a los obispos. De inmediato la prensa acuñó la expresión «impuesto religioso», aunque nunca se lo pensó como una tasa específica ni adicional, por lo que esa denominación es poco pertinente. Las decisiones de los ciudadanos al respecto no alteran el importe de sus pagos a Hacienda.

Pero hubo más aún. Con la revisión del Concordato, el Estado se comprometió a que, durante la segunda fase de transición hacia la autofinanciación, la Iglesia recibiría «recursos de monto similar» a los que estaba recibiendo: es decir que, por pocos que fueran los contribuyentes dispuestos a ayudarla, el Estado seguiría pagando lo que venía pagando a la Iglesia.

Todo el procedimiento de transición era más asunto de palabras que de hechos. Si algo significaba, era que la gente debía acostumbrarse a la idea de que, tarde o temprano, los gastos de la Iglesia católica pasarían a estar a cargo de los ciudadanos. Lo que a veces se comenta es que, a causa de los subsidios estatales que durante tanto tiempo ha recibido la Iglesia, los fieles españoles no están habituados a la idea de que deben aportar algo más que una pequeña suma al cepillo.

En realidad, el calendario propuesto en el Concordato no se cumplió. La primera etapa se prolongó no por tres sino por nueve años. Hasta 1988, no se pidió a los contribuyentes que decidieran si querían que una parte de sus impuestos se entregara a la Iglesia o se gastara en «fines de interés social» (obras de caridad). Pero el porcentaje de 0,5239 se estableció sobre el cálculo del porcentaje que, en los ingresos totales, representaba la suma necesaria para igualar a la que el Estado había pasado a la Iglesia en el año anterior al establecimiento del nuevo acuerdo. Por tanto, sólo en el caso de que todos los contribuyentes optaran por la Iglesia, lo recaudado permitiría que los obispos dispusieran de esos «recursos de monto similar» prometidos por el Estado.

Llegado el momento, el 35 por ciento de los ciudadanos señaló en sus declaraciones de renta a la Iglesia como beneficiaria y el 12 por ciento se decidió por los «fines de interés social». Los restantes no aclararon nada y, según las normas establecidas por el gobierno, el porcentaje correspondiente también se dedicó a las obras caritativas. Pero como el gobierno cubría la diferencia hasta los 14.000 millones de pesetas que la Iglesia esperaba recibir, nada cambió, y todas esas disposiciones carecían de sentido. Muy pocos españoles advirtieron que lo que indicaran en sus declaraciones de renta no afectaba a la cantidad destinada a la Iglesia. Bien se puede argumentar que lo más «cristiano» sería que todos eligieran los «fines de interés social», pues así se incrementa de veras la cantidad que el Estado destina a fines solidarios.

Sin embargo, cada año se celebra el mismo ritual ilógico. Los contribuyentes rellenan sus formularios de renta y casi un 40 por ciento de ellos marca el espacio destinado a la Iglesia, seguramente con la idea de que eso cambia las cosas. Los periódicos publican las cifras, junto con cuadros, gráficos y comentarios oportunos, como si todo fuera así. Pero entre tanto, en una breve cláusula agregada al final de la ley de presupuestos del año, el gobierno autorizará el pago de una suma que, con ajustes por la inflación, es precisamente lo que la Iglesia recibiría si Franco viviera aún.

El plazo para la implementación de la primera etapa se estableció y se incumplió, y otro tanto ocurriría con el plazo límite para la transición a la segunda etapa. Una Iglesia ya separada del Estado continúa recibiendo una cantidad importante de fondos públicos, según los términos de un pacto que tendría que haber llegado a su fin en 1986.

En la prensa, alguna que otra vez, aparece una nota en la que se dice que el gobierno y la Iglesia acordaron pasar a la autofinanciación. Pero todo sigue igual y los ateos, protestantes, judíos y musulmanes españoles todavía tienen que pagar para mantener una religión que no es la suya. A fin de corregir esta anomalía, los socialistas aceptaron que las donaciones hechas a otras religiones desgraven, hasta cierto punto, pero también tiene este privilegio la Iglesia católica.

Resulta irónico que, en lugar de eliminar sus obligaciones ante un credo religioso, la nueva España esté asumiendo al parecer responsabilidades ante otros más. No está claro quién es el responsable principal de esta situación.

Los socialistas nunca hicieron mucho más que gimotear al respecto, y puede que teman la pérdida de votos católicos o de un sistema que les proporciona una palanca muy útil. Cierta vez, cuando

Alfonso Guerra se opuso a que se criticara a los socialistas en la cadena radial de la COPE, controlada por la Iglesia, aludió a la posibilidad de que se eliminara el subsidio; casi de inmediato se cerró el programa ofensivo.

A su vez, las autoridades eclesiásticas hablaron siempre en favor de la autofinanciación, pero sólo en unas pocas diócesis se hicieron intentos serios de lograrla. Cierto número de prelados procura justificar el acuerdo actual como una compensación por las obras sociales que hace su institución.

Aunque la Iglesia española en los últimos tiempos se muestra mucho más abierta en cuanto a sus finanzas, aún es imposible tener un cuadro completo de ellas. El «presupuesto» que da a conocer cada año es el balance entre lo que recibe y lo que gasta en el ámbito nacional: no incluye las cantidades que se obtienen y gastan en cada una de las diócesis.

Sin embargo, los datos surgidos de las cuentas diocesanas sugieren que de ningún modo la Iglesia depende de los contribuyentes tanto como se cree en general. Las cifras referidas a la diócesis de Barcelona en 1988 y las de la de Madrid en 1989 demostraron que la contribución del gobierno a sus ingresos ascendía al 17 y al 36 por ciento respectivamente. El resto provenía de la renta de propiedad, de préstamos y ventas y de donativos de los fieles.

Dicho esto, el panorama de la Iglesia, en términos financieros y otros, es sin duda desalentador. Como el resto del mundo desarrollado, España se vuelve cada día más secular en la práctica, si no en la teoría.

Una amplia encuesta que en 1990 hizo la Fundación Santa María, institución relacionada con los padres marianistas, se encontró con que el 87 por ciento de los españoles decía que profesaba una religión y de ellos, el 99 por ciento se proclamaba católico. Estos resultados no eran muy distintos de los que dieron los estudios hechos diez años antes.

Lo que había cambiado eran los esquemas de observancia. El porcentaje de españoles que acuden a la iglesia al menos una vez al mes cayó del 53 por ciento en 1981 al 43 por ciento en 1990. Todavía es una cantidad respetable, se podría decir. Pero la investigación ha identificado otros dos fenómenos.

Uno es un nexo mucho más estrecho que en el pasado entre piedad y pobreza. Tradicionalmente, la asistencia a la iglesia en España seguía un esquema complejo, considerado un efecto de las diferencias regionales del grado en que la Iglesia se veía asociada con un opresivo «poder establecido» local. En términos generales, era más alto en el País Vasco y en Castilla la Vieja y menor en el sur. El estudio de 1990, aunque todavía dejaba ver rastros del esquema antiguo, descubrió que la región con la asistencia a la iglesia más alta era Castilla-La Mancha con una de las PIB per cápita más bajas de España, mientras que la comunidad donde menos se iba a misa fue la pudiente Cataluña.

El otro factor era una correlación vigorosa entre observancia y edad. Un 67 por ciento de los españoles de más de 65 años de edad acudía a la iglesia al menos una vez al mes, a diferencia de los de menos de 35, que asistían en un 22-23 por ciento. A esto se sumaban las pruebas de otras fuentes, por las que se desveló que los españoles jóvenes no eran particularmente espirituales. Un estudio internacional descubrió que poco menos de la mitad de los jóvenes se consideraban religiosos, comparados con porcentajes mucho más altos en países con una tradición más secular; por ejemplo, en Canadá llegan al 67 por ciento.

Parecería que, a menos que se produzca un cambio radical en los valores sociales, el número de católicos practicantes caerá en España hasta el nivel de uno de cada cinco. A esto se refieren los prelados cuando hablan de «secularización galopante». Incluso antes de que empezara a afectar al número de los fieles que van a misa, ya se notaban sus efectos en la cantidad de los que recibían –y de los que abandonaban– las sagradas órdenes.

También en este campo, las cifras oficiales sugieren que la Iglesia española está en buena forma. En 1992, se dijo que había más de 20.000 sacerdotes, 18.000 monjes –ordenados o novicios– y no menos de 55.000 monjas[1]. No obstante, es obvio que la Iglesia está en los umbrales de una crisis. En comparación con las cifras de un decenio atrás, el número de monjes y monjas ha disminuido en 12.000 y 24.000 respectivamente.

El total de sacerdotes disminuyó en menos de 3.000, pero sobre todo por la estructura de edad típica del clero diocesano. Su rasgo principal es el número abultado del grupo de los de más de sesenta años, los que entraron en la carrera eclesiástica durante la primera mitad del gobierno de Franco. Con el tiempo, cuando desaparezcan los sacerdotes ordenados durante la dictadura, el número de clérigos diocesanos caerá con gran rapidez.

Hasta hace poco, un porcentaje muy bajo de jubilación en las filas de los supervivientes de la Guerra Civil, enmascaró las consecuencias de una disminución de las ordenaciones, que a su vez reflejaba el descenso mundial de las vocaciones, visible en los años sesenta. Como en todas partes, en España el fenómeno se manifestó de dos maneras.

En primer lugar, disminuyó la cantidad de jóvenes que ingresaban en los seminarios para estudiar el sacerdocio. El número de seminaristas, que había superado los 9.000 en el decenio de 1950, bajó a

1.500 en los años setenta. Pero hubo un ligero aumento después de 1979, y en 1992 la cifra estaba apenas por debajo de los 2.000. Sin embargo, en algunas regiones la situación era llamativa. Por ejemplo, en Cataluña se habían ordenado sólo 136 sacerdotes en los diez años previos y el promedio de edad del clero diocesano había llegado a los sesenta.

Otro síntoma de la crisis, más polémico, fue un aumento en el número de sacerdotes que abandonaron los hábitos. En los años sesenta, se registra que los sacerdotes que renegaron de sus votos en España superan a los de todos los países, exceptuados Brasil y Holanda. Según las cifras oficiales de la Iglesia, hay menos de 4.000 religiosos «secularizados» en España, incluidos sacerdotes y monjes. Sin embargo, un cuerpo que representa al clero secularizado, COSARE-SE, afirma que las estadísticas oficiales no tienen en cuenta a los que abandonaron los hábitos sin que se les otorgara una secularización formal.

En 1978, el Papa Juan Pablo II decidió que no firmaría más documentos que desligaran a los religiosos de sus votos, a menos que pudieran demostrar que su ordenación había sido inválida. En aquel momento, uno de cada doce de los que esperaban la secularización era español. Las cifras de COSARESE sugieren que unos 3.000 sacerdotes, más de 6.000 monjes y casi 10.000 monjas dejaron los hábitos en España entre 1960 y 1990

El motivo principal de esta ola de secularización fue la política de la Iglesia sobre el celibato. Una investigación que no se publicó, hecha cuando Franco vivía aún, reveló que, en la diócesis de Santiago de Compostela, cuna del catolicismo español tradicional, casi una cuarta parte de los párrocos creía que la castidad era una virtud insostenible. Los autores del informe añadían: «Lo que es de verdad serio y preocupante es que casi todos esos sacerdotes que la consideraban insostenible son coherentes con esta manera de pensar y se comportan según ella». La mayoría de los sacerdotes que dejó los hábitos se ha casado. Una organización conocida como Movimiento Pro Celibato Opcional (MOCEOP) estima que los antiguos sacerdotes casados suman entre 7.500 y 8.000, en España.

Históricamente, el clero español se ha contado entre los más conservadores del mundo. La Iglesia que encabezó la Contrarreforma fue incapaz de ponerse a tono con las nuevas ideas que inundaron España durante el siglo XIX, y se refugió en la remota esperanza de que el antiguo estado de cosas pudiera restablecerse. Al identificarse Iglesia y reacción, se creó de modo implícito un nexo virtual entre radicalismo y anticlericalismo. Hacia fines del siglo XIX y comienzos del

XX, cuando el derecho perdía su control de los aparatos de poder, se producían desenfrenados estallidos de violencia dirigidos contra el catolicismo y sus representantes. Se quemaban o profanaban las iglesias; en más de una ocasión sacerdotes fueron asesinados y monjas violadas. La guerra civil provocó las peores de todas las atrocidades: los 4.000 sacerdotes que murieron fueron a la tumba en compañía de más de 2.000 frailes y casi 300 religiosas.

Las crueldades perpetradas por los republicanos explican la actitud de la Iglesia frente a los nacionales. Los prelados españoles bendecían a las tropas de Franco antes de que entablaran batalla, e incluso se les fotografió haciendo el saludo fascista. En un famoso mensaje radial a los defensores sitiados en el Alcázar de Toledo, el cardenal Isidro Gomá y Tomás, futuro primado de España, se desató en invectivas contra «el alma bastarda de los hijos de Moscú y las sociedades siniestras manipuladas por el internacionalismo semita». En el día de su victoria, Franco recibió del Papa Pío XII un telegrama de enhorabuena que decía: «Nos regocijamos, elevando nuestros corazones al Señor, junto con Su Excelencia en la victoria tan deseada de la España Católica».

Sin embargo, veinticinco años después de ese telegrama, de ser una de las aliadas más entusiastas de Franco, la Iglesia española había pasado a ser una de sus críticas más abiertas. Este giro extraordinario exige una explicación. Hasta cierto punto, fue un reflejo del debilitamiento del apoyo social al régimen de Franco. A diferencia de la oficialidad militar española, que se jacta de provenir del «pueblo» aunque en realidad sale de un sector bien estrecho de la sociedad, el clero proviene de verdad de todos los estratos y, por tanto, tiene una mayor receptividad de los sentimientos nacionales en su conjunto. En parte también se trataba de una cuestión de moralidad. La brecha entre lo que el régimen prometía y lo que daba en materia de justicia social se agrandaba año tras año, y pronto fue evidente que se contradecía con los ideales cristianos. Además, la Iglesia española, como todas las Iglesias católicas, estaba muy influida por el espíritu progresista que empezó a difundirse desde el Vaticano tan pronto como Juan XXIII llegó al papado, una actitud que cobró forma en las medidas adoptadas por el Concilio Vaticano II. Pero quizá la razón primordial de ese cambio fuera –¡qué ironía!– la propia victoria de Franco.

El conservadurismo político de la Iglesia había contribuido a establecer una relación entre anticlericalismo y radicalismo; del mismo modo, el anticlericalismo de los radicales aseguró que la Iglesia se mantuviera conservadora. La muerte y el exilio de tantos masones, anarquistas y marxistas logró destruir al anticlericalismo como fuerza social y dio a la Iglesia una libertad de maniobra antes impensable. Entre otras cosas, la Iglesia se atrevió entonces a buscar feligreses en medio de los trabajadores urbanos tradicionalmente anticlericales. A principios de los años cincuenta, los líderes de la organización laica de inspiración vaticana llamada Acción Católica crearon tres sociedades nuevas –Hermandades Obreras de Acción Católica (HOAC), Juventud Obrera Católica (JOC) y Vanguardias Obreras Juveniles (VOJ)–, para hacer prosélitos en la clase trabajadora, sobre todo entre los jóvenes.

Por fin, los obreros urbanos habrían de tener sobre la Iglesia un efecto mucho mayor que el que tuviera jamás la Iglesia sobre los trabajadores. El experimento incrementó la conciencia social, primero, de los seglares y, después, del clero, mucho más que la conciencia religiosa del pueblo que se habían propuesto convertir. A principios del decenio de 1960, una buena parte de los integrantes de la Iglesia estaban enfrentados con el régimen. Fue la época del apogeo de los «curas rojos» que, aprovechándose de los privilegios e inmunidades otorgados a la Iglesia por Franco, propiciaron asambleas para organizar huelgas y encierros en las sacristías y en los templos.

La antipatía del clero joven hacia el franquismo se alimentó en diversas comarcas por la hostilidad del régimen ante los nacionalismos regionales, algo que se vio en especial en el País Vasco, la zona más devota de España. Allí los clérigos siempre se habían identificado con las demandas de restauración de los derechos y privilegios tradicionales, aunque a lo largo del siglo XIX esa demanda tuvo la forma de apoyo al carlismo. En contra de lo ocurrido en el resto de España, el clero vasco se puso del lado de la República durante la guerra civil y, tras la victoria de Franco, pagó el precio de su elección con la muerte de dieciséis de los suyos. Por tanto, es comprensible que muchos sacerdotes vascos fuesen simpatizantes de la reaparición del nacionalismo militante.

Dentro de la Iglesia, la rebelión, sobre todo en el País Vasco, llegó a tales proporciones que hubo de crearse en Zamora una prisión especial para sacerdotes. Al principio, el radicalismo del clero secular dejó perpleja a la jerarquía. Pero hacia fines de los años sesenta, la propia jerarquía empezó a dar muestras de disensión. En 1972, la Iglesia contaba con un «obispo rojo», que se sumaba a sus muchos «curas rojos»: fue el obispo Iniesta, nombrado en la diócesis de Vallecas, un suburbio proletario de Madrid.

La publicidad acordada a los curas y obispos «rojos» de la época de Franco dio la impresión de que la Iglesia se había vuelto más radical de lo que en realidad era. Hacia el fin de la dictadura, en palabras del obispo Iniesta, se trataba de «un ala derecha minoritaria, un ala izquierda minoritaria y una mayoría perteneciente al centro». El cardenal Tarancón, arzobispo de Madrid, elegido en 1971 presidente de la Conferencia Episcopal, era la encarnación de ese centro eclesiástico. Este prelado, amigo y admirador del Papa Paulo VI, compartía la visión cauta pero realista que del mundo moderno sustentaba el difunto Papa. En pocas palabras, era el hombre ideal para presidir la Iglesia española durante la transición. A principios del decenio de 1980, su retiro de las actividades administrativas y pastorales provocó un vuelco notable en la dirección de la Iglesia. Al frente de la Conferencia Episcopal le sucedería la figura más o menos apolítica de Gabino Díaz Merchán, obispo de Oviedo; cuando en 1983 Tarancón llegó a los setenta y cinco años de edad y se vio obligado a dimitir de su cargo de arzobispo de Madrid, el Papa Juan Pablo II puso en su lugar a Angel Suquía, obispo de Santiago de Compostela y admirador acérrimo del reaccionario *Opus Dei*. En 1987, Suquía –cardenal por entonces– fue elegido presidente de la Conferencia Episcopal. La era de Suquía se vio marcada por reiteradas y corrosivas querellas con el gobierno socialista. En 1990, las relaciones llegaron a su punto tal vez más álgido, cuando la jerarquía eclesiástica se manifestó en contra de una campaña oficial que promovía el uso del condón como método para prevenir el contagio del SIDA. La secretaría general de Suquía en la Conferencia Episcopal la definió como «desastrosa» y agregó que era lo que se podía esperar de un «proyecto político materialista, agnóstico y ateo». Felipe González devolvió el cumplido negándose oficialmente a entrevistarse siquiera con Suquía. En cierta ocasión, el cardenal describió a la sociedad española moderna como «enfermiza», y bajo su dirección parecía imposible que los obispos encontrasen algo positivo en la dirección que tomaba esa sociedad. Incluso hubo un momento en que parecía que los prelados cuestionaban los méritos de la democracia misma, argumentando que la «dialéctica de las mayorías y el poder del voto» habían suplantado a los criterios éticos.

Sin embargo, en 1993, cuando el cardenal Suquía dimitió, los obispos optaron por un cambio total: entregaron los tres cargos máximos de la Conferencia a hombres que estaban alineados con las ideas de Tarancón. El presidente pasó a ser Elías Yanes, arzobispo de Zaragoza, oriundo de las Islas Canarias, que había trabajado en una asociación católica que fuera foco de oposición a Franco, y se había desempeñado como secretario general de Tarancón en la época de la transición. El día en que lo eligieron habló de una dirección por completo distinta; en su encuentro con la prensa dijo que la Conferencia «no debía ser tan "anti"».

Dos factores, al parecer, alentaron el cambio. Uno fue el temor de que el nuncio papal, Mario Tagliaferri, que había trabajado en estrecho contacto con Suquía, empezara a erosionar de verdad la independencia de la Iglesia española. El otro era la preocupación creciente de que se la volviese a identificar con la derecha política.

El debilitamiento de ese lazo había sido uno de los rasgos más importantes en la reciente evolución española. Al contrario de lo sucedido en Italia, España nunca tuvo un partido demócrata cristiano de importancia. Las fuerzas de la democracia cristiana se habían dividido en facciones pro y antifranquistas en tiempos de la dictadura y no fueron capaces de zanjar las diferencias a tiempo para las elecciones de 1977. Algunos demócratas cristianos se alistaron en las filas de AP, otros en las de UCD y un tercer grupo, que configuró listas simplemente como demócrata cristianos, sufrió una derrota aplastante. La desaparición de la UCD y el nacimiento del PP sirvieron para concentrar a la mayoría de esos políticos en un único partido, pero siguen siendo una minoría dentro de ello.

Por otra parte, se ha calculado que la mitad de los católicos practicantes del país y un quinto de los de comunión diaria votaron por los socialistas en las elecciones generales de 1982. Aunque la mayor parte de los líderes del PSOE son agnósticos, en los años ochenta una investigación de su Grupo Federal de Estudios Sociológicos comprobó que más del 45 por ciento de los afiliados del PSOE se decían creyentes. Menos del 20 por ciento de los que se habían unido al socialismo en tiempos de Franco eran católicos pero, entre los que habían afiliado después de la era franquista, el porcentaje había crecido todos los años y, entre los más nuevos, llegaba ya al 50. Dos de los ministros que integraron los gobiernos de Felipe González habían sido seminaristas y uno de ellos era un antiguo sacerdote; dos de los presidentes autonómicos del PSOE también llevaron sotana en una época temprana de su vida.

La Iglesia puede que ya no cuente con los medios para intervenir directamente en política, pero tiene muchas vías para dar a conocer indirectamente su presencia y sus criterios. Su influencia es bien obvia en la posición asumida por algunos políticos de derecha durante los debates sobre el divorcio y el aborto. La Conferencia Episcopal vendió su grupo editorial, que publicaba el periódico *Ya*, pero conserva un 50 por ciento de las acciones de la cadena de radio COPE[2]. Además, casi una sexta parte de todas las escuelas de España están bajo la dirección de órdenes y grupos religiosos.

De estos últimos el más controvertido es, sin duda, el *Opus Dei*. La Obra, como se la llama en España, hoy cuenta con más de 75.000 miembros en más de ochenta países.

El último triunfo del *Opus* –y la última disputa que suscitó– data de 1992, cuando su fundador, monseñor José María Escrivá de Balaguer, fue canonizado. Escrivá, muerto en 1975, venció el mayor obstáculo de su camino hacia la santidad en medio de un coro de protestas constantes de los católicos liberales. Su beatificación, la más rápida en la historia de la Iglesia, se aprobó a pesar de las alegaciones de que había sido un hombre vacuo, presuntuoso, misógino y –según un antiguo miembro del Opus– hasta apologista del nazismo.

Escrivá, hijo de un tendero aragonés, fundó el *Opus* en 1928 y en 1939 publicó su obra más conocida, una colección de máximas titulada El Camino.

Como lo hicieron los jesuitas antes que él, comprendió que eran muchos los beneficios derivados de tener un pie bien asentado en el campo educativo y de usarlo para construirse un apoyo en la élite. En 1941, José Ibáñez Martín, amigo de uno de los más cercanos colaboradores de Escrivá, llegó a la titularía del ministerio de Educación. Cuando dejó el cargo, en 1951, se afirmaba que entre un 20 y un 25 por ciento de las cátedras universitarias españolas estaba en manos de miembros y simpatizantes del *Opus*. Un año después de que Ibáñez Martín abandonara el ministerio, el *Opus* fundó un colegio cerca de Pamplona, el Estudio General de Navarra, que en 1962 accedió a la categoría de universidad y desde entonces ha tenido en sus aulas a muchos de los triunfadores del país. Además, el *Opus Dei* estableció una escuela empresarial, IESE, en Barcelona y un colegio administrativo, ISSA, en San Sebastián. A medida que los jóvenes influidos por la Obra se abrían camino, ampliaban la influencia de la organización en todos los campos de la vida española. Llegaron a ser, y siguen siéndolo, poderosos en los medios de comunicación y en los negocios.

Se habla de un paralelismo entre el *Opus Dei* y algunos otros grupos y credos. Su estructura jerárquica –o al menos compartimentada– ha inspirado una comparación con la masonería. Su exaltación del trabajo trae el recuerdo de algunas de las formas más extremistas de protestantismo. Sus métodos inductivos se comparan con los de los cultos y sectas actuales.

Pero en un sentido el Opus es único. En la medida en que sus miembros deben contraer voto de pobreza, castidad y obediencia, a la vez que, en ciertos casos, viven en comunidades, configuran una especie de orden religiosa. Sin embargo, a diferencia de la mayoría de los frailes y monjas, los iniciados en la Obra desempeñan tareas corrientes, trabajan con horarios normales y se visten como seglares.

Esto les permitió llegar a tener tanta influencia –y, sospecho, hizo que inspirasen tantos recelos– en la sociedad secular. Los jesuitas, para poner el ejemplo de sus enemigos más acérrimos, sin duda son capaces de ejercer una enorme influencia entre bambalinas. Pero no es probable que uno descubra, un buen día, que el editor de, digamos, un periódico financiero con el que colaboraba, o el presidente de una empresa de ingeniería con la que estaba en tratos es también miembro de la Sociedad de Jesús. Tampoco es concebible que los jesuitas, los dominicos o los benedictinos hayan visto –como el *Opus*– a seis de sus miembros nombrados ministros en España (cinco en tiempos de Franco y uno después).

Menos aún, nadie espera, aunque bien puede suceder, sobre todo en España, que algún compañero de trabajo, algún subordinado o algún jefe no vaya al terminar su trabajo a reunirse con su familia, una pareja o compañeros de piso, sino a una comunidad en la que se mantienen largos períodos de silencio; que durante dos horas por día esa persona, mujer u hombre, lleve un cilicio, una cadena con púas vueltas hacia dentro, ceñido a la parte superior del muslo (para que no se vean ni el cilicio ni las heridas que provoca); y que una vez a la semana esa misma persona azote sus nalgas con un látigo de cinco puntas durante el tiempo que tarda en recitar un *Salve Regina*.

El Vaticano reconoció por dos veces el carácter único del *Opus Dei*. Desde 1947, se le reconoce como primer –y durante un tiempo fue el único– instituto de la Iglesia católica. En 1983 se convirtió en la primera prelatura personal, que sigue siendo única.

Bajo el nombre de Prelatura de la Santa Cruz y del *Opus Dei*, esta organización comprende dos grupos, uno de clérigos y otro de seglares. En la Sociedad Sacerdotal de la Santa Cruz revistan los curas, sólo un 2 por ciento del total de los miembros de la Obra que, con todo, tienen en ella un poder inmenso. El grupo seglar, el propio *Opus Dei*, está dividido por sexos en dos secciones, masculina y femenina, y por vocación o disponibilidad en varias categorías.

En la cúspide están los numerarios que, invariablemente, son graduados universitarios ya doctorados o capaces de doctorarse. Se trata de personas célibes que en su mayoría viven en las casas del *Opus*. Entregan todo lo que no necesitan para sostener la vida sobria que llevan al director de su comunidad. Como la mayoría tiene altos salarios, esta fuente de ingresos es importante.

Por debajo de los numerarios están las dos clases de inferior categoría académica, ninguna de las cuales vive en las comunidades del *Opus*. Los asociados (a quienes en otra época se llamó oblatos) son célibes; los supernumerarios, no. Además de sus miembros, el *Opus* reconoce una cuarta categoría, los llamados cooperadores, que pueden no ser católicos ni cristianos incluso, pero que ayudan y apoyan a la organización.

A pesar del aire de misterio que rodea a la institución, no es difícil reconocer a sus miembros. Suelen ser particularmente remilgados en su forma de hablar y de vestir, y en algún lugar de su casa siempre tienen una figura de un borrico, por aquel a cuyos lomos Jesús entró en Jerusalén. Los curas jóvenes del *Opus* se detectan con gran facilidad. A diferencia de sus coetáneos, que por lo común hacen lo posible para no tener aspecto de sacerdotes, llevan sotana y alzacuello y, tal como el fundador del *Opus Dei*, gastan colonia *Atkinson's*. De una manera casi inesperada, muchos de ellos también adoptan el aire de personas abiertas, saludan con efusión, como buenos chicos, y fuman cigarrillos Ducados fuertes.

En lo teológico, el *Opus Dei* representa una vuelta al pasado, y un buen ejemplo de ello es su actitud hacia la confesión. En los últimos años, los católicos de muchas partes del mundo ven la confesión como un anacronismo. En España, sobre todo en los barrios proletarios, algunas iglesias ya no tienen siquiera confesonario. No obstante, el *Opus Dei* ha hecho todo lo posible para cambiar esta situación, y el visitante del santuario que en Torreciudad, cerca de Barbastro, regenta la *Obra* se encuentra con toda una cripta llena de confesonarios.

Los portavoces del *Opus* niegan con vigor que la organización tenga aspiraciones políticas y que se les pueda describir como derechistas. Si se recuerda que se concibió como una organización espiritual, esto es comprensible: el conservadurismo del *Opus* es teológico en esencia. Pero sólo se puede esperar que un enfoque tradicional en los temas religiosos atraiga a los que están, políticamente, a la derecha del centro. Nunca se ha probado que ningún miembro de la dirección del PSOE ni de Izquierda Unida haya pertenecido al *Opus Dei*.

Esto no implica que la influencia política de la organización se haya evaporado durante los años del felipismo. La España de González reflejaba muchas actitudes impuestas por la Obra en los años sesenta. En su libro *España: de la dictadura a la democracia*, Raymond Carr y Juan Pablo Fusi la describieron como propulsor de un crecimiento –capitalista– rápido y de la «neutralización» de la política a través de la prosperidad. Sería difícil formular una síntesis más concisa de la crítica que, a menudo, se le ha hecho a la administración socialista de González.

La ausencia virtual de ideología en la política española es también uno de los signos más evidentes de algo comentado en un capítulo anterior: cierta vacuidad moral. No quiero sugerir con esto que los españoles de hoy sean inmorales. Cuando la línea divisoria entre lo bueno y lo malo está clara, son capaces de organizar manifestaciones de apoyo o de protesta que pueden dejar mal parado al resto de Europa. Por ejemplo, si una joven cae en las garras de algún depravado, son miles –literalmente miles– las personas que salen a la calle del pueblo de la joven para apoyar a su familia y demostrar su repulsa. Las españolas y los españoles de hoy tienen el corazón en su sitio.

En cambio, cuando la elección es complicada, cuando el dilema moral es inesperado o inusual, la brecha se manifiesta con claridad. ¿Cómo se pueden conciliar las demandas antitéticas de salarios más altos y menor desempleo? ¿Hasta qué punto las mujeres tienen «derecho a elegir» en el tema del aborto? ¿Qué se puede hacer de verdad en Bosnia? Estos asuntos son los que suscitan en España un debate pobre, en el que a menudo los comentaristas se refugian en lugares comunes y aforismos.

En más de una ocasión se ha atribuido este fenómeno a la influencia menguante de la Iglesia católica. La teoría no se asienta en si los valores sustentados por la Iglesia eran correctos o errados, sino en el hecho de que durante siglos fueron virtualmente los únicos que tuvieron los españoles. En Gran Bretaña, Francia y Alemania, y en otras sociedades con más de una religión, existe una antigua tradición de elegir entre distintos criterios morales; en España, esa tradición casi no se conoce. El pueblo tuvo pocas oportunidades de elegir y se quedó con los principios éticos que le imponía la Iglesia católica, la única opción que se le ofrecía, la aceptara o no.

El predominio de actitudes instintivamente católicas es mucho más amplio de lo que los propios españoles piensan. El castellano está atiborrado de frases tomadas de la práctica y del dogma católicos. Por ejemplo, cuando un español quiere asegurar que algo o alguien es digno de confianza, seguro, que está bien en el sentido más amplio, dirá que esa persona o cosa «va a misa». Cuando algo tremendo, como la esclerosis múltiple o la guerra nuclear, se menciona en una conversación, en circunstancias en que un inglés diría que no puede ni pensar en el asunto, un español –aunque sea poco o nada religioso– dirá: «que Dios nos coja confesados». Cuando nació el primer bebé-probeta del mundo, en *Cambio 16*, una publicación eminentemente laica, tituló el artículo con las palabras «Nacido sin pecado original».

Si se les quita el credo que está en la base de estas ideas, se quedan sin mucho más que el sentido común. A causa de la ausencia de un rival del catolicismo en España, el peldaño que podría llevar a un anglicano a ser católico, o a un francés católico al humanismo, conduce a sus equivalentes españoles a una especie de vacío ético, en el que mujeres y hombres tienen que basarse en un sentido más que nada instintivo de lo bueno y lo malo.

Se podría decir que, en muchos casos, esto resultará mucho mejor que parte de la muy discutible moralidad proporcionada, a través de los años, por la Iglesia católica de España. Sin embargo, el hecho de que los españoles se encontraran, de pronto, abandonados a sus propios esquemas éticos puede dar una explicación ulterior de esa atmósfera tan permisiva que rodea a la nueva España.

NOTAS CAPITULO 9

1) *El aspecto más extraordinario de las estadísticas sobre los religiosos españoles es el número que pertenecen a órdenes de clausura: 703 monjes y 14.500 monjas, según los datos de 1989. Las 918 comunidades de clausura de España representan el 60 por ciento del total mundial.*

2) *También especuló con la idea de pujar por una de las nuevas cadenas privadas de televisión pero, llegado el momento, la rechazó.*

Tercera parte

El reto de la libertad

10

Sexo: destape... ¿o no?

Uno de los problemas que presenta viajar por España es la tremenda escasez de áreas de servicio para coches. Fuera de Cataluña, parece que nadie ha visto las enormes posibilidades de hacer dinero gracias al mercado cautivo constituido por millones de conductores, mientras suben y bajan por autopistas que no están dispuestos a abandonar. Con excesiva frecuencia, los carteles de «zona de servicio» anuncian un recorrido tras el que, después de salir de la autopista o autovía, se llega a una gasolinera con un restaurante anexo, donde un hombre de camisa mugrienta estará friendo, en lo que parece aceite de coche, partes no reconocibles de un animal no identificado.

Sin embargo, España ofrece un tipo de instalaciones que no se puede encontrar en ningún otro sitio. Mientras se recorren las zonas rurales, el viajero verá de vez en cuando, a un lado de la carretera, un edificio cuyo perfil, o parte de él, está dibujado con luces de colores. En cierto sentido, también se trata de zonas de servicio, pero con una diferencia. Son burdeles de carretera.

Dentro, el conductor hallará un bar lleno de «señoritas» muy maquilladas, deseosas de sentarse con él a cambio de una copa y, una vez ajustado el precio, de llevarlo a alguna habitación interna o de la planta alta.

La prostitución está muy difundida en el sur de Europa. Una primera investigación amplia de las actitudes y costumbres sexuales españolas, hecha a mediados de los años sesenta, descubrió que casi dos tercios de los hombres entrevistados habían tenido su primera experiencia sexual con una profesional. En el último año de la dictadura, se estimaba que 500.000 mujeres trabajaban como prostitutas en España, es decir, una de cada veintisiete adultas.

A veces se siente la tentación de pensar que poco es lo que desde entonces ha cambiado en los hábitos sexuales de los españoles. No obstante, en lo que respecta a la prostitución, el cambio ha sido muy grande. En 1978, un estudio realizado por el Instituto de la Juventud dio a conocer que los jóvenes iniciados en el sexo por una prostituta representaban tan sólo un 9 por ciento.

También está claro que en la acutalidad hay menos mujeres españolas que venden su cuerpo. Varios ayuntamientos de ciudades grandes o pequeñas, sin mayores aspavientos, han puesto en marcha programas de rehabilitación, que a veces brindan a las antiguas prostitutas un empleo público, por lo común el de jardineras. Las prostitutas que hay en España son, cada día más, chicas extranjeras. Muchas provienen de América latina, en una gran cantidad de casos engañadas por las promesas de una nueva vida como «bailarina» o «camarera» en Europa.

Otro signo del cambio de costumbres es la disminución del espacio que los anuncios de prostitutas ocupan en los periódicos, si bien esos anuncios siguen siendo un ejemplo notable de la atmósfera de vivir y dejar vivir de la España contemporánea. El periódico barcelonés *La Vanguardia* es el muy respetable diario de la clase media alta catalana. Durante la dictadura fue franquista y en la actualidad tiende a identificarse con el gobierno nacionalista de Jordi Pujol, cuya mujer es una de las líderes del movimiento local antiabortista. Sin embargo, en las últimas páginas de *La Vanguardia* se encuentran, columna tras columna, anuncios del tipo de éste, aparecido en octubre de 1993: «Marina te introducirá en el sadom. y humill., lluvia, trav. y enemas. 6.000 ptas.»

De todas las ciudades de España, Barcelona es desde hace mucho tiempo la más liberada o degenerada, según se mire. Es probable que esto se relacione con el hecho de que es una ciudad portuaria. El «Barrio Chino», el dédalo de callejones y tugurios descritos por Jean Genet en su *Journal du Voleur*, ha sido una zona de tolerancia desde el siglo pasado[1] y, aunque se ha hecho mucho en los últimos años para modernizarlo, todavía quedan a ambos lados de las Ramblas, el paseo más pintoresco de Barcelona, sectores míseros.

Hoy, Barcelona es la Hamburgo de Europa meridional. Se puede comprar porno duro en los quioscos o ver sexo en vivo en los clubes nocturnos. En el Club Bagdad presentaban un número en el que se incluía a un borrico, hasta que la Sociedad Protectora de Animales se dejó caer por allí un día y se llevó al asno.

Pero en este sentido, Barcelona se diferencia del resto de España en el grado más que en la índole. Los años inmediatamente posteriores a la muerte de Franco asistieron a una revolución en asuntos de sexo, llamada por los españoles el «destape». En todas las grandes ciudades españolas se instalaron clubes, donde se presentaban espectáculos de *striptease*, y bares con camareras –españolas– en *topless*. Incluso Burgos, ese bastión austero y gris de la ortodoxia católica, tiene su *sex shop*.

El destape ya ha pasado a la historia, pero a menudo se diría que los españoles aún viven en una época anterior al SIDA. Es como si todavía no estuviesen preparados para dejar de maravillarse ante la mera diversión del sexo, de hablar de ello o de recrearse con el asunto.

En la televisión es un tema omnipresente. La emisora de televisión de pago en España, Canal Plus, una vez a la semana emite películas de porno duro en horas de la madrugada y en los fines de semana es frecuente que otros canales emitan, después de medianoche, filmes de porno blando.

No mucho tiempo atrás, había un anuncio de televisión en el que la pantalla se llenaba con el pecho de una joven bien dotada: al aspirar aire con ímpetu, los botones de su camisa estallaban, para mostrar ampliamente el canal de sus senos. ¿Qué era lo que se anunciaba? Pastillas contra la tos.

En mi casa, hace poco, mientras me reponía de una gripe, pasaba yo de una cadena a otra en busca de algo para ver. Era la última hora de la tarde, de modo que la mayoría eran programas dedicados a los niños, inevitablemente. En uno de ellos, los niños y los presentadores se movían en un escenario muy elaborado, que pretendía representar la típica calle mayor española. Los artistas habían pintado al detalle la iglesia, un bar, el ayuntamiento con sus banderas, la farmacia, una ferretería y, por supuesto, el salón de masajes del lugar.

Una de las pocas personas que se ha visto censurada por la Televisión Española es Alberto Comesaña, cantante de un grupo muy popular llamado *Semen Up*. En su actuación, se quita los pantalones mientras canta la canción más conocida de su conjunto, *Lo estás haciendo muy bien*, que habla de sexo oral. Cuando la presentó en Televisión Española, se ganó una prohibición de cinco años.

Los excesos ocasionales de la revolución sexual española dan la medida de la intensidad de la represión precedente. España fue el único de los países del sur europeo que sufrió una especial y doble opresión.

En la misma forma en que lo fueron otros países católicos mediterráneos, también España estuvo sujeta a la doctrina de una religión que, desde san Pablo, sospechó hondamente de los goces físicos de toda clase. Para los frailes y monjas que dirigían muchas de las escuelas privadas, el pene era la «serpiente diabólica» y la vagina, la «madriguera de Satanás». Existe, claro está, un nexo directo entre las actitudes de este tipo y el tradicional entusiasmo de los hispanos por la mortificación de la carne. Monseñor Escrivá, el fundador del *Opus Dei*, escribía: «Si sabes que tu cuerpo es tu enemigo y enemigo de la gloria de Dios, ¿por qué lo tratas con tanta blandura?»

El sexo servía sólo para los fines de la procreación, dentro del matrimonio. El contacto sexual previo al matrimonio era mínimo, a causa de las normas impuestas al cortejo o noviazgo. Por increíble que parezca hoy día, la Iglesia tuvo grandes dificultades para aceptar cualquier forma de contacto físico entre los novios. En la tardía fecha de 1959, los obispos españoles en sus «Normas de decencia cristiana» declaraban sin equívoco posible que «no se puede aceptar que los novios se paseen del brazo». Un fraile capuchino, Quintín de Sariegos, que escribía a principios del decenio de 1960, aceptaba el hecho de que las novias no sólo tocaran sino también besaran a sus novios. Pero aconsejaba: «Cuando beses a un hombre, recuerda tu comunión última y piensa: "¿Se podrán unir en mis labios la Hostia Santa y los labios de este hombre sin que eso sea un sacrilegio?"»

Sin embargo, lo que de verdad diferenció a España de otros países católicos como Italia y Portugal fue que, durante casi cuarenta años, la Iglesia pudo expresar sus ideas y, además, imponerlas con el apoyo de un régimen que dependía de ella para su legitimización.

La Iglesia se inmiscuía en la censura oficial en todos los campos y fue la responsable específica de decidir sobre temas sexuales. En el decreto que creó la Junta Superior de Orientación Cinematográfica, cuerpo de censores del cine en la España franquista, se expresaba: «en cuestiones morales, el voto del representante de la Iglesia será particularmente digno de respeto». El cine constituía una preocupación especial para la Iglesia; fray Angel Ayala, fundador del grupo católico de presión ACNP, lo describía como la calamidad más grande que ha caído sobre el mundo desde Adán, mayor que el diluvio, que las dos guerras mundiales o que la bomba atómica. A pesar de la posición privilegiada de sus representantes en la Junta, al parecer la Iglesia no estaba convencida de que las autoridades franquistas fueran lo bastante rigurosas en su enfoque; cuatro años más tarde, creó su propia Oficina Nacional Permanente de Vigilancia de Espectáculos, cuyos funcionarios veían las películas aprobadas por los censores de la Junta y les daban una calificación en una escala que iba de uno («aptas para niños») a cuatro («muy peligrosas»). Aunque no tenía un reconocimiento oficial, la «clasificación moral» de la Iglesia invariablemente se imprimía junto al título de la película en la sección cartelera de los periódicos.

Sin embargo, ni siquiera eso era bastante para satisfacer a los miembros más celosos del clero. A veces, cuando alguna de esas películas «muy peligrosas» se filtraba a través de la red, los párrocos en persona se ocupaban de poner a la entrada del cine un cartel que decía: «Los que vean el programa de hoy cometerán un pecado mortal». Un obispo, furioso porque se había autorizado una película que él reprobaba, llegó hasta el punto de conseguir que grupos de señoras piadosas de Acción Católica se plantaran delante del cine. Cada vez que alguien se acercaba a la taquilla, la jefa del grupo exclamaba: «¡Digamos un padrenuestro por el alma de este pecador!» y todas se arrodillaban para rezar. Así disminuía el número de asistentes.

Con la guía de la Iglesia, la censura llegó a cumbres excelsas de puritanismo. Los combates de boxeo quedaron fuera de los noticiarios cinematográficos, con el argumento de que se veían en ellos torsos masculinos desnudos. Las fotos de algún combate aparecían en la prensa, pero con ropa pintada por los «retocadores», empleados por todos los periódicos y revistas hasta los años cincuenta. Entre otros, cumplían con el deber de reducir el tamaño de los pechos femeninos. Años más tarde, los productores de Televisión Española tenían siempre a mano un chal o mantón, por si alguna jovencita se aparecía en un programa con un vestido de escote excesivo. Esa clase de horror ante las glándulas mamarias femeninas llevó a los censores de TVE a cortar de una película de Jean-Luc Godard una vista fugaz del anuncio de una tienda de sostenes y a rechazar *Moana*, el documental clásico de Flaherty sobre la Polinesia porque, decían, tenía demasiadas tomas de mujeres nativas con los pechos desnudos.

En los años cuarenta y cincuenta, se podía decir que el clima moral contaba, al menos, con ciertas bases en la índole de la sociedad. Puede que la represión sexual fuese severa, pero por entonces la sociedad era muy tradicionalista. Sin embargo, en los años sesenta y setenta, se amplió muchísimo la distancia entre lo que consideraban aceptable las autoridades y lo que consideraba aceptable la gente. Cambió la actitud oficial, pero no con tal rapidez ni tanto como las actitudes de la sociedad en su conjunto.

En 1962, perdía el ministerio de Información y Turismo, responsable primero de la censura, el fanático religioso Gabriel Arias Salgado, quien había desempeñado el cargo desde la creación de esa cartera, once años antes. Lo reemplazó Manuel Fraga Iribarne, un hombre mucho más pragmático y laico. La sustitución inició un período en el que se levantaron algunas de las restricciones más absurdas. Aún así, por ejemplo, hubo que esperar hasta 1964 para que los censores permitieran que una mujer en biquini (que, por cierto, era Elke Sommer) apareciera en las pantallas de los cines.

De otra parte, el éxodo desde las zonas rurales hacia las ciudades, la prosperidad creciente y el contacto progresivo con el mundo exterior, como consecuencia del turismo y de la emigración, transformaron las costumbres y actitudes sexuales de los propios españoles. Según una investigación llevada a cabo en el último año de la dictadura de Franco por el semanario *Blanco y Negro*, el 42 por ciento de las chicas españolas habían perdido la virginidad a los veinte años.

Después de la muerte de Franco, el mundo de la publicidad fue el primero en saltarse los tabúes establecidos. En febrero de 1976, la revista española *Flashmen* (sic) publicó una foto de una modelo en la que se transparentaban los pezones. Ya fuera un hecho accidental o voluntario, el censor la dejó pasar y desde entonces tanto *Flashmen* como otras publicaciones de ese tipo hicieron retroceder las fronteras de lo aceptable centímetro a centímetro y curva a curva. La mayor parte de las modelos desnudas de aquellos primeros tiempos fueron jóvenes extranjeras, hasta que Susana Estrada, una desconocida *vedette* de revistas, ganó la fama eterna al convertirse en la primera mujer española de los tiempos modernos que apareció con los pechos desnudos en las páginas de una revista española.

En cuanto a las películas, la situación era un tanto anómala, como muchas otras cosas en esos días. La importación de películas pornográficas duras para pases privados estaba prohibida, aunque se permitía la de otras más «blandas» para su difusión pública. Por tanto, durante varios años no se produjeron en España películas de porno blando, si bien se filmaban cortometrajes de porno duro por docenas en un estudio llamado Pubis Films.

Los intentos de promover el negocio de las películas de porno duro se basaron en la idea de que el gobierno iba a legalizar un nuevo tipo de salas cinematográficas para exhibir filmes de sexo explícito. Los funcionarios han comentado después que, entre 1977 y 1978, el gobierno cambió de parecer a causa de las actividades de un grupo italiano, sospechoso de conexiones con la Mafia, del que se pensaba que pretendía adueñarse del mercado español. Los planes para la legalización de los cines porno se archivaron, lo que cortó las alas de la recién nacida industria española de cine porno. Así que cuando, en 1984 se abrieron al público en España los primeros cines «X», con autorización del nuevo gobierno socialista, casi todas las películas llegaban de Estados Unidos.

Los esfuerzos españoles por irrumpir en el negocio de las películas de porno blando empezaron, y también terminaron, en 1978. Fue el año de *El maravilloso mundo del sexo*, un filme tan embarazosamente espantoso que el amigo de una de sus estrellas se marchó en mitad del estreno.

En otros sentidos, 1978 marcó hitos. Fue el año en que España tuvo su primer *sex shop*, una tienda llamada *Kitsch*, que abrió en Madrid en febrero y fue cerrada por las autoridades cinco meses después. También fue el año en que la moda de bañarse en *topless* –que cambiaría para siempre la actitud de los españoles respecto del desnudo– llegó a las costas veraniegas. Al principio, la Guardia Civil hizo todo lo que pudo para evitar aquello, a veces acusando a las jóvenes de no llevar su documentación personal[2]. Pero a comienzos de la siguiente temporada, habían comprendido ya que era una tarea imposible, por lo que empezaron a cerrar los ojos con discreción, y pronto las chicas españolas también adoptaron el *topless*.

En los años que siguieron a la muerte de Franco se produjeron cambios importantes en la ley, que contribuyeron a estrechar –aunque no a cerrar, como veremos– la brecha entre lo que realmente ocurre y lo que oficialmente se admite.

El primero de ellos fue la legalización de los anticonceptivos. En la práctica, su prohibición jamás fue total en tiempos de Franco. Siempre se pudieron comprar condones, si bien con cierta dificultad, en zonas de tolerancia y puestos callejeros. La invención de la píldora abrió nuevas posibilidades porque, además de sus efectos meramente anticonceptivos, se podía dispensar para el tratamiento de ciertos problemas hormonales, como la alta tensión premenstrual. Las primeras cajas de *Anovial*, de *Schering*, llegaron a España en junio de 1964. Desde entonces, en número pequeño pero creciente, los médicos recetaron la píldora con fines terapéuticos a mujeres que, en realidad, la querían como anticonceptivo. No hace mucho se descubrió que ciertos de aquellos médicos fueron procesados. Según un informe oficial filtrado a *Cambio 16*, en 1975 más de medio millón de mujeres recurría a la píldora.

Pero la demanda de anticonceptivos era mucho mayor que el abastecimiento. Si hacia fines del gobierno de Franco, y a pesar de las exhortaciones oficiales, sólo había 2,5 niños por familia, sobre todo se debía a una buena dosis de autocontención: *coitus interruptus*, *coitus reservatus* y simple abstinencia.

Los artículos del Código Penal por los que la venta de anticonceptivos era ilegal se eliminaron calladamente en 1978. Se podría decir que pocos hechos tuvieron una influencia mayor en la faz de la España contemporánea. Como veremos en capítulos posteriores, la posibilidad de disponer de métodos anticonceptivos eficaces tuvo efectos de largo alcance: contribuyó a establecer un equilibrio entre los sexos, colaboró en el cambio de la estructura de la vida familiar y ejerció una influencia profunda en los sistemas de bienestar y educación de España.

En un principio se hizo poco para que los anticonceptivos que podían obtener legalmente las españolas tuvieran un uso seguro y fiable. Mientras UCD estuvo en el poder, no hubo educación sexual en las escuelas y los únicos centros de planificación familiar que se abrieron no estaban financiados por el gobierno central sino por los municipales (invariablemente, los que estaban en manos de la izquierda).

Todo eso cambió cuando los socialistas llegaron al poder, pero todavía se advierten los efectos de la doctrina católica y de la prohibición franquista. Por ejemplo, eran visibles en los resultados de una encuesta que estuvo a cargo del Instituto Nacional de Estadística, publicada en 1989. Entre las mujeres casadas, casi un 85 por ciento había probado anticonceptivos de algún tipo, pero sólo un 65 por ciento había usado un método eficaz. En realidad, el más empleado fue el *coitus interruptus*; en orden decreciente le seguían la píldora, el condón y el método Ogino. Entre las solteras, el condón –nada sorprendente en la era del SIDA– fue el más empleado, seguido por la píldora y *coitus interruptus*, en la que se refugiaban tanto como las casadas. Pero el dato más notable fue que tres cuartas partes de las solteras no había usado anticonceptivos de ningún tipo, aunque entre las entrevistadas había un alto número que tampoco había mantenido relaciones sexuales.

Es importante tener en cuenta que, en algunas regiones de España, comprar anticonceptivos todavía puede ser un problema, a causa de los escrúpulos religiosos de los farmacéuticos. Incluso en la al parecer tan laica Barcelona hay farmacias que se niegan a venderlos. «Así como algunos no hacen el servicio militar por objeción de conciencia, nosotros no vendemos condones», declaró a *El País* un disidente.

Se diría que, por el uso creciente de los anticonceptivos, tendría que disminuir el número de abortos. Entre las paradojas más terribles de la España supuestamente católica de Franco, estaba el hecho de que hubo uno de los porcentajes de interrupción del embarazo más altos del mundo. Nunca fue posible obtener una cifra exacta, porque los abortos eran ilegales, por supuesto, pero un informe de la fiscalía del Tribunal Supremo, en 1974, o sea en vida de Franco, estimó el total del año en 300.000, lo que equivalía a más o menos el 40 por ciento de los partos. Cuando se legalizaron los anticonceptivos, se creía que el total estaba cerca de los 350.000.

Además, en el decenio de 1970, aumentaron los abortos en el extranjero. Casi siempre el destino era Londres, donde hacia 1978 se recibía a más de 14.000 españolas por año. En conjunto, al parecer, la proporción de abortos y partos era de casi uno por cada dos.

El gran número de abortos establecía un contraste enorme con las penas rígidas que se aplicaban a los médicos abortistas. En 1979, el caso de once bilbaínas acusadas de haber abortado se convirtió en una *cause célèbre*. En los días previos al juicio, 300 mujeres ocuparon uno de los principales edificios de tribunales de Madrid, de donde las desalojó con violencia la policía. Más de mil mujeres, entre ellas varias conocidas actrices, abogadas y políticas, publicaron un documento en el que decían que habían abortado y un número parecido de hombres, entre los que también había personalidades muy conocidas, firmaron otro documento en el que declaraban que habían ayudado en la ejecución de abortos. Si esta presión influyó o no es algo que jamás se sabrá, pero cuando el caso llego al tribunal la sentencia, que no tenía precedentes, fue que las acusadas habían actuado por necesidad. Sin embargo, el dictamen judicial no puso fin a las acusaciones. Poco después otra abortista fue sentenciada a doce años y una joven que había abortado en Londres tuvo que pagar una multa.

No obstante, el rechazo que en las clases medias intelectuales produjeron estas sentencias distraían la atención del hecho de que una gran mayoría del electorado español se oponía al derecho al aborto, aunque las encuestas señalaban que, entre los votantes de cierta edad, el nivel de oposición era mucho más alto que entre los jóvenes y que, entre los de menos edad, los «pro» y los «anti» estaban equilibrados. Por otra parte, el aborto en casos especiales, como el embarazo tras una violación, el de un feto con graves malformaciones o si la vida de la madre corría peligro, suscitaba mayor apoyo –de hecho, el de unos dos tercios del electorado– y los socialistas en su programa prometían legalizar el aborto en esos tres supuestos.

Era evidente que resultaría aquello un tema político candente, aun con esas limitaciones, y los socialistas dieron la clara impresión de que se disponían a postergar la promulgación de la ley todo lo que les fuese posible. La presión que los obligaba a actuar provenía de un sector inesperado: los tribunales. Durante las primeras semanas de gobierno socialista, el Tribunal provincial de Barcelona dictó una serie de sentencias en las que los jueces, a la vez que emitían su juicio acerca de acusadas por casos de aborto, criticaban al gobierno por su tardanza en el cambio de la legislación.

A fines de enero de 1983, el gobierno decidió llevar adelante sus planes al respecto. Al parecer, los tribunales barceloneses estaban poco convencidos de la decisión gubernamental, por lo que mantuvieron la presión, y en marzo un fiscal encontró una forma mejor aún de poner a la ley en ridículo.

Tal como estaban entonces las cosas, la única circunstancia atenuante que se admitía en los casos de aborto era que la acusada hubiera apelado a esa medida para «ocultar su deshonor»[3]. Se trataba de una formulación tan arcaica que había caído en desuso desde mucho tiempo atrás, pero cuando ese jurista se vio en la situación de tener que proceder contra una mujer acusada de haber abortado, argumentó –sin duda con ánimo irónico– que se trataba de ese caso. Por fin, los jueces aceptaron ese criterio y redujeron la sentencia a un mes.

Estaba claro que, a menos que se hiciera algo, cualquier juez liberal que hubiera en la tierra pronto dictaría sentencias nominales contra las acusadas de haber practicado un aborto, aduciendo que habían defendido su honor; eso iba a poner a España en una situación de ridículo internacional. Por cierto que el caso original pasó desapercibido en España, pero a fin de año los socialistas habían tramitado la ley en las dos cámaras de las Cortes. La promulgación se produjo en 1985.

Desde entonces, las encuestas sugieren que la aprobación pública –o al menos la tolerancia– del aborto ha subido hasta el punto de que el sector favorable al aborto está cerca de ser mayoría. Al respecto, un estudio reciente sacó en conclusión que los que lo aprueban superan a los que lo rechazan entre las personas de menos de treinta y cuatro años. Pero a pesar de que se habló mucho acerca del cambio de la ley, en materia de aborto, España sigue teniendo la legislación menos liberal de toda la Unión Europea, con excepción de Irlanda. De vez en cuando se procesa a algún ginecólogo porque ha traspasado los límites legales; en 1991, Germán Sáenz de Santa María, un médico malagueño, fue encarcelado por un corto tiempo, antes de que el gobierno le concediera el indulto.

En las estadísticas se advierte el efecto de las restricciones impuestas por la ley. El número de abortos legales en España está entre los más bajos de la UE: 7,6 por cada 100 partos en 1988, comparado con los 30 de Italia, ese otro país donde prevalece el catolicismo y cuyo porcentaje de abortos se ha dicho que era igual al español. En Gran Bretaña, en ese mismo año, el porcentaje llegó a 25.

Sin embargo, el número de abortos legales practicados en España no es lo mismo que el número de abortos a que se someten las españolas. En esos años, sólo en Gran Bretaña, más de 3.000 mujeres residentes en España pusieron fin a sus embarazos. Esto significaría que, aun sin incluir otros países a los que acuden menos españolas, como Francia y Holanda, habrá que aumentar la cifra antes citada hasta un 9 por ciento.

Además, están los abortos ilegales. Un informe financiado por el Instituto de la Mujer, que depende del gobierno, y publicado por la Organización Mundial de la Salud en 1991, estimaba que en España siete de cada diez abortos se practicaban ilegalmente. Es decir que una cifra total, comparable con las de otros países de la UE, pondría el porcentaje de abortos en España en torno al 27 por ciento de los partos, para igualarlo con uno de los más altos de la Unión.

También sugiere que la legalización de los métodos anticonceptivos ha recortado las demandas de interrupción del embarazo sólo a menos de la mitad. Entre las solteras españolas, parece que el aborto sigue siendo uno de los métodos preferidos de control de la natalidad.

La mayor disponibilidad de anticonceptivos tendría que haber rebajado no sólo el porcentaje de abortos sino también el número de hijos naturales, pero en realidad la cifra de abortos ha subido, lo que sugiere que el sexo extramatrimonial se practica más que en otros tiempos, o que hay mayor interés por tener hijos sin pasar por el matrimonio, o ambas cosas. Como porcentaje de todos los partos, el número de hijos de madres solteras se duplicó entre 1980 y 1985 –del 4, pasó al 8 por ciento– si bien después hubo una pequeña caída en los cinco años siguientes.

Aun en su punto más alto era una cifra muy baja, comparada con la de la mayor parte de los otros países de la UE. Por ejemplo, en Dinamarca era del 36 por ciento y en el Reino Unido, del 25 por ciento, aunque en Italia sólo llegaba al 6 por ciento. Puede que esto sólo se deba a que en los países meridionales, católicos, es mayor la presión que se ejerce para que la joven embarazada se case. Pero hay indicios que sugieren que, en España al menos, las relaciones sexuales previas al matrimonio, aunque más corrientes, no han aumentado tanto como se podría suponer.

En primer lugar, se piensa que el nivel general de las prácticas sexuales –es decir, dentro y fuera del matrimonio– es bajo, quizá un legado de las restricciones, la ignorancia y el puritanismo de los años de Franco.

Una sucesión de investigaciones científicas, llevadas a cabo en los últimos años de la dictadura, sugieren que entre el 60 y el 80 por ciento de las españolas casadas habitualmente no experimentaban ningún placer en la relación sexual. En su obra *Las españolas en secreto: Comportamiento sexual de la mujer en España*, el doctor Adolfo Abril y José Antonio Valverde señalaron que no más del 20 por ciento de la población (femenina) sabía emplear con propiedad la palabra «orgasmo»; otro 30 por ciento había oído o leído la palabra «alguna vez» y el resto –la mitad de la población (femenina)– jamás había oído la palabra y, por supuesto, no sabía lo que significaba.

En tiempos recientes, mediados del decenio de 1980, un estudio de la Fundación Internacional de la Salud, que se proponía conocer datos acerca del uso de los anticonceptivos, concluía que en el país de don Juan se hacía el amor menos que en cualquier otro de la CE. Los sexólogos afirmaron, una y otra vez, que el matrimonio español medio hace el amor menos de una vez a la semana.

Además, una cantidad de factores van en contra de la promiscuidad entre los jóvenes españoles: como veremos más adelante, el hecho de que muchos de ellos sigan viviendo con sus padres; el problema asociado con los sitios en que se puede abortar y, en términos mucho más amplios, las dificultades que se encuentran para comprar anticonceptivos.

En una encuesta hecha por el Instituto Nacional de la Juventud, publicada en 1987, un 60 por ciento de los jóvenes españoles decía que ya se habían iniciado en el sexo a los dieciocho años de edad. Entre las chicas, a esa edad ya no eran vírgenes un 56 por ciento. Comparemos este dato con el de la encuesta de 1975, antes citada, que decía que el 42 por ciento de las chicas había perdido la virginidad hacia los veinte años. Sin duda hay una diferencia, pero bastante menor de la que representaría una revolución de la moral privada.

Mi impresión personal –y las impresiones personales, creo, cuentan en este campo tanto como los resultados de una encuesta– es la de que la mayoría de las chicas y chicos españoles todavía tienen una gran preferencia por las relaciones prolongadas, estables, no muy distintas del tradicional noviazgo. En tiempos pasados era poco menos que impensable que uno de los jóvenes rompiera el compromiso y, por tanto, los padres de los novios a veces no querían enterarse de que los hijos mantenían relaciones sexuales. Sería fascinante, aunque sin duda imposible, llegar a saber cuánto ha cambiado con los años el porcentaje de sexo antes del noviazgo, distinto del sexo antes del matrimonio.

Hay un ámbito en el que las actitudes no parece que hayan variado casi nada, por cierto, y es el de la homosexualidad. Acorde con la actitud tolerante de la España de hoy, el acoso abierto o la discriminación son excepcionales. Se sabe en todas partes que uno de los políticos españoles importantes es homosexual, lo que hasta ahora no dañó en nada su carrera. No obstante, es aceptable en la sociedad española expresar puntos de vista acerca de la homosexualidad que en otros lugares son exclusivos de una minoría de fanáticos. Hace poco tiempo, en 1987, se citaba a Isabel Tocino, una de las figuras del PP, diciendo: «Hay intentos de aceptarla e incluso justificarla. Pero por fortuna para la sociedad en su conjunto sigue siendo una desviación». Las encuestas demuestran que el número de españoles que admiten ser homosexuales es sospechosamente bajo. Un estudio reciente ponía de manifiesto que sólo un 2,8 por ciento de los hombres y un 1,4 por ciento de las mujeres estaban preparados para definirse como homosexuales. Sin embargo, en ambos sexos el 9 por ciento reconocía que deseaba a miembros de su propio sexo.

Bajo la dictadura, Sitges, una ciudad costera del noreste, fue un enclave de tolerancia en una sociedad sumamente represiva. La contribución de Franco a los derechos del gay fue ilegalizar la homosexualidad incluyéndola, en 1970, en la Ley de Peligrosidad Social. Por esta ley se fundó el Movimiento Español de Liberación Homosexual. A fines de los años setenta, el Movimiento organizó manifestaciones los 28 de junio, Día Internacional del Orgullo Gay. Sin embargo, en 1979, la homosexualidad se eliminó por decreto del enunciado de la Ley de Peligrosidad Social. Las asociaciones gay se legalizaron en 1980 y, en cuanto los socialistas llegaron al poder, terminaron virtualmente los barridos policiales en los clubes de homosexuales.

El primer movimiento de lesbianas que se organizó en España, el grupo catalán *Lluita per l'Alliberament de la Dona*, no surgiría hasta 1979. Aun después de eso, el movimiento lesbiano ha tenido poca representación. Su primera manifestación se organizó en una fecha muy tardía (1987), desencadenada por el arresto de dos mujeres que se besaban en público. Ese año, el día 28 de junio, las activistas lesbianas prepararon una jornada del beso (en la actualidad se celebra cada año) en la Puerta del Sol de Madrid.

En estas condiciones, es irónico que los españoles parezcan tan fascinados por todo lo que difumina la diferencia entre macho y hembra. Con una mirada a los anuncios clasificados de los periódicos, se ve que la prostitución de travestis y transexuales es común. Durante los años del «destape», el cabaret de travestis se constituyó como un entretenimiento popular. Y España debe ser el único país en el que el principal programa de variedades televisivo de los sábados –el típico programa «para toda la familia»– fue presentado por un transexual.

Bibi Andersen, que ha aparecido en algunas películas de Almodóvar, en la actualidad es una personalidad destacada en la sociedad y en los medios españoles. Su éxito y aceptación tal vez dan una prueba de que el hispano siente una necesidad de una especie de antídoto frente al rígido estereotipo sexual que todavía ocupa tanto espacio en su cultura.

NOTAS CAPITULO 10

1) En un histórico pecado de mal gusto, se comercializó en España un juego de mesa llamado El Chino, hacia comienzos de los años ochenta. Los jugadores mueven piezas que representan a chulos, prostitutas y travestidos. Los que tienen la mala suerte de contagiarse una enfermedad venérea van a dar a un cuadro llamado «clínica».

2) Así como para los españoles es una falta salir a la calle sin su Documento Nacional de Identidad (DNI), también es ilegal, en términos estrictos, que los extranjeros circulen por España sin sus pasaportes.

3) La defensa del honor personal era también circunstancia atenuante en casos de asesinato de un hijo ilegítimo. Se aplicaba no sólo cuando el niño había muerto a manos de su madre sino también cuando se producía la intervención del abuelo materno (con o sin el consentimiento de la madre).

11

Mujeres al borde de un ataque de nervios

Las primeras manifestaciones feministas que se hicieron en España datan de enero de 1976. Habían pasado menos de dos meses tras la muerte de Franco. Unas dos mil mujeres, según estimaciones de las organizadoras, marcharon tras una pancarta que decía: «¡Mujeres! Luchad por vuestra liberación». Las manifestantes querían entregar en mano una petición en la oficina del presidente del gobierno, que en esos días estaba en La Castellana, en el centro de Madrid.

En su recorrido, las manifestantes atravesaron el barrio más conservador de la capital. Aun hoy, la calle Goya y las adyacentes en su extremo oeste reciben el nombre de «zona nacional». Mientras marchaban por la calle, como una de esas mujeres recordaba tiempo después, oyó gritar «¡Putas!» a los peatones. Pero la reacción de muchos hombres fue detenerse para aplaudir a su paso[1].

Aquí es necesario recordar que, para despertar admiración entre los españoles, no hay nada mejor que una muestra de coraje. Y lo que habrán adivinado los hombres que se detuvieron en Goya era lo que las mujeres que marchaban ya tenían que saber: iban directamente a una carga policial con porras. No obstante, la anécdota ilustra algo más que valores machistas. Una de las cosas más llamativas del cambio en el papel de las mujeres dentro de la sociedad española es que, cosa sorprendente, despertó poca controversia u oposición. No quiero decir que los españoles hayan peleado hombro con hombro junto a sus mujeres, sus hermanas, sus madres y sus hijas en la batalla por los derechos de la mujer. Está claro que no es el caso. Pero los que se resistían al proceso lo hicieron sobre todo en privado, más que en público, y de una manera pasiva, más que activa.

Un motivo, sospecho, es que la liberación de la mujer, como el nacionalismo regional, se convirtió en una meta cuando España se encaminaba de la dictadura a la democracia. Así fue como llegó a ser una parte de un proceso liberador que, comprensiblemente, la gran mayoría de los españoles vio como algo que estaba más allá de las críticas. Aún así, la ausencia de disturbios es sorprendente en un país donde los hombres reprimieron a las mujeres con una severidad extraordinaria.

Quizá no sea una coincidencia que la primera palabra acuñada para describir lo que las feministas anglófonas llamarían *male chauvinism* (chauvinismo masculino) haya sido española.

La palabra «machismo», en realidad, no nació en España sino en México. Sin embargo, el fenómeno del machismo es un producto de la herencia española en el país americano. Tal como otras sociedades meridionales europeas, España vivió durante siglos según un código de valores morales cuyo núcleo se componía de una especial concepción del honor, al que no se veía como una medida subjetiva de autoestima –cosa que ocurría en la Europa septentrional– sino como un bien objetivo, casi tangible, que se podía perder por las acciones personales y también por obra de los demás, en especial los propios familiares.

Una mujer podía arrebatar el honor de su marido poniéndole los cuernos y una hija mancillaba el honor de su padre si perdía la virginidad antes del matrimonio. Si la joven estaba prometida, había una buena posibilidad de que la boda se celebrara antes de lo previsto, con lo que la pérdida del honor se reducía al mínimo; pero si había mantenido relaciones sexuales antes de estar siquiera prometida, la sanción era tremenda, porque la única forma en que la familia se podía salvar del deshonor era la desaparición de la causa, que era la joven misma. Las madres solteras que debían marcharse del hogar paterno no podían encontrar un trabajo respetable, por lo común, en una sociedad en que la mujer tenía dificultades para adquirir una capacitación y, más aún, un trabajo. En consecuencia, muchas debían dedicarse a la prostitución. De este modo, la sociedad latina dividió a las mujeres en putas y vírgenes tanto en teoría como en la práctica. Por otra parte, para el padre de la criatura el hecho de haber mantenido relaciones sexuales antes del matrimonio –fueran cuales fuesen las circunstancias– era por igual una desgracia y una distinción.

En más de un sentido, aquello era una injusticia, ya que los hombres tenían menos excusas para los devaneos prematrimoniales. A diferencia de las mujeres, siempre podían recurrir a las prostitutas. Pero la causa de que los jóvenes frustrados pudiesen obtener los servicios de las prostitutas era lo baratas que resultaban, y la causa de su bajo precio era su abundancia, y esto se debía a que sus filas se reabastecían con multitud de madres solteras, incapaces de soportar las presiones impuestas por el tabú de las relaciones sexuales fuera del matrimonio. O sea que la forma latina de entender el sexo siempre tuvo una especie de lógica interna inicua.

En España, la discriminación inherente a ese sistema adquirió un rasgo especialmente amargo por las características de su historia: el contacto prolongado con el islam, una religión que siempre tuvo en poca estima a las mujeres, y los siete siglos de conquista y colonización que fueron necesarios para eliminar al islam de la península y que inculcaron en los cristianos un respeto especial por las virtudes masculinas.

La división de las mujeres en los estereotipos de puta y madre está muy arraigada en el castellano y, sobre todo, en la jerga. Mientras «hijo de puta» es un insulto serio, «de puta madre» significa «grande», «soberbio», «fantástico». La idea de que la propia madre sea una puta es intolerable, pero la noción abstracta de una mujer en la que se sumen las cualidades eróticas y las maternales refleja algo muy atractivo.

Todo este complejo de valores sociales y morales se mantuvo y estimuló bajo la dictadura de Franco. Como medio de promover el crecimiento de una población reducida por la Guerra Civil, Franco instituyó un sistema de incentivos para las familias numerosas, pero los premios se daban a los padres, no a las madres. Aunque el divorcio y la anticoncepción pasaran a ser ilegales pocos meses después del fin de la Guerra Civil, hasta 1956 no hubo una ley que prohibiera los burdeles, y nunca llegó a implementarse. Los censores de Franco, en una época en que se afanaban en cubrir el pecho de los boxeadores y los senos generosos de las actrices, se dieron prisa en conceder el imprimátur a Lola, una novela cuya heroína era una espía prostituta.

Se ha dicho que, hacia el fin de la época franquista, el único país europeo en el que había un grado comparable de discriminación institucionalizada contra las mujeres casadas era Turquía y que, en muchos aspectos, la posición de las esposas en Turquía era de verdad mucho más alta. Los supuestos que se advirtieron en el Código Civil español se resumieron en el artículo 57: «El marido debe proteger a la mujer y ésta obedecer al marido». El punto nuclear de la relación legal de los cónyuges era el concepto de «permiso marital». Sin autorización del marido, una mujer no podía iniciar ninguna actividad fuera del hogar. No podía aceptar un trabajo, abrir un negocio ni una cuenta bancaria. No podía iniciar procedimientos legales, suscribir contratos o comprar y vender bienes. Ni siquiera podía iniciar un viaje de cierta duración sin que lo aprobara su marido.

En el sistema español, la propiedad perteneciente a una pareja casada puede ser de tres tipos: la que el marido aportó al matrimonio, la que aportó la mujer y la que hayan adquirido desde entonces (los llamados «bienes gananciales»). Sin embargo, aunque el hombre no necesitaba la autorización de su mujer para vender, prestar o hipotecar la propiedad que había aportado al matrimonio, la mujer tenía que contar con el permiso del marido para transacciones similares. Y no sólo esto: la mujer tampoco tenía ningún tipo de control sobre los bienes gananciales, aunque hubiese sido en parte –o totalmente– la que había trabajado para adquirirlos. Como si todo esto no fuera bastante, la mujer ni siquiera tenía un control adecuado de sus hijos, porque carecía de la «patria potestad» que ostentaba el marido.

Dejar el domicilio familiar aun por unos pocos días constituía una falta, abandono del hogar, que entre otras cosas significaba que las mujeres maltratadas no se podían refugiar en casa de sus amigos o familiares sin ponerse fuera de la ley. Y aunque el adulterio era un crimen tanto para hombres como para mujeres, que se castigaba con seis meses a seis años de cárcel, había distintos criterios con respecto a unos y otras. Si una mujer cometía adulterio, siempre se trataba de un crimen, pero el adulterio de un hombre sólo era delito si lo consumaba en el domicilio familiar, si estaba viviendo con su concubina o si su comportamiento adúltero era de público conocimiento.

La primera reforma significativa de ese sistema se aprobó poco antes de la muerte de Franco. En 1975, se abolió en España el «permiso marital», lo que en Italia se había hecho cincuenta y seis años antes y en Francia, treinta y siete. Las leyes contra el adulterio se derogaron en 1978, y tres años más tarde se reemplazaron los artículos del Código Civil que ponían a las mujeres en situación desventajosa con respecto a los hijos y a las finanzas familiares.

Desde entonces, las mujeres han ganado tanto terreno en España que, se diría, las restricciones no se eliminaron hace veinte años sino hace cien. Si la revolución social de los setenta fue el sexo, la revolución social de los ochenta fue el feminismo. Fue el decenio en que las españolas inundaron las universidades y el mercado de trabajo.

A principios del año académico 1987-1988, había por primera vez en la historia más chicas que chicos en las universidades españolas. En 1981, las mujeres representaban menos de un cuarto del total de la población activa. En 1991, eran un tercio.

En el momento en que escribo estas líneas, hay tres mujeres en el Consejo de ministros. El Tribunal Constitucional tiene una vicepresidenta; la red ferroviaria estatal también está presidida por una mujer y Valencia, la tercera ciudad del país por su importancia, está gobernada por una alcaldesa. Al frente de una de las prisiones, destinada sobre todo a hombres, hay una mujer y en el campo de la escultura joven también la más conocida es una mujer. El dúo de Las Virtudes tiene uno de los números de comedia más populares. Entre los toreros que se han iniciado en los últimos años, una de las más prometedoras es una chica, Cristina Sánchez, que en 1993 se convirtió en la primera mujer (al menos en tiempos modernos) que mató seis toros en una corrida[2].

También resulta notable la incorporación de las mujeres en los cuerpos militares y paramilitares españoles. Las primeras guardias civiles que llevan faldas entraron en servicio en 1989, tras un año de entrenamiento, a la vez que las academias militares abrían sus puertas a las mujeres que querían incorporarse a los cuerpos auxiliares de las Fuerzas Armadas, como suboficiales u oficiales. Un año más demoró la autorización gubernamental para admitir mujeres en las unidades de combate y eso, por la insistencia de una estudiante de instituto.

Ana Moreno, nativa de Denia, en la costa este, tuvo un profesor, piloto retirado, que le hizo concebir el sueño de convertirse también ella en piloto. A los diecisiete años escribió solicitando que la admitieran en la Academia del Aire de San Javier, en Murcia. En la respuesta le decían que no había una ley que dijese que podía hacerlo; la jovencita apeló a los tribunales y, en 1988, el Tribunal Supremo de Madrid dictaminó que su caso era una violación del artículo de la Constitución que garantiza la igualdad de los sexos. Pasó un año antes de que el gobierno promulgara un decreto para regularizar la situación, pero en 1989 las mujeres pudieron inscribirse en los exámenes de admisión de las tres academias militares españolas y fueron treinta y seis las que lo hicieron. Ninguna aprobó, lo cual no era sorprendente, visto que no habían tenido más que unos meses para prepararse, en tanto que los chicos lo habían hecho durante varios años.

Otro cambio en las reglamentaciones, éste de 1992, permitió que se reclutaran voluntarios de las Fuerzas Armadas entre quienes no habían cumplido el servicio militar, lo que permitía que las mujeres ingresaran en las filas[3]. A la primera oferta de plazas en las Fuerzas Armadas posterior a la enmienda, se presentaron 12.000 solicitudes. En el ministerio de Defensa hubo un asombro mayúsculo cuando se comprobó que casi una quinta parte eran solicitudes de mujeres. En 1993, más de 300 mujeres servían en las Fuerzas Armadas españolas, algunas junto a la Legión, en Bosnia.

A todo esto hay que añadir algunos "peros". Las estudiantes de los departamentos universitarios especializados que preparan ingenieros y arquitectos son pocas aún. Al mismo tiempo, la proporción de mujeres en el campo laboral es todavía baja, si se compara con la media del resto de los países desarrollados.

En parte, esto se debe a que en España se sigue contratando a las mujeres a regañadientes. Cuando la economía estaba en expansión, a fines de los años ochenta, el desempleo disminuyó, naturalmente. Pero mientras el paro masculino cayó desde una máxima de más de un 20 por ciento en 1985 a un 12 por ciento en 1990, entre las mujeres siguió aumentando hasta 1988, fecha en que llegó casi al 28 por ciento, y sólo después empezó a caer, con mayor lentitud, hasta el 24 por ciento en 1990.

Un efecto de la tendencia a no contratar mujeres es que ellas procuran abrirse espacios dentro del mercado laboral. Esto trae el recuerdo de la forma en que los judíos se dedicaron a ciertos comercios, cuando se les prohibió llevar armas o ser propietarios de tierras en algunas comarcas, en tiempos de la Europa medieval. Un ejemplo sobresaliente es el sector de salud. Hoy, las mujeres son las dos terceras partes de los trabajadores sanitarios y es toda una sorpresa verse atendido por un farmacéutico. Algo parecido ocurre en las Fuerzas Armadas: tres cuartas partes de las mujeres que se habían incorporado hasta 1993 estaban en las ramas médica, veterinaria o farmacéutica.

Una vez que tienen un trabajo seguro, las españolas –en realidad, las madres españolas– cuentan con la ventaja de instalaciones de guarderías para bebés mucho mayores que las de otros países europeos[4]. Sin embargo, se enfrentan con otros problemas. Las investigaciones de los sindicatos descubrieron que una de cada tres mujeres se queja de ser objeto de acoso sexual por un superior y es el porcentaje más alto que se conoce en la UE.

No obstante, en algunos aspectos los progresos son asombrosos. A principios de los años noventa, el 14 por ciento de los puestos ejecutivos de la administración y el 17 por ciento de los de las empresas privadas estaban ocupados por mujeres. En proporción, España tiene tantas mujeres directoras y gerentes como Bélgica.

La llegada de un gran número de mujeres al mercado laboral es una razón importante para que la tasa de desempleo en España sea crónicamente alta. Este hecho también ha traído cambios al lenguaje. Como nunca antes habían ocupado las mujeres ciertos cargos, las palabras usadas para nombrar esos puestos fueron siempre masculinas, de modo que se planteó la necesidad de elegir entre crear una nueva palabra con desinencia femenina o usar la masculina con artículo femenino. El dilema no tiene solución aún, sobre todo porque el *Diccionario de la Real Academia Española*, la autoridad máxima, sigue manteniendo unas 300 voces, como «anticuario», para las que no da una forma femenina. Es decir que una mujer que esté en el gabinete, ¿será «una ministra» o, como escribe con insistencia el periódico conservador *ABC*, «una ministro»? La mayor parte de la gente llama «la torera» a Cristina Sánchez, aunque ella prefiere que se diga «la torero». ¿Y qué hacer con los trabajadores postales? Un señor que reparte las cartas es «el cartero», pero la dificultad de llamar «cartera» a una mujer que hace el mismo trabajo está en que la palabra ya existe, para denominar un billetero o un maletín.

En general, la práctica real ha llegado más lejos de lo necesario. A las palabras que terminan en «e», que no tienen un género gramatical específico, también les ha llegado el cambio. Por lo común, cuando es una mujer la que dirige, no se la llama «la jefe» sino «la jefa».

La diferencia entre los cambios producidos en el papel de las mujeres en España y los cambios producidos en el papel de las mujeres en otros países es que sucedieron casi sin intervención ni apoyo de un movimiento feminista independiente. En este contexto, la palabra «independiente» tiene más significación de la que podría pensarse en un principio.

Un movimiento por los derechos de la mujer auténtico y espontáneo ya existía en el decenio de 1970. Pero su voz se perdía en el debate acerca de la mejor forma de construir una nueva España democrática. Además, en una sociedad con poca tradición de asociaciones voluntarias, tal vez fuera inevitable que las feministas sucumbieran a la tentación de institucionalizarse.

La contribución de UCD a la causa de la mujer era bien intencionada. El ministerio de Cultura organizó un departamento de la mujer, cuya iniciativa más memorable fue una serie de anuncios de televisión destinados a señalar el sexismo en la sociedad. Uno de ellos se iniciaba con la figura de un guapo ejecutivo que bajaba por una calle hacia un grupo de mujeres de su misma edad. Cuando el hombre estaba cerca, las mujeres lo miraban de arriba abajo y después estallaban en silbidos, exclamaciones y toda clase de piropos. Resultaba ridículo, pero no menos efectivo por eso. Los socialistas adoptaron un enfoque mucho más minucioso. En cuanto llegaron al poder, crearon un bien organizado Instituto de la Mujer, que atrajo a muchas de las participantes en los movimientos feministas existentes.

Obligado –y hasta cierto punto seducido– por la oficialidad, el feminismo español es hoy una postura más que un movimiento. Las encuestas revelan que no menos de un tercio de las españolas se consideran feministas. No obstante, las manifestaciones de apoyo a los derechos de la mujer, que hasta los años ochenta por lo común convocaban muchedumbres de miles de mujeres, hoy sólo atraen a unos pocos cientos de simpatizantes.

Quizá por esto, o por el énfasis del mediodía europeo en mostrar la mejor cara, la causa de los derechos de la mujer en España nunca se vio demasiado afectada por esa combinación singular de aires hombrunos y rechazo de lo masculino, característica del feminismo radical en el mundo anglófono. La mayoría de las mujeres españolas que se consideran feministas miran con extrañeza a quien les sugiera que tienen que dejar de maquillarse y vestir un mono de mecánico, para que se vea que no buscan la aprobación masculina. También esto puede contribuir a explicar por qué la marcha de las mujeres españolas hacia la igualdad estuvo tan poco sembrada de dureza. Que no haya habido un Norman Mailer español, quizá se deba a que no hubo una Kate Millett española.

Si existe una tendencia, compartida por ciertas feministas, es la de relacionar la liberación de la mujer con cierta permisividad heterosexual. Muchos extranjeros dirían que se trata de una superposición. Pero liberar a la mujer de la represión masculina no es lo mismo que liberarse de la represión de la sexualidad propiamente dicha. Y esa distinción –pienso a menudo– se pierde en España.

Carmen, tal como la pinta el filme de Carlos Saura, es una mujer rapaz y promiscua. Pero, cuando la película se difundió por televisión, al anunciar el pase, un periódico decía: «Carmen, una mujer liberada...»

En 1990, el Instituto de la Mujer organizó una amplia investigación sobre las actitudes masculinas. Un elemento del trabajo consistía en identificar categorías distintas por su reacción ante ciertas afirmaciones del cuestionario. Por ejemplo, se definía como «tirano de la casa» al hombre que estaba de acuerdo con la afirmación de que «el lugar de la mujer es la casa». Otra decía: «Para la buena marcha del matrimonio, no importa si la mujer echa una cana al aire». Los hombres que lo aceptaban se clasificaron como «feministas».

Sólo se puede aventurar una explicación para el hecho de que, en España, la liberación de la mujer se haya ligado de una manera tan estrecha con la permisividad sexual. Mi teoría personal es que eso se relaciona ampliamente con las peculiaridades de la reciente historia económica y social española. En otros lugares, los movimientos hacia la igualdad sexual surgieron tras el avance hacia la libertad sexual. También fue así en España. Pero el influjo de millones de turistas extranjeros en los años sesenta permitió que los españoles tuvieran relaciones prematrimoniales sin que eso afectara a las españolas. La «sueca» –una palabra que se aplicaba por igual a todas las europeas nórdicas– no tardó en adquirir un lugar de excepción en la leyenda popular de España. Una de las consecuencias fue que las españolas se quedaron con la sensación de que debían hacer algo con los hombres, en cuanto surgiera la ocasión.

En cierto sentido, España pasó del prefeminismo al posfeminismo, sin haber experimentado de verdad la revolución feminista que, en todos los demás países, se produjo entre esas dos etapas. La sociedad española nunca recibió las consignas de una Gloria Steinem o de una Germaine Greer. Por tanto, las actitudes profundamente sexistas sobreviven, en una época en que las mujeres están adquiriendo una buena dosis de libertad e igualdad genuinas. Quizá también sea esta la causa de que en España no haya habido nada parecido a una «batalla de los sexos». Sin embargo, hay señales de que ahora puede estar en vías de producirse un debate acerca de los sexos, y esto pondría fin a la tregua existente hasta aquí.

Una pelea que no van a entablar los españoles será la de si una mujer ha de usar su apellido paterno o el de su marido, porque las españolas conservan el primero. Sin embargo, aún subsiste la rígida división en «señoras» y «señoritas» y no existe en castellano un equivalente del Ms. del inglés. Cuando una ministra nombrada en 1993 sugirió como solución la de quitar la palabra «señorita», provocó escandalizadas protestas de indignación entre los comentaristas masculinos.

El Diccionario de la Real Academia Española aún contiene una gran cantidad de definiciones y distinciones clamorosamente discriminatorias. Un «hombre público» se define como «el que interviene públicamente en los negocios públicos», mientras que «mujer pública» es sinónimo de ramera.

Muchos anuncios que no saldrían del departamento de bocetos en una casa de Madison Avenue suelen aparecer en las vallas españolas. Uno, que hacía la propaganda de un dulce de membrillo, que en España se come con queso de oveja, mostraba a una joven con el pecho desnudo que sostenía un par de membrillos sobre sus senos. La leyenda decía: «Lo que la chica del dulce de membrillo te ofrece esta noche». Pero después de las protestas tuvieron que eliminar el anuncio: tal vez sea una señal de que las cosas están cambiando.

Por una gran diferencia, las actitudes sexistas más importantes que han sobrevivido en la España de hoy son las que sustentan los hombres en cuanto a su papel en la casa. De esto, en gran medida, son culpables las mujeres mismas. Es difícil para un extranjero admitir hasta qué punto las madres españolas, tradicionalmente, han mimado a sus hijos. Una española amiga mía dice que descubrió que era feminista en su niñez, cierto día en que uno de sus hermanos dijo que quería tomar un vaso de agua y de inmediato la reacción de su madre fue: «Ya has oído a tu hermano, ve a buscarle un vaso de agua».

Criados según esos criterios, los españoles a menudo son feministas de palabra pero no de hechos. En el invierno de 1976-1977, se llevó a cabo una amplia investigación, por iniciativa de una agencia publicitaria multinacional, sobre los jóvenes habitantes urbanos de nueve países europeos. Cuando se les preguntó si estaban de acuerdo en que «el lugar de la mujer es la casa», sólo el 22 por ciento de los jóvenes españoles respondieron «sí», mientras que en Gran Bretaña la cifra llegaba al 26, en Italia al 30 y en Francia al 37. Los únicos países que mostraron un porcentaje menor que el español fueron los escandinavos. Hacia 1990, la mayoría de esos jóvenes entrevistados estarían ya casados y, por tanto, podrían haber respondido a una de las encuestas hechas por el instituto oficial español, el CIS. En ellas se descubrió que el número de maridos que ayudaba en las tareas del hogar oscilaba entre el 15 y el 20 por ciento en todas, menos en la preparación del desayuno (36 por ciento) y en el bricolaje de la casa (70 por ciento).

Aquí hemos llegado al núcleo del tema de este capítulo. Casi con certeza el motivo más importante de que haya habido tan pocos conflictos acerca del cambio en el papel de la mujer española es que, hasta hoy, eso ha producido pocas diferencias en los hábitos masculinos tradicionales. Es verdad que las mujeres han empezado a asumir nuevas responsabilidades sociales, pero sumadas a las que ya tenían, y no en lugar de ellas. En una medida mucho mayor que las otras europeas, intentan cumplir tres funciones a la vez: esposas, madres y trabajadoras.

El grado de conciencia que tienen acerca de esos apuros quedó muy claro en 1990. La columnista Carmen Rico-Godoy publicó una novela titulada *Cómo ser una mujer y no morir en el intento*, un relato humorístico de los trabajos de una española de clase media con un trabajo bien pagado y un marido inconsciente e irredimiblemente machista. Para las navidades de ese año, se habían vendido 180.000 ejemplares del libro.

En la explicación del notable cambio demográfico producido en España desde la vuelta de la democracia, tienen un lugar importante las muy duras circunstancias en que las mujeres se incorporaron al mercado laboral. El índice de fertilidad español (el número de hijos por mujer fértil) sufrió un descenso que UNICEF ha calificado de «drástico».

Desde 1975, el índice de fertilidad ha bajado a menos de la mitad. No mucho después de que los socialistas llegaran al poder, descendió a menos de 2,1 que, según los demógrafos, es el nivel mínimo necesario para que se regenere la población. Desde entonces, España está condenada a convertirse en un país de viejos, hecho que tiene, como veremos en un capítulo posterior, implicaciones de largo alcance en otros aspectos de la vida española. Hacia 1990, cuando llegó a 1,36, el índice de fertilidad español era el más bajo del mundo después del de Italia.

Sin duda, también han jugado su papel otros factores: el bajo número de nacimientos extramatrimoniales, la caída abrupta en la tasa de matrimonios, el uso creciente de anticonceptivos y a la vez, como se ha sugerido, una preferencia cada día mayor por las comodidades materiales –como una bonita casa, un buen coche y vacaciones caras– antes que por una gran familia. Sin embargo, los datos sugieren que la principal causa es que las españolas tienen empleos de tiempo completo, sin que haya habido cambios en la división del trabajo doméstico entre los sexos. Como se ve en otros países meridionales europeos, las mujeres que no quieren dejar sus empleos y no pueden compartir el peso de las tareas domésticas reaccionan recortando, o eliminando, su papel de madres. Hacia fines de los años ochenta, los índices de fertilidad mostraron un descenso brusco en Portugal y Grecia y se acercaron al de España.

Pero no hay que pensar que ese índice deba declinar inexorablemente, sino todo lo contrario. A medida que las condiciones que afectan a la mujer mejoren, a medida que las actitudes sociales y la legislación laboral le ofrezcan más ayuda en el trabajo, en el hogar y con los niños, las españolas recuperarán su libertad de maniobra. En la actualidad, el índice de fertilidad más alto de Europa se encuentra en Suecia.

Por irónico que parezca, resulta que cuanto más sostengan los españoles una actitud tradicional ante las mujeres, mayor será el daño que hagan a la más tradicional de sus instituciones, la familia.

NOTAS CAPITULO 11

1) Los detalles de esta marcha están tomados de «¿Qué queda del feminismo?», de Ana Alfageme, El País, 23 de diciembre de 1990.

2) En el año de la muerte de Franco se derogó la prohibición de que las mujeres torearan a pie, existente desde 1908; antes de eso hubo en España varias toreras. La más extraordinaria tal vez fuera Martina García, que hizo su última corrida en 1880, a los setenta y seis años de edad.

3) Los únicos cuerpos cerrados a las mujeres fueron la Legión, la Brigada paracaidista, los submarinos y pequeñas embarcaciones.

4) Véanse págs. 260-261.

12

El último valor

Era el sábado anterior a Navidad. Un típico día de invierno madrileño: aire límpido y un frío que calaba hasta los huesos.

El «Gordo», el premio mayor de la lotería más cuantiosa del mundo, sorteado esa mañana, acababa de conceder 10.000 millones de pesetas al personal de uno de los grandes almacenes de Madrid, situado en el barrio más elegante de la ciudad, de modo que los vendedores, que se habían pasado semanas complaciendo los caprichos de los pudientes madrileños, habían recibido un regalo mucho mayor que cualquiera de los que habían vendido. En el bar que estaba al otro lado de la calle, las chicas de la perfumería brindaban por su suerte con cava. Uno de los hombres que compartía la copa con ellas había comprado varias participaciones del número ganador y cobraría 40 millones de pesetas.

¿Qué iba a hacer con ese dinero? ¿Comprarse una casa y un coche y gastarse el resto en un viaje por todo el mundo?

«No. Yo vengo de una familia numerosa. Somos seis, así que mis hermanos y hermanas tendrán, cada uno, cinco millones, y mis cuñados otros cinco; mi mujer y yo nos quedaremos con diez millones para pagar la hipoteca y apartar algo para el futuro», dijo el ganador.

«¿Y qué piensa su mujer al respecto?», le pregunté.

«Oh, la he llamado y está loca de alegría», respondió.

Una tras otra, las encuestas han demostrado que lo que más les interesa a los españoles no es un ideal o una creencia. Ya no se trata de Dios ni de España sino de la familia.

En un capítulo anterior cité una encuesta que sugería que sólo el 3 por ciento de los españoles estaban dispuestos a morir por el amor o la libertad. Ninguna otra causa subía a más del 8 por ciento, exceptuada la familia nuclear. El 54 por ciento de los entrevistados dijeron que estaban dispuestos a dar la vida por «un familiar cercano». En un estudio auspiciado por la Fundación Santa María, se pedía a la gente que eligiera una serie de cosas importantes en su vida. El 98 por ciento eligió como «muy» o «bastante» importante a la familia: fue la ganadora indiscutible frente al trabajo, los amigos, el ocio, la religión y la política.

Los españoles ponen en la familia una fe que, en ocasiones y críticamente, ellos mismos ven como un producto del egocentrismo. No obstante, no cabe duda de que ha contribuido a mitigar la crisis de valores sociales, derivada de la transición de la dictadura a la democracia y de la declinante influencia de la Iglesia. Los valores familiares han dado a la sociedad española contemporánea un ancla imprescindible. Dicho esto, hay que preguntarse cuánto tiempo resistirá el ancla.

En una visita breve, es muy fácil obtener una visión distorsionada de la vida familiar en la España de hoy. Por lo común, los turistas que van a comer a un restaurante un domingo al mediodía se encuentran con algún grupo de españoles de todas las edades, sentados en torno a una mesa; los extranjeros se van con la impresión de que todavía son habituales las grandes familias muy unidas que viven bajo el mismo techo. Por cierto que la comida del domingo es una ocasión para mantener en contacto a los miembros de una familia. Pero lo que con mayor frecuencia se ve en torno a la mesa de un restaurante son los miembros de varias familias nucleares emparentadas, que en general no se volverán a reunir después durante semanas o quizá meses. Y si la abuela y el abuelo están allí, en la actualidad las probabilidades estadísticas dicen que, después del encuentro, no irán a casa de una hija o de un hijo sino a su propia casa, o a una residencia de la tercera edad. Como en tantas otras cosas en la España de hoy, las apariencias pueden ser engañosas y, en este campo más que en otros, hay que ir con pies de plomo.

La familia es una de esas pocas instituciones de la vida española que parece haberse fortalecido con los acontecimientos recientes. La subida de los precios inmobiliarios durante los años ochenta, que se sumó al alto nivel de paro –más alto aún en el caso de los jóvenes–, bien pudo ser un impedimento para que los hijos, a diferencia de lo habitual en otros países, se marcharan de la casa paterna una vez terminada su educación. Todavía es poco corriente que los jóvenes vivan compartiendo un piso antes de casarse, y tampoco es común la convivencia de parejas que no están casadas. Varios estudios recientes han demostrado que aproximadamente un 70 por ciento de los jóvenes españoles de entre 18 y 29 años de edad, tanto casados como solteros, viven con sus padres. En el grupo de entre 30 y 49 años la proporción es menor, si bien considerable: el 14 por ciento.

Pero aun cuando los españoles de hoy se muestran encantados de tener a sus hijos en casa, cada vez son más reacios a mantener en el hogar también a sus padres. Así es como la tradicional familia amplia está desapareciendo con rapidez. En 1970, el 71 por ciento de las personas de más de sesenta y cinco años de edad vivía con algún miembro de su familia. Hacia 1992, la cifra había bajado al 23 por ciento. Una vez colocados en una residencia, los mayores quedan comprensiblemente ignorados. Las personas que dirigen esos centros aseguran que alrededor de un 70 por ciento de los residentes sólo recibe una o dos visitas al año.

Otro dato crucial es que los mismos factores económicos que, a corto plazo, mantienen a las familias españolas unidas más tiempo de lo habitual son, precisamente, los que asegurarán que las nuevas familias sean más pequeñas de lo que podrían ser de otro modo, a largo plazo. Los precios inmobiliarios en alza y los altos niveles de paro pueden mantener en casa de sus padres a los jóvenes españoles, pero también les impiden el matrimonio. Desde principios de este siglo, el promedio anual de matrimonios en España fluctuó entre 7 y 8,5 por cada 1.000 habitantes. Pero desde fines de los años setenta ha caído rápidamente y en 1990 llegó a 5,5 por mil. Por muy bien dispuestos que estén hacia la institución familiar, los españoles se mostraban cada vez menos capaces o menos deseosos de formar una familia propia. Ahora mismo tienen el país con la tasa de matrimonios más baja de la Unión Europea, un importante motivo para su bajo nivel de fertilidad. A su vez, esto ha producido una tasa de nacimientos pobre y determina que, dentro de veinticinco años, las familias españolas estarán entre las más pequeñas de Europa.

Hay que hacer otras precisiones en la visión que de la vida familiar española se llevan a menudo los turistas. Los españoles pueden dar grandes muestras de lealtad y generosidad hacia sus parientes más cercanos, pero los lazos que los unen son, en muchos casos, tanto una cuestión de costumbre y de tradición como una muestra de comprensión o afecto. Un estudio propiciado por el Instituto de la Juventud en 1984 es muy significativo al respecto, pues encontró que el 76 por ciento de los muchachos y el 86 por ciento de las chicas «raramente» o «nunca» hablaban de sus problemas personales con sus padres.

Las estadísticas también señalan un nivel de violencia en la vida familiar española que es, al menos, tan grande como el que existe en otras sociedades. En los últimos años, el aumento en la atención que los medios prestan a los temas de la mujer sacó a la luz un número importante de casos de mujeres maltratadas, de los que en 1989 se denunciaron unos 17.000 ante la policía.

La crueldad con los niños también es bastante más común de lo que en general se cree. Eso de que los españoles y otros pueblos latinos no tienen organizaciones de protección de niños porque no las necesitan es pura palabrería. No las tienen porque durante años –durante siglos, en realidad– ha sido más o menos tabú interferir en asuntos familiares. El maltrato a los niños existe como en otros sitios y, también como en otros sitios, se produce con mayor frecuencia entre los sectores menos priviliegiados de la sociedad.

Los registros de los tribunales dicen que cada año mueren en España noventa niños a causa de los malos tratos que les dan sus padres. Sin embargo, los expertos en estos asuntos reconocen que la cifra total real es mucho mayor. Un estudio realizado en el hospital público más importante de Santa Cruz de Tenerife, a principios del decenio de 1980, señalaba que uno de cada veinticinco niños ingresados en urgencias se podía considerar víctima de la violencia de sus padres. Las estimaciones recientes sobre el total de muertes anuales causadas por agresiones paternas han variado entre 1.000 y 4.000. En el informe en que se cita la cifra mayor, escrito por un pediatra de la Universidad del País Vasco, se decía que el maltrato era la segunda causa de muerte infantil violenta en España.

Sobre todo, hay que recordar que la fuerza de la familia en gran parte de la Europa latina se está poniendo a prueba desde hace poco tiempo. En España, como en Italia, la familia se mantenía unida por la fuerza y la sanción de la ley, pues no existía el divorcio.

Bajo la dictadura de Franco hubo dos tipos de matrimonio, canónico y civil. Pero sólo en el caso de que uno de los contrayentes fuera católico[1] debían casarse por la iglesia. Una de las injusticias de ese sistema consistía en que los protestantes o no cristianos que quisieran casarse con un español no tenían más elección que pasar por una ceremonia católica, a menudo en contra de los dictados de su conciencia. Después de la muerte de Franco, se cambió la ley para permitir a los católicos –o al menos a los nominalmente católicos– el matrimonio civil. Desde entonces, las bodas en los registros civiles se popularizaron hasta un punto increíble: en 1986, representaban el 16 por ciento del total del país y en algunas provincias superaban el 60 por ciento.

En tiempos de Franco no había divorcio –los nacionales revocaron la ley de divorcio republicana, promulgada en 1932, seis años más tarde, cuando todavía se libraba la Guerra Civil–, por lo que la única forma de que un matrimonio contraído en España se disolviera era la anulación. Las circunstancias en que un matrimonio se puede anular según las leyes de la Iglesia son, por fuera, muy restrictivas, pues sólo se toman en cuenta situaciones en que uno de los cónyuges está físicamente imposibilitado de mantener relaciones sexuales, tiene pocos años en el momento de la boda o no dio de verdad su consentimiento.

Sin embargo, estas limitaciones no evitaron que varios miles de españoles obtuvieran una anulación durante los años anteriores a la introducción del divorcio. La mayoría de la gente no podía ignorar que los que conseguían una anulación eran siempre personas ricas y famosas o influyentes y las sospechas se vieron justificadas cuando alguno de los que había obtenido una anulación alegando impotencia se volvía a casar y tenía hijos. Quizá el caso más extraordinario fue el de la cantante Sara Montiel, que obtuvo la anulación de dos matrimonios, no de uno solo, lo que la convirtió en una de las muy pocas españolas que hasta aquel momento se había casado tres veces.

Desde 1971, la anulación fue asequible para los que contaban con una gran cantidad de dinero; esto se debió a una decisión del Papa Pablo VI, por la que dio autorización de anular los matrimonios de expatriados a ciertas diócesis, algunos de cuyos tribunales eclesiásticos tenían, en cuanto a las pruebas, unas normas mucho menos estrictas que los tribunales españoles. Varios abogados eclesiásticos españoles abrieron despachos en los barrios puertorriqueños de Nueva York, por ejemplo, con el único fin de acreditar que allí residían parejas españolas que solicitaban la disolución de su matrimonio. También había otras diócesis cuyas autoridades, se sabía, no miraban muy de cerca los motivos aducidos para la anulación, como algunas de Haití, Zaire, República Centroafricana, Gabón y Camerún. Sin embargo, está claro que los funcionarios de los tribunales eclesiásticos españoles también entraban en la superchería, porque las anulaciones otorgadas en el extranjero debían ratificarse en España.

Varios miles de anulaciones llegaron de tribunales de las diócesis zaireñas de Sakania y Lubumbashi, ninguna de las cuales –como confirmaría más tarde el Vaticano– tenía una sala autorizada para las anulaciones. El escándalo se conoció gracias a los esfuerzos de un abogado eclesiástico llamado Ignacio Careaga, cuya persistencia hizo que el asesor legal del arzobispo de Madrid le prohibiera ejercer. A continuación, el Vaticano declaró sin efecto las anulaciones zaireñas y muchos españoles, que habían tenido que pagar entre 800.000 y 2 millones de pesetas para obtener la anulación, se encontraron con que se habían convertido en bígamos de la noche a la mañana.

Para los españoles casados que carecían de argumentos o de recursos para pedir una anulación, la única salida era la separación judicial, pero el procedimiento para obtenerla era una pesadilla. En primer lugar, no había ninguna seguridad de que los tribunales la concedieran una vez cumplidos todos los trámites. Las partes y sus abogados debían probar, y no sólo denunciar, que el matrimonio se había separado, y el objetivo del juez y de los funcionarios judiciales (en particular, el «defensor del vínculo») consistía en promover una reconciliación. En segundo lugar, había que establecer responsabilidades antes de que se fallara el caso. Se aportaban testigos, había declaraciones. Lo más frecuente era que se contrataran detectives privados y, en ciertas ocasiones, incluso llegaba a intervenir la policía, para sorprender a una pareja en delito flagrante. Pero la cuestión de la culpabilidad no era un asunto de mero orgullo personal. La parte que se tildara de culpable no sólo perdía la custodia de los hijos sino también el derecho a una pensión alimenticia.

En circunstancias normales, llevaba entre dos y tres años obtener una separación, pero el lapso podía extenderse hasta los ocho años. Por tanto, los gastos eran considerables: a mediados de los años setenta, salía por unas 300.000 pesetas. En teoría, las personas de pocos recursos podían solicitar la separación a expensas del erario público, pero los casos de ese tipo virtualmente no tenían valor para los abogados y, en la práctica, se posponían por tiempo indefinido.

Cuando la dictadura llegó a su fin, había cerca de medio millón de personas legalmente separadas tras la ruptura del matrimonio, pero muchas más vivían en situación penosa con compañeros a los que no podían abandonar. O sea que no sorprendió a nadie que un 71 por ciento de los españoles, según una investigación oficial hecha en 1975, estuviera a favor del divorcio.

Los que se oponían argumentaban que el efecto sería que miles de mujeres de mediana edad quedarían solas y en la miseria, mientras sus maridos se buscaban compañeras más jóvenes. Pero un estudio preciso de los efectos de la ley de 1932 –*El divorcio en la Segunda República*, de Ricardo Lezcano– demostró que más de la mitad de las peticiones, durante los primeros veintidós meses de vigencia de la ley, habían sido presentadas por mujeres. En no menos de dieciséis provincias –de las que resulta interesante destacar que la mayoría eran rurales– todas las peticiones estaban firmadas por mujeres.

En 1977, cuando empezó la elaboración de una ley de divorcio, el problema no estaba en si España debía tener una ley de divorcio sino en qué clase de ley de divorcio necesitaba. Sin problemas pasó por el gabinete un proyecto de ley en enero de 1980 y, meses después, se sometió a las cámaras.

Sin embargo, el «proyecto Cavero», como se lo llamó pues Íñigo Cavero era entonces ministro de Justicia, resultó menos progresista que el exigido por el talante general. De haberse convertido en ley, las peticiones de divorcio sólo se hubieran podido canalizar tras seguir el antiguo procedimiento de separación judicial y obtener el correspondiente veredicto. No se contemplaba el divorcio por mutuo acuerdo y el juez tenía derecho a no conceder el divorcio, si consideraba que era perjudicial para los intereses de uno de los cónyuges o de los hijos. El «proyecto Cavero» también tenía una cantidad de graves defectos técnicos. Por ejemplo, quien recibiera pensión alimenticia podía exigirla a los herederos del cónyuge, una monstruosa injusticia que, al parecer, sólo pretendía reducir las pensiones oficiales de viudedad.

En el verano de 1980, Suárez reformó su gabinete y entregó la cartera de Justicia a Francisco Fernández Ordóñez, quien ya había dado a España las bases de un sistema impositivo moderno. Una de sus primeras decisiones fue retirar el «proyecto Cavero» del Parlamento y ordenar que se preparase un nuevo borrador que, inevitablemente, recibió el nombre de «proyecto Ordóñez»; en él se reducía el lapso en que se podía obtener el divorcio a una media de entre uno y dos años. No había que adjudicar responsabilidades y de hecho, si no de nombre, se establecía un divorcio por mutuo consentimiento.

Los demócrata cristianos de UCD no se mostraron nada contentos. Landelino Lavilla, presidente del Congreso y uno de los líderes del ala democristiana del partido, consiguió postergar la discusión parlamentaria de la ley hasta después del congreso nacional de UCD, que se celebraría en enero del año siguiente, con la esperanza de que para entonces sus argumentos hubieran recuperado fuerza en el partido. En la preparación del congreso, la actitud de los democristianos se endureció aún más y en España se pensó entonces, y se piensa hoy, que la intensificación de la campaña contra esa ley reflejaba la hostilidad que ante ella había mostrado el nuevo pontífice, Juan Pablo II.

El muy esperado congreso de UCD se abrió con la noticia de la dimisión de Suárez, una decisión que, al menos en parte, era consecuencia de las presiones a las que el presidente del gobierno se veía sometido por las constantes disputas de democristianos y social demócratas acerca del divorcio. La elección de Leopoldo Calvo Sotelo como sucesor de Suárez y el impacto del golpe de Estado fallido desplazaron a UCD hacia la derecha, pero no tanto como para que Fernández Ordóñez desapareciera del ministerio de Justicia.

Del primer debate parlamentario, la ley salió más o menos intacta pero, bajo la presión de los democristianos, los líderes de UCD aceptaron que en el Senado se introdujera una modificación que devolvía al juez la capacidad de no conceder el divorcio en determinadas circunstancias. Sin embargo, el 22 de junio de 1981, en el debate final e histórico en el Congreso, se eliminó esa enmienda con los votos de al menos treinta diputados de UCD, que desafiaron la disciplina de voto del partido. Al final de la sesión se produjo un desorden, cuando un diputado centrista declaró proféticamente: «Tal vez seamos una coalición, pero nunca un partido; los modelos de sociedad que tienen los democristianos y los socialdemócratas son demasiado distintos». Era el principio del fin de UCD. En menos de dieciocho meses la abandonaría su fundador y los electores le negarían sus votos. Por encima de otros, lo que selló su destino fue el tema del divorcio.

Cuando se tranquilizó el ambiente, ¿qué clase de ley de divorcio tenía España? La respuesta: una muy liberal. En España hay dos métodos para divorciarse, directo o indirecto. En el primer caso, el cónyuge debe probar que ha vivido separado al menos durante dos años, si la separación se estableció de mutuo acuerdo, o al menos durante cinco, en caso contrario. En el segundo caso, hay que empezar por obtener una separación legal. Esto se hace de dos maneras: alegando uno de los motivos de separación legal establecidos por la ley, como adulterio, crueldad o abandono, o bien –en caso de que el matrimonio haya durado un año– haciendo una petición conjunta al tribunal. Un año después del otorgamiento de la separación legal, sin consideración de la forma en que se obtuvo, ambos cónyuges pueden pedir el divorcio. En otras palabras, se use el método que se use, es posible obtener el divorcio dos años después de la ruptura matrimonial. Y gracias a aquella votación parlamentaria final y dramática, los jueces españoles no tienen la facultad de negarse a otorgar el divorcio, si la petición está de acuerdo con una u otra de las condiciones establecidas por la ley.

Con el carácter directo del nuevo procedimiento, y con la existencia de una gran acumulación de casos, se podría haber anticipado que el porcentaje de divorcios crecería muchísimo. Sin embargo, como ocurre a menudo en España, quien pensara así se equivocó por completo.

Hacia 1990, el porcentaje de divorcios en España –con 0,6 divorcios por cada 1.000 habitantes– representaba un cuarto o menos que en algunos países de la UE. Sólo en Italia, donde la legislación es mucho más restrictiva, el índice de divorcios es más bajo. Una vez más, parece que estamos ante una prueba consistente del vigor de la familia en Europa meridional. ¿Pero es así?

Lo que casi no se advirtió –o al menos no se señaló– mientras se debatía fue que la ley de divorcio española tenía un punto débil: no se establecían penas por la falta de pago de las pensiones alimenticias. Es difícil pensar que esto no se deriva del machismo irredimible de los responsables de estructurar y redactar la ley. Sólo se puso un parche en 1989, cuando se castigó la falta de pago con prisión redimible y multas de entre 100.000 y 500.000 pesetas. Pero aún subsiste el problema de obtener una orden de uno de los sistemas judiciales más lentos del mundo: pasaron dos años antes de que un ex marido fuera castigado por un tribunal por falta de pago de la pensión de mantenimiento de su ex mujer y sus hijos y en 1994, por primera vez, ingresó en prisión un hombre por esa falta.

Según la asociación que representa a las mujeres divorciadas y separadas, el 80 por ciento de las pensiones no se paga. Los abogados especializados en divorcios afirman que la mayor parte de casos de falta de pago de la pensión nunca llega a los tribunales.

Junto a cierto estigma social que acompaña a los divorciados (y en especial a las divorciadas), esto explica la popularidad de lo que a veces se denomina «divorcio a la española». Las parejas se separan pero no se divorcian, porque la mujer no cree que llegue a tener jamás una pensión de su ex marido y no ve la ventaja de perder una cantidad de tiempo y dinero para poner un fin legal a su matrimonio.

NOTA CAPITULO 12

1) La ley definía como católico a todo el que estuviera bautizado en una iglesia católica. En 1969, los bautizados como católicos adquirieron el derecho de renunciar a esa fe notificándolo a las autoridades civiles y eclesiásticas.

13

Apuestas fuertes

No hay muchas dudas acerca de que los españoles estén entre los jugadores más inveterados del mundo. Según la Organización Nacional de Ciegos de España que, como veremos, tiene un gran interés y un papel importante en este tema, los españoles son los mayores jugadores de Europa y los terceros en el mundo, detrás de los americanos y los filipinos.

Pero el juego es un campo de minas estadístico y en ningún otro lugar lo es más que en España, donde los que compilan los libros del año y publicaciones semejantes a menudo no consiguen distinguir entre el gasto bruto (el total de lo jugado) y el gasto neto (las apuestas menos las ganancias). En consecuencia, la cantidad que los españoles pierden a menudo se sobrestima, en tanto que lo que juegan a menudo se subestima. Dicho esto, ambas cifras son considerables.

En 1991, la inversión bruta en todas las formas legales de juego fue de casi tres billones de pesetas[1]. Para hacer una comparación de valor general, es mejor no tomar en cuenta el componente mayor pero menos fiable, que es una cálculo de la recaudación de las «tragaperras». Eso deja 1,748 billones de pesetas, lo que significa que, de media, cada español de más de dieciséis años apuestó 56.972 pesetas durante aquel año, fuera de las tragaperras. Para el Reino Unido, que tuvo un promedio de ingresos un 25 por ciento mayor, la cifra comparable era de sólo 206 libras esterlinas (unas 38.000 pesetas). En otras palabras, los españoles jugaron un 50 por ciento más, aunque sólo ganaban tres cuartas partes de lo que ganan los británicos.

En cuanto al impacto social, la cifra más significativa es quizá la neta, porque es lo que pierden realmente los jugadores. En 1991, el total fue en España de más de 913.000 millones de pesetas, lo que representaba una sexta parte de lo gastado en comida, un tercio de lo gastado en ropa y la mitad de lo gastado en alcohol y tabaco sumados. No obstante, tal vez la comparación más definitiva sea la que presentó hace unos años *The Economist*: los españoles gastan en billetes de lotería diez veces más que en pólizas de seguros.

Todo esto, al parecer, nos dice algo acerca de la forma en que los españoles ven la vida; creo que se trata de dos cosas que tienen su proyección en las perspectivas de España en un mundo cada día más competitivo.

La primera, más positiva que negativa, es que los españoles han nacido para correr riesgos. Lo de correr riesgos está, por supuesto, en el núcleo de la actividad de los toreros, verdadera quintaesencia española. Pero lo que pocos lectores sabrán es que el juego de cartas más popular de España, el autóctono mus, también tiene un «momento de la verdad», un envite desafiante, temerario, a todo o nada, conocido como el «órdago».

Olvidemos el juego por un momento. Simplemente demos una vuelta en coche por una ciudad española. ¿Por qué es una experiencia tan espeluznante? ¿Es que los españoles conducen de prisa? No, los italianos conducen a mucha mayor velocidad. ¿Es que los españoles conducen desconsideramente? Pues no; comparados con los franceses, son la consideración personificada. Lo que distingue a los españoles es su disposición –compulsión casi– a jugarse la vida, y por desgracia la de los demás, para ganar unos pocos segundos o unos metros. Vaya usted a cualquier esquina importante de Madrid, póngase junto al semáforo, espere a que esté en rojo y empiece a contar lentamente: cuando haya llegado al «tres» –momento en que los primeros peatones estarán hacia la mitad y los primeros coches ya estarán a los lados del paso de cebra– es probable que un coche, por lo común pequeño, cruce a toda velocidad. Sin embargo, en todos los años que pasé en España, jamás vi que un policía denunciara a un conductor por saltarse un semáforo.

El otro punto que parece deducirse de la pasión de los hispanos por el juego es más negativo que positivo, y tiene que ver con su actitud frente al dinero y al trabajo. Ian Gibson, biógrafo de Lorca, cierta vez hizo la perspicaz observación de que «los españoles trabajan duro pero no tienen una ética del trabajo». Si lo consideran necesario, ya sea para hacer dinero o para mantener su puesto de trabajo, le dedican una cantidad de horas que deja perplejos a los sindicalistas y empresarios del resto de Europa. Sin embargo, su actitud con respecto a lo que producen es a menudo indiferente y el resultado, una chapuza. Exceptuados los catalanes, el trabajo en general se ve como un mal necesario más que como una fuente de orgullo o de satisfacción y, por cierto, el resto de los españoles hacen perder los estribos a los catalanes cuando se burlan de la forma en que ellos ven el trabajo como algo honorable y gozoso. Fuera de Cataluña, el ocio se ve como un derecho, más que como un privilegio, y sin ninguna duda más digno que los medios de hacerse acreedor a él. Para quienes viven entre ellos, este conjunto de actitudes y valores constituye la característica más atractiva y frustrante de los españoles. Es la causa de que se pueda uno divertir tanto en España, pero también una explicación de la más corriente de las figuras de la vida española: el chapucero.

Se puede decir que la costumbre de jugar de los españoles contribuye a alimentar la creencia de que se puede hacer una fortuna «sin dar golpe». A la vista de que los empresarios españoles tradicionalmente han vivido con la esperanza del «pelotazo», ese único golpe de suerte o de genio que les dará una fortuna de la noche a la mañana, el ciudadano corriente va por el mundo con la esperanza de que alguna vez le «toque la lotería».

Sin embargo, antes de hacer generalizaciones amplias en cuanto al carácter nacional español sobre la base de sus prodigiosas inversiones en ese campo, hay que decir que se trata de un fenómeno reciente y, tal vez, transitorio. En términos reales –es decir, si se descuentan los efectos de la inflación– el gasto bruto en el juego legal se multiplicó por cinco desde fines de la dictadura.

Para algunos, es sintomático de la mentalidad de «enriquecimiento rápido» que invadió España en los años ochenta (aunque, en parte, el argumento está invalidado por el fuerte crecimiento del juego antes y desde el boom socialista de 1986-1989). Para otros, es una prueba de la presunta bancarrota moral. El líder comunista Julio Anguita a menudo hace del vicio del juego de la nueva España el tema central de sus discursos electorales, con la acusación de que los sucesivos gobiernos estimulan el juego no como una forma de aumentar los ingresos, sino como un sustituto de mayores fondos para el bienestar y de la creación sistemática de empleo. Y no es el único que sustenta ese punto de vista. En 1991, aparecieron en diversas regiones españolas unas inscripciones callejeras que pedían: *Más currar y menos cupón*.

La relajación de las leyes de juego fue uno de los primeros cambios que se produjeron en España tras la recuperación de la democracia. Franco había permitido que los españoles se gastaran el dinero en las carreras de caballos (en apuestas hechas en los hipódromos y en una forma restringida fuera de ellos, llamada «Quiniela hípica»). Había aceptado la familiarmente conocida como quiniela futbolística o

Quiniela, sin más, y oficialmente llamada «Apuesta deportiva», que usó para financiar las actividades deportivas. También permitió una lotería para los ciegos, el «Cupón pro ciegos». Como todos los gobernantes españoles desde principios del siglo pasado, no puso objeciones a la lotería pública, la Lotería Nacional.

Lo que abrió las compuertas a la pasión hispana por el juego de azar fue una decisión de 1977, por la que se ampliaba el alcance del juego organizado en forma privada. Un decreto del gobierno de UCD legalizó los casinos (que habían estado fuera de la ley desde la dictadura del general Primo de Rivera), el bingo y las tragaperras.

Como en otros países, el atractivo del juego en el casino es restringido. Según un estudio del ministerio de Interior, publicado en 1989, sólo el 1 por ciento de la población de más de dieciocho años ha ido alguna vez al casino.

El bingo resultó ser algo bien distinto. Lo que en la mayor parte del resto del mundo surgió como un juego de salón para grandes familias y ha crecido hasta convertirse en una distracción compulsiva para amas de casa aburridas, en la España postfranquista se convirtió en una locura que arrastró a personas de todos los tipos y clases. Aparecieron cientos y cientos de salas de bingo. Las variaciones en el precio de las entradas y en el de los cartones pronto establecieron diferencias sociales entre las distintas casas. En las que estaban en la cumbre de la escala se daban cita los ricos, las personas de moda y las influyentes. Para un extranjero, una de las experiencias más peculiares –y divertidas– que podía tener en la España de fines de los años setenta era visitar una de esas salas, donde se podía ver a hombres de trajes impecables y mujeres cubiertas de joyas inclinados sobre sus cartones, marcando con solemnidad los números que voceaba un empleado. El juego seguía hasta la madrugada.

Aunque la gestión de las salas de bingo se otorgó con exclusividad a instituciones caritativas, pronto aparecieron las irregularidades. Muchos de los que se ocupaban de dirigirlas eran antiguos propietarios o gerentes de bares de alterne y cosas similares. Al cabo de un año de la promulgación del decreto que las legalizaba, cuarenta y nueve salas de bingo de la provincia de Madrid fueron cerradas por orden del gobernador civil, pero aparecieron otras para ocupar ese lugar. En 1980, se suspendieron las licencias de casi la mitad de las salas de bingo que operaban en la capital y sus alrededores, porque no presentaban sus cuentas. Unos meses después, se citaban unas declaraciones del líder del sindicato que representaba a los trabajadores de la industria del juego; en ellas decía que las organizaciones terroristas estaban entre los que se quedaban con los muchas veces extraordinarios beneficios generados por el bingo; cuarenta y ocho días más tarde, ese hombre denunciaba que había recibido una buena cantidad de amenazas de muerte.

Los días locos del bingo en España llegaron a su fin después de aquello, a causa de una reglamentación y una vigilancia más estrictas. Pero todavía se puede mejorar: más de una de cada siete inspecciones hechas en 1991 desembocó en algún tipo de acción legal. Entre tanto, el paso del tiempo separó a los aficionados de los devotos. El estudio hecho en 1989 por el ministerio de Interior situaba el número de los habituales del bingo en apenas algo más del 2 por ciento de la población adulta.

Un proceso similar parece ahora emprendido con las tragaperras. Lo que se gastaba en estas máquinas en España pronto superó los beneficios que se obtenían de cualquier otro tipo de juego. Durante casi un decenio después de su legalización, se multiplicaron como robots enloquecidos, y sus musiquillas de jovialidad lamentable contaminaron el ambiente de casi todos los bares y clubes de España. Hacia 1985, según un estudio del ministerio de Interior, más del 10 por ciento de la población era jugadora habitual. Sin embargo, desde entonces hay pruebas de una caída drástica en la popularidad de las tragaperras. La siguiente encuesta oficial, publicada en 1989, situaba el número de jugadores habituales sólo en un 3,7 por ciento. La ley referida a esos deplorables artilugios se hizo más estricta, lo que llevó a una disminución del 16 por ciento de su número. No obstante, en 1991 su «ingreso» neto se estimó oficialmente en 303.000 millones de pesetas, una cifra que deja en ridículo incluso los beneficios de la poderosa Lotería Nacional.

La lotería estatal española fue idea de cierto Ciriaco González de Carvajal. Este funcionario de la corte de Nueva España, la colonia española que abarcaba el actual territorio de México, había seguido con interés los sorteos oficiales que se hacían allí desde el siglo XVIII. A su regreso a España, presentó un proyecto de ley ante las Cortes de Cádiz, el parlamento establecido durante la Guerra de la Independencia, en el que propuso algo similar para España. Se aprobó la ley sin un solo voto en contra y el primer sorteo se hizo en 1812. Pronto se vio que la Lotería Nacional era para los gobiernos la única forma de lograr que los españoles pagaran impuestos.

Puede que éste ya no sea el caso, pero en 1991 las ganancias de las loterías estatales bastaban para pagar todo el sistema judicial. Casi la mitad del dinero que se juega en la lotería nacional se gasta en el primer sorteo y en el último del año. El «Niño» se llama así porque se juega en la víspera de la Epifanía, el día en que los niños españoles reciben tradicionalmente sus regalos de Reyes. El «Gordo», que se sortea justo antes de Navidad, es un nombre tan bueno como cualquier otro para lo que se considera uno de los sorteos más ricos del mundo, y se ha convertido en uno de los rituales más importantes del año español. Los niños de la escuela de San Ildefonso para ciegos cantan, en estilo de canto gregoriano, los números de la lotería, con lo que se refuerza la idea de que la suerte misma es ciega. El acto completo se transmite por radio a todo el país durante varias horas. Vaya uno donde vaya el día 22 de diciembre –tiendas, oficinas o bares–, no tendrá posibilidad de escapar de esa cantilena obsesionante de la fortuna. Y para tener una experiencia aterradora de verdad, es cuestión de coger ese día un taxi cuyo conductor tenga radio en el coche y unos décimos de lotería en el bolsillo.

La «recaudación» bruta del Gordo en 1991, que fue de 158.864 millones de pesetas, representaba una inversión media de más de 5.180 pesetas por cada español adulto. El ingreso neto bastaba para pagar a todos los diplomáticos españoles en el extranjero.

La Lotería Nacional se anuncia como «la lotería», y hasta hace poco fue la única lotería estatal. Pero en 1985 el gobierno lanzó la equívocamente denominada «Lotería Primitiva», a la que seguiría en 1988 la «Bonoloto». Ambas fueron intentos de responder a la popularidad creciente de los sorteos de una organización que se ha convertido en uno de los elementos más extraños y fuertes en la escena de los negocios europea.

En 1938, el gobierno del general Franco creó la Organización Nacional de Ciegos de España (ONCE), para dar trabajo a los ciegos, cuyo número había aumentado tras la Guerra Civil. Para la financiación, Franco aceptó que se aplicara una idea antes puesta en práctica durante la Segunda República, cuando los ciegos se unieron para organizar sorteos locales. Esa lotería nueva, de ámbito provincial y diaria, quedó exenta de impuestos (que era lo menos que podían hacer las autoridades, ya que la ONCE aliviaba al Estado de lo que, de otro modo, habría sido una considerable carga financiera). Mujeres y hombres ciegos se plantaban en una esquina con las tiras de los cupones de la lotería y voceaban «¡Iguales para hoy!»[2], una imagen que pronto se convirtió en una parte habitual de la vida callejera española, un rasgo que llama la atención de muchos visitantes extranjeros, y que fue defendido por gobiernos sucesivos –y también por la ONCE– con el argumento de que los ciegos de España, más que los de otros países, gracias al sorteo del cupón tienen la oportunidad de un contacto habitual y normal con el resto de la sociedad[3]. El cupón pro ciegos consiguió lo que se esperaba de él, y en 1950 la ONCE logró establecer un sistema de ayuda adecuado para sus miembros.

Pasaron algunos años antes de que el espíritu de la democracia se extendiera a la organización. Pero en 1981 se publicó un decreto que la liberaba, hasta cierto punto, de la interferencia estatal y eso permitió que la ONCE celebrara elecciones al año siguiente para darse un nuevo cuerpo ejecutivo. Ganó el control una alianza de izquierda cuyo líder, Antonio Vicente Mosquete, se convirtió en el primer presidente democráticamente elegido de la Organización. Su llegada marcó el comienzo de la primera de las dos revoluciones que se produjeron en la forma de gobierno de la entidad.

Mosquete se hizo cargo del mando en un momento en que los ingresos ya no bastaban para financiar los compromisos crecientes. Más aún, existía el peligro de que los recién legalizados casinos, salas de bingo y tragaperras se llevaran la clientela. En 1984, obtuvo el permiso oficial para dar alcance nacional a su lotería, con lo que suplantaba los diversos sorteos provinciales celebrados hasta entonces. Tan popular se hizo la nueva lotería que multitud de seguidores se reunían en los puntos de venta de la ONCE, incluso antes de que el vendedor llegara para empezar su jornada de trabajo. Los cupones, en general, se vendían al cabo de un par de horas, lo que para los vendedores significó menos trabajo por el mismo dinero. Dos años después, Mosquete recortó aún más los horarios de trabajo, eliminando los sorteos de los sábados y reemplazándolos por un sorteo doble los viernes, lo que fue un éxito mayúsculo.

En 1987, el presidente de la ONCE murió en circunstancias trágicas y poco claras: cayó en el pozo de un ascensor en uno de los escasos momentos en que no estaba acompañado por un guardaespaldas. La policía declaró que se trataba de un accidente, pero circularon toda clase de rumores siniestros acerca de la muerte de un hombre cuyo coraje e imaginación le habían dado un poder financiero inmenso.

La consiguiente reorganización llevó al equipo de gestión, con el cargo de director general, al hombre que pondría en marcha la segunda revolución de la ONCE. Miguel Durán es ciego de nacimiento e hijo de una familia extremeña humilde. Se distinguió en la escuela: se graduó de bachiller como el mejor alumno del año en toda España e hizo una carrera universitaria brillante. Cuando llegó a la dirección de la ONCE, los vendedores ganaban casi el doble del sueldo promedio nacional y los ejecutivos de la Organización se trasladaban de un lado a otro en limusinas blindadas. Se habían convertido en administradores de un imperio financiero con una influencia potencial impresionante.

Aproximadamente la mitad de los ingresos del cupón se gastan en el pago de los premios. Más o menos un 50 por ciento del resto corresponde a los costos operativos. La mayor parte de lo que quedaba se invertía, por lo común, en escuelas y otras instituciones de la ONCE y sólo una cantidad pequeña se destinaba a otras inversiones.

Sin embargo, cuando los beneficios netos totales del cupón se incrementaron, en tiempos de Mosquete, la economía marginal aseguró el aumento de las cantidades disponibles para la inversión. Pero hasta 1988, casi todo el dinero rápidamente ganado por la ONCE estaba en fondos de renta fija: la organización parecía un millonario con sus bienes en bonos del Tesoro.

La innovación del extravertido Durán consistió en cambiar la forma de la abultada cartera de inversiones de la Organización. Con el consentimiento de dos sucesivos presidentes, Durán invirtió una proporción creciente de sus medios en acciones, que implicaban un riesgo mayor pero prometían una ganancia también mayor. La ONCE compró participaciones importantes en algunos de los bancos más grandes de España, en cadenas de supermercados, en proyectos turísticos y, sobre todo, en medios de comunicación[4].

En 1991, la cartera de la ONCE llegaba a los 70.000 millones de pesetas, de los que 30.000 estaban invertidos en acciones. Pocos asesores de inversión hubieran visto en eso algo más que un equilibrio prudente de riesgo de una institución que tiene unos ingresos inmensos, continuos y virtualmente garantizados. No obstante, el propio Durán prefirió justificar su política de otra forma argumentando que, en muchas de las compañías en las que invertía la organización, la presencia de directivos de la ONCE podría contribuir a crear empleo para sus miembros y que su presencia en los medios, sobre todo, ayudaría a cambiar la actitud de la gente ante los minusválidos. Aparte del hecho de que la cadena privada de televisión Telecinco –en la que la ONCE tiene una participación del 25 por ciento– en la actualidad transmite el sorteo de cada noche, no se han visto hasta ahora muchas pruebas públicas de que esos objetivos tan loables se realicen.

El cambio que imprimió Durán a la dirección atrajo de inmediato críticas internas, como se vio en el «Documento de los Diecinueve», así llamado por el número de sus signatarios. Desde fuera de la ONCE llegaron ataques de diversos sectores. La comunidad empresarial señaló que la organización, con sus ingresos libres de impuestos, disponía de una ventaja injusta. Mientras se mantuvo dentro de los límites de su lotería exenta de impuestos y sus ganancias se invirtieron sobre todo en préstamos al Estado a través de la compra de deuda pública, la situación era indiscutible. Pero ya no era el caso. Cada vez que compró un paquete de acciones de una compañía privada, la ONCE transfería a esa compañía una parte de su situación preferencial, en detrimento de las empresas competidoras.

También se acusó a la ONCE de esgrimir su prodigiosa influencia en favor de los socialistas, en campos en que el gobierno, en una economía de libre mercado, no debía tener espacio. En 1985, los socialistas promulgaron un decreto para regular las actividades de la ONCE que, en parte, era la antítesis del que se había aprobado cuatro años antes; por él se volvía a incluir en la directiva a funcionarios públicos y la organización pasaba a ser responsable ante el gabinete. Aunque no se trata de un cuerpo gubernamental propiamente dicho, la ONCE depende de la buena voluntad del gabinete para su prosperidad futura. En una de sus primeras incursiones en el mundo de las altas finanzas, se comprometió en el intento de forzar a uno de los grandes bancos en una fusión bien vista por el gobierno. Cuando Durán se lanzaba a la conquista de un imperio en los medios, de pronto la prensa empezó a mirar con envidia sus actividades y le puso el apodo de «Al Cupón».

Sin embargo, para el gobierno la ONCE era un arma de doble filo, porque se había mostrado más apta que el Estado en el manejo de los beneficios del mercado de la lotería. Cuando la expansión de los ochenta empezó a perder fuerza en España, se vio con claridad que el gobierno prontamente necesitaría cuanta peseta pudiese obtener para cubrir su déficit interno y que las ganancias de la ONCE habían superado mucho tiempo atrás el punto en que eran suficientes para las necesidad de unos 40.000 miembros.

Lo que colmó el vaso fue, en 1991, la decisión de Durán de poner en marcha otra lotería –el «Cupón semanal»–, a pesar de las advertencias del ministerio de Economía y Hacienda sobre la ilegalidad de esa nueva modalidad. El abono semanal suscitó quejas entre los sindicatos, que protestaron por el recorte de las comisiones de los vendedores y organizaron en Madrid una manifestación de más de mil vendedores, en la que se quemó una imagen de Durán. En estas circunstancia, el gobierno ordenó que se archivara el proyecto. La decisión fue el primer revés serio que sufría la ONCE y anunció en la historia de la organización una fase más cauta, iniciada en 1993, fecha en la que Miguel Durán dimitió.

NOTAS CAPITULO 13

1) Unos años antes, hubo una estimación oficial de que se jugaban 500 mil millones de pesetas ilegalmente. A lo largo y lo ancho del país, en los bares se juega a las cartas y al dominó. Los vascos son jugadores inveterados –apuestan hasta en los certámenes de poesía– y en las Islas Canarias se apuestan fuertes sumas en las peleas de gallos.

2) Las tiras de la ONCE están divididas en diez cupones de igual valor.

3) No todos los ciegos españoles venden cupones. En los primeros tiempos, asociarse a la ONCE era obligatorio. Hoy ya no es así, pero alrededor de un 90 por ciento de los ciegos –unas 40.000 personas en total– pertenecen a la Organización. De ellos, más o menos un tercio trabajan en la venta del cupón y forman el grueso de los vendedores, que suman unos 21.000. El resto son discapacitados de otro tipo.

4) Véanse págs. 306-307.

14

El culto del exceso

Según el punto de vista que se adopte, tomar café puede ser un gran placer, una necesidad, una mala costumbre o un peligro para la salud. En España, está cerca de ser una forma de arte. Hay tantos modos de tomarlo que puede llevar bastante tiempo explicar con exactitud a un camarero lo que uno quiere.

Se puede tomar «solo», «cortado» (con un chorrito de leche) o «con leche». Cada una de las tres variedades se sirve con una medida simple o doble de café, en vaso o en taza. La concentración se puede variar pidiendo que sea «corto de café» o «largo de agua». El «solo largo de agua» se suele llamar también «americano». En el caso del café con leche, se puede decidir entre una taza o vaso grande, mediano o pequeño, con la correspondiente cantidad de leche hasta el borde mismo. En el caso del café cortado, se puede elegir leche caliente o fría. Según mi cálculo todo esto hace setenta y dos posibilidades, aunque se podría decir que un solo «largo de agua» es lo mismo que el «corto de café» doble.

Pero aquí no termina la cosa. Están las diversas formas de café instantáneo –universalmente conocido como Nescafé, aunque se trate de otra marca– y de café descafeinado. Ambos se pueden preparar con leche o con agua o con ambas. Después está el «café helado», que es café solo helado servido con hielo granizado y pajita, que no debe confundirse con el «café con hielo», que es café solo caliente, en una taza, servido junto con un vaso lleno de cubitos de hielo. Por último –creo– están las variantes con alcohol. A veces, aunque no siempre, el «carajillo» (café solo con un chorro de coñac español) se quema antes de servirlo y por lo común, aunque no siempre, se sirve en un vaso. Existen, por lo menos, otras dos variantes regionales más elaboradas de café *flambé* –el *cremat* catalán y la *queimada* gallega– que se preparan con «aguardiente» de la tierra, café en grano, azúcar y especias. Agréguense a esto una media docena de cafés con licores importados –el café irlandés es muy popular en España– y se sumarán casi veinte formas más de beber el café.

Ignorante de estas sutilezas, el recién llegado a España corre el peligro de verse sorprendido por un café de concentración excesiva. Muchos visitantes de Madrid se encuentran con que las primeras noches no pueden dormir y, en plan peregrino, lo atribuyen a la altitud. En realidad, lo más probable es que en su primer día en España hayan ingerido una cantidad de estimulante cafeína mayor de la que suelen tomar en una semana en su casa.

La adicción de los españoles al «torrefacto» es una muestra más de que en ese país pocas son las cosas blandas, leves o tranquilizadoramente suaves. Así es como se usa la palabra «descafeinado» en un sentido amplio, y siempre peyorativo, para aludir a algo «aguado», «artificial» o «exangüe».

El entusiasmo, al parecer instintivo, por todo lo que es osado, fuerte y decidido llena la historia española hasta convertirla en una sucesión de cambios de dirección abruptos. La transición, relativamente suave, de la dictadura a la democracia a menudo se esgrimió como una prueba de que el pasado sangriento de España ha curado a los españoles para siempre de su proclividad al exceso destructivo. En lo que a política se refiere, puede que sea así. Pero también es verdad que la transición no evitó –y en algunos aspectos incluso promovió de manera activa– cierta indulgencia ante excesos de una clase diferente, aunque apenas menos destructiva.

Quizá eso tenga alguna relación con la crianza en general tolerante que a sus hijos dan los padres españoles, o el trato de consentimiento sin límites que los abuelos dispensan a sus nietos[1]. Tal vez esto surja de una religión en la que la cuenta personal y espiritual de ganancias y pérdidas se puede dejar a cero mediante la confesión y el arrepentimiento. O quizá no sea más que una resaca de los días en que los pueblos mediterráneos adoraron a divinidades que no rechazaban el placer, como el Dios del judeo-cristianismo. En todo caso, la fuerte autoindulgencia de los españoles no concuerda con su también característica austeridad. Se podría escribir una historia de España en torno a la interacción de estas dos tendencias y, si se hiciera, el período posterior a la muerte de Franco sin duda aparecería como uno de los que tuvo a la indulgencia en primer plano.

Los factores políticos, económicos y sociales, sin duda, desempeñaron también su parte. Cerca de dos decenios después de finalizada la dictadura franquista, los excesos de los españoles a menudo se parecen a los típicos de las jóvenes educadas en un convento, que con temeridad experimentan todo lo que antes les estuvo prohibido. A causa del rápido crecimiento del país a fines de los años ochenta, hubo más gente que disponía de ingresos suficientes para satisfacer sus caprichos. Pero me sospecho que más importante que todos estos factores fue el ritmo certero del cambio en todos los frentes. Otras naciones pasaron por períodos de trastornos económicos, políticos y sociales, pero quizá en ningún otro país europeo se haya producido un transformación política tan completa, entre dos estallidos de crecimiento económico tan vertiginoso y en circunstancias de tan profunda variación de los valores sociales. La sociedad española, como conjunto, a menudo da muestras de haber sufrido el impacto y una de las formas en que sus componentes trataron de mitigar ese impacto fue la de recurrir a las drogas, tanto legales como ilegales.

En los años setenta, Raymond Carr y Juan Pablo Fusi sostenían que la dictadura de Franco había generado una «cultura de evasión», un hábito de huir de la realidad a través de películas románticas, obras teatrales frívolas, "culebrones" radiofónicos, fútbol y loterías. En los años transcurridos, esa «cultura de evasión» se reemplazó por una «cultura de adicción», mucho más destructiva.

Quizá no sea errado decir que en España el consumo total de drogas legales –alcohol y tabaco– es el más alto entre las naciones de la Unión Europea. Según *World Drink Trends*, publicación de la sociedad de comerciantes holandeses de bebidas, los españoles son los segundos, detrás de los franceses, entre las naciones de mayor consumo de alcohol en el mundo. En 1991, se fijó el promedio de ingestión de alcohol puro en unos 12 litros, comparados con los 7,6 litros por cabeza de los británicos o los 7,5 de Estados Unidos. Las cifras publicadas por la Organización Mundial de la Salud sugieren que los españoles son los segundos fumadores de la UE, detrás de los griegos. En 1989, el número de cigarrillos vendidos por habitante de más de quince años de edad era de 2.560. La cifra equivalente en Gran Bretaña fue de 2.100.

Otros factores pueden influir en ambos casos. Ya se sabe que España es un país productor de vino, donde la iniciación en la bebida es temprana y se hace en la mesa familiar. El consumo de alcohol incluso puede empezar en la infancia: aunque la costumbre está desapareciendo porque la conciencia del peligro que implica es hoy mayor, tradicionalmente las madres españolas sumergían en anís el chupete de sus bebés, para que dejaran de llorar. Tampoco resulta sorprendente que el hábito de fumar se haya difundido tanto, ya que gran parte del tabaco proveniente de América llegó a Europa a través de España. En el siglo pasado, Richard Ford observaba que un español sin un cigarro «parecía una casa o un barco de vapor sin chimenea».

Sin embargo, aunque por razones geográficas e históricas, el alcohol y el tabaco fueron durante largo tiempo baratos, fáciles de conseguir y aceptables socialmente, lo que disparó las ventas en los últimos años fue el mayor consumo entre las mujeres, para las que las drogas legales se convirtieron en símbolo de emancipación.

El consumo de cigarrillos se mantiene oscilante en torno a su punto más alto desde 1986, una señal de que poco a poco se van conociendo sus riesgos. No obstante, el impacto de las advertencias sobre la salud se mitiga porque, por razones poco claras, la incidencia del cáncer de pulmón entre los fumadores de los países mediterráneos no es tan alta. Una teoría dice que eso se debe a la tradicional dieta mediterránea, en la que predominan el pescado, las hortalizas, las frutas y el aceite de oliva. Si es verdad, el promedio de cáncer de pulmón en España está destinado a subir de manera notable. Los hábitos alimenticios están cambiando con rapidez; hoy se sabe que los niños españoles son los que más colesterol ingieren en la UE.

El vino español está entre los más fuertes de Europa y las bebidas de alta gradación alcohólica se escancian con absoluta liberalidad. Sin embargo, no es común ver personas borrachas hasta el punto de que no puedan hablar o moverse. Los españoles pocas veces beben vino sin comer algo, aunque sólo sean unas «tapas»[2] y antes o después de entendérselas con una copa fuerte toman, por lo común, una dosis importante de café torrefacto para anular los efectos. Tal vez con excepción del País Vasco, la ebriedad total no produce esa tolerancia humorística y cómplice que a menudo despierta en los países nórdicos. La mayoría de los españoles no necesitan del alcohol para vencer sus inhibiciones. Y en un país en el que la dignidad personal cuenta tanto, la pérdida de control que acompaña a la borrachera se ve como algo absolutamente deplorable.

Al respecto, el jefe extranjero de la filial española de una multinacional me dijo de sus empleados: «Aunque nunca hay uno borracho, en cualquier momento casi la mitad no están del todo sobrios». Se trataba de una empresa de informática y este hombre había advertido que la calidad de la programación disminuía a medida que avanzaba la jornada. Entre los trabajadores manuales, es habitual empezar el día con un «carajillo». Hacia las once de la mañana, todos los bares están llenos de oficinistas que consumen el tradicional «almuerzo» de media mañana y muchos de ellos –mujeres y hombres por igual– rematan la primera comida del día con una cerveza. A la hora de la comida, la mayoría de los españoles beberá al menos una cerveza o un vaso de vino, a veces mezclado con «casera» (agua carbonatada y endulzada). Las comidas formales de negocios tienen, en general, el prólogo de un jerez y el epílogo de una «copa». Hacia las seis o siete de la tarde, los bares vuelven a llenarse de los mismos oficinistas que se toman un vermút, gin o whisky para matar el tiempo y compartir una copa con los amigos después de la jornada laboral.

Esta ingestión continuada, posibilitada por una mayor holgura económica, puede ser la explicación del alto nivel de alcoholismo que, además, está subiendo con rapidez. En 1981, se estimó en 3 millones el número de alcohólicos en España. En 1986 había subido a 4 millones y se preveía que llegara a 5 millones hacia 1996. Pero, si esas estimaciones son correctas, casi uno de cada ocho adultos españoles es hoy un alcohólico y, por mi simple observación personal de la sociedad española, me resulta difícil creerlo.

Es verdad que, en los últimos años, apareció un peculiar e inquietante hábito de beber entre los jóvenes, y sin ninguna de las clásicas costumbres protectoras. Se trata de lo que se llama el «culto de la litrona», nombre que proviene de las botellas marrones de un litro de cerveza que los adolescentes compran y se llevan para beber, por lo común en grupo, en plena calle. Esta costumbre espanta a la mayoría de los españoles de más de treinta y cinco años. Los muchachones, sentados entre las litronas vacías, parecen estar fuera de combate y muchos de sus mayores temen que se produzca una caída en el vandalismo de borrachos, tan común en el norte de Europa.

Justo antes de las navidades de 1990, el día en que las escuelas cerraban sus puertas por las vacaciones, esos temores se materializaron en parte. Decenas de miles de adolescentes, siguiendo uno de esos impulsos tan corrientes e insondables que pueden mover a la juventud, marcharon por el centro de Madrid entre gritos y cantos, bebiendo de sus litronas y obstruyendo el tráfico con su especial manifestación. Para la mayoría era algo grato. Pero a media tarde muchos de esos chicos estaban borrachos perdidos. Hubo peleas, cristales rotos y algunos muchachos terminaron el día en la cárcel o en un hospital. Un número parecido de adolescentes británicos hubieran producido un tumulto que habría dejado barrios de la ciudad inhabitables por un tiempo; no obstante, aquello fue un desvío extraordinario de la conducta hispana normal y, tal vez, una advertencia para el futuro.

En el campo del alcohol, la cerveza y las bebidas fuertes ganaron terreno a expensas del vino (al que hoy no se considera sino como acompañante de las comidas); en materia de tabaco, en los últimos veinticinco años se produjo un cambio radical en lo que fuman los españoles. Como observaba Ford, tradicionalmente fumaron puros. Hasta mediados del decenio de 1970, en España se podía comprar un buen puro cubano por una fracción de lo que costaba en el resto de Europa.

Desde entonces, el precio de los Havanas se ha multiplicado por diez y la cantidad de cigarros vendidos ha bajado mucho. En la actualidad, se los limita a las ocasiones especiales y, en particular, a las corridas de toros.

Como no es corriente que se fume en pipa, en España tabaco significa cigarrillos[3]. En los últimos años, el tradicional tabaco negro retrocedió ante los cigarrillos Virginia, conocidos como «rubios». En 1988, las ventas de rubios superaron por primera vez a las de negros.

Parte del atractivo de los rubios proviene de que, durante muchos años, Tabacalera, el monopolio oficial, los mantuvo fuera del mercado y sólo se podían conseguir a precios exorbitantes en el mercado negro. Pero no se puede evitar la sospecha de que el nombre les agrega cierto atractivo. El cabello rubio sigue ejerciendo una enorme fascinación en España, y por eso se explota constantemente en los anuncios[4].

A pesar de que el grado de adicción llega a ser peligroso entre los españoles, asombra la despreocupación del gobierno al respecto. Lo último de lo que se podrían quejar en España es de la interferencia de un estado paternalista. Se estima que el alcohol y el tabaco causan, respectivamente, unas 20.000 y 44.000 muertes al año y, no obstante, las campañas oficiales para dar a conocer los riesgos son pocas y muy espaciadas. Ni la UCD ni el PSOE intentaron usar los impuestos con seriedad a modo de elemento disuasorio, para que los ciudadanos disminuyeran el consumo de una y otra droga. A pesar de que se reconoce que un 60 por ciento de los accidentes de tráfico en España tienen una relación directa o indirecta con el alcohol, la ley sobre controles de alcoholemia es una maraña de ambigüedades y contradicciones, con el resultado de que muy pocos conductores llegan alguna vez a ser condenados por beber y conducir. Las pruebas de alcoholemia son voluntarias y, en el momento en que escribo estas líneas, se espera que sigan así hasta 1995. Lo que se ha hecho en este aspecto se hizo en contra del hábito de fumar más que contra la bebida. El gobierno puso advertencias en los paquetes de cigarrillos, prohibió la publicidad del tabaco en televisión y radio y promulgó una ordenanza, ampliamente ignorada, que prohíbe fumar en oficinas públicas.

En mi condición de bebedor y antiguo fumador de un país donde al gobierno le gustaría decirte cómo has de atarte los cordones de tus zapatos, encuentro deliciosa esa falta total de advertencias. Pero se trata de la actitud de alguien que tuvo la oportunidad de ignorar tales advertencias y debo reconocer que el enfoque relajado del gobierno español no sólo puede haber permitido que se abreviaran miles de vidas, sino también que se crease una atmósfera capaz de permitir la difusión de drogas mucho más peligrosas.

Aunque está empezando a cambiar, la creencia prevaleciente entre los españoles que se consideraban mínimamente progresistas fue que lo que cada uno hiciera con su cuerpo era exclusivo asunto suyo. En 1988, se publicó en Francia un libro que daba información detallada sobre las drogas existentes y la forma en que podían contribuir a mejorar el rendimiento físico, intelectual y sexual. En Francia provocó un escándalo. El gobierno lo describió como un ataque contra la salud pública y su editor fue llevado ante la justicia. Al año siguiente, ese mismo libro se publicó en España con una introducción entusiasta de un intelectual conocido y se puso a la venta con una virtual ausencia de discusiones.

La expresión «medicinas sin receta» tiene un significado nuevo en España. En la práctica, se puede comprar cualquier cosa en una farmacia sin receta, siempre que no sea letal en dosis normales para una persona sana. Estimulantes, tranquilizantes y antibióticos se despachan sin decir palabra. Pocos meses antes de los Juegos Olímpicos de 1992, pasé una mañana visitando las farmacias de Barcelona para comprar esteroides prohibidos, con el fin de escribir un artículo en *The Observer*. En ninguna de las farmacias que visité me negaron lo que pedía, aun cuando todos esos medicamentos llevaban la inscripción «Con receta médica».

En cuanto a estupefacientes, la impresión que había en los años ochenta era la de que «todo vale». El gobierno socialista español, no hay que olvidarlo, fue el primero que salió casi por completo de la «generación del 68». Una de sus medidas iniciales, al año siguiente de asumir el poder, fue legalizar el consumo de estupefacientes, tanto en público como en privado[5]. Hasta 1992, no se modificó ese criterio; en ese año se penalizó el consumo público, pero no el privado.

De cuando en cuando, en los años previos a que se restaurase la prohibición, podía uno estar sentado en un restaurante perfectamente respetable y ver que un cliente, también perfectamente respetable, cuando terminaba de comer, encendía un porro, como si fuera la cosa más natural del mundo. En los lavabos de las discotecas de moda, los clientes esnifaban rayas de cocaína con la misma despreocupación con que podían peinarse o pintarse los labios. En los barrios turbios de las grandes ciudades, no era raro ver a los heroinómanos sentados en algún zaguán mientras se inyectaban.

Pero aunque el problema de las drogas era –y hasta cierto punto aún es– más visible en España que en otros países, ¿es de verdad más serio? Las cifras de las drogas ilícitas son, desde luego y no sólo las españolas, aproximadas. Una investigación gubernamental hecha en 1990 sugiere que 4 millones de españoles han probado el hachís y casi 1,5 millones –uno de cada veinte adultos– lo fuman con regularidad.

Los resultados también indicaban que alrededor de 900.000 habían probado la cocaína y que unos 75.000 eran adictos a ella. En el mismo año, el ministerio de Sanidad y Consumo estimó el número de heroinómanos en 80.000, aunque otras valoraciones recientes van desde 60.000 hasta 100.000[6].

De todas estas cifras, las únicas que pueden compararse en el ámbito internacional son las que se refieren a la adicción a la heroína. Si el ministerio de Sanidad estaba en lo cierto, había dos adictos por cada mil habitantes en la España de 1990, es decir, el doble de lo que se estimaba en Holanda, un país que a menudo se cita como uno de los que tienen mayor problema de drogas en Europa. En los Estados Unidos, donde se calcula que existe medio millón de heroinómanos, la cifra equivalente también era el dos por mil. En 1990, en el Reino Unido el número declarado de drogadictos –en su gran mayoría heroinómanos– era de unos 17.500. La proporción de drogadictos declarados y no declarados se dice que es de uno cuatro o cinco a uno, lo que implica que el total llegaría a 75.000 u 80.000, o sea al 1,35 por mil de los habitantes.

Estos cálculos aproximados sugieren que las apariencias no engañan y que España tiene, sin duda, un problema muy serio, comparable sólo con el de Estados Unidos entre los países mencionados.

Se pueden citar varios factores específicos para explicar por qué son así las cosas. Por un tiempo, este país tuvo una de las poblaciones más jóvenes de la UE. En los últimos años del decenio de 1980, también tuvo el crecimiento económico más veloz. Por su proximidad con el norte de Africa y por sus lazos con América latina, España es desde hace mucho tiempo una ruta importante para introducir hachís y cocaína en Europa, hoy reconocida como la principal por los organismos policiales. Sin embargo, eso no explica que tantos jóvenes españoles se volvieran adictos a la heroína, llegada a España del Oriente Medio y Lejano en la época previa al auge económico.

Los expertos dicen que el conocimiento de los riesgos, tanto del SIDA como de las sobredosis, por fin parece haber puesto las cosas en contra de la heroína. El número de muertes disminuyó por primera vez en 1992. Por entonces, otros indicadores, como el número de personas arrestadas por traficar con drogas y las cantidades intervenidas en diversas operaciones, venían bajando desde hacía dos años. Sin embargo, al mismo tiempo surgía la inquietud de que el problema de la cocaína cobraba fuerzas bajo la superficie de la sociedad. El fenómeno de dejar la heroína por la cocaína está presente en toda Europa, así como el paso del *cannabis* a las «drogas de diseño», es como el éxtasis.

Sin embargo, hay señales de que en España el aumento del consumo de cocaína fue de una agudeza excepcional. Según ciertos datos, basados en un informe interno del gobierno, filtrado a la prensa por la asociación de cirujanos cardiacos, el número de españoles que había probado la cocaína hacia 1993 subió hasta los 4 millones, de los cuales 640.000 eran adictos. La cifra merece cierta confianza. Lo que está bien claro es que la cocaína tuvo un grado muy alto de aceptación social en España, durante los últimos años ochenta y los primeros noventa. Para los españoles, una de sus ventajas es que la cocaína permite pasar largos períodos sin dormir y a ellos les gusta estar en pie hasta la madrugada.

En estas condiciones, la actitud del gobierno puede parecer demasiado complaciente. Hasta 1990, las autoridades no ofrecieron a los adictos la alternativa de la metadona. En su mayor parte, las campañas destinadas a disuadir a los jóvenes del consumo de drogas parecían poco eficaces. En cuanto a la rehabilitación, los recursos invertidos por el Estado han sido mezquinos en comparación con el alcance del problema que tiene España ante sí; además, nunca hubo en los centros de rehabilitación bastantes plazas para los que buscaban tratamiento.

Aun cuando ministros y funcionarios, de cuando en cuando, expresan en público cuánto se preocupan por el problema de la droga, sus declaraciones siempre están acompañadas por la afirmación de que las drogas legales hacen más daño que las ilegales. Por supuesto que hay mucha verdad en eso. Como lo señalan los portavoces del gobierno, la heroína sólo mata a unas 800 personas al año, comparadas con las varias decenas de miles que mueren a causa del tabaco y del alcohol. Pero aquí se deja de lado el hecho de que los heroinómanos suelen morir bastante más jóvenes que las víctimas del tabaco y del alcohol y, por otra parte, se desestiman otros dos factores de importancia cardinal.

El primero es que la drogadicción en general, y la adicción a la heroína en particular, desempeñaron un importante papel en el aumento de la criminalidad en España. Los heroinómanos no podían obtener la droga (o, hasta hace poco, un sustituto) con sólo declarar su adicción a las autoridades, de modo que lo común fue que se entregaran a la prostitución o al crimen –en general, robos callejeros menores– para financiar su hábito. En 1990, en una sesión de control ante la comisión de Interior y Justicia del Congreso de los diputados, el director de Instituciones Penitenciarias dijo que el 50 por ciento de los presos, muchos de ellos reincidentes, estaban sentenciados por crímenes que se relacionaban con la drogodependencia.

El otro factor es el papel del uso de jeringuillas en el contagio del SIDA. A fines de 1992, España tenía el nivel más alto de SIDA en la UE. Casi dos tercios de los enfermos españoles eran heroinómanos, y se creía que habían contraído la enfermedad compartiendo las jeringuillas con otros drogadictos. El tamaño de esa bomba de relojería que los heroinómanos han puesto bajo los pies del resto de la población española está por verse. Se cree que más del 40 por ciento de los adictos a la heroína son seropositivos. A causa de las conexiones entre drogadicción y prostitución, y el importante papel que la prostitución desempeña en las relaciones sexuales en la sociedad latina, no es difícil entender que en 1993 se produjera un aumento abrupto en el porcentaje de enfermos de SIDA que contrajeron la enfermedad por vía heterosexual.

La relación entre crimen y heroína y entre heroína y SIDA eran evidentes en las cifras publicadas por el ministerio de Justicia en 1990, en las que se indicaba que no menos del 28 por ciento de la población carcelaria era seropositiva. Sin embargo, cuando se pidió al gobierno que distribuyera jeringuillas gratuitamente en las cárceles, la respuesta fue distribuir lejía, a cambio.

NOTAS CAPITULO 14

1) Una de las formas de hacer callar a cualquier jactancioso es decirle «tú no tienes abuela», con lo que se quiere aludir a que no tuvo bastantes alabanzas de niño y se las busca en ese momento.

2) Originalmente esos entremeses se servían en un platillo que se ponía como tapa del vaso de vino.

3) Si alguien quiere cigarrillos en un bar o en un restaurante, preguntará «¿Hay tabaco?» y no «¿Hay cigarrillos?»

4) El humorista Forges cierta vez dibujó a dos paletos que miraban la «caja tonta» y uno le decía al otro que, antes de tener un televisor, nunca se había dado cuenta de que la mayoría de los niños españoles eran rubios, con pecas y ojos azules.

5) En cuanto al hachís, la reforma no hizo sino confirmar un rasgo de la ley poco conocido antes. Aun en tiempos de Franco, la posesión de pequeñas cantidades para consumo personal no estaba penalizada.

6) La línea divisoria entre heroinómanos y cocainómanos ya no. es tan fácil de establecer como en otros tiempos. El miedo al SIDA ha llevado a muchos adictos a la heroína a la adicción a la cocaína, que es el menor de los dos males.

15

Guardianes invisibles:
el crimen y la policía

El primer paso en la «ruta del bacalao»[1] era tomarse con una «droga de diseño» como el éxtasis o una variedad casera como la «felicidad», que proporcionan un viaje de 30 horas. El siguiente paso consistía en bailar desde el sábado hasta el domingo en Madrid. Después un viaje demencial hacia Valencia, que está a unos 350 km, para prolongar la juerga en la ciudad donde nació el «bacalao» a principios de los años noventa. Allí el baile seguía hasta la tarde, momento en que había que volver, exhaustos pero casi siempre a toda velocidad, por la misma carretera llena de coches.

En el otoño de 1993, la «ruta del bacalao» estaba lo bastante establecida entre los jóvenes de Madrid como para que se hubieran abierto muchas discotecas a lo largo de la carretera, en mitad del campo, donde los muchachos que quisieran podían interrumpir el viaje y reabastecerse de música o de píldoras o de ambas. En los periódicos nacionales se prestó mucha atención al fenómeno. En las tiendas, se vendía un álbum doble con los éxitos de la «ruta del bacalao» y en otros puntos del país se organizaron imitaciones de la original Madrid–Valencia. En otras palabras: la policía tenía que saber lo que estaba pasando. Sin embargo, no se tomó ninguna medida hasta que murieron doce jóvenes en accidentes de carretera en el mismo fin de semana.

El grado de ilegalidad que la policía –o, para ser más exactos, los que mandan a la policía– está dispuesta a tolerar es uno de los aspectos más increíbles de la sociedad española contemporánea. Es muy corriente pasarse todo un día en Madrid o en Barcelona sin ver a un solo policía, como no sean los que se ocupan del tráfico. No podría ser mayor el contraste con los años franquistas, en los que los hombres uniformados, con sus metralletas y caras inexpresivas, integraban el paisaje urbano. Sin duda, este hecho es parte de la explicación.

Muchos socialistas, pasaron su juventud en el miedo a la policía, ya fuera huyendo de las fuerzas antidisturbio franquistas o temiendo una visita de la policía secreta, la Brigada de Investigación Social[2]. En consecuencia, la mayoría de las personas que gobernaron España hasta hace poco sintieron un hondo rechazo a la aceptación de una presencia más activa de la policía, necesaria para contener lo que gradualmente se ha convertido en una alta cantidad de crímenes.

El índice de delitos denunciados se duplicó durante la época socialista y hoy por hoy cuadruplica al que había a fines de la dictadura. Mientras UCD estuvo en el gobierno, el promedio creció entre un 7 y un 8 por ciento por año, pero tras la victoria de los socialistas se elevó hasta llegar casi al 12 por ciento en 1989. Sin embargo, esa cifra fue un pico que en los dos años siguientes tuvo una disminución escasa, pero alentadora; por casualidad o no, coincidió con la llegada al ministerio del Interior de un rudo ex sindicalista del País Vasco, José Luis Corcuera.

Pero, ¿qué pasa si comparamos el nivel de delincuencia en España con el de otros países? ¿Los españoles son más o menos criminales que sus vecinos?

Las comparaciones internacionales en este campo son muy arriesgadas. En parte, porque las definiciones tienen variaciones significativas de un país a otro y también porque se sospecha que son grandes las diferencias en el porcentaje de criminalidad registrado. En un esfuerzo por solucionar este segundo problema, el ministerio de Justicia holandés organizó una encuesta, en la que se preguntaba sobre su experiencia con el crimen a distintos sectores representativos de la población en varios países y ciudades, sin tomar en cuenta si se había hecho o no la denuncia a la policía. Se publicaron y difundieron ampliamente los resultados en 1990 y de ellos se infería que había más crimen en España que en Gran Bretaña, Francia o Alemania. A la vista de las reservas de los españoles acerca de la policía, sólo se podía suponer que en España se denuncian menos crímenes que en países con una experiencia democrática más larga; pero aun así las conclusiones de ese estudio son difíciles de creer.

Es muy cierto que existen hoy serios problemas en los lugares de prostitución, en los suburbios pobres y en los barrios antiguos de las grandes ciudades españolas. Además, uno de los rasgos más tristes de los últimos años fue la aparición de «zonas imposibles», en las que son habituales los asaltos. Dicho esto, también hay que señalar que amplias regiones rurales españolas no registran apenas delincuencia, lo que no es el caso de la mayoría de los restantes países europeos.

Además, si hacemos una simple comparación del número total de crímenes denunciados, la disparidad entre España y los países antes mencionados es inmensa. En 1990, se denunciaron en España apenas algo más de un millón de delitos. En ese mismo año, en Inglaterra y en el País de Gales la cifra era de más de 4,5 millones. Si se tiene en cuenta la diferencia numérica de las poblaciones respectivas, eso significa que el índice de criminalidad denunciada en España era menos de una tercera parte de la de Inglaterra y Gales, es decir que, para que España tuviese un índice de criminalidad real más elevado, tendrían que quedar sin denuncia más de dos terceras partes de los delitos.

No obstante, es indudable que en España se produjo un ascenso notable de la criminalidad en los dos últimos decenios, lo que requiere una explicación, en especial porque los españoles no parecen ser un pueblo de delincuentes. El crimen organizado, como la prostitución en Barcelona, estuvo siempre en manos de extranjeros: tratantes de blancas franceses, corsos y latinoamericanos. La asociación de los españoles con bandas organizadas que se dedican al tráfico de drogas y operan desde Galicia y Andalucía es reciente.

No resulta fácil señalar lo que eleva el índice de criminalidad. En el caso de España, habría sido una sorpresa que la desaparición de la dictadura y de tantas restricciones en un lapso tan breve no hubiera producido algún efecto. Pero si se observa un gráfico de las cifras del crimen, se verá que la línea empieza su ascenso en el año anterior a la desaparición de Franco; esto sugiere que el fenómeno está relacionado, más que con los factores políticos, con las presiones sociales y económicas que surgieron en los «años de desarrollo», cuyo fin coincidió, poco más o menos, con el de la dictadura. Una de esas presiones era la aparición de una clase nueva en España: los jóvenes urbanos descontentos. Chicas y chicos, hijos de emigrantes que llegaron a las ciudades en los años cincuenta y sesenta, aspiraban a un bienestar que no se medía por el nivel de las zonas rurales españolas empobrecidas, sino por comparación con el estilo de vida brillante que veían en la televisión y fueron presa fácil de los traficantes de drogas.

Una de las dificultades de la represión de la delincuencia que se impuso en España es la existencia de distintos cuerpos de seguridad. Las dos fuerzas principales son la Guardia Civil, que desde siempre ha controlado el campo, las carreteras y fronteras españolas, y el Cuerpo Nacional de Policía, responsable de las grandes ciudades y las capitales de provincia. En 1993, esas dos fuerzas contaban con 70.000 y 50.000 efectivos respectivamente. Además, existían más de 35.000 policías municipales reclutados en los diversos ayuntamientos, y otros 7.260 funcionarios en las fuerzas regionales de policía organizadas en el País Vasco y en Cataluña[3]. Una comparación internacional hecha por el gobierno tres años antes daba a entender que, en realidad, en España había poca policía, el número de funcionarios policiales por cada mil habitantes era más bajo que en Italia, Francia o Alemania. Además, muchos funcionarios policiales españoles ejercían tareas que no cumplen los de otros países. En Gran Bretaña, buena parte del trabajo que hace la policía municipal estaría a cargo de los guardias de tráfico. Además, en todo momento, casi 10.000 guardias civiles están ocupados en las cárceles y en el traslado de los presos.

La Policía Municipal se recluta y rige desde los ayuntamientos, que son los que les pagan, y su principal función es hacer que se respeten las ordenanzas municipales. Muchos de ellos van armados (a menudo a regañadientes) pero nunca se les consideró una fuerza represiva, ni siquiera en tiempos de Franco. En Madrid se reiteran los intentos de convertir a los municipales en policías al estilo de los británicos *bobbies*, armados con porras, pero no ha habido suerte, aunque en parte debido a la falta de una inversión adecuada. La última vez que se intentó, los efectivos ni siquiera contaban con *walkie-talkies*.

El Cuerpo Nacional de Policía se formó en 1986, a partir de las dos fuerzas creadas bajo la dictadura, para mantener el orden en las ciudades. La Policía Armada y el Cuerpo General se habían organizado en 1941 con la asesoría de nazis alemanes, para reemplazar a dos fuerzas creadas hacia 1870 –el Cuerpo de Seguridad y el Cuerpo de Vigilancia– que, según la ley que los disolvió, se habían «imbuido de una actitud apolítica».

La Policía Armada fue quizá el cuerpo más odiado en España durante la era franquista. Ya estuvieran plantados con sus metralletas ante la entrada de los edificios públicos o patrullaran las calles en sus coches blancos, los «grises» –así llamados por el color de su uniforme– eran el símbolo visible de la represión. En 1978, en un esfuerzo por modificar su imagen, el gobierno cambió la anterior denominación por la de Policía Nacional y los vistió de caqui y beige[4].

En 1989, cuando ya integraban la rama uniformada del Cuerpo Nacional, se cambió el color del uniforme al azul. Las variaciones sucesivas de la vestimenta se acompañaron con una modificación profunda de la imagen y la actitud. Entre 1979 y 1982, la Policía Nacional estuvo bajo la dirección de una de esas figuras decisivas de la transición que son virtualmente desconocidas fuera de España: el teniente general José Antonio Sáenz de Santa María, un soldado robusto, de bigotes, cuyo rudo profesionalismo iba de la mano de un genuino compromiso democrático. En 1981, cuando Tejero ocupó las Cortes, Sáenz de Santa María, sin dudarlo, se puso de parte del gobierno y ordenó a la Policía Nacional que rodeara el edificio. La gente no lo ha olvidado. Para el español medio de hoy, la Policía Nacional es la fuerza que, a la hora de la verdad, se puso del lado de la democracia.

Su imagen mejoró más aún unos meses después, cuando la unidad de tropas de asalto de la Policía Nacional, el Grupo Especial de Operaciones (GEO), formado para luchar contra el terrorismo y demás, irrumpió en el Banco Central de Barcelona y liberó sin daño a más de cien rehenes, en una de las operaciones más espectaculares y afortunadas de su tipo. Miembros de esa misma unidad más tarde liberaron al padre del cantante Julio Iglesias, al que había secuestrado un grupo de delincuentes comunes.

Los aspirantes a investigadores no uniformados del Cuerpo Nacional deben tener nivel universitario y pasar por un curso de tres años en una escuela especial situada en Avila. Dentro de la rama no uniformada existe una división profunda (que no es peculiar de España) entre los «policías de brigada», la mayoría con base en Madrid, y los «policías de comisaría», por lo común atrapados en una incesante y desigual batalla contra montañas de papeles. Los primeros tienen mejor paga que los segundos y, cada vez que un jefe quiere dar muestra de su desagrado por el trabajo de un miembro de su brigada, lo destina a una comisaría.

Como no están sujetos a la disciplina militar, los funcionarios del Cuerpo pueden organizarse sindicalmente; en 1983 los sindicatos que representaban a los detectives organizaron una huelga de celo de un día y una manifestación de unos 3.000 funcionarios frente a la sede de la policía, en la Puerta del Sol.

Aunque a menudo se piensa, y hasta se dice, que la Guardia Civil fue creación de Franco, el cuerpo data de 1844 y se organizó con el fin de combatir el bandolerismo. Richard Ford, que vivía en España por esa época, señalaba su gran eficiencia. Pero añadía: «Se los ha empleado... con fines políticos más que puramente policiales y se los usó para reprimir la expresión de una opinión pública indignada; en lugar de detener a los ladrones, persiguen a esos delincuentes de primera línea, extranjeros y locales, que hoy roban a la pobre España su oro y sus libertades». Ford no sería el último comentarista que viera en este cuerpo un instrumento de los ricos para oprimir a los pobres.

Los que apoyan a la Guardia Civil argumentan que el cuerpo tan sólo se atuvo a defender la autoridad, fuera cual fuera su índole política, y señalan que, cuando la Guerra Civil dividió España en dos bandos, sus miembros fueron leales al bando que se hubiera impuesto en la región en que estaban. Esto es verdad, aunque no toma en cuenta el hecho de que la Guardia Civil fue decisiva, en varias comarcas, a la hora de asegurar la victoria del alzamiento y no defendió a las autoridades legítimas. Tal como hizo el ejército, la Benemérita adquirió bajo Franco una homogeneidad ideológica y un reaccionarismo mayores. Pero entre la población española siempre fue más popular que la Policía Armada. A mejorar la reputación del cuerpo contribuye la cortesía y eficacia de las patrullas de carretera, que no sólo controlan el cumplimiento de las leyes de tráfico sino que también ayudan a los conductores que tengan problemas.

Sin embargo, de todos los cuerpos de seguridad, la Guardia Civil es la que tuvo mayores dificultades para entenderse con la democracia. En la tardía fecha de 1980, las unidades de la Benemérita recibieron un télex en su sede –al parecer proveniente de los más altos niveles– en el que se establecía que en todos los despachos oficiales debía haber, en un lugar destacado, el retrato de Su Majestad el Rey y, en un sitio visible, otro del Generalísimo Franco. La participación de Tejero en el infructuoso golpe del 23-F fue desdichada, en este aspecto, porque dio un héroe y un mártir a los elementos más reaccionarios del cuerpo.

El motivo por el que la Guardia Civil se mostró ante el cambio más reacia que la policía es que, tanto por sus sentimientos como por su organización, está mucho más cerca del ejército. A pesar de su nombre, es y siempre ha sido un cuerpo de esencia militar: sus miembros reciben condecoraciones militares; los oficiales que no provienen de sus propias filas son graduados de la Academia General Militar[5]. Además, en tiempos de Franco, la Guardia Civil dependía del ministerio de Defensa, en tanto que la Policía Armada y el Cuerpo General dependían del ministerio de Interior, lo que fue una división de autoridades que hacía prácticamente imposible la coordinación de la vigilancia del país. Durante los primeros años de la transición, los políticos –que por lo visto no advertían con qué fiereza el cuerpo se enorgullecía de su condición militar– insistieron en que había que dar carácter civil a la Benemérita. Por fin, se llegó a una fórmula por la cual la Guardia Civil depende del ministerio de Interior en tiempos de paz y del de Defensa en época de guerra. Sin embargo, para cuando se llegó a este arreglo, la ultraderecha estaba en el mejor momento para sacarle provecho a las aprensiones del cuerpo.

En 1983, el gobierno socialista puso al frente de la Guardia Civil al general Sáenz de Santa María, a la espera de que el militar fuera capaz de producir el mismo tipo de transformación que había conseguido en la policía. Sin duda que desde entonces ha habido progresos. Los socialistas han hecho todo lo posible para no herir la sensibilidad corporativa de la Guardia Civil, al mismo tiempo que se atienen a la política de la UE, que está en favor de la supresión de fuerzas policiales paramilitares. El resultado es una especie de desmilitarización clandestina. Las nuevas ordenanzas vigentes desde 1991 reiteraron la «naturaleza militar» de la Guardia Civil, aunque en realidad son bien distintas de las que rigen al ejército.

La Guardia Civil también pasó por un cambio en su uniforme, con el que se pretendió exorcizar a los fantasmas del pasado. Sus tricornios, por muy pintorescos que parecieran a los extranjeros, no inspiraban más que miedo a la mayoría de los españoles. A fines de los años ochenta, se sustituyeron sin mucho aspaviento en todo lo que no fueran ceremonias oficiales y guardia de los edificios públicos y embajadas extranjeras.

A pesar de todo, la Guardia Civil sigue siendo un cuerpo problemático en más de un sentido. Como aún es un cuerpo militar, los intentos de agremiación de sus miembros son ilegales y las autoridades han tenido todo tipo de inconvenientes a causa de las actividades de un grupo clandestino, el Sindicato Unificado de la Guardia Civil.

Al mismo tiempo, se ha juzgado a muchos guardias civiles por aceptar sobornos de los contrabandistas. Se acusó a uno de sus números del primer asesinato racial de España. También algunos de sus miembros han tenido que responder ante la justicia por haber herido o incluso asesinado a personas con su pistola reglamentaria, en momentos en que iban de paisano y querían ganar una discusión sostenida en algún bar.

Un problema mucho más amplio es el hecho de que el despliegue de la Guardia Civil ya no esté acorde con las realidades de la España de hoy. Sus efectivos y su presupuesto son mayores que los del Cuerpo Nacional de Policía, aunque se ocupa de menos de una cuarta parte de las infracciones a la ley. En la actualidad, en gran parte de las regiones rurales españolas prácticamente no hay criminalidad. El bandolerismo es cosa del pasado y, desde la restauración de la democracia, no ha habido necesidad de una fuerza para la vigilancia de todo lo que ocurre en el campo. De hecho, se han cerrado varios cientos de cuartelillos de pueblos en los que no había habido problemas en años. Lo más probable es que en el futuro la Guardia Civil deje de ser una fuerza rural y se concentre en funciones de antiterrorismo y otras especiales. En los últimos años, el gobierno aprobó la creación de un grupo de asalto, una unidad naval de control de las costas y un servicio de protección del medio ambiente que, entre otras cosas, investiga las causas de los incendios forestales, se ocupa de los vertidos tóxicos y contribuye al cumplimiento de la legislación sobre especies y zonas protegidas.

La forma en que se ha trabajado hasta ahora la Guardia Civil también echa luz sobre los motivos por los que aumentó la delincuencia hasta tal punto en las grandes ciudades: menos de la mitad de los agentes policiales españoles, en el Cuerpo Nacional, ha tenido que hacerse cargo de las cuatro quintas partes de los crímenes. Una de las consecuencias de su predecible incapacidad de controlarlo todo fue la idea de aceptar restricciones mayores a las libertades civiles, a cambio de una acción más eficaz contra el crimen.

NOTAS CAPITULO 15

1) El «bacalao» es una variedad de música de discotecas atronadora, de ritmo muy obsesivo, que al parecer es un desarrollo de la música «tecno».

2) Utilizo la expresión «policía secreta» porque es la única que define la actividad de un grupo dedicado tan sólo a descubrir a los disidentes y a destruir a la oposición, pero la BIS no tenía nada de secreto.

3) Galicia y Valencia también tienen su propia policía, pero con funcionarios que dependen del Cuerpo Nacional.

4) Esto les trajo el sobrenombre de maderos, por la idea de que eran marrones y pesados.

5) Tanto unos como otros deben pasar por un curso en la Escuela de entrenamiento de la Guardia Civil.

16

La ley y el desorden

Al principio del decenio de 1990, la disconformidad con el bajo nivel de protección que ofrecían las autoridades se concretó en la creación de algunos grupos de vigilancia civil, sobre todo en aquellos suburbios proletarios que estaban más afectados por el tráfico de drogas. Con el objeto de dar a la policía poderes más eficaces para enfrentarse con el narcotráfico, el gobierno pensó en un nuevo instrumento, la Ley de Seguridad ciudadana, que permitía a la policía entrar en casas privadas sin una orden judicial, en caso de tener motivos para creer que se traficaba con drogas o que se estaba a punto de hacerlo. El proyecto despertó protestas, en especial entre los grupos españoles más locuaces. Los comentaristas aseguraban que la ley era anticonstitucional, pero la preocupación subyacente era que la policía usara la sospecha de tráfico de drogas para entrar en las casas por otros motivos.

Existe un precedente de esto en los abusos cometidos al amparo de la legislación antiterrorista. En 1977 se introdujo en España, como medida de «emergencia» –que ocho años después institucionalizarían los socialistas–, la ley contra el terrorismo, que permite a las fuerzas de seguridad mantener detenidas a las personas durante mucho más tiempo que el habitual. Una y otra vez se la criticó, definiéndola como una licencia para torturar y se han presentado ante los tribunales muchas denuncias de brutalidad policial con sospechosos de terrorismo. En 1988, varios investigadores ingresaron en prisión acusados de utilizar la ley antiterrorista contra Santiago Corella, «el Nani», un delincuente común que murió por torturas.

Podría haber habido menos problemas con respecto a la Ley de Seguridad ciudadana si los socialistas hubiesen tenido mejores antecedentes en materia de libertades civiles; pero con demasiada frecuencia excusaron la brutalidad policial, manteniendo en servicio y hasta condecorando o ascendiendo posteriormente a oficiales a los que se había juzgado culpables de propinar malos tratos a algunos detenidos. El gobierno de Felipe González jamás estableció las directrices para la intervención de los teléfonos. En 1985, el gobierno reconoció la existencia de una unidad de policía que vigilaba a los partidos políticos y a otros grupos de la vida pública. Además de la ley antiterrorista, el gobierno socialista fue responsable de introducir una legislación muy restrictiva en otros ámbitos, sobre todo en el caso de la ley de extranjería, que permite que el ejecutivo deporte a los inmigrantes sin tener que llevarlos ante un tribunal. La justicia fue uno de los campos más decepcionantes de la política socialista, y no sólo desde el punto de vista de las libertades civiles. Más de diez años después de haber llegado al poder, aún no habían dado a España el nuevo código penal que prometieron antes de formar su primer gobierno.

Poco después de iniciada su tarea, llevaron adelante una reforma parcial de una sexta parte de los artículos del código vigente, que data del siglo pasado. Gran parte de la reforma consistía en una adaptación del código penal a la Constitución y en una actualización de la jurisprudencia que fundamenta el sistema, pero también se introdujo la suspensión de la condena, la imposición de penas severas por incumplimiento de las normas sobre alimentos y bebidas, la figura de la contaminación como delito y la clara distinción entre drogas «duras» y «blandas», con el fin de establecer las sentencias para quienes las cultivan, manufacturan y trafican con ellas. Esta misma reforma fue la que aportó la despenalización de la posesión de drogas para uso personal.

En repetidas ocasiones se preparó una revisión definitiva del código penal español, pero todas fueron retiradas o archivadas. El último borrador apareció en 1992. Entre otras, introducía la prisión durante los fines de semana y una forma de adecuar las fianzas a los medios económicos del presunto delincuente. También habría establecido condenas para la eutanasia y para delitos que tenían que ver con la ingeniería genética, los derechos de propiedad intelectual, el blanqueo de dinero, la contaminación del medio ambiente y la crueldad con los animales. Pero Felipe González convocó las elecciones de 1993 y todo el tema quedó arrinconado.

Según las normas constitucionales, la administración del sistema judicial español se confió a una comisión de veinte miembros, independientes del gobierno, a la que se conoce como Consejo General del Poder Judicial. Pues bien, aunque el pasaje correspondiente de la

Constitución nunca se enmendó, la independencia del Consejo respecto del gobierno es hoy una cosa del pasado.

En un principio, el Parlamento elegía a ocho miembros del Consejo General y los juristas a los doce restantes. En 1985, los socialistas, con el subterfugio de que la profesión jurídica en España era demasiado conservadora y usaba su control en el Consejo para bloquear los cambios, ordenaron que las Cortes se responsabilizaran de las elección de los veinte miembros. En esos años, los socialistas tenían una mayoría absoluta en el Congreso y así el gobierno adquirió un control efectivo del poder judicial. Sin embargo, hay que señalar que la oposición del Partido Popular, que al parecer veía en ese cambio una oportunidad para aumentar su influencia, votó a favor de la propuesta socialista.

Los efectos malignos de ese cambio se ilustran con los arreglos para administrar justicia en el ámbito autonómico. Cada una de las diecisiete comunidades autónomas españolas tiene su propio Tribunal Supremo. En cada una de sus «Salas» –criminal, civil, etc.– hay tres jueces. El Consejo elige a uno de esos jueces y el parlamento autonómico, a otro. Así es como, en los casos en que el gobierno regional es del partido del gobierno central (lo que en 1993 era el caso de nueve de las diecisiete autonomías), una mayoría de jueces en cada sala debía su cargo al partido en el poder. Por tanto, es poco adecuado que entre sus deberes judiciales esté el de juzgar a los parlamentarios autonómicos por los cargos de corrupción, malversación y otros semejantes.

El cambio de las normas para la elección del Consejo habrá sido tentador como recurso de corto plazo, pero el peligro está en que las consecuencias a largo plazo sean perniciosas para una sociedad poco familiarizada con la separación de poderes. La idea de que el poder judicial no es más que una rama del ejecutivo está muy arraigada en la mentalidad española. Por ejemplo, se habla de los jueces como de «funcionarios», tal como de los empleados del ejecutivo. Todos los años el ministerio del Portavoz del gobierno publica un manual que, entre otras cosas, se ocupa del funcionamiento de las instituciones españolas: la sección referida al poder judicial forma parte de un capítulo titulado «Política».

Tampoco hay que suponer que la desaparición de la mayoría absoluta parlamentaria, de la que los socialistas disfrutaron hasta 1993, liberará al poder judicial de la influencia del gobierno. Cualquier coalición gubernamental futura, se supone, dispondrá también de una mayoría parlamentaria, por lo que se ha de esperar que tenga mayoría combinada en el Consejo. El poder judicial tal vez se libere de estar controlado por un solo partido pero, a menos que las normas cambien y hasta que eso suceda, no estará libre del control gubernamental.

Precisamente por la existencia de sistemas similares de designación parlamentaria, el gobierno español no sólo tiene en sus manos la administración de justicia sino que también ejerce influencia sobre los tres cuerpos ante los que debe responder por sus actos: la oficina del Defensor del Pueblo, el Tribunal de Cuentas, que hace la auditoría de las cuentas del sector público, e incluso el Tribunal Constitucional mismo.

Las últimas acciones de los dos primeros dieron lugar a una preocupación honda y muy generalizada. El Defensor del Pueblo decidió no apoyar las protestas que pedían que se remitiera la Ley de Seguridad ciudadana al Tribunal Constitucional; pero este cuerpo, a cuya consideración había llegado ese texto por otra vía, decidió por último que era anticonstitucional, como aseguraban los detractores. Por su parte, el Tribunal de Cuentas no encontró nada denunciable en el caso FILESA[1].

El Tribunal Constitucional consta de doce miembros. El gobierno y el Consejo eligen dos cada uno y el Parlamento nombra a los ocho restantes. En 1985, los socialistas cambiaron las reglas básicas, de modo que las leyes remitidas al Tribunal Constitucional no tenían que esperar el veredicto de los jueces antes de su aplicación. Desde el punto de vista de la jurisprudencia, esa disposición es discutible, pues permite que se cree un *fait accompli* mediante una legislación que más tarde tal vez se defina como inconstitucional. No obstante, incluso en este caso los opositores deberán reconocer que los socialistas no trataban de invadir el poder judicial, sino que pretendían evitar la parálisis progresiva del ejecutivo. Si remitía toda la legislación aprobada al Constitucional, la oposición llevaría el programa legislativo del gobierno a una parada total. Las leyes que en otros países podrían promulgarse y aplicarse en términos de meses, saldrían del Tribunal Constitucional español tras años de estudios. Un año después de su creación, el Constitucional había dado su dictamen respecto a una sexta parte de los casos que se le habían planteado. Aunque no está tan sobrecargado como otros, el Tribunal Constitucional sufre los efectos anticipados de un grado de congestión en el sistema judicial español que es tan crónico como calamitoso.

A fines de 1991, el número de casos que esperaban juicio sólo en los tribunales supremos –los de ámbito provincial, autonómico y nacional– rondaba los 297.000. Sólo la Sala Tercera del Tribunal Supremo tenía 27.000 casos pendientes. A medida que aumenta esa acumulación, las demoras se van ampliando.

En 1983, más de ochenta personas murieron en Madrid a causa de un incendio en una discoteca. El caso llegó a juicio diez años después. En 1982, en el este de España, se produjo la ruptura de una presa que dañó o destruyó las propiedades de no menos de 25.000 personas. Las víctimas no recibieron ninguna compensación hasta 1993, y fue así por iniciativa del gobierno, pues los procedimientos legales todavía estaban siguiendo su sinuoso camino hacia un tercer juicio. En 1981, una enfermedad misteriosa, cuya causa se atribuye a la ingestión de un aceite adulterado, mató a más de 600 personas y afectó a otras 25.000. Trece años después, el caso estaba aún en tribunales. El juicio oral se había celebrado en 1989, pero las causas de los importantes funcionarios del gobierno acusados de negligencia aún estaban por llegar a juicio.

Quizá el caso más notable haya sido el de Eugenio Peydró Salmerón, acusado de un fraude a la propiedad cometido en la época de Franco y cuyo juicio se celebró en 1987, momento en que él tenía ochenta y un años de edad. Los jueces lo sentenciaron a nueve años de cárcel; Peydró murió una semana más tarde de un ataque al corazón.

La acumulación de casos judiciales empezó a fines de la dictadura franquista, como consecuencia del aumento de la criminalidad, de la creciente complejidad y capacidad de litigio de la sociedad misma. Los centristas no lograron responder a esa crisis en desarrollo y, cuando abandonaron el poder, la relación entre el total del gasto público y lo que se destinaba al campo judicial era una décima parte de la media de la CE. Los socialistas aumentaron una y otra vez las sumas dedicadas al presupuesto del ministerio de Justicia, superando el índice de la inflación, pero el aumento jamás bastó para solucionar el problema.

También hay pruebas de que los sucesivos ministros socialistas no enfocaron el desafío con el vigor necesario. Las reformas descritas como «urgentes» en el programa del PSOE para las elecciones de 1982 no se iniciaron hasta 1988. Una reorganización parcial de los tribunales, comenzada al año siguiente, llevó a una confusión épica, en la que los juicios se demoraban o suspendían, porque no había lugar donde celebrarlos. En Madrid, Enrique Múgica, ministro del ramo, decidió llevar adelante la ceremonia de apertura de un nuevo edificio de tribunales que aún estaba en construcción, y los empleados del tribunal lo persiguieron por los pasillos del edificio inacabado gritándole «Múgica, dimisión».

Las demoras generan corrupción y, en especial, lo que en España se llama «corrupción de las astillas», es decir, el soborno que pagan los abogados a los funcionarios de tribunales para acelerar sus casos. Es algo tan generalizado que la madrileña Plaza de Castilla, donde hay un complejo de juzgados, tiene el sobrenombre de «plaza de las astillas».

Otra consecuencia es, simplemente, la injusticia. Hay personas que permanecen encarceladas durante años bajo la imputación de crímenes que luego se descubre que no cometieron.

La Ley de enjuiciamiento criminal decimonónica, vigente durante toda la dictadura franquista, permitía que los jueces concedieran libertad bajo fianza a los acusados de delitos cuya pena fuera de seis años de cárcel o menos. En la mayoría de los casos se hacía así, pero ante la preocupación por el aumento de la delincuencia y, en especial, porque se sospechaba que los criminales detenidos por la policía y puestos en libertad bajo fianza eran responsables en gran medida de ese aumento, en 1980 se promulgó una ley por la que sólo se podía conceder la libertad bajo fianza a aquellos a los que se imputaran delitos penalizados con seis meses o menos. Cuando UCD dejó el gobierno, más de la mitad de los presos españoles esperaban su juicio.

Los socialistas llegaron al poder con la decisión de que la libertad bajo fianza fuera una norma y no una excepción y de asegurar que los presos preventivos, inocentes en teoría, no tuvieran que pasar injustificadamente largos períodos en la cárcel. Poco después de su triunfo en las urnas, promulgaron una ley que restablecía las condiciones señaladas en la Ley de enjuiciamiento criminal y determinaba que nadie debía permanecer en prisión por más de tres años en espera de juicio, en caso de delitos graves, o dieciocho meses, en caso de cargos menores.

El problema consistía en que, a causa de las demoras generadas por el sistema, un gran número de presos preventivos, tanto inocentes como culpables, debían quedar en libertad en el momento en que la ley entró en vigor, y así se hizo. Los resultados fueron catastróficos. Durante 1983, la cantidad de crímenes denunciados a la policía aumentó en un tercio. Los más numerosos fueron los robos a mano armada: crecieron en un alarmante 60 por ciento. Ante la protesta pública suscitada, de inmediato el gobierno elevó el plazo de la prisión preventiva hasta dos y cuatro años respectivamente.

Pero la situación nunca volvió a ser la existente cuando los socialistas accedieron al poder. En los primeros años del decenio de 1990, la proporción de presos convictos y presos preventivos estaba en torno a dos por uno.

Sin embargo, entre tanto surgía otra forma de injusticia, a medida que aumentaba el interregno entre la detención y el juicio. Casi todos los meses se sabe de algún caso humano tremendo, en el que algún delincuente ya reinsertado –un hombre o una mujer casados, con un empleo estable, un hogar, una familia– debe ir a la cárcel por algún delito que cometió en la adolescencia.

No obstante, desde el punto de vista de la sociedad como conjunto, la consecuencia más negativa de las demoras del sistema judicial es el hecho de que genera una falta de respeto hacia la ley. En España, si alguien comete un delito grave y lo encarcelan, tarde o temprano –más tarde que temprano, por lo que hemos visto– tendrá que pagar por ello. Pero si alguien, digamos, quebranta las normas de construcción, no paga una multa, una deuda, el alquiler o la pensión alimenticia, tiene grandes probabilidades de salirse con la suya, porque la parte perjudicada pensará que no merece la pena iniciar una acción judicial. Es mejor arreglarlo fuera de los tribunales o bien olvidarse del tema por completo.

Como ellos mismos lo reconocen sin esfuerzo, los españoles tienen un temperamento bastante anárquico. Mézclese bien la idea de que quebrantar la ley está libre de todo castigo y se tendrá la receta para el caos. Nadie con un poco de sentido común, al menos en Madrid, paga jamás una multa de aparcamiento. Las posibilidades de que el ayuntamiento lleve a juicio al infractor hasta hacerle pagar son tan escasas que es mucho más lógico tirar la denuncia en la papelera más cercana y olvidarse. Así es como se generaron los aparcamientos en doble –y triple– fila en todas las calles, por muy transitadas que sean, los coches aparcados en aceras, en sitios prohibidos, en pasos de carruajes y ante tomas de agua.

Si se echa una mirada en algunos de los parajes de mayor belleza natural de las costas españolas, ¿qué se ve? Docenas de residencias de fin de semana y de vacaciones que ningún funcionario de planificación urbana aprobaría jamás, a menos que le dieran algo raro para fumar. Sin duda, ninguna se construyó con respeto de las ordenanzas. Pero, para cuando el ayuntamiento obtenga un mandato judicial, la obra estará terminada. Y como nadie tiene agallas para ordenar una demolición, sobre todo si el propietario es influyente en el lugar, lo más probable es que sólo tenga que pagar una multa. A lo largo y a lo ancho de España, hay cientos de miles de parcelas, casas, bloques enteros de pisos e incluso complejos de viviendas o industriales que jamás nadie autorizó que se construyeran allí.

Cuando estalló en Madrid el furor de las «terrazas» (bares al aire libre), el método era abrir primero y después discutir con las autoridades. Violaciones semejantes y eventuales se producen casi a diario en los medios. Por ejemplo, mientras escribía yo este capítulo, se denunciaba que en un nuevo y rutilante centro comercial madrileño, autorizado para tener catorce tiendas, se habían abierto cuarenta y nueve.

El atasco de la maquinaria judicial ha resucitado a un tipo de español que había surgido en las novelas picarescas de los siglos XVI y XVII. En su manifestación contemporánea, recibe el nombre de «buscavidas» o «vividor», un oportunista que vive por lo común con cierto estilo, por encima de sus posibilidades y siempre está un paso por delante de sus acreedores. Algunos amigos míos tienen un conocido que cambia el coche todos los años y pocas veces conduce algo menos elegante que un Porsche. El no es dueño de ninguno de esos coches. Los compra a plazos, pero no paga y después vende el vehículo y consigue el dinero necesario para llegar a un acuerdo con la compañía sin pasar por tribunales. Cada uno de los sucesivos créditos tiene la garantía bancaria del gerente de alguna sucursal remota, que se honra en ser el aval de ese cliente que va verlo en su Porsche azul.

En España, la pregunta «¿Qué me va a hacer? ¿Demandarme?» tiene una connotación especial y terrible. El hecho de que sea tan difícil obtener justicia genera una cantidad de anécdotas graciosas, pero también es causa del temor de que en España las cosas no vayan tan bien en el futuro como podría haberse pensado por los progresos de los años ochenta. Por la dificultad de resolver querellas, las personas que no se conocen son reacios a hacer negocios, y los inversores extranjeros se alejan –o se lo piensan mucho–, porque ya saben que son, inevitablemente, desconocidos. La historia de la miniexpansión española de los años ochenta está empedrada de casos de extranjeros que compraron algo en España, después vieron que era un timo y se encontraron con que no podían fiarse de que los tribunales les devolvieran nada.

Lo más inquietante es que de vez en cuando el propio gobierno da pruebas de estar contagiado de esa misma indiferencia ante la ley. A menudo se trata de trivialidades, pero las implicaciones implícitas no lo son.

Para bien o para mal, la Constitución dice que el gobierno sólo puede volver a asignar responsabilidades a los ministerios mediante una ley aprobada por el Parlamento. Sin embargo, desde 1986, los gobiernos socialistas lo han hecho mediante una triquiñuela: una cláusula introducida en la ley de presupuestos autoriza al presidente de gobierno a hacerlo por decreto. La Constitución establece que el procedimiento judicial «será predominantemente oral», sin embargo, la mayoría de los casos todavía se llevan sobre todo en papel; también habla del jurado pero esto aún no se concreta. La Constitución dice que el vicepresidente del gobierno asume las funciones del presidente sólo en caso de enfermedad, muerte o ausencia, pero en 1991 Felipe González decidió que su vicepresidente Narcís Serra presidiera el consejo de ministros, mientras él se iba de vacaciones dentro del territorio español.

A pesar de las demoras del sistema legal, el aumento de la delincuencia hizo que en los primeros diez años de gobierno socialista la población penitenciaria casi se duplicara, y que el número de presos superara con amplitud al número de plazas nuevas en las cárceles, en una proporción de más de dos por uno. A fines de ese período, el exceso se acercaba al 30 por ciento. Entre las distorsiones que esta situación introdujo en el sistema, está la mezcla generalizada de presos preventivos y convictos. En rigor, en 1992 las cárceles españolas para presos preventivos albergaban a más convictos que preventivos. Un ambicioso plan de 130.000 millones de pesetas está en marcha, y su meta es poner fin a la superpoblación carcelaria en 1997, además de mejorar las condiciones en todo el sistema. El proyecto implica la demolición de más de la mitad de las cárceles existentes, a las que se reemplazará con dieciocho «macrocentros».

Pero, ¿en qué condiciones están las cárceles españolas? No es fácil extraer una conclusión general. Al contrario de lo que se podría esperar, los españoles mismos suelen mostrarse, respecto al sistema, mucho más críticos que los extranjeros. En 1978, una comisión del Senado redactó un informe que daba la impresión de que los presos vivían casi como animales. No obstante, un año antes la Cruz Roja Internacional había dicho que las instalaciones eran «satisfactorias en la mayoría de los casos» y describía la cárcel de mujeres de Madrid, la de Yeserías, como «un modelo para el resto del mundo».

Sin duda, hay cárceles que dejan mucho que desear, y la presencia del virus del SIDA entre los presos agrega un elemento terrible al futuro de las prisiones. Pero, con todo, en términos generales el régimen es de una liberalidad inesperada. Algunos presos reciben permisos por períodos que van de un día a una semana, y todos tienen derecho a una visita «vis a vis» de dos horas cada mes. España también se precia de tener la única prisión mixta de Europa en la cárcel valenciana de Picassent.

Estos rasgos están acordes con una tradición nacional. Es notorio que en los últimos cien años, lapso en el que no estuvo exactamente en la vanguardia de las reformas sociales, España contó con dos eminentes reformadoras penales, Concepción Arenal y Victoria Kent, directora de instituciones penitenciarias de la República. Aunque hoy la mayor parte de las medidas que introdujeron estas mujeres está superada, su ejemplo e inspiración siguen vivos. Quizá uno de los motivos de discrepancia entre los informes españoles y los extranjeros acerca del sistema penitenciario sea que los españoles, con su pasión por la libertad, encuentran abominable la mera idea de la cárcel y piensan que casi cualquier sistema penal es un atropello.

NOTA CAPITULO 16

1) Véanse págs. 79-80.

CUARTA PARTE

EL GOBIERNO
Y EL
INDIVIDUO

17

El Estado contra Juan Español

«El español siente, en general, una instintiva animosidad a formar parte de asociaciones... Por ello, la organización a la que no hay más remedio que pertenecer, la del Estado, es mirada con suspicacia. El Estado es un ente aborrecible que no se considera como vínculo necesario entre el individuo y la sociedad, sino como un conglomerado de intervenciones que tratan de reglamentar la vida de Juan Español, con el único propósito de perjudicarle», escribió Fernando Díaz-Plaja en *El español y los siete pecados capitales*.

Como lo han señalado algunos otros escritores españoles, en su país, la índole de la relación entre el individuo y el Estado se expresa muy bien en el vocabulario de la fiscalidad. En España se trata de «impuestos», es decir, de imposiciones. El que paga impuestos es un «contribuyente». La impresión que existe no es la de que el ciudadano pague por rutina al Estado los servicios que de él recibe sino que, enfrentado a una intrusión abusiva en el curso normal de las cosas, con una periodicidad y a regañadientes, hace la gracia de soltar algún dinero para que lo dejen tranquilo. Hasta hace poco esto estaba muy cerca de la verdad. Por mucho que haya querido meterse en los asuntos privados de sus ciudadanos, el Estado español sólo tuvo los elementos para hacerlo de manera intermitente.

A primera vista, se pensaría que un gobierno débil es el último de los males que podría tener que soportar España, ya que sus gobernantes han sido dictadores durante la mayor parte de este siglo. Pero, aunque los regímenes de Primo de Rivera y de Franco hayan sido fuertes en sentido negativo, pues eran capaces de reprimir a la gente para que no hiciera esto sino aquello, es un hecho que eran débiles en el sentido positivo de que no eran capaces de animar a nadie a hacer cosas. La policía puede haber sido brutal y la burocracia, obstructora, pero la capacidad del gobierno para intervenir y regular, dar forma a un esquema social, siempre estuvo muy limitada. El contraste quedó muy marcado en tiempos de Franco.

El fin confesado por los nacionales cuando llegaron al poder era el de instaurar un Nuevo Orden que afectaría todas las facetas de la vida tanto privada como pública. En noviembre de 1936, sólo cuatro meses después del estallido de la Guerra Civil y cuando se libraban batallas crueles en dos frentes, el gobierno promulgó un decreto, independiente del racionamiento, que establecía el número y contenido de los platos que se debían comer en las comidas. Y declaraba con solemnidad: «Desde ahora, tanto en los restaurantes como en los hogares el plato de huevos tendrá un solo huevo». Estos intentos de ingeniería social iban a caer pronto en el vacío y, a los pocos años de la victoria franquista, quedaron abandonados. De hecho, hacia el fin de la dictadura, una de las cosas más notables de España era la ausencia virtual de restricciones triviales. Se podía aparcar en triple fila o tirar la basura en la calle sin miedo a ninguna penalización.

Resulta tentador atribuirlo todo al temperamento anárquico español. Pero también había una razón práctica muy seria: los ministros franquistas tenían que contentarse con la misma ineficaz administración pública que sus predecesores y también disponían de recursos financieros escasos, como ocurría desde principios del siglo pasado. Los gobiernos españoles fueron, por tradición, incapaces de reformar su burocracia o de recaudar impuestos suficientes, o no quisieron hacerlo, y por esas faltas pagaron el alto precio de su torpeza para influir en los hechos.

Los problemas asociados con la burocracia se remontan a los días de los pronunciamientos, cuando los cambios de gobierno a menudo se acompañaron de una reorganización total de la administración pública, por la que los seguidores de un grupo reemplazaban a los leales a otro grupo. En un esfuerzo por protegerse de los nombramientos, despidos y ascensos originados en motivos políticos, los conjuntos de especialistas de cada ministerio –en especial, los abogados e ingenieros antes que otros– se organizaron en «cuerpos»; para ingresar en ellos era necesario tener una cualificación académica o profesional específica. Con el tiempo, los cuerpos adquirieron gran importancia en la contratación y despido de sus miembros y, con frecuencia, controlaron las promociones. En el presente siglo, varios gobiernos sucesivos se negaron a aceptar la sindicalización en la administración pública, lo que no hizo más que consolidar el papel de los cuerpos como cauce a través del cual los funcionarios civiles presentaban sus demandas al ministro a cargo. La inflación y la ausencia de un organismo encargado de actualizar las pagas fueron la causa de que los cuerpos centraran sus exigencias en el escalafón burocrático y en las escalas salariales fijadas por el gobierno.

El profesor Kenneth Medhurst escribía: «Muchos cuerpos resolvieron los problemas financieros de sus miembros mediante el sencillo recurso de abolir los peldaños inferiores de la escala profesional, y otorgar a todos "ascensos artificiales". El resultado fue que, por ejemplo, muchos funcionarios que tenían el rango y la retribución correspondientes a los jefes de departamento, a lo sumo eran simples secretarios... Pero, incluso estos recursos no consiguieron resolver por completo el problema de la retribución inadecuada. Por tanto, los cuerpos utilizaron su influencia para establecer una multitud de bonificaciones y sistemas de incentivos a veces espurios. En definitiva, estos sistemas llegaron a ser tan usuales que en el caso de la mayoría de los empleados el sueldo básico era sólo una fracción del ingreso neto»[1]. Sin embargo, a pesar de todos sus esfuerzos, los cuerpos no consiguieron que las nóminas de los funcionarios aumentaran de acuerdo con la inflación y, en los años treinta, mucho antes de que el «pluriempleo» pasara a ser un rasgo de la sociedad española en su conjunto, esa práctica dañina ya había arraigado entre los burócratas. Los cuerpos se beneficiaron ampliamente de la falta de un marco legal adecuado. Hasta el decenio de 1960, la administración pública española tuvo como base un decreto provisional promulgado en 1852 y modificado en 1918.

Sin duda, el sistema de cuerpos contribuyó a crear la idea –y la realidad– de que en España existía un empleo público no político. Pero eso se podría haber logrado por otros medios, y las desventajas del sistema superaron con amplitud a las ventajas. El número de funcionarios de un departamento por lo común respondía a los intereses del cuerpo y no a las necesidades administrativas. Los ascensos se concedían siempre por antigüedad y no por méritos. La rivalidad existente entre los cuerpos implicaba poca o ninguna coordinación entre los departamentos, y casi ningún intercambio entre los ministerios, todo lo cual desembocaba en la duplicación del esfuerzo.

En tiempos de Franco, poco se hizo con seriedad para reformar la administración pública, en parte a causa del conservadurismo inherente al régimen y a su líder, en especial cuando se trataba de intereses creados; pero esa inercia también reflejaba que, por entonces, se iba desdibujando la diferencia entre el gobierno (o sea, el cuerpo de políticos que toma decisiones) y la administración (o sea, un cuerpo de funcionarios que pone en práctica esas decisiones). Muchos ministros franquistas provenían de las filas de la burocracia y, por tanto, eran miembros de algún cuerpo. En 1964 se promulgó una ley que creaba un nuevo escalafón y no suprimía sino que reorganizaba los cuerpos, a la vez que daba al gobierno el derecho de impedir que se organizaran otros nuevos, pero esta ley nunca se aplicó con plenitud y se produjo un deterioro general considerable.

Como una enredadera enorme y sin control, la burocracia franquista dio millares de retoños. En primer lugar, estaban las «delegaciones provinciales», representante cada una de un ministerio determinado en una provincia determinada. El conjunto de esas delegaciones conformaba la inmensa «administración periférica» en la que, en los primeros años del decenio de 1970, trabajaba uno de cada siete funcionarios del gobierno central. La administración periférica tuvo todas las desventajas de la dispersión y casi ninguna de las ventajas de la descentralización: sus miembros sólo mantenían un contacto intermitente con los despachos centrales aunque, en primer y último término, estaban subordinados al gobierno central, por lo que todas las decisiones importantes, y no pocas de las menos importantes, se tomaban en Madrid. En segundo lugar, estaban los organismos casi autónomos como el Instituto Nacional de la Industria (INI) y una gran cantidad de institutos, comisiones y servicios, establecidos por distintos ministerios para que se ocuparan de ámbitos especiales; con el tiempo, el control económico y político de esos organismos se hizo más y más arduo. A fines de los años sesenta eran 1.600 y se llevaban un tercio del presupuesto gubernamental.

La administración franquista, como rama de un gobierno dictatorial, era impermeable a las críticas. No había una oficina del defensor del pueblo al estilo de las de otros países europeos y, por las leyes que prohibían la existencia de grupos de presión, tampoco podía haber algo semejante a la organización *Common Cause* de Estados Unidos, es decir que no se contaba con organismos cuyo objetivo fuera conseguir mejoras en el gobierno. Los burócratas españoles, que podían moverse como mejor les pareciera, hacían lo que hacen todos los burócratas del mundo en condiciones semejantes: darse una vida lo más cómoda posible. En primer lugar, se creó una diferencia entre sus horas de trabajo virtuales (de 8 de la mañana a 3 de la tarde) y las reales (de 9 a 2), que llegaron a instaurarse como el horario oficial. También se hizo costumbre que, cada vez que entre un festivo y el principio o fin de semana quedaba un día laborable libre, se ampliaba el descanso semanal en lo que se denomina «puente».

En Madrid era –y con seguridad sigue siendo– teóricamente obligatorio tener un permiso oficial para empapelar una habitación; pues bien, obtener ese permiso u otro semejante podía llevar toda una mañana. Primero, había que hacer cola para conseguir el impreso correspondiente; después, la cola para entregarlo, a cuyo término se descubría que esa solicitud no valía si no iba acompañada de otras dos certificaciones que había que pedir en otras oficinas, casi siempre situadas en otro barrio de la ciudad. Una vez que se conseguían esos papeles y se volvía a la cola para entregar la petición, se descubría que el permiso sólo tenía validez con la firma del jefe del departamento, que se había marchado ya. Todo el procedimiento se volvía infinitamente más difícil por los horarios de atención de las ventanillas desde las que los burócratas españoles atienden al público. No sólo eran distintos los horarios de unos y otros organismos sino que además eran lo más escasos posible, pues algunos se reducían a dos horas diarias (de 11 a 1). Un trámite de verdadera importancia podía llevar semanas, meses o incluso años. La incompetencia de la burocracia originó un fenómeno que, según mis datos, no existe fuera del mundo ibérico y latinoamericano: las «gestorías administrativas». Una gestoría administrativa es una organización que sirve a la gente que tiene más dinero que tiempo. Por ejemplo, si usted quiere renovar el permiso de conducir, va a una gestoría con los papeles necesarios y, contra el pago de una cantidad de dinero, uno de los empleados se ocupará de rellenar el impreso y hacer la cola por usted.

Más aún que los ministros franquistas, los miembros de los gobiernos de Suárez y Calvo Sotelo provenían de la élite burocrática y, aunque reconocían que era necesario un cambio, no fueron capaces de hacer las reformas radicales imprescindibles. La administración pública que UCD dejó a González era, en esencia, la misma que los centristas heredaron de Franco. Según Javier Moscoso, antiguo fiscal que se hizo cargo del ministerio de la Administración Pública, había en ella 290 cuerpos y ni siquiera sus propios colaboradores le pudieron dar una cifra exacta del número de empleados. Una de las dificultades para llegar al total preciso era que, además de los muchos burócratas que trabajaban en la administración por la mañana y por la tarde en empresas privadas, había muchos que ocupaban –o a quienes se les pagaba por ocupar– más de un cargo administrativo. Un estudio interno, hecho poco después de que los socialistas llegaran al poder, reveló que había algunos funcionarios superiores que desempeñaban, supuestamente, tres cargos y otros a quienes jamás se había visto en el despacho al que deberían haber acudido a trabajar.

La intervención de Moscoso fue un revulsivo. Al cabo de unas pocas semanas, redactó una circular bautizada por la prensa como la «reforma de los relojes»: se recortaban las vacaciones de Navidad y de Pascua y se establecía que los funcionarios debían cumplir el número de horas por el que se les pagaba: cuarenta y ocho semanales, en el caso de los superiores, y treinta y siete y media, en el de los inferiores. El nuevo ministro también ordenó que desaparecieran las ventanillas y que las oficinas atendieran al público de nueve a dos, que se abrieran puntos de información para indicar a la gente cuáles eran los pasos a seguir –impresos, valores y demás elementos necesarios– para cada trámite, que todos los elementos precisos para esos diversos trámites se encontraran dentro del mismo edificio y que no se pidiera al ciudadano que obtuviera y aportara documentación que ya estaba en otra oficina pública.

Sin embargo, desde entonces la legendaria capacidad de la administración pública española para resistirse a los cambios empezó a campar por sus fueros. El gobierno tuvo que conceder a sus empleados seis días de libranza adicional al año, en lugar de las perdidas vacaciones de Navidad y Pascua, y aunque los funcionarios todavía deben trabajar 37 horas y media a la semana (por lo común, de 8 a 3 de lunes a viernes y un día, dos horas y media por la tarde), para los altos cargos la semana laboral se redujo a 40 horas (de 8 a 3 y, por la tarde, una hora y media)[2].

La reforma de Moscoso originó dos leyes, promulgadas en 1984. Una prohíbe a los funcionarios tener un segundo empleo, dentro o fuera de la administración, y sanciona el nuevo horario. La otra está destinada a dar al gobierno más poder sobre las personas que trabajan para él.

Con la primera se ha logrado que el pluriempleo sea menos común, pero no se consiguió que la administración trabaje dentro de los horarios modificados. Los altos cargos, en general, trabajan más y los funcionarios menos de lo que se les pide. Poco después de la introducción del nuevo horario se hizo habitual reconocer «media hora de cortesía», es decir, aceptar que los funcionarios llegaran hasta treinta minutos después del horario. Poco tiempo transcurrió antes de que esa media hora se duplicara y, después, empezara a aplicarse al principio y al fin de la jornada.

Mi experiencia personal dice que sólo se puede contar con la presencia de los empleados públicos ordinarios entre las 9 de la mañana y las 2, por supuesto exceptuando en el ínterim entre media hora y una hora, tiempo que necesitan para tomar el desayuno e ir a la cafetería y volver. Se suele decir que la mayor mejora de la productividad se debió a la instalación de cafeterías dentro de edificios públicos.

La segunda de esas leyes fue, al parecer, un fracaso total. Según un documento de estudio redactado por el PSOE y publicado en 1988[3], la administración no puede nombrar libremente funcionarios para los trabajos que necesita a fin de cubrir sus prioridades. Al mismo tiempo se reconoce que, en general, el régimen disciplinario es estrictamente incapaz de obtener la dimisión de los que no cumplen su trabajo con eficiencia.

Las pruebas de esta situación surgen de una lectura cuidadosa de las cifras referidas a los empleados públicos. En vista del aumento de los ingresos estatales en los últimos años, y a consecuencia de los gastos, se esperaría un incremento del número de personas necesarias para ocuparse de los ingresos y los gastos. Y eso es lo que hay. El número de funcionarios públicos creció de 1,4 millones en 1982 a 1,8 millones en 1991.

También se podría suponer que la transferencia de poderes del gobierno central a las autonomías habrá hecho que disminuyera el número de los funcionarios pagados por Madrid y que aumentaran los de las comunidades autónomas. Y así ha sido.

A continuación, se supondría que a medida que el proceso cambiaba el número de empleados del gobierno central y de las autonomías, más o menos variaría proporcionalmente el gasto de uno y otras. Y eso es lo que de ningún modo ha ocurrido. En 1991 los funcionarios del gobierno central, que representaban un 49 por ciento del total, gastaban un 67 por ciento del dinero, mientras que los funcionarios autonómicos, un 31 por ciento del total, gastaban sólo el 19 por ciento. Además, en los nueve años transcurridos desde que los socialistas habían llegado al poder, el número de los funcionarios locales se había duplicado con creces.

En términos históricos, la incapacidad de aumentar la recaudación se atribuye al desorden y la pobreza de España y, sobre todo, a las exenciones fiscales acordadas a diversas regiones a lo largo del prolongado y arduo proceso de unificación. Sin embargo, en la época franquista ninguno de esos factores se mantuvo. Con la exclusiva excepción de los navarros, todos los españoles pagaban los mismos impuestos y en el país surgió una supervisión mucho más intensa, junto a una prosperidad mucho mayor. Pero un rasgo sobresaliente del régimen franquista fue que, salvo unos pocos fascistas provenientes de la clase obrera, todos los ministros eran integrantes de la clase media-alta. Fueron hombres que sustentaron los valores y los intereses típicos de la clase media-alta, algo visible en su política impositiva, más que en otra cosa, o mejor dicho en la ausencia de una política impositiva.

En 1940 hubo una reforma limitada, pero los sucesivos ministros de Economía no modificaron un sistema aplicado desde fines del siglo XIX que favorecía a los más ricos. En primer lugar, los ingresos gubernamentales por impuestos indirectos –como los aplicados a artículos y servicios–, aplicados por igual a todos los consumidores, sin tomar en cuenta su fortuna o sus ingresos, siempre fueron proporcionalmente mayores que los ingresos por impuestos directos –como el de la renta–, que por su naturaleza son más altos para los ricos que para los pobres. En el decenio de 1960, la proporción entre impuestos indirectos y directos estaba alrededor de dos a uno.

Una proporción comparativamente mayor de las tasas indirectas provenía de los impuestos aplicados a artículos de primera necesidad, como alimentos y ropa, y otra menor, de los impuestos aplicados a artículos de lujo. Los impuestos directos se dividen en dos categorías principales: los que se aplican a las personas físicas y los que pagan las empresas. En cuanto al impuesto a la renta, una cantidad muy elevada se obtenía gravando las nóminas con el «impuesto sobre la renta del trabajo personal» (IRTP), –que en general se deducía en el centro de trabajo mismo y, por tanto, era muy difícil de evadir–, mientras que sólo una pequeña cantidad provenía de otra tasa independiente –declarada y pagada de manera individual y, por tanto, muy fácil de evadir–, el «impuesto sobre la renta de las personas físicas» (IRPF). Para los que podían hacerlo, la tentación de evadir impuestos era irresistible. Los inspectores eran pocos y la evasión no era un delito. El IRPF ascendía a menos del 1,5 por ciento del total de la recaudación y en los impuestos empresariales el caos era absoluto. Hasta poco después del fin de la dictadura franquista, un grupo distinto de inspectores controlaba cada uno de los impuestos que debía pagar una empresa, o sea que nadie tenía una idea clara de la situación general. La norma, y no la excepción de la regla, era la doble contabilidad; la evasión se extendió tanto que el gobierno dejó de lado, durante varios años, la idea de establecer los gravámenes en cada empresa por separado y se dedicó a determinar las obligaciones impositivas con un exótico método: calculaba los beneficios de cada industria en cada región y dividía el total por el número de empresas existentes. Así fue como las empresas se encontraron con que eran incapaces de calcular siquiera su deuda fiscal, porque en gran parte sus obligaciones dependían de la buena o mala fortuna de sus competidores.

Aparte de la grotesca injusticia de este método, el sistema fiscal franquista implicaba que el Estado se mantuviera siempre en la pobreza, porque sólo podía ser estricto con el grupo social que menos tenía para dar. En 1975, a la muerte de Franco, una vez restadas las contribuciones a la Seguridad Social, los ingresos fiscales llegaban a algo menos del 20 por ciento del producto interior bruto (PIB). En los demás países occidentales, integrantes de la Organización para la Cooperación y el Desarrollo Económicos (OCDE), la cifra media era del 33 por ciento.

El primer paso hacia un cambio de la situación se dio en 1977, pocos meses después de las elecciones generales, cuando Francisco

Fernández Ordóñez, ministro de Economía, pasó por las Cortes una ley de reforma impositiva básica, por la que se unificaba el sistema de impuesto a la renta, para que asalariados y autónomos contribuyeran según los mismos baremos y, por primera vez, la evasión pasó a considerarse un delito. Por entonces, la sección de Hacienda del ministerio instaló una red informática e incorporó a unos 1.500 inspectores para que se ocuparan del IRPF. Para que nadie tuviera excusas en el futuro, se organizó un equipo de información, al que podía acudir cualquiera para rellenar sus formularios. Entre los que así lo hicieron estuvo el Rey, que se atiene al espíritu igualitario de la nueva España y paga sus impuestos como cualquiera de sus súbditos. La campaña correspondiente se organizó con el lema: *Ahora Hacienda somos todos. No nos engañemos.*

Esa combinación de garrote y zanahoria dio resultado, hasta cierto punto. El número de españoles que hizo la declaración de la renta al 1 de agosto de 1978, fecha de vencimiento para la presentación de las cuentas personales de 1977, fue mucho mayor que la de los años anteriores, aunque una buena cantidad se personó el 31 de julio con los impresos en blanco alegando que, si la gente de Hacienda quería dinero, tenía que trabajar para ganárselo. En el total de las declaraciones, aproximadamente una de cada diez presentaba errores en las cuentas, en su mayoría favorables al contribuyente. Sin embargo, lo más grave era que un número importante contenía omisiones descaradas. Durante las semanas y meses siguientes, el ministro Fernández Ordóñez puso en marcha un plan, llamado Operación Carpeta Roja, que pretendía identificar a los defraudadores más importantes recurriendo a los registros de otras oficinas gubernamentales, para confirmar la posesión de acciones, bienes inmuebles u otros no incluidos en la declaración.

El paso inmediato debía ser el incremento del número de ciudadanos que pagara sus impuestos. En 1980, por primera vez, todo el que tenía o ganaba más de una determinada suma, era propietario de una casa tasada en determinada cifra o de un coche de menos de cierta antigüedad, empleaba a más de una persona o integraba un consejo de dirección debía rellenar los odiados impresos de Hacienda.

Cuando UCD dejó el poder, los ingresos fiscales como porcentaje del PIB sobrepasaron el listón del 25 por ciento y en 1981 los impuestos directos superaron a los indirectos lo que hacía que, por primera vez en la historia, el sistema fiscal español, «regresivo» en otros tiempos, se convirtiera en «progresivo».

Sería estupendo que la campaña *Ahora Hacienda somos todos* hubiera convencido a los españoles de que deben pagar con gusto por el bien de todos. Pero ni que decir tiene que no fue así. Cuando los socialistas se hicieron cargo del gobierno, era evidente que la economía estaba llena aún de cuentas sin declarar, lo que en España se conoce como «dinero negro».

La lucha por sacar el dinero negro a la luz se asociará durante largos años con el hijo de un panadero catalán: José Borrell no tenía aún cuarenta años, aunque sí un doctorado en económicas y una licenciatura en matemáticas, cuando se convirtió en el número dos del ministerio de economía, en 1984. Como no es hombre que se ande con bromas, un periódico no tardó en adjudicarle el apodo˅de «Torquemada de los impuestos». Y claro está que esa imagen era la que el gobierno quería crear.

En realidad, los esfuerzos socialistas para reducir la evasión fiscal a menudo fueron torpes y, al menos en un caso, contraproducentes. El efecto de una de sus primeras decisiones –el denominado decreto Boyer[4]– fue llevar una cantidad de dinero negro a la propiedad inmobiliaria, en un momento en que el sector era todavía un libro cerrado para las autoridades fiscales.

La reforma clave de los años socialistas ha sido una ley promulgada en 1985, por la que los defraudadores fiscales pasaron a disponer de un ingenioso medio de blanquear su dinero negro y, a la vez, poner al día sus cuentas con Hacienda. Se creó un nuevo tipo de valor del Tesoro que no tenía un titular específico y, una vez vendido, ya no delataba a su primer comprador. El impuesto que había que pagar por él se abonaba en el momento de la venta. Para el gobierno este método tenía la ventaja adicional de que le daba acceso a una nueva fuente de crédito barato.

La ley de 1985 también obligó a los bancos a dar más información acerca de sus clientes. Sin embargo, dejó un punto de escapatoria que se descubrió pronto. Las compañías de seguros, a diferencia de los bancos y otras instituciones oficiales, no tenían la obligación de descontar los impuestos a sus clientes por los intereses que ganaban. En 1986 y 1987, varios bancos aconsejaron a sus clientes que transfirieran el dinero de sus cuentas para depositarlo en pólizas de seguro de prima única, que gestionaban grupos controlados por esos bancos. La jugarreta, descubierta por el gobierno en 1989, demostró que aún había una notable cantidad de dinero negro en circulación. Se estimaba que se habían invertido en seguros de prima única unos 4,2 billones de pesetas, un 80 por ciento de los cuales eran dinero negro. Lo que las autoridades acababan de descubrir era un tesoro secreto equivalente al 7,5 por ciento del PIB de aquel año. El caso también demostró el alto grado de respetabilidad social que tenía el fraude fiscal en España: algunos de los mayores bancos del país estaban comprometidos en la operación.

El descubrimiento de la estafa de los seguros representó una victoria importante para el gobierno, que tuvo otras iniciativas mucho menos afortunadas. Por ejemplo, se denunció y juzgó a la cantante Lola Flores por no pagar sus impuestos. Como era de suponer, la acusada convirtió la sala del juzgado en un escenario, tocó el corazón de jueces y público y fue absuelta.

En 1990, el gobierno reconoció, al parecer, los límites de su capacidad para acabar con el fraude fiscal y ofreció una amnistía. Los defraudadores podían elegir entre declarar su dinero negro sin correr el riesgo de una penalización o bien invertir en una nueva serie de bonos del Estado especiales, de bajo interés. La medida sacó a la luz 1,7 billones de pesetas más.

Las dos tendencias visibles ya en tiempos de UCD siguieron bajo el gobierno socialista. En 1990, los ingresos fiscales representaban un 34,4 por ciento del PIB. Todavía estaban por debajo de la media de la OCDE, que entre tanto había subido al 38,8 por ciento, pero ese porcentaje significaba que, a quince años del fin de la dictadura, España había recortado la brecha que la separaba del mundo desarrollado de un 13 a sólo un 4 por ciento.

A pesar de la introducción del IVA en 1986, la relación entre impuestos directos e indirectos siguió creciendo, aun cuando de modo algo errático, bajo PSOE . En 1982, el 43,8 por ciento de la recaudación real provenía de los impuestos directos y el 37,8 de los indirectos. En 1992, las cifras fueron 48,6 y 39,4 por ciento respectivamente.

El motivo de esos dos hechos es que los ingresos por el IRPF han subido a pasos agigantados, tal como en tiempos de UCD. Pero en ningún caso se debió a la acción del gobierno sino a un fenómeno conocido como «fiscal drag», que se produce sobre todo en los períodos de alta inflación y rápido crecimiento o de predominio de uno de estos factores; España, por cierto, experimentó primero el uno y después el otro. Lo que en estos casos ocurre es que, a medida que aumentan los sueldos, la gente pasa a categorías más altas, en las que los índices impositivos son más elevados, de modo que los ingresos fiscales del gobierno aumentan sin que los políticos se molesten en mover un dedo. Por ejemplo, en 1987 el ingreso fiscal aumentó en casi un 50 por ciento. Se calculaba que sólo un cuarto de ese crecimiento se podía atribuir a las inspecciones y a la corrección de las declaraciones.

La evasión fiscal todavía es alta entre quienes tienen ocasión de practicarla. Según un estudio del Instituto de Estudios Fiscales, la mitad de lo que se gana en España no se declara. Aún es corriente que las compañías lleven dobles libros de cuentas y en 1990 el presidente de la CEOE describía la evasión como «una necesidad empresarial». En cuanto a los impuestos de compra y venta de bienes inmuebles, se reconoce que, por término medio, en cada transacción las partes declaran alrededor de un tercio del precio real, cuando se trata de una casa o piso nuevo, y de un quinto, si no lo es.

El fracaso del gobierno para terminar con esas irregularidades explica que una cantidad desproporcionada del ingreso fiscal español provenga aún de los que no pueden intentar la evasión, los asalariados a quienes la empresa deduce los impuestos. En 1989, el 76 por ciento de los ingresos fiscales se recaudaba por esa vía; seis años antes, la cifra era del 83 por ciento. Un informe de la OCDE publicado ese año criticaba seriamente la incapacidad de los socialistas para rebajar más aún el porcentaje. «La carga impositiva para los que pagan de verdad sus impuestos en España parece ser mucho mayor que en el conjunto de los países de la OCDE», era la conclusión.

Si tuviéramos que guiarnos por el pago de los impuestos, los asalariados españoles están mejor remunerados que sus empresarios. En 1989, con la economía en pleno florecimiento, los empresarios del país declaraban unas ganancias medias de sólo un millón de pesetas anuales, frente al 1.700.000 de los empleados.

Los desequilibrios del sistema impositivo no sólo son una fuente de profundo desencanto, sino también una causa de desigualdad manifiesta. Por extraño que parezca, la sociedad española se volvió más injusta bajo el mandato de políticos que ostentaban la denominación de socialistas.

NOTAS CAPITULO 17

1) Kenneth M. Medhurst, Government in Spain, Oxford, Pergamon, 1973.

2) Una de las consecuencias de esta diferencia de horarios entre los funcionarios superiores y los inferiores es que por la tarde, con excepción de uno o dos días por semana, algunos de los hombres y mujeres con más poder en España tienen que contestar por sí mismos al teléfono.

3) Aspectos y problemas de la vida política española. Programa 2000.

4) Véanse págs. 276-277.

18

Proveedores reacios

En 1992, la oficina de la presidencia del gobierno preparó un libro cuyo título fue *España fin de siglo*. Entre otras, los asesores de Felipe González llegaron a la conclusión de que en los años socialistas hubo una subida de los ingresos medios y una desigualdad social creciente.

Esto no significa necesariamente que los ricos se hayan enriquecido más aún y que los pobres sean más pobres. España en su conjunto era más rica en 1992 de lo que lo había sido diez años antes, y los datos sugieren que los españoles de todas las clases sociales tenían ingresos mayores.

Pero lo que las estadísticas también demostraban era que el porcentaje del producto interior bruto que se llevaban los asalariados era casi 5 puntos más bajo que en 1982 y, mientras el auge económico hacía que los trabajadores llamados «de cuello blanco» tuvieran un aumento de más del 5,25 por ciento en sus ingresos, los de los obreros apenas si subieron algo. En cuanto a los pensionistas, cuya paga se fijaba según el salario mínimo interprofesional, en realidad habían perdido puntos en los años del florecimiento económico[1].

Al considerar la distribución de los bienes y no de las ganancias, el equipo de la presidencia del gobierno concluía que las circunstancias del mercado de la vivienda varió el equilibrio entre las clases de una manera mucho más drástica. Al respecto, decían que la distribución de los bienes, es casi seguro, no sólo ha aumentado la desigualdad sino que también puede desembocar en una población dual, en la que los ricos estén haciéndose desproporcionadamente más ricos, mientras los pobres se vuelven más pobres.

Cuando Felipe González visitó Washington al año siguiente de haber asumido el poder, el gobierno de Reagan dedujo, con gran capacidad de percepción, que él y sus partidarios no eran socialistas sino más bien «jóvenes nacionalistas». La ambición de González –visible en casi todos los discursos que pronunciaba– era eliminar lo que los políticos de principios de este siglo llamaron «el atraso», la brecha que se abrió entre España y el resto de Europa en las centurias posteriores a su Siglo de Oro. Desde el comienzo mismo, su preocupación mayor fue igualar el PIB per cápita de España con el de la UE.

En ese contexto es donde mejor se entiende la política del bienestar de González quien, con sus ministros, sin duda ha mejorado la situación social y no estaba muy lejos de completar la construcción de un estado del bienestar. Pero la tarea se había llevado a cabo sin ningún plan básico, ningún gusto ni orgullo. Una y otra vez, se vieron forzados a introducir reformas a causa de las amenazas de los sindicatos. A menudo se mostraban proclives a poner a prueba hasta el límite la capacidad de las familias españoles para cubrir las deficiencias del sistema de protección social. Y aunque las inversiones se concentraron en los campos en que podían dar dividendos electorales, en las urnas los socialistas sacaron muy poco de sus, en general, importantes logros en materia de bienestar. Fue corriente que los candidatos del PSOE resumieran la acción del gobierno en este ámbito en un único párrafo hacia el final de sus discursos, mientras reservaban el espacio principal para proyectos relumbrantes como el tren de alta velocidad Madrid-Sevilla. Era como si la creación de un estado del bienestar no fuera algo que les inspirara orgullo ni les haciera concebir el deseo de que quedara unida al nombre del PSOE, sino una necesidad aburrida, que los apartaba de la mucho más noble misión de promover el crecimiento. Esto es particularmente cierto en el caso de las prestaciones por desempleo, donde se produce un obvio conflicto entre crecimiento económico y protección social.

Durante la mayor parte de los años ochenta, España tuvo la tasa de paro más alta de la Unión Europea, a pesar de un auge económico que había creado medio millón de puestos de trabajo más de los que había destruido la recesión anterior. Los motivos eran varios. Uno fue que el auge de la natalidad en España se prolongó más que en otros países comunitarios y, por tanto, los nacidos en esos años aún estaban llegando a la edad de incorporarse a las filas laborales en el decenio de 1980. Otro motivo fue que cada vez era mayor la proporción de los jóvenes que llegaban a la edad laboral y procuraban entrar en el mercado del trabajo, cosa que se debía sobre todo –si no del todo– a los cambios en la actitud de las mujeres españolas, antes descritos.

El pago de una prestación a todos los españoles adultos sin empleo representaría un carga formidable, que los sucesivos gobiernos procuraron evitar por todos los medios. Se ha hecho ya una tradición que los políticos españoles, ante una crisis económica o un aumento del índice de paro, reaccionen de inmediato imponiendo restricciones en el monto de las prestaciones por desempleo o en el número de personas que pueden cobrarlo. En sí mismo, quizá esto sea comprensible, sólo que en ningún momento se creó una prestación que actúe como «red de seguridad», comparable al *Supplementary Benefit* de Gran Bretaña o al *Supplemental Security Income* de Estados Unidos, destinados a los que no tienen otro medio de supervivencia. Los que no cobran la prestación de desempleo tienen que salir adelante lo mejor que puedan, con trabajos eventuales, viviendo con amigos o parientes y, en casos extremos, mendigando en la calle.

Cuando Franco murió, la mayoría de los parados podía pedir la prestación de desempleo. En 1976, la cifra era del 62 por ciento[2]. Pero a principios de la recesión que sufrió España a fines del decenio de 1970 y principios del siguiente, la reacción de los centristas fue modificar la legislación para proteger las arcas del Estado. En consecuencia, hacia 1983, sólo podían pedir la prestación de desempleo un 26 por ciento de los parados.

Al parecer, los socialistas no tenían planes para cambiar la legislación y, sólo tras un pacto con las centrales sindicales, se modificaron las limitaciones establecidas. El porcentaje de los beneficiados aumentó como correspondía pero bajó una vez más cuando el gobierno volvió a tirar de la cuerda. En 1988, el número de parados que podían cobrar la prestación de desempleo había descendido hasta el 29 por ciento.

El gobierno procuró justificar la situación asegurando que uno de cada tres parados tenía trabajo en la economía «negra». También se señalaba que en familias con miembros en paro era más común que en el resto de la UE que al menos uno tuviera trabajo. Sin embargo, esto sólo significaba que el salario de una persona tenía que distribuirse entre varias.

Los sindicatos no hicieron caso de esas explicaciones y la principal demanda que hubo tras la huelga general de 1988 fue la exigencia de una mayor cobertura del paro. Aunque jamás se reconoció que hubiera un giro en redondo, el gobierno modificó de verdad la legislación. En 1989 se dictó un decreto por el que, en los cuatro años siguientes, hubo un aumento sostenido en el porcentaje de los que po-dían recibir la prestación de desempleo, si bien esto se debió en parte a una disminución del número de parados. Hacia mediados de 1993, los que cobraban el paro eran casi un 70 por ciento, pero la cifra volvía a bajar inmediatamente después, porque las restricciones impuestas por los socialistas en 1992, y también en 1993, empezaron a hacer efecto.

En la actualidad, se da la situación de que los que buscan su primer empleo no están cualificados para recibir ningún tipo de ayuda. El criterio –muy mediterráneo, por cierto– es que pueden vivir en casa de sus padres. Dependiendo del tiempo durante el que hayan cotizado, los trabajadores pueden solicitar la prestación de desempleo, cuyo monto se fija de acuerdo con el salario previo, por un período que se establece según ese tiempo de contribución. La prestación no dura para siempre, aunque en casos extremos se mantiene durante seis años. Cuando se termina, algunos beneficiarios se quedan sin ninguna clase de ayuda, pero otros pueden recurrir al subsidio de paro, que es mucho menos generoso. En 1993 llegaba a 614.565 pesetas anuales (unos 5.000 dólares ó 3.000 libras), suma que no da para vivir, al menos en las grandes ciudades.

Poco después de que se anunciara austeridad en los gastos de 1993, el antiguo ministro de Economía y Hacienda Carlos Solchaga resumió una actitud ya reflejada ampliamente en el tratamiento dado por los socialistas a los parados, al decir a sus compañeros de partido que el Estado no estaba para pagar a los holgazanes. Sin embargo, el Estado, o mejor dicho el gobierno, durante varios años se había contentado con hacer oídos sordos a los datos sobre fraude a gran escala en la zona del país de la que obtenía el apoyo que lo mantenía en el poder: además de los que solicitaban la prestación o el subsidio, en el sur del país más de 200.000 españoles recibían ayudas a través del llamado «Régimen Especial Agrario»[3].

En los años setenta, estaba yo en una comida con el presidente de gobierno Adolfo Suárez, en cuyo curso le pregunté qué le hacía perder el sueño. ¿El ejército? ¿ETA? ¿El precio del petróleo? ¿O quizá el déficit incontrolable de la Seguridad Social? Con su habilidad característica, Suárez respondió que no padecía de insomnio, pero añadió que, si algo podía hacerle perder el sueño, sin duda era Andalucía.

Fue una respuesta por completo inesperada. Nada había ocurrido en Andalucía que no hubiera pasado en el resto de España y el movimiento en pro de la autonomía regional aún no había llegado a levantar mucha presión. Pero, como comprendí tiempo después, Suárez –al igual que todos los demás políticos españoles de su generación– pensaba que la Andalucía exuberante y perfumada no era una flor del jardín de España, sino su polvorín.

Tradicionalmente, gran parte de Andalucía y de la vecina Extremadura, una región menos extensa pero más pobre aún, se componía de vastas propiedades de señores ausentes, en las que trabajaban innumerables peones temporeros. El potencial de agitación social de esos hombres que recibían una paga diaria o jornal, y por eso se llaman «jornaleros», era evidente aún antes de que la mecanización dejara sin trabajo a la mayoría de ellos. La emigración de andaluces y extremeños hacia todos los puntos de España, y después a todos los países de Europa, en los años cincuenta, sesenta y setenta, se convirtió en una válvula de escape. Pero en la época en que Suárez llegó al poder ya estaba cerrada esa vía y, por un tiempo, algunas zonas del sur estuvieron al borde de la indigencia. El núcleo del problema consistía en la falta de trabajo entre una cosecha y otra. Había pueblos en que cada año, durante un mes o más, la gente tenía que recoger bayas para llenar el estómago.

Deseosa de conjurar la amenaza de una rebelión campesina, porque hasta allí se había llegado, UCD preparó para los afectados un programa de trabajos comunitarios, que pretendía cubrir el tiempo que iba de una cosecha a otra. Pero cuando los socialistas asumieron el poder, bajo el liderazgo del hijo de un pequeño propietario andaluz, pusieron en marcha una solución mucho más amplia y generosa.

Cualquier andaluz o extremeño que pudiera probar que había trabajado la tierra durante sesenta días en el año tendría derecho a un subsidio de nueve meses, para pasar el período en que quedaba sin trabajo. Por increíble que nos parezca a los extranjeros, el criterio era –y sigue siendo– que la tierra del sur de España no puede dar a los labradores más que tres meses de empleo al año.

Pero no es sólo eso. Con el temor de que algunos «jornaleros» no encontraran trabajo rural durante sesenta días, los socialistas establecieron un programa propio de trabajos comunitarios y decretaron que los días dedicados a esas tareas se contarían como válidos para solicitar el subsidio. El Plan de Empleo Rural (PER), financiado en conjunto por el gobierno central y el autonómico, patrocina proyectos para mejorar instalaciones comunitarias. Así fue como permitió que se construyeran presas, se restauraran monumentos y carreteras, que se pavimentaran calles y se instalase el alcantarillado. Los alcaldes de los pueblos presentan sus proyectos ante las autoridades madrileñas; si se aprueban, los ayuntamientos son los responsables de contratar a los trabajadores y deben comprar los materiales. Sin embargo, en ningún momento se comprueba si el número de días que se ha trabajado en cada pueblo coincide con el que los peones dicen haber trabajado.

Inadvertidamente o no, los socialistas habían creado una máquina para implantar la corrupción y el "clientelismo". Aunque el número de jornaleros disminuía, el de beneficiarios de ese subsidio oficial pasó de 200.000 en 1984 a 300.000 en 1990 y se redujo otra vez a 200.000 dos años más tarde. Poco después de que la cifra llegara a su máximo, el consejero de agricultura de la Junta de Andalucía –socialista– reconoció que sólo entre 80.000 y 90.000 jornaleros de los 300.000 que recibían el subsidio eran acreedores de verdad a cobrarlo.

De inmediato se supo que los alcaldes de todos los pueblos de la región, que era baluarte del PSOE, habían firmado certificaciones falsas en las que acreditaban a la gente de su pueblo las jornadas de PER necesarias para cobrar el subsidio. En algunos casos, se trataba de auténticos jornaleros para los que no había trabajo suficiente. Pero la amplia mayoría estaba compuesta por personas que vivían en el medio rural y se aprovechaban de la oportunidad de recibir un ingreso estable, aunque modesto, durante nueve meses al año. Desde 1991, la mayoría de los beneficiarios eran mujeres, aun cuando en el campo las mujeres nunca superaban en número a los hombres.

Un buen número de alcaldes se prestaba al fraude por temor a lo que les podía ocurrir en caso contrario: los «que no cooperaban» quedarían fuera del cargo en las siguientes elecciones. Uno tuvo que refugiarse después de negarse a seguir con el engaño, pero se cree que otros vendieron su apoyo a cambio de dinero o favores, y no habrán sido los únicos: se sabe que los terratenientes firmaban certificaciones falsas a cambio de dinero o trabajo gratuito.

La creación del «subsidio» y del PER cambió Andalucía en profundidad. Pueblos enteros fueron pavimentados hasta tal punto que el visitante podría suponer que está en la zona rural de California y no en una de las regiones más pobres de Europa. En los pueblos en que todo el trabajo posible ya se había hecho, se acusó a los ayuntamientos de presentar proyectos falsos al gobierno y después emplear la mano de obra y el material para fines particulares. De más de un alcalde se sabe que se construyó una nueva piscina o amplió su casa gracias al PER.

Pero los cambios van más allá de lo visible. El subsidio institucionalizó el empleo irregular y, se temen muchos, la imposibilidad de que haya una reforma en Andalucía, porque se ha creado toda una clase social que cuenta con las nueve pagas del subsidio para tener un ingreso anual adecuado, aparte del trabajo eventual que haga aquí y allá, y que no tiene ningún incentivo para apartarse del trabajo rural. Al mismo tiempo, los alcaldes –socialistas en su mayoría– reemplazaron a los terratenientes en el papel de árbitros de la fortuna local.

En 1993, el número de beneficiarios del PER volvía a aumentar y, en el momento de escribir estas líneas, estaba alrededor de

240.000. Si sólo una tercera parte no fuese merecedora del subsidio, el fraude sistemático al Estado habría sido de unos 20.000 millones de pesetas al año. Se trata de una cifra importante, aunque –según afirman los políticos de algunos pueblos– desdeñable, si se compara con lo que pierde el Estado por el fraude fiscal de otros españoles, mucho más ricos que el promedio de los habitantes rurales andaluces o extremeños.

Ni la prestación normal de desempleo ni las ayudas especiales para Andalucía y Extremadura están dentro del sistema básico de bienestar español, la Seguridad Social, creada hacia los años sesenta para reemplazar los distintos servicios que brindaban los sindicatos, las compañías de seguros, las mutualidades y el Instituto Nacional de Previsión, que se había establecido a principios de siglo. No es el único existente en España, pues hay otros independientes en los ayuntamientos, para los funcionarios públicos, para las fuerzas armadas y, además, está el Fondo Nacional de Asistencia Social (FONAS), que otorga pensiones a la vejez a personas que no pueden acogerse a ninguno de los otros sistemas. No obstante, la Seguridad Social es el más importante y ofrece una amplia variedad de prestaciones: pensiones, atención sanitaria y servicios sociales.

Con los años, la proporción que de los gastos de la Seguridad Social ha tenido que pagar el Estado creció sin cesar, mientras que la proporción aportada por empresarios y trabajadores ha disminuido.

En una fecha tan cercana como la de 1976, la contribución estatal se reducía a un 4 por ciento. Hacia 1993, había subido al 31 por ciento, cifra comparable a la de otros países de la UE. Según la filosofía aplicada por los socialistas, con los impuestos hay que pagar prestaciones como el cuidado de la salud, los servicios sociales y las pensiones no contributivas, a las que todos tienen derecho, mientras que los aportes de los empresarios y de los trabajadores cubren sólo los beneficios de las personas que están dentro de la Seguridad Social.

Algo menos de las dos terceras partes de los gastos de la Seguridad Social se dedican a las prestaciones: ayudas familiares y las pensiones a viudas, huérfanos y minusválidos. Bastante menos de un tercio se aplica a la salud y a los servicios sociales. El resto va a dar a los costos administrativos.

A la llegada de los socialistas al poder, todo el sistema estaba en crisis. Cuando se ahondó la recesión de fines del decenio de 1970 y principios del siguiente, lo primero que hacían las empresas para recortar costos era dejar de pagar las contribuciones a la Seguridad Social, algo que podían hacer sin temor a una penalización.

Al mismo tiempo, el sistema tuvo que atender a un aumento en la demanda de pensiones. En parte, esto se debía a que mucha gente, tras perder su trabajo, y luego el derecho a la prestación por desempleo, consiguieron obtener una pensión por invalidez a la que no tenía derecho. Sin embargo, la causa principal era que, tal como en otros países desarrollados, la población española se hacía cada vez más vieja y la Seguridad Social tenía que pagar más dinero en pensiones a la vejez.

El problema español se perfilaba como muy serio, porque esas pensiones eran muy generosas. Las pensiones a la vejez varían en España según la nómina del pensionista: la relación entre pensiones y salarios era la mayor de Europa, después de la que se adjudica en Suecia, y no había una limitación del máximo.

Con un número decreciente de empresarios dispuestos a aportar dinero al sistema y muchos más receptores, se produjo una situación en la que no pocos funcionarios hablaban de la posibilidad de quiebra del sistema.

Sin embargo, en 1985 el gobierno auspició una reforma amplia que restringía el acceso a las pensiones por invalidez e imponía un límite mucho más estricto al monto de las jubilaciones. El efecto fue que los fondos de la Seguridad Social quedaron asentados en una base más sólida.

En consecuencia, la mayoría de los jubilados españoles tuvieron que apañarse con unos ingresos mucho más modestos. En 1990, como parte de un acuerdo entre el gobierno y los sindicatos establecido después de la huelga general, se aplicó a las pensiones, y no sólo a las jubilaciones, una actualización automática acorde con el índice de inflación del año anterior. A pesar de esto, a principios del decenio de 1990, casi las tres cuartas partes de los pensionistas recibían mensualmente una cantidad menor que el salario mínimo.

Además de la reforma de las pensiones contributivas, los socialistas dieron a los españoles otras dos formas de protección. En 1987, concretaron una medida postergada durante demasiado tiempo, por la que se permitía que la gente tomara sus propias previsiones y aliviara al Estado de una parte de la carga: se aprobó en el Parlamento una medida para legalizar los fondos privados de pensión. Tres años más tarde, otro pacto entre el gobierno y los sindicatos abrió la puerta para que la Seguridad Social otorgara pensiones no contributivas con mayor amplitud que la de las ayudas del FONAS.

No obstante, hay que señalar que estos nuevos beneficios para quienes no hayan contribuido a la Seguridad Social están, como las pensiones del FONAS, sólo al alcance de personas mayores y/o inválidas, es decir que no corresponden a los que aún tienen edad laboral, aunque carezcan de medios de subsistencia. Inmediatamente después de la huelga general de 1988, varios gobiernos autonómicos empezaron a adjudicar a los que estaban en esta última categoría una prestación que se suele llamar «salario social». Cuando se preguntó por qué el gobierno central se negaba a adoptar ese criterio, la que por entonces era ministra de Asuntos Sociales respondió que esa «no era la vía socialista».

Las prestaciones de atención sanitaria y servicios sociales son desiguales en España. Aunque durante el gobierno del PSOE se redujo, aún es grande la diferencia entre los recursos asignados a ambos campos. En el presupuesto de 1993, la atención de la salud se llevaba nueve veces más que los servicios sociales.

En cuanto a la atención sanitaria, en los últimos años se produjeron progresos importantes, aunque el aumento numérico de servicios e instalaciones no siempre se correspondió con mejoras de su calidad. Cuando los socialistas asumieron el poder, el 86 por ciento de la población podía usar los servicios de atención sanitaria de la Seguridad Social. El gobierno se propuso extender esa cobertura a toda la población. En los años setenta era común, y posible en los ochenta, que una persona enferma o incluso moribunda fuera rechazada en los centros de la Seguridad Social porque no tenía la cartilla correspondiente.

La Ley General de Sanidad, promulgada en 1986, se concibió como la piedra angular del sistema por varios decenios. A diferencia de la legislación anterior, se basaba en el supuesto de que los ciudadanos eran acreedores a la atención sanitaria por derecho y no por pagarla. Por primera vez se habló de un «Sistema Nacional de Salud». A causa de las normas y definiciones aplicadas en esa Ley General de Sanidad, el gobierno cumplió con su objetivo de cobertura sanitaria total en 1991[4]. Fue uno de los logros notables de la era socialista aunque, como suelen hacerlo en este tipo de cosas, los miembros del PSOE pocas veces lo proclaman en público.

En realidad, España ofrece –como la mayoría de los países con un servicio sanitario público– algo que no llega a ser una atención total gratuita. Sólo poco más del 1 por ciento de la población queda excluido, supuestamente porque tiene dinero suficiente para pagar una atención privada. Pero el Estado no brinda más tratamiento dental que las extracciones y, además, exceptuados los pensionistas, los ciudadanos deben pagar el 40 por ciento del precio de las medicinas.

La pregunta que se planteaba, con preocupación creciente, a principios de los noventa era si los socialistas, acaso, no se habrían excedido; si, como en otros campos, no habían ido demasiado lejos y demasiado rápido. Cuando el servicio de salud se amplió a toda la población, las listas de espera para la atención en los hospitales se triplicaron. La raíz del problema es el dinero.

La inversión ha aumentado pero no lo bastante como para responder a las demandas adicionales que se le hacen al Estado en el campo de la salud pública, pues cada vez son más las personas que pueden recurrir a esos servicios y cada vez son más los tratamientos caros que se pueden obtener. Sin embargo, España gasta un porcentaje de su PIB menor que el que invierten Portugal o Irlanda en atención sanitaria.

En 1991, Abril Martorell, que había sido vicepresidente en tiempos de la UCD, a petición del gobierno elaboró un informe en el que recomendaba reformas para ahorrar dinero, semejantes a las introducidas por los conservadores en Gran Bretaña. Pero sus planes de convertir los centros sanitarios y darles libertad para contratar y despedir personal generaron amenazas de huelga por parte de los trabajadores sanitarios; después de eso no se volvió a hablar del asunto. A menos que se haga algo para aumentar los ingresos o recortar los gastos, la mayoría de los españoles seguirá recibiendo la misma atención sanitaria pobre que está recibiendo ahora.

Una mirada a los indicadores medios de sanidad sugiere que el tratamiento que se obtiene en España, si no el mejor, es uno de los mejores del mundo. La expectativa de vida es la más alta de la UE. La mortalidad infantil, que en 1960 llegaba al 43 por mil, bajó a menos del 9 por mil y desde hace unos años es menor que en Estados Unidos y que en casi todos los países europeos.

El número de médicos por mil habitantes es el más alto del mundo; de hecho, se dice que España tiene el doble de médicos de los que necesita, aunque esto se deba a que, en los años ochenta, se permitió que ingresaran en la carrera demasiados estudiantes, lo que refleja la forma en que las cosas, con toda rapidez, pueden quedar fuera de control en el campo de la atención sanitaria española.

El desequilibrio es la nota dominante. España tiene demasiados médicos, pero los dentistas son tan pocos que algunos profesionales franceses han ganado mucho dinero instalando consultas en pueblos cercanos a la frontera española, en las que ofrecen a los pacientes una atención inmediata y más barata. También hay un desequilibrio grande entre el número de médicos y el de auxiliares sanitarios. Además, el número de camas de hospital por cada mil habitantes es el segundo más bajo en la UE.

En general, la medicina española se caracteriza por un énfasis extremo en la medicina crónica, el uso de tecnología avanzada y de medicinas caras. El paciente con un problema que exige un tratamiento de emergencia recibe en España la mejor atención que existe en el mundo. Es probable que se le hagan todo tipo de pruebas clínicas en un momento en que los médicos de otros países aún se estarían haciendo consultas formales. Si se requiere una operación, lo más probable es que en ella se empleen las técnicas y equipos más avanzados. Pero tal vez la atención de los auxiliares no sea tan adecuada, porque en España aún se supone que el paciente debe ser cuidado por su familia. En cuanto a los tratamientos postoperatorios, casi no los hay. Sólo en algunos casos se produce cierta coordinación entre los empleados sanitarios y los asistentes sociales. Apenas si hay un servicio público de rehabilitación e instalaciones para convalecientes. Un médico de la Costa Blanca cierta vez me contó el caso de un paciente cardiaco al que llevaron del hospital a su casa en ambulancia y dejaron en el jardín de la casa, porque no tenía la llave para entrar.

El paradigma de las deficiencias del servicio sanitario español es el madrileño hospital Gregorio Marañón que, con sus 2.600 camas, está considerado como el mayor de Europa y, sin embargo, es demasiado pequeño. Se supone que debería prestar servicio a 800.000 personas del sur y del este de Madrid, un área de captación que es más del triple de lo que como máximo permite la propia ley española.

La historia reciente del Gregorio Marañón sería cómica en ocasiones, si no fuera tan trágica. En noviembre de 1988, se desplomó el techo de la unidad de nefrología y mató a un paciente. Tres meses más tarde unas treinta personas ingresadas para recibir tratamiento fueron encontradas –y fotografiadas– en los pasillos de la sección de urgencias, porque no había lugar para ellas en las salas correspondientes. Una de esas personas estaba muerta. En octubre de 1989, algunos pacientes iniciaron una huelga de hambre, después de haber denunciado que habían encontrado gusanos y cucarachas en la comida. A principios del año siguiente, en una misma noche, dos personas ingresadas en urgencias murieron antes de recibir atención. Una había estado allí durante cinco horas. Nunca se supo cuánto tiempo llevaba en urgencias la otra. La dirección del hospital aplicó un expediente disciplinario a varios de los doctores y enfermeros que estaban de guardia, incluidos algunos que procuraron poner en conocimiento de la opinión pública la situación existente en el departamento de urgencias.

A continuación, todo el personal se declaró en huelga. Joaquín Leguina, presidente de la comunidad autónoma de Madrid, de la que depende el hospital, cierta vez señaló que «hay una respuesta para todo en el servicio de salud, menos para el Gregorio Marañón».

A pesar de los importantes aumentos del dinero a ellos destinados, los servicios sociales todavía son la cenicienta del sistema de bienestar español. En 1992, sólo había seis residencias para discapacitados físicos y veinticinco para enfermos mentales.

Pero el mayor desafío de los próximos años será atender las necesidades de un número cada vez mayor de ancianos en España. Entre 1981 y 1991, la proporción de personas de más de 65 años en la población subió del 10 al 14 por ciento. Hacia el año 2000 se espera que llegue casi al 20 por ciento.

Lo más innovador que hicieron los socialistas fue dar a los mayores vacaciones pagadas por los contribuyentes. En 1992, las plazas fueron nada menos que 357.000 dentro del plan del gobierno. Esas «Vacaciones de la tercera edad» a menudo suscitaron arduos debates políticos. Los socialistas sostuvieron que permitían que muchas personas mayores vieran por primera vez en su vida el mar, y aseguraron que se trató ni más ni menos que de un gesto de aprecio de la nueva España hacia sus mayores. Para la oposición, esas vacaciones fueron una manera de comprar votos con el dinero de los contribuyentes.

En campos más cotidianos, como la atención de las personas mayores, también hay grandes deficiencias. Las cifras oficiales y las que provienen de instituciones independientes dan muchas diferencias en cuanto a la cantidad de plazas en residencias para ancianos. Pero parece que existen algo más de 100.000, de las que entre el 20 y el 40 por ciento son públicas y del 60 al 80, privadas.

En cualquier caso, está claro que no bastan. En proporción con el resto de la UE, España tiene sólo la mitad de plazas disponibles y, por tanto, las listas de espera implican demoras de hasta tres años. Las diferencias de atención en las residencias españolas son inmensas[5]. Al contrario de lo que se podría esperar, las residencias gestionadas por los ayuntamientos, autonomías y gobierno central suelen ser mucho mejores que las privadas. La escasez de plazas ha hecho que las autoridades cierren los ojos ante las condiciones poco satisfactorias de muchos establecimientos. En Barcelona, un juez que vio una de esas residencias, ya antes inspeccionada y aprobada por la administración autonómica, quedó tan espantado al comprobar el estado de las instalaciones que cerró el centro y envió al propietario a la cárcel. El juez se había ocupado del caso a instancias de una organización de voluntarios con sede en Barcelona, la Coordinadora de Usuarios de Sanidad (CUS), que se ocupó por primera vez de la suerte de los ancianos en el invierno 1988-1989, cuando una huelga de los distribuidores de butano dejó a miles de ellos sin calefacción. La CUS utilizó después a los repartidores de butano como servicio de inteligencia para tener información sobre las necesidades de las personas de edad.

En 1992, el gobierno puso en marcha el Plan Gerontológico, por el que se espera que el número de plazas de residencia para personas de más de 65 años pase de 25 a 35 por mil. Pero incluso esta última cifra dejaría a España por detrás del resto de la UE, y el gobierno espera cerrar la brecha recurriendo a una mayor ayuda domiciliaria.

En vista de que la influencia política de la tercera edad sube junto con su número, bien podría ser que los gobiernos futuros se vean sometidos a una presión irresistible para que haya más instalaciones y beneficios destinados a ella. En las elecciones de 1993, los votantes de más de 65 años sumaban el 18 por ciento del electorado y casi todos acudieron a las urnas.

NOTAS CAPITULO 18

1) Desde entonces la tendencia ha variado, aunque no mucho. En 1992 el salario mínimo era un 3 por ciento más alto, en términos reales, que en el año en que los socialistas asumieron el poder.

2) Esta estimación y otras subsiguientes del porcentaje de parados que recibían la prestación de desempleo se obtuvo dividiendo el número de parados que podían recibir el beneficio por el número de personas inscritas en las oficinas gubernamentales de desempleo. Si se utilizara en estos cálculos la cifra media de desempleo, el porcentaje sería mucho más bajo.

3) No se considera parados a los beneficiarios de esa ayuda, ni tampoco receptores del seguro de desempleo, por lo que su número no se refleja en los porcentajes, antes citados, de parados que pueden recibir los beneficios del seguro.

4) No hay que figurarse por esto que la medicina en España se volvió 100 por ciento pública. Todavía existe un amplio sector privado, que representa más de una cuarta parte del sistema, cuyas instalaciones contrata el sector estatal.

5) Una de las mejores residencias para la tercera edad es, según se dice, La Meca, en Pamplona, que se financia con la venta de billetes para las corridas de las fiestas de San Fermín.

19

Educación: todo cambia en las escuelas

Uno de los recuerdos más gratos que tengo de los primeros años de la restauración de la democracia en España es el de una noche húmeda, en que me encontré en un almacén desnudo, encalado, a la sombra de un paso elevado que encauza el tráfico de Bilbao hacia Rekaldeberri, uno de los pueblos satélites nacidos durante la revolución industrial que transformó al País Vasco a fines del siglo pasado. Antes de la Guerra Civil se le conocía como «el rincón de Lenin» y hasta mucho después, cuando se construyó el paso elevado, pandas de muchachos merodeaban por los límites del lugar y atacaban a todo el que entraba o salía.

Había ido a cubrir la noticia de una reunión convocada para hablar sobre el futuro de la «Universidad popular de Rekaldeberri». Lo de «universidad» era un título bastante grandilocuente para lo que, en resumen, era un plan de dos clases nocturnas semanales, financiado con un negocio de chamarilería (todas las semanas los estudiantes recorrían el vecindario para recoger trapos, papeles y muebles viejos que después vendían). Pero, aun así, era un intento importante de llevar algo de conocimiento a una comunidad que carecía por completo de él y, evidentemente, sentía que lo necesitaba.

Tiempo después supe que el experimento fracasó unos años más tarde, pero no había sido vano. Algunos de los concejales elegidos cuando la izquierda se hizo cargo de muchos pueblos y ciudades, en las elecciones municipales de 1979, habían tenido noticias del proyecto de Rekaldeberri y decidieron imitarlo. La primera Universidad Popular financiada por un ayuntamiento se organizó en San Sebastián de los Reyes, cerca de Madrid, al año siguiente. A diferencia de Rekaldeberri, donde el plan de estudios era réplica del de cualquier centro de enseñanza convencional, las Universidades Populares se concentraron en los conocimientos básicos, empezando por la alfabetización, ya que muchos trabajadores españoles no habían tenido ocasión de aprender a leer y escribir.

Una parte del alumnado de esos centros se compone de amas de casa cuyos hijos ya van a la universidad, lo que les hace temer un distanciamiento por falta de intereses compartidos; nada hay que separe a las generaciones en España tan lamentablemente como los distintos niveles de educación. Las divisiones se ven con toda crudeza en las cifras de analfabetismo. Un estudio publicado por el ministerio de Educación en 1993 ponía la tasa general en el 3,5 por ciento, algo más de un millón de ciudadanos, con una abrumadora mayoría de personas de más de 45 años.

El nivel de analfabetismo en España baja de una manera continuada, año tras año, a medida que crece la proporción de las personas que tuvieron oportunidad de beneficiarse de los progresos impulsados por gobiernos sucesivos. Al respecto, la OCDE reconoció que España ha protagonizado la transformación educativa más espectacular entre sus países miembros en los últimos años.

Cuando llegó la prosperidad en los que para España fueron los «años de desarrollo», la educación recibió el mayor porcentaje de esa nueva riqueza. Entre 1962 y 1976, la parte del presupuesto destinada a educación se duplicó con creces, en tanto que la cantidad dedicada a salud pública y servicios sociales subía la mitad y se recortaba el dinero adjudicado a la vivienda. Desde la restauración de la democracia, el gasto público en educación se ha vuelto a duplicar en términos reales.

Pero el dinero que los políticos asignan a la educación no es más que un reflejo de la prioridad que le adjudican españoles de todos los grupos sociales.

En tiempos de la Segunda República, las aspiraciones de la clase trabajadora en materia educativa se concretaron en bibliotecas ambulantes, «ateneos libertarios» y «casas del pueblo», auspiciados por anarquistas y socialistas y equivalentes de los «casinos» que las clases media y alta instalaban, para que sus miembros leyeran los periódicos y comentaran los temas del día.

En tiempos más recientes, esas aspiraciones se reflejaron en el aumento de los que se aprovechaban de las iniciativas que el gobierno organizaba y costeaba en el campo de la educación para adultos. Durante la primera mitad del decenio de 1980, el número de los que recibían educación básica en los centros públicos del Servicio de Educación Permanente de Adultos aumentó en casi un 50 por ciento. Hacia

1985-1986, contaba con unos 150.000 alumnos y más de 3.000 profesores. Los estudios superiores se pueden seguir en la Universidad Nacional de Educación a Distancia (UNED) que tiene cursos por correspondencia y clases radiales. En 1988-1989, el número de alumnos matriculados llegaba a casi 75.000.

Sólo se puede aventurar una explicación del respeto que sienten los españoles por la educación. Sin duda, va de la mano con un tradicional desdén por el trabajo manual. Pero quizá también sea otro resultado del salto de una España preindustrial a otra postindustrial. Con gran frecuencia, en esas partes de Europa que tuvieron una experiencia prolongada de industrialización, los «valores de la clase trabajadora» llegaron a ser sinónimos de orgullo por la falta de educación y cultura.

Esta actitud no existe en España. Educación y cultura, y las palabras de ellas derivadas, tienen una connotación positiva universal en el lenguaje cotidiano. El adjetivo «culto» se iguala con «educado», que a su vez pasó a significar «de buenas maneras». Sus antónimos –«inculto» y «maleducado»– son, de hecho, insultos graves en España y si alguna vez surge en un bar proletario una discusión, no es extraño que, tarde o temprano, alguien diga a su oponente: «Tú no tienes cultura ni educación».

Ese personaje tan conocido en la escritura británica moderna, el del padre obrero que denuncia a su hijo como «traidor a su clase» por haber ido a la universidad, no tiene equivalente en España. Una encuesta encargada por *El País* en 1989 demostraba que el 81 por ciento de los españoles con hijos en edad escolar querían que sus niños fueran a la universidad. La variación de un extremo a otro de la escala social no era tan grande: el 88 por ciento en la parte alta y el 74 en la baja. Pero lo más notable era que, por primera vez desde el fin de la dictadura, más de la mitad de los que querían que sus hijos fueran a la universidad consideraban que así sería. Es un testimonio elocuente del éxito de las reformas que transformaron el sistema escolar y aún lo están transformando.

Sólo algo menos de un tercio de los niños españoles recibe su educación en escuelas de pago. Algo menos de la mitad de ellas son propiedad de órdenes religiosas y el resto está gestionado por propietarios seglares.

En general, las órdenes religiosas brindan una educación excelente. El Colegio del Pilar, de los padres marianistas, situado en el elegante barrio madrileño de Salamanca, es la institución española más cercana a Eton o Harrow. De él salieron al menos media docena de ministros de la España postfranquista, dos directores generales del ente estatal RTVE, un presidente del Consejo General del Poder Judicial y muchas figuras prominentes de las artes, las ciencias y las finanzas. El nuevo presidente, José María Aznar, fue «pilarista», como también lo fueron Juan Luis Cebrián, el primer director de *El País*, y el actual director de *ABC*, Luis María Ansón. El también madrileño Colegio de las Madres Irlandesas es, quizá, la escuela para niñas más prestigiosa del país. La madre de don Juan Carlos, doña María, se educó en un internado sevillano, que ya no existe, regentado por «monjas irlandesas».

También hay varias instituciones laicas de primera línea. Entre ellas, el Colegio Base en el rico barrio madrileño de La Moraleja, los cuatro Colegios SEK de la capital, regidos por una empresa familiar que tiene centros en Barcelona y Pontevedra, y en países europeos como Irlanda y Francia, y las instituciones que imparten enseñanza en lenguas extranjeras, como el Liceo Francés, el Colegio Americano y el Colegio Británico. Pero también hay muchos colegios privados laicos, que cuentan con recursos escasos, instalaciones poco adecuadas y, demasiado a menudo, con profesores que son, todos, parentela del director.

Las escuelas públicas son más homogéneas en el nivel de educación que ofrecen y, en ese sentido, están a mitad de camino entre los dos extremos de las escuelas laicas privadas. Pero su razón de ser fue brindar educación a los niños cuyos padres no podían pagar la matriculación y, aunque las escuelas dirigidas por sectores privados, como veremos, no siempre están financiadas con recursos privados, la escuela pública sobrelleva cierto estigma clasista.

El moderno sistema educativo español se asentó, en 1970, en una ley general de educación, por lo común llamada «Ley Villar Palasí» por el nombre del ministro del ramo, el abogado y académico políglota José Luis Villar Palasí. La ley de 1970 establecía como obligatoria la asistencia a la escuela de los niños de entre seis y catorce años de edad. Esta educación obligatoria, conocida como Educación General Básica (EGB), constituye un sistema gratuito.

El conjunto estaba dividido en tres ciclos; aunque la ley Villar Palasí hablaba de la introducción de evaluaciones continuas, este sistema nunca se puso de verdad en práctica: los alumnos aún tienen que dar exámenes al final de cada «ciclo» y los que suspenden deben repetir el curso, a menos que aprueben otro examen en otoño, práctica que dio origen a un negocio lucrativo para muchas academias privadas que organizaban «cursos de recuperación» de uno o dos meses durante el verano. Los alumnos que aprobaban los tres «ciclos» antes de los dieciséis años obtenían el diploma de «graduado escolar»

Es imposible establecer paralelos exactos con otros países, porque las normas varían, pero lo cierto es que, durante muchos años, España tuvo uno de los niveles de fracaso escolar en EGB más altos de todos los países con un sistema educativo comparable.

En tiempos de UCD, se veía con preocupación ese índice de fracaso y en 1981, después de tres años de trabajo, un equipo de psicólogos, profesores, académicos y funcionarios ministeriales preparó los «Programas renovados» que el gobierno introdujo. Se trataba de un plan revisado para EGB que, además de actualizar el sistema –por ejemplo, introduciendo el estudio de la Constitución–, establecía una lista de temas que todos los profesores debían enseñar y, supuestamente, todos los alumnos debían aprender. Sin embargo, los «Programas renovados» recibieron la crítica de los educadores, porque perpetuaban los conceptos de memorización tanto para la enseñanza como para el aprendizaje, método considerado como uno de los motivos del fracaso escolar. Los socialistas se tomaron el asunto con más calma y llegaron a eliminar las tareas caseras para todos los alumnos de entre seis y catorce años. El promedio de fracaso es hoy de un alumno de cada cinco; cuando ellos asumieron el gobierno, era de uno de cada tres.

Sin embargo, la mejoría puede tener cierta relación con el aumento de la paga de los profesores del sector público. Una crítica a la ley de 1970 era que ampliara la escolarización obligatoria sin hacer inversiones. Al encargar a los profesores de la enseñanza primaria lo que en otros países debían cumplir los de la secundaria, el gobierno se ahorraba el costo de un gran número de profesores de mayor cualificación y sueldo más alto.

En 1978, los profesores del sector público pararon las escuelas durante dieciséis días, reclamando aumento salarial y, diez años más tarde, las cerraron durante veinte días con una huelga que motivó la renuncia del ministro de educación José María Maravall. Su sucesor, Javier Solana, firmó ese mismo año un pacto por el que se concedía a los enseñantes lo que venían persiguiendo desde hacía muchos años: la paridad con otros funcionarios públicos de categoría comparable. Pero aun así el salario básico de un profesor era modesto. Después del aumento, un profesor de EGB ganaba 1.803.338 pesetas por año.

Sólo los alumnos que obtenían el diploma de graduado escolar podían proseguir sus estudios en el bachillerato unificado polivalente (BUP), de tres años de duración. Si aprobaban el bachillerato, podían seguir un año más, en el curso de orientación universitaria (COU), donde se preparaba su ingreso en la universidad.

Los que no obtenían su graduado escolar y los que conseguían el diploma pero no querían hacer el BUP, de orientación académica, a cambio podían ingresar en la formación profesional (FP), cuyo objetivo es formar trabajadores como peluqueros, secretarios, mecánicos, electricistas y demás. La FP se divide en dos fases de dos años, la primera de las cuales es, en tercios, general, científica y vocacional. Los alumnos que cumplen el primer curso se convierten en «técnicos auxiliares» y pueden seguir en la segunda fase, un curso general de dos años o uno práctico de tres. Los que terminan reciben el grado de «técnicos especialistas».

Tal vez el aspecto más peculiar de la ley de 1970 fue el hecho de que establecía la obligatoriedad de la escolarización, sin que se dispusiera aún de plazas suficientes para todos los niños. Durante los «años de desarrollo», el gobierno inició un programa intensivo de construcción de escuelas, pero no se consiguió colmar la demanda de plazas, creada por la migración de la gente de las zonas rurales a las urbanas, que nació del aumento de la prosperidad (y de las expectativas), y por el auge de la natalidad que, desde fines del decenio de 1940, se produjo no sólo en España sino también en el resto de Europa. En la tardía fecha de 1977, cuando UCD asumió el gobierno, había una considerable diferencia entre el número de niños de seis a catorce años de edad y el número de plazas disponibles, por lo que, al comienzo de cada año escolar, abundaron las duras escenas en que padres e hijos fueron rechazados por las escuelas cuya construcción aún no había terminado o que ya no tenían plazas para más alumnos.

El problema de UCD fue que, en esa época, más o menos un 40 por ciento de las plazas estaba cubierto por las escuelas de pago. Ese porcentaje era mucho más alto que el requerido por las familias realmente capaces de pagar por la educación de sus niños. Una gran cantidad de padres obligados a pagar habrían preferido enviar a sus hijos a la escuela pública. Las autoridades podían argumentar que en total había plazas suficientes, o casi suficientes. Pero, en contra de lo que establecía la ley Villar Palasí, esas plazas no eran gratuitas. Por ejemplo, en Madrid había muchas más plazas que niños, pero no menos del 60 por ciento de ellas eran de pago.

La respuesta de los centristas al problema fue recurrir a una solución ya usada por el franquismo: subvencionar a las escuelas privadas para que prestaran servicios gratuitos. En los años previos a la llegada de los socialistas al gobierno, el aumento de ese capítulo del presupuesto de educación representó ocho veces el incremento del sistema en su conjunto. Cuando los centristas dejaron el poder, sólo unos pocos colegios dedicados a EGB no recibían subvención estatal[1].

Los socialistas heredaron una situación en la que el gobierno pagaba pero no mandaba. Aunque se hacía cargo de la financiación de las escuelas privadas, por ejemplo no podía ordenar que se diera preferencia a los niños del barrio. A causa de una construcción no planificada y de una inscripción tampoco controlada, los niños a menudo debían recorrer grandes distancias para ir al colegio, mientras en su barrio había escuelas llenas de niños de otros puntos de la ciudad. Cuando los socialistas llegaron al poder, había en Madrid niños que estaban en la terrible situación de pasarse cinco horas diarias viajando de un lado a otro de la ciudad en un autobús que el gobierno proporcionaba para esos fines; sólo en la capital había 2.000 autobuses escolares.

La ley orgánica del derecho a la educación, LODE por sus siglas, promulgada en 1984, impuso una condición para el otorgamiento de subvenciones: las escuelas privadas debían adoptar los mismos criterios de admisión que se habían establecido para las escuelas públicas. Se determinaba que cada escuela tendría un cuerpo de gobierno, el Consejo Escolar, con atribuciones para contratar y despedir al director y a todo el equipo necesario. Los Consejos se integran con el director, tres representantes nombrados por el propietario, cuatro profesores, cuatro padres, dos alumnos y un miembro del personal no docente del centro educativo. La LODE también determinaba que sería el gobierno quien pagara las nóminas de los profesores, a diferencia de lo que se hacía antes, cuando el gobierno entregaba las subvenciones a los propietarios, quienes las empleaban a discreción.

Como era presumible, muchos padres de clase media vieron en la LODE una amenaza para la exclusividad educativa de sus hijos, que creían algo seguro. Con el apoyo de la Iglesia decidieron entorpecer su aplicación. Hubo manifestaciones callejeras de cientos de miles de padres. Más de la mitad de la actividad parlamentaria del gobierno se empleó en el debate de las numerosas enmiendas presentadas por la oposición, y la ley entró en vigor sólo después de que el Tribunal Constitucional fallara a favor del texto. La firmeza de los socialistas en su decisión de que la LODE se incorporara más o menos íntegra a la legislación vigente daba una medida de hasta qué punto consideraba que sólo una medida radical de ese tipo podía abrir el camino a una España más igualitaria y, quizá, más laica.

La LODE transformó la relación entre el Estado y las escuelas, pero no pretendía acabar con las carencias estructurales del sistema, que con los años se han hecho cada vez más visibles.

Desde hace un tiempo está claro que algunos alumnos fracasan en un momento muy temprano de su etapa escolar, pues no asimilan la dosis suficiente de habilidades y conocimientos básicos como para hacer frente a asignaturas y temas de mayor exigencia. Por paradójico que parezca, esto se debe a lo muy extendida que está en España la educación preescolar. A fines del decenio de 1960 y principios del siguiente, hubo un estallido de entusiasmo por la educación preescolar, al que primero respondió el sector privado y, de inmediato, también el público. En la actualidad, más del 90 por ciento de los niños españoles acuden a la escuela al menos durante un año antes de iniciar los cursos primarios. Para algunos padres, la educación preescolar representa la oportunidad de que sus hijos tengan en la vida un comienzo mejor que el que ellos mismos tuvieron. Para otros, sólo se trata de una forma barata y socialmente aceptable de quitarse de encima a los niños durante el día: una buena cantidad de los llamados parvularios son, en realidad, guarderías infantiles. Pero aun así, es evidente que los que han pasado por alguna clase de escolarización, aunque sea rudimentaria, están en mejor posición de partida que quienes no tuvieron ninguna.

Aunque el plan de EGB no contaba con que todos los niños hubiesen acudido a un parvulario, un buen número de profesores trabajan dando por sentado el hecho. El efecto consiste en crear una minoría perjudicada desde el primer momento; casi el 40 por ciento de las plazas de parvulario todavía son de pago, por lo que esa minoría, en general, está compuesta por niños de origen humilde, a los que se llamó «los de la cartilla», porque todavía estaban aprendiendo el alfabeto cuando sus compañeros ya se dedicaban a temas más avanzados; esos niños no solían ponerse a la altura de los demás y desde hace tiempo en España se cree que la educación preescolar, que de momento no es universal, debería ser gratuita, como la enseñanza básica, para todo el que la quiera.

Una incongruencia muy evidente es que el sistema creado por la ley de 1970 no hizo obligatoria la escolarización hasta los dieciséis años, edad en la que se puede entrar en el mercado laboral. En realidad, como cualquier turista puede verlo por el número de muchachos que sirven en los bares y restaurantes españoles, los alumnos que no obtienen su diploma de graduado escolar dejan el colegio a los catorce años y buscan empleos eventuales.

Entre los motivos de este desajuste destaca uno: los defectos de la Formación Profesional. Como es inevitable en un país donde el trabajo manual se desprecia abiertamente, ese tipo de enseñanza siempre tuvo un «problema de imagen». Sólo una cuarta parte de los que obtienen su graduado escolar eligen después FP.

La más problemática es la primera fase. Muchos estudiantes abandonan. El índice de fracaso entre los restantes es alto y hasta los que llegan a ser «técnicos auxiliares», pero no siguen hasta convertirse en «técnicos especialistas», consideran que su certificado es prácticamente inútil en el mercado laboral.

En 1987, los socialistas hicieron pública la primera redacción de una ley que daría a la enseñanza en España la mayor sacudida desde los tiempos de la ley Villar Palasí. Entre los que colaboraron en el nuevo plan estaba Thorsten Hussen, el padre de las reformas educativas suecas. Después de muchas consultas y discusiones, la ley de ordenación general del sistema educativo –por fortuna conocida por sus siglas: LOGSE– se aprobó en el Parlamento en 1990.

En estos últimos tres años, los opositores más acérrimos de la ley han sido los obispos católicos que, con cierta razón, la ven como un nuevo intento de arrebatarles el control de los corazones y mentes de los niños. En tiempos de Franco, la religión era una asignatura obligatoria que sólo podían impartir los profesores aprobados por el obispo local. Pero desde los últimos años de la dictadura, en un proceso que se relaciona con una actitud más liberal tanto del país como de la Iglesia, en muchas clases se dejó de ofrecer instrucción catequística y se generalizaron las discusiones sobre cultura religiosa.

En 1979, se reconoció el derecho de la Iglesia a vetar a los profesores de religión, en un acuerdo firmado entre el Vaticano y el Estado. Pero en bien de la libertad de conciencia, las dos partes acordaron que los alumnos tendrían el derecho de elegir otra asignatura, si así lo querían. En la realidad son muy pocos los que lo hacen. Sólo un 10 por ciento de los alumnos de EGB y entre un 20 y un 30 por ciento de los que cursaban BUP o FP optaban por las clases de ética alternativas. Un motivo, se dijo, era que aprobar religión resultaba más fácil que aprobar ética. Además, el catolicismo es no sólo un aspecto importante de la cultura española sino también, todavía para muchos españoles, una seña de respetabilidad. Gran cantidad de padres temen verse acusados de ateos, si piden a sus hijos que asistan a las clases de ética y no a las de religión.

En todo caso, y para disgusto de los católicos más progresistas, la creación de una alternativa tuvo el efecto paradójico de hacer que la enseñanza religiosa adquiriera una actitud más sectaria que antes de 1979. La jerarquía católica, que se fue haciendo más conservadora en los tiempos del cardenal Suquía, argumentó que, como los cursos de ética ofrecían una educación moral alternativa, los que optaban por religión pedían, de manera implícita, una instrucción específica en los dogmas del catolicismo.

Es irónico que lo que puso a los obispos en contra de la LOGSE fuera la desaparición de las clases de ética. Cuando la nueva ley se aplique totalmente, no habrá alternativa para la asignatura de religión. Se supone que los alumnos que no acudan a esas clases estudiarán por su cuenta durante ese tiempo. Pero la Iglesia teme que la verdadera alternativa sea el patio de juegos o la vuelta a casa, que se ponga la hora semanal de religión como última del horario y que sólo los padres más devotos obliguen a sus hijos a quedarse en la escuela para esa hora extra de los viernes. Sin embargo, los obispos no consiguieron suscitar la misma resistencia que hubo ante la LODE, y el gobierno socialista se mantuvo firme en su intención original.

Los primeros cambios propiciados por la LOGSE se aplicaron en las escuelas a principios del curso escolar 1991-1992, pero su amplitud es tanta que no se completará la introducción hasta principios del próximo siglo.

Según la nueva ley, todo el cuidado de los niños, desde el nacimiento hasta los seis años de edad, será responsabilidad de las autoridades, lo que les permitirá establecer normas mínimas en cuanto a las instalaciones, los profesores y demás. La educación preescolar no será obligatoria pero el gobierno deberá proporcionar a los niños de 4 a 6 años de edad escolarización gratuita en todos los casos en que la requieran. Los parvularios de pago serán optativos, por tanto.

La enseñanza general básica pasa a llamarse «Educación primaria» y se supone que el alumno ha cumplido con ella a los doce años de edad; a continuación sigue la «Educación secundaria», obligatoria hasta los dieciséis años. Después de eso, los jóvenes pueden elegir entre dejar la escuela por completo, hacer un curso de formación profesional posterior de uno o dos años o ir al bachillerato hasta los dieciocho años. Los alumnos que cumplan el bachillerato pero no quieran ingresar en la universidad, podrán seguir un curso de formación profesional superior antes de buscar un empleo.

Además de cambiar la estructura del sistema escolar, la LOGSE introduce varios elementos nuevos en el plan. La enseñanza de lenguas extranjeras (donde el inglés desplaza rápidamente al francés) empezará a los ocho años de edad. Los alumnos mayores tendrán varias asignaturas nuevas, incluidos los estudios sobre la paz, la conservación del medio ambiente y la igualdad sexual, lo que pretende desterrar criterios rutinarios. El nuevo plan de estudios también quiere borrar la tradicional aversión al trabajo manual con cursos como diseño, dibujo técnico y técnicas de gestión y de producción.

El número de alumnos por clase se limitará a 25 en la escuela primaria, a 30 en la secundaria y a 35 en los institutos de bachillerato. Al respecto, hay que señalar que en 1986 el número de alumnos por clase de BUP era de 42. Sin embargo, desde entonces la demografía se ha puesto del lado de las autoridades por primera vez en la historia moderna de España.

Como en el resto de Europa, la tasa de natalidad española abandonó su ascenso vertiginoso a principios de los años sesenta. Pero mientras en el resto de Europa la natalidad empezó a disminuir entonces, en España –donde los anticonceptivos eran ilegales– se mantuvo estable hasta el año anterior a la muerte de Franco y desde entonces empezó a declinar con lentitud hasta 1977. Después, cuando los anticonceptivos se legalizaron y se pusieron al alcance de todos, cuando la recesión se llevó su parte de puestos de trabajo e ingresos, la caída se aceleró hasta el punto de que la tasa de natalidad decrece en España más velozmente que en el resto de Europa.

Así que, durante los años ochenta, un «racimo» demográfico pasaba por el sistema escolar. El número de alumnos que cursaban EGB llegó a su culminación en 1984-1985, y desde 1986-1987 el total de los inscritos en BUP, FP y COU también ha ido disminuyendo. La implantación de la relación numérica alumnos–profesores establecida por la LOGSE será una tarea más o menos sencilla, gracias a la menor presión que la demografía ejercerá sobre el sistema escolar español.

Pero ese mismo remanso no está a la vista aún en el caso de las superpobladas universidades, que no sólo luchan con las repercusiones del prolongado auge de la natalidad español. La mejora en la enseñanza es responsable de que un progresivamente mayor porcentaje de alumnos pueda aprobar el examen de selectividad, a la vez que el aumento de las becas en número y en dinero ya permite que muchos jóvenes puedan aprovechar plazas para las que están cualificados.

La mejora del sistema de becas universitarias fue, sin duda, una de las contribuciones más significativas de los socialistas para lograr una sociedad más igualitaria. A principios del año académico 1992-1993, el gobierno había triplicado con amplitud el número de becas que se otorgaban en tiempos de su llegada al poder. Casi uno de cada cinco estudiantes recibía una beca que, de media, era un 125 por ciento más alta en términos reales que las de 1982-1983. Aun así, la proporción de estudiantes que se pagan su carrera trabajando es alta. Hace poco, en la Universidad de Barcelona lo hacían uno de cada dos.

El crecimiento del sistema universitario en los «años del desarrollo» fue incluso más veloz que el del sistema escolar. En los años sesenta, la matriculación total se triplicó, con lo que superó los 200.000, y en un principio el gobierno tuvo la intención de que siguiera creciendo con ese mismo ritmo. La ley de Villar Palasí permitía que todo alumno que hubiera pasado el bachillerato ingresara en la universidad. Cuatro años después, con una recesión económica en puertas y con un panorama general de lo que significaba aquel empeño, se promulgó otra ley que volvía a introducir los exámenes de ingreso en la universidad.

Pero el número de alumnos seguía creciendo y subió vertiginosamente tras la llegada del PSOE al poder. A fines del año académico de 1991-1992, España tenía en torno a 1.200.000 estudiantes universitarios. A pesar de esto, no hay muchas instituciones: cuarenta y una en toda España, incluida la UNED, por lo que la media de alumnos era alta. La Complutense de Madrid, fundada en 1499 y con Cervantes entre sus antiguos discípulos, tenía unas 130.000 matriculaciones, la más alta de Europa después de Roma.

La universidad española más antigua es Salamanca, que data de 1218. Aproximadamente la mitad de las existentes se creó desde 1970 y ocho desde que el PSOE se hizo con el poder. Una de estas últimas representa un verdadero esfuerzo innovador: la Universidad de Carlos III, cuyas instalaciones están en un cuartel del ejército reformado, que se alza en el industrializado y modesto sur de Madrid.

En 1991, en un intento más de terminar con los inconvenientes del sistema, el gobierno promulgó un decreto que establecía las normas básicas para una nueva generación de universidades privadas. Las existentes estaban todas bajo la dirección de la Iglesia (tres, en manos de los jesuitas y una, del *Opus Dei*); en total en ellas está matriculado un 3 por ciento de la población estudiantil.

Todas las instituciones nuevas, al parecer, serán iniciativas laicas. La primera en abrir sus puertas fue la Universidad Ramón Llull de Barcelona. Se suponía que en Madrid se inaugurarían otras tres en el decenio de 1990. No obstante, pasarán algunos años antes de que puedan absorber más que una parte de los que demandan educación superior. Ninguna de las universidades nuevas previstas piensa en una matriculación de más de 20.000 alumnos. Además, algunos de los nuevos proyectos se basan en «colegios universitarios» existentes. Se trata de instituciones privadas que dan cursos de asignaturas universitarias, pero cuyos estudiantes se examinan en la universidad pública a la que su colegio está adscrito y de ella obtienen sus títulos.

Sobre el papel, el porcentaje de matriculación en la universidad española ronda el 30 por ciento, es decir, más que en Gran Bretaña y en varios otros países de la UE. Pero la cifra lleva a engaño.

En primer lugar, menos de 750.000 estudiantes universitarios españoles estaban inscritos a lo que, en Gran Bretaña al menos, se consideran asignaturas universitarias. Las universidades españolas ofrecen dos tipos de cursos: sus facultades, colegios y escuelas técnicas superiores imparten también las tradicionales carreras de grado medio; también están las escuelas universitarias que forman a enfermeros, profesores, fisioterapeutas y demás, especialistas que en muchos otros países cumplen sus estudios en otro tipo de instituciones.

También es importante que el promedio de matriculación se mida entre los habitantes de entre 20 y 24 años de edad. Esto parece lógico. Las especialidades que brindan las facultades, colegios y escuelas técnicas superiores están pensadas, en su mayoría, como carreras de entre cuatro y seis años de duración y los que ofrecen las escuelas universitarias son, en general, de tres años. No obstante, en realidad muchos estudiantes que abultan el total están matriculados durante más tiempo del previsto por el plan de estudios. Las universidades españolas, como las escuelas, son permisivas. Un estudiante que no se mantiene al día en la carrera no tiene que abandonarla: puede continuar en sus intentos hasta que aprueba. Esto constituye un campo muy peculiar, en el que las estadísticas son incompletas o antiguas. Pero según las cifras publicadas por el ministerio de Educación para el año académico 1984-1985, sólo el 44 por ciento de los estudiantes de las facultades y apenas el 29 por ciento de los alumnos de las escuelas técnicas superiores terminaban sus carreras en el tiempo estipulado. En las escuelas universitarias la cifra era más baja aún, el 19 por ciento. En la Politécnica de Cataluña, una de las pocas universidades que brinda amplias estadísticas, el tiempo promedio para completar una carrera era hace poco de 8,65 años para los planes de cinco años y 6,09 para los de tres. Así es como muchos estudiantes españoles están en la treintena cuando se gradúan. Cuando escribo estas líneas, existe un personaje legendario, El Gordo, que frecuenta la facultad de sociología de la Universidad Complutense de Madrid. Se dice que hace tanto que ronda por allí que ningún otro estudiante sabe cuándo se matriculó.

El alto número de «repetidores» está entre los argumentos que usan los que creen que el aumento numérico ha dejado de ser un beneficio para el país. En tiempos de Franco, las universidades estaban firmemente sujetas por el dedo del gobierno, que podía destituir a auxiliares y catedráticos cuya actitud política le pareciera impropia. La Ley de Reforma Universitaria de 1983 dio autonomía a las universidades en cuanto a su organización interna, pero dejó al gobierno la facultad de decidir cuántos estudiantes podrían admitir cada año.

Varios académicos han dicho que la administración utiliza las universidades como medio de disimular el paro. Por ejemplo, Gustavo Villapalos, rector de la Complutense, ha argumentado que las universidades deben ser «para preparar a las élites y no a las masas».

Es sumamente difícil juzgar la calidad de la enseñanza universitaria que se imparte hoy y la diferencia entre una institución y otra. La única referencia de los últimos años apareció en el periódico francés *Libération*, que consiguió que 600 académicos de toda Europa valoraran las universidades continentales disciplina por disciplina. Una sola facultad española –la escuela de arquitectura de la Universidad Politécnica de Barcelona– tuvo un lugar entre las primeras cinco de cualquier disciplina. Entre las de artes, la Escuela de Bellas Artes barcelonesa quedó cuarta y entre las escuelas de empresariales, el IESE del *Opus Dei*, también barcelonés, quedó quinto.

Ninguna clasificación comparativa digna de confianza se ha hecho en España porque, como algunos catedráticos admiten abiertamente, nadie se atreve a exponerse a las iras del resto de la comunidad académica. De momento, las instituciones que dependen de la Iglesia tienen mejores instalaciones, y se espera que las privadas que vayan surgiendo también las tengan. Pero los profesores y académicos de mayor renombre internacional están concentrados en las grandes universidades públicas, sobre todo la Complutense, madrileña, y la Central, barcelonesa. Algunas universidades regionales, como la de Granada, también disfrutan de una reputación excelente. Pero son evidentes las grandes disparidades que hay entre una facultad y otra, aunque hasta hoy nunca han salido a la luz.

Hasta hace poco, los futuros estudiantes no han podido «ver lo que se ofrece». Por decreto, debían acudir a la universidad más cercana a su casa. En el futuro, un bachiller valenciano, digamos, estará en condiciones de matricularse en la universidad de mayor renombre en la disciplina que haya elegido, no estará obligado a estudiar en Valencia o cerca de ella. La idea es introducir un grado de competitividad, con la esperanza de que así se eleve el nivel académico.

NOTA CAPITULO 19

1) Desde entonces, casi todo el sector privado disfruta de subvenciones. Un 90 por ciento de las escuelas laicas «privadas» y un 98 por ciento de las religiosas, incluido el Colegio del Pilar, aunque no las Madres Irlandesas, se financian hoy con el dinero de los contribuyentes. Los muy pocos que han rechazado el subsidio oficial y todavía cobran matrícula constituyen una verdadera élite.

20

Vivienda: por las nubes

Uno de los mejores restaurantes de España se llama Horcher y está en la planta baja de un importante edificio de la calle Alfonso XII, que bordea el elegante parque del Retiro madrileño. Para encontrar un sitio semejante en Londres o en Nueva York hay que recorrer Park Lane o Park Avenue. A principios de los años noventa, se decía que los propietarios de Horcher pagaban un alquiler mensual de 2.000 pesetas. Muchas familias de buena posición y mejores recursos que viven en los amplios pisos de ese mismo edificio pagan aún menos, según se dice.

Entrar en el mundo español de la vivienda es como atravesar el espejo de Alicia: casi nada es lo que parece y la realidad a menudo resulta poco creíble.

Pero merece la pena dar ese paso, porque muchas claves de los motivos por los que España es como es no se encuentran más que en la forma en que viven los españoles. Así se explica por qué algunas personas que tienen ingresos modestos parecen tener dinero para ir tirando, mientras que otros a los que se consideraría ricos parecen mirar por cada peseta. Es una de las claves de la prudente transición de la dictadura a la democracia y la causa de que, tal vez, jamás haya una revolución en España. El asunto influye en cosas tan diversas como el comportamiento sexual y la creatividad artística.

La importancia de la vivienda en la vida española no se remonta a muchos años atrás. En el fondo, es una consecuencia de esa migración del campo a las ciudades ocurrida en los años sesenta y setenta y de la forma en que el gobierno se enfrentó a ella.

Se calcula que uno de cada siete españoles se mudó definitivamente de una región del país a otra durante esos años, y muchos lo hicieron sin ninguna seguridad de que encontrarían un alojamiento en el lugar de destino.

El gobierno, cuya experiencia en materia de vivienda se limitaba a un modesto plan de reconstrucción tras la Guerra Civil, se ocupó del problema de muy mala gana. En realidad, hasta 1957 España no tuvo un ministerio de Vivienda y desde el primer momento estuvo claro que el nuevo ministro no dispondría de recursos para edificar y administrar una gran cantidad de viviendas de propiedad oficial y destinadas al alquiler, al estilo de las «Council houses» de Gran Bretaña. En cualquier caso, la meta de los tecnócratas que determinaron los criterios gubernamentales desde 1957 en adelante era crear en España una sociedad económicamente avanzada, pero políticamente conservadora, y una de las bases era la propiedad inmobiliaria. Para que la gente no vaya a una huelga, nada mejor que enfrentarla con los pagos mensuales de un préstamo hipotecario; además, en un sentido amplio, ser propietario de una casa da la idea de ser partícipe del bienestar y del equilibrio de la sociedad en la que se vive.

Casi sin excepción, los millones de casas y pisos construidos durante los «años del desarrollo» no se ofrecieron en alquiler, sino que se pusieron a la venta.

Para solucionar el problema de la multitud de españoles que hacia principios del decenio de 1960 se habían transformado en personas sin techo, el gobierno franquista elaboró un Plan Nacional de Vivienda, que pretendía asegurar la construcción de 4.000.000 de viviendas nuevas, entre 1961 y 1976.

Hay que subrayar que no todas esas casas se construirían a expensas del Estado. Se suponía que gran parte de ellas (la mitad aproximadamente, como se vería) iba a correr a cargo del sector privado, según su propia capacidad.

El resto se edificaría como «Viviendas de protección oficial» (VPO), que no eran «casas del Estado» según se entiende la expresión en gran parte del resto de Europa. El Estado sólo compró unas pocas, para alquilarlas después con rentas bajas. Las restantes se vendían a quienes las ocupaban y lo que el gobierno subsidiaba era la tasa de interés con que se pagaba la propiedad. Los compradores tenían que hacerse cargo del costo real del terreno y de la construcción, pero para ello se les concedían créditos con bajos intereses: el Estado pagaba la diferencia entre la tasa cobrada al prestatario y la que pedía la institución financiera que había hecho el préstamo.

En el sistema español había –y hay aún– dos tipos de casas protegidas. En el caso de la VPO de Promoción Pública, a través de las autoridades municipales o del organismo de desarrollo de la vivienda dependiente del gobierno central y llamado Instituto para la Promoción Pública de la Vivienda, el Estado compra el terreno y contrata a la constructora. En el caso de la VPO de Promoción Privada, el trabajo queda en manos de un promotor privado, precisamente.

En ambos casos, los compradores deben hacer un depósito y, a pesar de las mejoras en la financiación de la compra de la propiedad en los últimos años, la entrada inicial mínima en España aún supone, por lo común, un quinto del valor total. Las tasas de interés que deben pagar los compradores en las VPO siempre fueron bastante bajas pero, en el caso de las viviendas de promoción privada, esas tasas de interés son apenas algún punto más bajas que las imperantes en el mercado. Además, el plazo establecido para pagar el préstamo es más largo en el caso de la VPO de Promoción Pública que en el de la de Promoción Privada. No obstante, las viviendas edificadas por promotores privados siempre fueron más que las edificadas gracias a la promoción pública.

El objetivo de 4.000.000 de unidades que estableció el Plan Nacional de Vivienda se concretó con amplitud. Metro a metro, los barrios de chabolas desaparecieron y dieron paso a los poco agraciados bloques de pisos que se ven, en medio de espacios yermos, en las afueras de la mayoría de las ciudades españolas. A menudo, en las cercanías no hay instalaciones para ocupar el tiempo de ocio y los pisos mismos, por lo común, son pequeños y permeables a cualquier ruido. Pero son mucho mejores que una chabola con goteras. Para pagarlos, con frecuencia era necesario aceptar pensionistas, llegados de los grupos que todavía no habían encontrado o no se podían permitir una casa propia. Francesc Candels, escritor catalán autor de un libro de gran venta que trata sobre los inmigrantes en Barcelona titulado «Els altres catalans», consideraba que una quinta parte de las familias proletarias de la ciudad vivía en casa ajena hacia mediados de los años sesenta. Si el propietario era un hombre que dormía en el cuarto de huéspedes o, en caso de pisos con un solo dormitorio, en el salón, la cosa funcionaba más o menos bien. También funcionaba, aunque un poco menos, en los casos de dos, tres o cuatro hombres solos y en ese período no era poco corriente que hasta una familia con dos o tres niños compartiera con otros ocupantes un piso de dos habitaciones en un bloque. Cuando los hombres conseguían reunir el dinero suficiente para llevar consigo a sus familias, el sistema se venía abajo. Solas todo el día, muchas veces con niños a los que cuidar, las mujeres tarde o temprano discutían y los maridos se veían implicados en las rencillas. Pero a medida que se construyeron más bloques de pisos, los problemas de la convivencia fueron menos habituales.

El nivel de migración interior fue mucho mayor de lo esperado y, por tanto, el cumplimiento del Plan no resolvió por entero los inconvenientes de la falta de vivienda. Una vez llegado a su fin, aún quedaban un millón y medio de familias sin casa propia. Algunas todavía vivían en los barrios de chabolas, pero la mayoría se alojaba en casa de otros, a veces familiares: «con la suegra» como dicen.

Sin embargo, el verdadero fallo del Plan Nacional de la Vivienda no fue que no se llegara a construir el número suficiente de casas, sino que las viviendas de protección oficial fueron a dar a la gente que menos las necesitaba. El problema era y sigue siendo que, al tener que recurrir a promotores inmobiliarios para construir la mayoría de los pisos subvencionados, el gobierno sólo tenía una intervención limitada en cuanto al tipo de vivienda que se edificaba. Además, los mayores beneficios salían de los pisos caros y no de los baratos, por lo que los promotores privados siempre procuraron llegar hasta los precios más altos que permitían las tendencias del mercado. Se dice que un funcionario superior del ministerio de la Vivienda en tiempos del gobierno de Arias declaró que entre el 65 y el 70 por ciento de toda las VPO eran de propiedad de familias de clase media y alta. Frente a esto, hay que señalar que muchos de los bloques de pisos que sirvieron para acomodar a los inmigrantes antes mal instalados en chabolas fueron obra de empresas privadas que no contaron con ningún subsidio y cuyos pisos se vendieron en el mercado según los precios libres.

Mientras trataban de que fuera posible comprar la mayor parte de los pisos recién construidos, en lugar de alquilarlos, los ministros franquistas perpetuaban un tipo de arreglo absurdo que estimulaba a los propietarios de pisos a mantenerlos vacíos en lugar de alquilarlos.

En 1936, cuando su gobierno todavía estaba instalado en los cuarteles de Burgos, Franco había ordenado la congelación de los precios de los alquileres de toda España, posiblemente con la idea de que su régimen adquiriese cierta popularidad entre los más pobres. Los inquilinos tuvieron derecho a reclamar que se les renovaran los contratos sin aumentos en la renta. Pero no era sólo eso: además, podían dejar subrogar sus contratos con las rentas congeladas a cualquier familiar que estuviera viviendo en el piso a la hora de su muerte. En el caso de una persona de edad, se trataba de algo muy humanitario. Pero era claramente injusto para el propietario cuando se aplicaba a los hijos o sobrinos del arrendatario. En 1964, se promulgó una ley que mantuvo el derecho del inquilino a la renovación automática, aunque dio al propietario la facultad de aumentar el alquiler de acuerdo con el índice de la inflación. Como era de suponer, los que tenían una segunda o tercera propiedad se mostraron reacios a arrendarlas y las viviendas de alquiler fueron cada día menos.

El efecto de la política de vivienda franquista fue convertir España en un país de propietarios, personas con todas las características cautas que van con la posesión de bienes inmuebles. Antes de 1960, más de la mitad de la población se alojaba en pisos de alquiler. Hacia 1970, la cifra había bajado al 30 por ciento y en 1990, era de menos del 12 por ciento, el porcentaje más bajo de todos los países de la UE. En ese mismo año, la cifra de Gran Bretaña era el 37 por ciento y la de Alemania, el 58 por ciento.

Si el viejo dictador y sus ministros pensaron que una gran proporción de propietarios reduciría los conflictos sociales, no se equivocaban. Tal vez las huelgas fuesen frecuentes, pero no se prolongaban demasiado. Sin embargo, si pensaron que podían evitar la transición de la dictadura a la democracia, estaban errados, porque el aumento de propietarios contribuyó a diluir el matiz de extremismo comunista en la política española, el mismo que en el pasado provocó una respuesta violenta de las fuerzas reaccionarias. A su vez, esto puede ser una forma de explicar por qué los gobiernos democráticos no se mostraron muy propensos a modificar la legislación que Franco había implantado.

Durante varios años, se trabajó para encontrar una forma de que las VPO llegaran a quienes de verdad las necesitaban. El primer intento se hizo en tiempos de la dictadura.

Se puso un límite en el precio de venta de las viviendas de subvención oficial, pero fue tan alto que en la práctica no tuvo casi efecto. El siguiente paso consistió en limitar la superficie de las VPO a 90 m², pero también esto estaba muy por encima del promedio europeo. Lo obvio era introducir un control de medios, pero en una sociedad en la que no había una contribución fiscal regular y casi todos tenían más de un empleo, resultaba inaplicable.

Después de las reformas fiscales de Fernández Ordóñez, UCD pudo establecer como criterio para otorgar VPO el de los ingresos bajos. En un Plan Trienal (1981-1983), las VPO de promoción pública se restringieron a los que estaban en la base de la pirámide social. En un Plan Cuatrienal (1984-1987), los socialistas ampliaron el control de medios a la adjudicación de VPO de promoción privada; cualquiera podía solicitarlas, pero el interés que se aplicaba variaba de acuerdo con el nivel de ingresos del candidato.

Los socialistas introdujeron, además, una cantidad de innovaciones bien intencionadas. Se ofreció en alquiler un mayor número de VPO de promoción pública. Hubo ajustes financieros, para que los compradores de VPO de promoción privada no tuvieran que hacer entregas demasiado altas ni pagar intereses muy elevados en los primeros años.

Sin embargo, cuando finalizó el plazo del primer plan, la política de vivienda de los socialistas tenía una relación absolutamente sesgada con la realidad, porque la había superado el más espectacular auge inmobiliario de la historia de España. Los precios empezaron a subir en 1984 –el primer año del Plan Cuatrienal–, después se dispararon y, por último, se desorbitaron. En 1991, se reconocía que el costo de una casa o un piso en una gran ciudad se había multiplicado por cinco desde 1984.

A la vez, las tasas de interés –y por tanto las de las hipotecas– se han mantenido muy altas. En 1990, cuando estaban en torno al 14-15 por ciento, un grupo de consumidores, la Federación de Usuarios y Consumidores Independientes, calculó que para ser propietaria de un piso barato en una gran ciudad española, una familia necesitaba ganar 4.800.000 pesetas al año, es decir, diez veces el salario mínimo.

El auge inmobiliario de fines de los ochenta, transformó la sociedad española tanto como las reformas educativas de los primeros años setenta. Los que tenían dinero suficiente como para comprar una casa o un piso como segunda vivienda aumentaron la fortuna familiar tanto como muchos indianos del siglo XVI. Pero así como el oro y la plata de las Américas enriqueció a unos pocos a corto plazo y a largo empobreció a una mayoría, de igual manera el auge inmobiliario de fines de los años ochenta hizo un daño considerable a las bases de la sociedad española. Por su impacto diferencial, la subida de precios amplió las distancias entre una clase y otra y redujo la movilidad entre ellas.

Se podría decir que los socialistas no eran los responsables de aquel auge; en lo que se refiere a los orígenes, eso es verdad. Lo que ocurrió fue que el fin de la larga recesión, iniciada a mediados de los años setenta, desató recursos financieros y dio alas al crédito, lo que aumentó la demanda potencial de vivienda. Pero, si bien el fin de la recesión era lo que el gobierno quería desde su llegada al poder, sus consecuencias en el mercado de la propiedad nunca se calcularon con exactitud.

Tampoco se prestó mucha atención, al parecer, a los efectos de la campaña socialista para terminar con el fraude fiscal. Pronto se pensó que la inversión inmobiliaria era la forma ideal para blanquear dinero negro, pues no sólo ofrecía un aumento espectacular del capital, sino también una gran efectividad fiscal. Con las particulares disposiciones españolas referidas a la propiedad, el valor de una casa o un piso a efectos fiscales podía ser el que declarase el comprador, con el consentimiento del vendedor. De la noche a la mañana, 20 millones de pesetas de dinero real podían convertirse en 5 millones de pesetas a efectos fiscales y, aunque siguieron siendo 5 para hacienda, entre 1984 y 1991 se convirtieron en 100 millones para el propietario.

La espiral de precios tuvo un impulso adicional a causa de otros dos factores. Uno era el régimen fiscal que alentaba la especulación inmobiliaria. Hasta 1989, los contribuyentes podían deducir del impuesto de la renta el costo de la compra de un número ilimitado de propiedades, siempre que el monto de la exención no superara el 30 por ciento de su obligación tributaria total. El segundo factor fue la retención de los terrenos. Al mantener fuera del mercado el suelo edificable mientras duró el auge, los propietarios se aseguraron un alto beneficio hacia el final de la etapa. Entre 1984 y 1988, según el Centro de Política de Suelo y Valoración de UPC, el precio de los terrenos subió un 434 por ciento en Barcelona y un 360 por ciento en Madrid. Lo escandaloso de esta especulación española fue que los organismos públicos eran tan culpables de ella como las empresas privadas y algunos individuos. La tierra expropiada para la construcción de viviendas a menudo se racionaba a los promotores, como una forma de mejorar las finanzas municipales.

A pesar de eso, pasaron varios años antes de que una orden de expropiación de terrenos para edificación se encontrara con una resistencia seria. Cuando ocurrió, se produjo uno de los episodios más deliciosos de la historia reciente de España. En 1990, el ayuntamiento de Madrid envió aviso de que tenían que marcharse a los ocupantes de una serie de humildes casas bajas de Cerro Belmonte, en el bastante próspero norte de la ciudad. Casi todos los propietarios de las casas las habían construido con sus propias manos, cuando llegaron a las afueras de la ciudad en los años cincuenta. El ayuntamiento les dio a elegir entre hacer mejoras, que estaban más allá de sus medios, o recibir como compensación una cantidad mísera de dinero y un piso en uno de los barrios madrileños con mayor problema de delincuencia.

Con la ayuda de Esther Castellanos, una joven abogada cuyo padre era propietario de una parcela en el barrio, los habitantes de Cerro Belmonte se embarcaron en una sucesión de especiales manejos publicitarios, que culminaron en un recurso al líder cubano Fidel Castro. Ocurría que Castro estaba empeñado, por entonces, en una dura y amarga disputa internacional, por la negativa española a la petición de devolución de un grupo de disidentes cubanos, refugiados en la Embajada española de La Habana. En un discurso pronunciado en el momento álgido de la crisis, y para enorme vergüenza del gobierno español, el líder cubano citó los hechos de Cerro Belmonte como una prueba de los males del capitalismo. A continuación, invitó a veinticuatro de los residentes de ese barrio a visitar Cuba gratuitamente. Los habitantes de Cerro Belmonte, de inmediato, empezaron a tomar medidas para declarar su independencia. En torno al barrio se alzaron barricadas y sólo después de que se hubiera llegado a diseñar una bandera y a redactar una constitución, el ayuntamiento madrileño se sintió obligado por fin a hacerles una oferta más justa.

Desde el principio mismo del proceso fue evidente que el auge inmobiliario requería una respuesta oficial bien meditada, si se quería que los sectores más vulnerables de la sociedad quedaran protegidos de sus efectos. El sistema de financiación de la vivienda ideado por los «tecnócratas» de Franco era muy poco adecuado para enfrentarse con un auge de esa índole.

Para empezar, había puesto el acento en la compra más que en el arriendo. Y las familias más pobres pronto se encontraron con que, aun cuando consiguieran un subsidio oficial, la subida de los precios iniciada en 1984 no les permitía reunir la suma de la entrada ni hacer los pagos necesarios para comprarse una vivienda.

El sistema existente también determinó que el volumen de viviendas subsidiadas en el mercado dependiera de la iniciativa de los promotores particulares, cuyo papel era ampliar la VPO de promoción privada. Ya se había visto que, cuando la economía se estancaba, los promotores se mostraban muy propensos a aceptar trabajo del gobierno pero que, cuando la economía repuntaba, en su mayoría estaban demasiado ocupados en sus jugosos proyectos empresariales para interesarse en las necesidades del Estado. La situación se repitió en cuanto la economía entró en la expansión de mediados del decenio de 1980. El total de las obras de subsidio estatal y promoción privada puestas en marcha en 1987 disminuyó en casi un quinto.

Una respuesta amplia tendría que haber apoyado la VPO de Promoción Pública y el aumento de las viviendas de alquiler más que el de las destinadas a la venta. Pero,al principio del auge, estaban a punto de ser transferidos buena parte de los poderes en el campo de la vivienda del gobierno central a las autonomías y, cuando el Plan Cuatrienal de los socialistas llegó a su fin, simplemente no se reemplazó con ningún otro: el gobierno se contentó con anunciar cada año el monto cada vez menor del dinero destinado a la vivienda subsidiada.

Las consecuencias se pueden ver en las cifras. Entre 1987 y 1990, el número total de propiedades que llegaron al mercado rondó el número de las 250.000, más que con el Plan Trienal de UCD o el Cuatrienal del PSOE; pero eso se debió tan sólo a la propiedad promovida con criterio comercial, en especial con fines especulativos. El aumento de obras no subsidiadas, modesto en un principio, se elevó al 50 por ciento en 1987 y siguió creciendo en los dos años siguientes.

Por contra, la caída del sector subsidiado fue enorme. En 1990, las obras de VPO de Promoción Privada bajaron en más de dos tercios; las obras de VPO de Promoción Pública habían disminuido casi en cuatro quintos. Un presunto gobierno socialista, pues, estaba construyendo para la clase trabajadora una octava parte de la vivienda que había construido el gobierno de UCD, supuestamente más conservador.

Incluso en 1987, la ayuda estatal a la vivienda en España, como porcentaje del PIB, había sido la más baja de la Comunidad Europea: el 0,9, mientras que en Gran Bretaña llegaba al 3,4, en Francia al 2 y en Alemania al 1,5. Pero entre 1987 y 1989, la inversión del gobierno en VPO disminuyó en más de tres cuartas partes.

Pero si el gobierno se hubiera ocupado de proporcionar más casas subsidiadas al mercado, las familias proletarias no habrían estado en condiciones de permitirse la compra. En 1990, el departamento de investigación de Comisiones Obreras, la central sindical de orientación comunista, calculaba que –según las condiciones establecidas por el gobierno– en una de las grandes ciudades una familia que hubiera querido comprar uno de los pisos más grandes de los de subsidio oficial puestos en el mercado ese año tendría que haber pagado entre 75.000 y 90.000 pesetas mensuales. En esos momentos, de acuerdo con las cifras publicadas por el propio gobierno, el ingreso neto mensual de un obrero español era de 118.000 pesetas.

Entre tanto, el costo del alquiler había subido casi con el mismo ritmo que el de la compra. En parte esto se debía al efecto de «desbordamiento». Pero, irónicamente, también era consecuencia de una medida adoptada por los socialistas para paliar los efectos del incremento de los precios de compra. En 1985, Miguel Boyer, ministro de economía, preparó un decreto cuyo fin era que los propietarios se animaran a alquilar sus propiedades; sin embargo, como a menudo ocurre en España, las cosas se fueron de un extremo a otro.

El conocido como «decreto Boyer» no se refería a los derechos de los inquilinos de casas y pisos ocupados en las condiciones anteriores, sino que permitía que los nuevos contratos garantizaran a los propietarios una libertad absoluta para fijar el nuevo monto de la renta cada vez que expirase el contrato y para echar a los inquilinos que se negaran a pagar ese aumento. En muchos otros países estos asuntos habrían desembocado, en general, en un arreglo razonable. Ambas partes tenían algo que perder al final de un contrato. El inquilino debía hacer frente a los gastos de una mudanza, pero el propietario tendría que pagar a una agencia inmobiliaria para encontrar un nuevo arrendatario. Sin embargo, en España es el inquilino y no el propietario el que paga a la agencia (por lo común, con un mes de renta). Así fue como los propietarios insistieron en el contrato a un año pues sabían que, cuando llegara a su fin, podían contar con que el inquilino aceptaría un aumento de menos de una doceava parte del alquiler que pagaba más los gastos de la mudanza. En consecuencia, los alquileres que se regían por el decreto Boyer subieron muy por encima de la tasa de inflación.

Las ventajas que ese decreto daba a los propietarios tendrían que haber asegurado que la mayor parte de las casas y pisos comprados con fines especulativos durante el auge inmobiliario se arrendaran y dieran a sus propietarios una entrada regular, además del acrecentamiento del capital. Pero a causa de las dificultades que en España hay en los juzgados, muchas de esas propiedades no se alquilaron, pues lo impedía el temor de que los problemas fueran demasiados a la hora de desalojar a los inquilinos morosos, y quedaron vacías. En realidad, el número de viviendas que se ofrecieron en el mercado con las condiciones establecidas por el «decreto Boyer» fue menor que el de las que se mantuvieron vacías.

A principios del decenio de 1990, el mercado de la propiedad en España se había convertido en un absurdo. La disparidad entre los alquileres «antiguos» y los «nuevos» era una ridiculez. La Asociación de Propietarios de Viviendas de Renta Congelada calculaba que en 1990 el 60 por ciento de los arrendatarios españoles –unas 830.000 familias– pagaban alquileres mensuales por debajo de las 3.000 pesetas y que más de 190.000 de ellos pagaban menos de 300 pesetas, lo que era menos que el precio de una revista o de un desayuno. Pero para los recién llegados al mercado inmobiliario, el precio a pagar cada mes para arrendar un piso mísero era de 80.000 pesetas.

A causa de los efectos del éxodo desde el campo a la ciudad, uno de los países más pobres de la UE no sólo tenía el nivel más alto de propietarios, sino también el más alto de propietarios de una segunda vivienda. Muchos de los que emigraron en los años cincuenta y sesenta no habían vendido las casas que dejaban y, a principios del decenio de 1990, muchos propietarios que ya habían terminado de pagar los préstamos hipotecarios estaban en condiciones de renovarlos. Los atascos de tráfico que se producen en las salidas de las grandes ciudades españolas los viernes y los domingos por la tarde son una prueba de esto. Además, muchos españoles más o menos acomodados se valieron de las exenciones fiscales vigentes hasta 1989 para aprovecharse del auge inmobiliario y comprar una casa o un piso que no necesitaban ocupar. El censo de la propiedad de 1991 dio a conocer que, por cada 100 primeras viviendas había más de 22 segundas. En otras palabras: casi una cuarta parte de las familias españolas tenía o bien «una casa en el campo» o bien una propiedad pensada como inversión.

Aun cuando una proporción importante de familias tenía dos o más casas, eran muchas las que no tenían ninguna. Un estudio hecho por el Banco Hipotecario en 1990 estimó que había unas 700.000 personas que querían una vivienda pero no podían permitírsela. También había gran cantidad de chabolas en los alrededores de los principales centros urbanos, pero su número disminuyó a la mitad durante el primer decenio del gobierno socialista, y en 1993 el total en todo el país se estimó, oficialmente, en sólo algo más de 12.000. La gran mayoría de los que vivían en chabolas eran gitanos o inmigrantes. Sin embargo, existía un problema menos patético pero más extendido, disimulado por la existencia de ese fuerte lazo familiar tan hispano. A una cantidad creciente de jóvenes le resultaba imposible marcharse del hogar paterno, porque no se podían permitir una vivienda independiente. Para los jóvenes españoles –exceptuados los que contaban con padres ricos o trabajos muy bien pagados–, ni siquiera era posible compartir un piso. No es sorprendente, por tanto, que España sea el país de la UE con el mayor número de ocupantes por vivienda.

Una consecuencia de esto es la gran cantidad de condones usados que se ve en cualquier parque, callejón o descampado que haya en una ciudad española. El hecho de que tantas parejas jóvenes vivan con los padres convierte en visibles sus relaciones sexuales, pero casi con seguridad también ha operado como un freno a la promiscuidad. A la vez, brinda la clave para la ausencia de algo que se parezca a una cultura juvenil en España, porque mientras los jóvenes de este «país joven» dependan de sus padres en cuanto a alojamiento y comida, el interés por entrar en conflicto con las ideas de sus mayores o la propensión al experimento y las innovaciones se verán inevitablemente limitados.

Por último, el auge inmobiliario de fines de los años ochenta puso el precio de una casa o piso más allá de los medios de toda una generación de jóvenes cuyos padres no se aprovecharon de aquella ocasión. Este motivo, sospecho, es el que explica el aspecto tan mercenario de las chicas y el evidente aire alicaído de los muchachos que llegaron a su plenitud cuando esa situación se estaba produciendo, porque la española es una sociedad habituada a la idea del hombre como proveedor y de la mujer como mantenida.

La difícil situación de las parejas aún no casadas, y las ya casadas pero instaladas en casa de los padres de uno u otro cónyuge, se vuelve más dura aún ante la existencia de un gran número de viviendas, compradas por su valor especulativo y vacías. Excluidas las casas de fin de semana y de vacaciones, la estimación oficial sugiere que hay alrededor de 2.500.000 propiedades desocupadas en España, más de 200.000 de ellas en la zona de Madrid. Inevitablemente, en los últimos años del decenio de 1980, se multipilicaron las intrusiones de los grupos que se autodenominaron *Okupas*[1].

Pero hasta que empezaron a sondear la voluntad de los votantes con motivo de las elecciones municipales de 1991, los políticos no se mostraron conscientes de que la vivienda se había convertido en un tema primordial de preocupación. Al fin, los socialistas reaccionaron prometiendo que pondrían en el mercado, al cabo de cuatro años, unas 460.000 nuevas viviendas con bajas tasas de interés.

Pero el debate acerca de cómo enfocar el problema originó una división honda entre los ministros del gobierno y los funcionarios del partido, de la que el PSOE no logró recuperarse. Carlos Solchaga, por entonces ministro de Economía y Hacienda, rechazó el plan por impracticable y rápida y públicamente se vio desafiado por el autor de la propuesta, Txiki Benegas, el secretario de organización. Al cabo de unos pocos días, millones de oyentes de la SER, una cadena de radio privada, conocieron las impresiones de Benegas en directo acerca del diminuto Solchaga –a quien aludía con la expresión «el enano»–, pues había llegado a la emisora una cinta grabada con las conversaciones que Benegas sostuvo desde el teléfono de su coche; en la SER, tras verificar la autenticidad de esa cinta, decidieron emitirla. Lo más molesto desde el punto de vista del partido fue que Benegas, en la conversación, identificaba a Felipe González como el verdadero obstáculo para la aplicación de una política más progresista.

La iniciativa del PSOE valió para iniciar un debate, por primera vez en muchos años, sobre las causas del problema de vivienda en España. Como sin tardanza se señaló en los medios, el verdadero problema no eran las tasas de interés sino el hecho de que la subida de los precios había puesto el costo de una vivienda más allá del alcance de todos los que no fueran muy ricos. Un experto en vivienda que escribía en *Diario 16* calculó que las propuestas del PSOE permitirían que una persona que se disponía a comprar su primera casa, alguien que ganara el salario medio en España y tuviera menos de treinta y cinco años, podría adquirir un piso en sólo una de las cincuenta y dos capitales provinciales españolas. Otros señalaron algo que más tarde reconocería como exacto el ministro responsable de la Vivienda: aunque la oferta socialista se cumpliera por completo, no llegaría a satisfacer más que a una tercera parte de la demanda acumulada y de la prevista durante el aludido período de cuatro años.

NOTA CAPITULO 20

1) El uso de la -k- en lugar de la -c- se ha convertido en un modo de mostrar un sentimiento de rebeldía. Fue una de las innovaciones ortográficas empleadas por Sabino Arana, el fundador del nacionalismo vasco, para diferenciar al vasco del castellano y para las últimas generaciones ha venido a simbolizar el separatismo vasco. Con cierta dosis de razón, los habitantes de Vallecas –un suburbio madrileño obrero, acosado por la droga y la delincuencia– se consideran tan abandonados por el Estado español como los vascos. Así lo ponen de manifiesto en las pintadas callejeras, escribiendo «Vallekas».

QUINTA PARTE

LA IMAGEN DE LA SOCIEDAD

21

La prensa: más influencia que lectores

De cuando en cuando, asoma una estadística que sirve para recordar que la realidad de España es muy distinta de la impresión que podría llevarse un visitante tras un viaje breve a ciudades "cultas" como Madrid o Barcelona. Hacia 1985, el gobierno publicó un estudio según el cual más de la mitad de los españoles nunca había leído un periódico.

Nunca jamás.

En 1992, los diarios españoles nacionales y regionales, incluidos los que se ocupan sólo de temas económicos o deportivos, vendieron una media de apenas algo menos de 3.900.000 ejemplares. Para decirlo de otra manera, uno de cada diez españoles era un comprador habitual de periódicos, comparado con el 40 por ciento de los británicos, el 35 de los alemanes y el 15 de los franceses. De hecho, el porcentaje español es el más bajo de la UE, exceptuado Portugal.

Sin embargo, el de 1992 fue el año en que el país llegó a la marca del 10 por ciento, que la UNESCO usa como una de sus referencias para definir una nación desarrollada. España había dejado de ser económicamente subdesarrollada a principios de los años sesenta pero, al menos según la definición de las Naciones Unidas, hasta tres decenios más tarde no dejó de serlo en el campo cultural.

Hay que recordar que el número de personas que compran un periódico no es igual al número de personas que lo leen, y que en España los lectores por ejemplar son más que en muchos otros países. Un informe publicado en 1990 por Carat International, un grupo del sector de la publicidad, calculaba que, en realidad, un 30 por ciento de la población adulta leía periódicos; pero también en este caso las cifras son más altas en otros países: 85 por ciento en Gran Bretaña; 82 en la antigua Alemania Occidental y 51 en Francia.

Por supuesto que, en gran medida, el número de lectores de periódicos en cada país refleja su progreso económico. No es coincidencia que España sea más pobre que los países antes mencionados, ni que los analfabetos totales estén alrededor del 3,5 por ciento y los analfabetos funcionales sean muchos más. Casi un tercio de la población no terminó la enseñanza básica, aunque la proporción disminuye con rapidez a medida que las continuadas reformas educativas producen su efecto. Mientras crece el número de españoles que llegan a la edad de comprar periódicos en condiciones de leer y con ganas de hacerlo, también lo hacen las ventas de la prensa diaria. En 1992, la cifra de circulación en todo el país fue un 28 por ciento más alta que la de cinco años antes.

Pero la correlación entre progreso y ventas de periódicos no es consistente. Por ejemplo, los británicos sin duda no son tan pudientes como los franceses y tal vez sean menos instruidos que ellos; no obstante, compran el doble de periódicos.

Se pueden formular diversas teorías para explicar estas discrepancias y otras similares. En primer lugar, hay que decir que la lectura de periódicos disminuye según avanzamos hacia el Mediterráneo: cuanto más cerca estemos, más predomina la cultura oral. Los compradores de periódicos son casi tan escasos en Italia como en España, menos del 12 por ciento de la población en 1992.

Otra posible explicación es que las diferencias internacionales en las ventas de periódicos están conectadas con la incidencia relativa que en cada país tenga una prensa popular. Una comparación entre España y Gran Bretaña es de gran interés en este aspecto, ya que Gran Bretaña tiene un mercado de prensa popular muy desarrollado que no existe en España. Si se compara el número de ejemplares vendidos por los periódicos británicos «de calidad» con el número de ejemplares vendidos de todos los periódicos publicados en Madrid y Barcelona, las cifras de los porcentajes de población son idénticas: 3,8 por cada cien habitantes en 1992. Esto fundamenta, al parecer, lo que se observa en cualquier calle o bar españoles: el tipo de personas que lee un diario «serio» en Gran Bretaña también lee un diario «serio» en España, pero el tipo de gente que lee un tabloide británico no lee nada en España, simplemente porque no existe nada de ese tipo que responda a sus necesidades.

En España, la mayoría de los grandes periódicos tiene formato tabloide y varios, como *El Periódico*, *Diario 16* y *El Mundo*, emplean las técnicas de diseño del periodismo popular. Pero incluso *El Periódico*, que se dirige, de un modo más deliberado que otros, a los lectores de la clase trabajadora, no es un periódico popular en el sentido en que la expresión se entiende en Gran Bretaña, Alemania o Estados Unidos. *El Periódico* cubre con amplitud las noticias políticas y económicas «serias» y aunque, por ejemplo, publica notas sobre la vida privada de las celebridades, no son ésos sus artículos de fondo. En realidad, es precisamente el tipo de publicación «popular» no sensacionalista que los críticos de la clase media de todo el mundo querría ver en lugar de los tabloides proletarios del tipo del *New York Daily News*, *The Sun* y *Bild Zeitung*.

Hasta ahora se han hecho dos intentos de instaurar un producto comparable en España. El primero fue el del *Diario Libre*, lanzado en 1978 y cuya desaparición al cabo de unos pocos meses quizá se explique con exactitud con uno de sus más memorables titulares: «Maricas en el Ministerio de Cultura», algo que no constituía exactamente un tema de interés candente en los suburbios proletarios de las grandes ciudades españolas.

El segundo fue un intento mucho más serio. Con el respaldo de una sociedad establecida entre el grupo alemán Axel Springer, editor de *Bild*, y la Editorial Española, propietaria del diario conservador *ABC*, en 1991 apareció en los quioscos *Claro*; el director y algunos de los miembros más importantes del equipo habían pasado varias semanas en *Bild* antes del lanzamiento, para conocer las técnicas que lo habían convertido en la publicación diaria de más venta en Europa. El producto español era en esencia un *Bild* hecho a medida del mercado español: más escandalizado que escandaloso, con un diseño que alguna vez se describió como «terrorismo tipográfico». Cuando apareció, su precio era de 30 pesetas menos que el del resto de los diarios nacionales; su tirada, de 600.000 ejemplares, y su capital, suficiente como para mantenerse en el mercado hasta tres años. Pero, a fin de cuentas, sólo le llevó tres meses a los editores advertir que *Claro* nunca llegaría a funcionar. Cuando echaron el cierre, los estudios de circulación hechos por la competencia calculaban que las ventas habían bajado hasta los 22.000 ejemplares diarios.

¿Por qué España entonces no puede mantener en pie una prensa popular? Una explicación apunta a la comparable ausencia de periódicos populares en el resto del Mediodía europeo. Quizá haya algo peculiar en las sociedades latinas que las convierte en poco propensas al periodismo popular. Otra teoría es que las bien arraigadas revistas del corazón y la prensa deportiva ya se ocupan de las noticias que desarrollaría una prensa popular. Pero hay que señalar que un diario como el *Daily Mirror* no está repleto de anécdotas sobre famosos o «gente guapa» ni, en proporción, dedica al deporte más espacio que los periódicos serios.

En mi opinión, un argumento más convincente es el de que los periodistas meridionales europeos, a diferencia de sus colegas del norte, no han podido –o no han querido– elaborar un producto capaz de atraer a lectores de clases proletarias. Según este criterio, la lectura del periódico aún es una costumbre de clase media-alta en España, porque en España el periodismo es mayoritariamente una profesión de clase media-alta. Lo que está muy claro es que los periodistas españoles no eligen escribir para sus lectores en el lenguaje cotidiano ni se preocupan por traducir para ellos los términos técnicos en que las fuentes les transmiten las noticias. La mayor parte de los periodistas españoles llegan a la profesión como licenciados universitarios, recién salidos de las escuelas de periodismo que, en su origen, se establecieron en tiempos de Franco como un método para que una profesión, por lo común conflictiva, quedara dentro de los límites del corporativismo estatal. La licenciatura de una Facultad de ciencias de la información se convirtió en una condición previa para obtener el carné de periodista. La consecuencia derivada fue que vedaba la profesión a los que no fueran miembros de familias acomodadas, las únicas que podían pagar esos estudios.

Cuando se concretó la política de becas de los socialistas y se licenciaron más jóvenes nacidos en familias obreras, también en la actividad profesional aparecieron los periodistas de origen proletario. Pero mientras la universidad siga siendo el camino establecido para llegar a la profesión, la mayoría seguirá aportando una interpretación intelectual de su naturaleza y objetivos. Como hasta el presente, se seguirán considerando miembros de la *intelligentsia*, cuya misión es escribir para otros miembros de su misma clase con el tipo de lenguaje que todos comprenden.

Tal como están las cosas, los periódicos más importantes de interés general se dividen en España en tres categorías bien definidas: los que están en el mercado desde la era de Franco, los que se fundaron como reacción contra ella y un único producto de la expansión económica de fines de los años ochenta.

Hay tres sobrevivientes de la época franquista: *La Vanguardia*, *ABC* y *Ya*, aunque sólo los dos primeros tienen una situación segura en el mercado. Es de notar que ninguno fue creación de la dictadura.

La Vanguardia se fundó en Barcelona en 1881 y se convirtió en la voz de la clase media alta catalana, muchos de cuyos miembros dieron apoyo al régimen de Franco después de la Guerra Civil. Pero su dependencia, tanto en publicidad como en circulación, de las clases nacionalistas media-alta y media quedó evidenciada por un curiosos episodio ocurrido en 1960. El que por entonces era director de *La Vanguardia*, molesto al oír un sermón pronunciado en catalán, interrumpió el servicio para llamar la atención al sacerdote. Los nacionalistas catalanes organizaron un boicot, que estuvo a punto de dejar fuera de combate al periódico y le costó el cargo al director.

Tras la desaparición de este hombre, y dentro de las limitaciones impuestas por la censura, poco a poco *La Vanguardia* adquirió la reputación de volcar con objetividad seria las noticias, en especial las internacionales. Cuando se restauró la democracia, era el periódico español de mayor venta. La desaparición de la censura permitió que las normas de rigor en tiempos aplicadas sólo a la información internacional llegaran a otras secciones del periódico, y un nuevo diseño llevó el color a la primera plana, sin que hubiera que sacrificar ese aire de olímpico desprendimiento que es una característica de *La Vanguardia*.

A pesar de todo, no ha conseguido salir de Cataluña para convertirse en el periódico nacional que merece ser. Más que ninguna otra, ésta es la explicación de que su valía profesional no le haya aportado ventas mayores. En 1992, su circulación superaba apenas los 200.000 ejemplares, es decir, poco más o menos la misma que a la muerte de Franco. *La Vanguardia* cedió su lugar de periódico más vendido de España a *El País* a principios del decenio de 1980 y, dentro de lo que podría llamarse el mercado conservador de calidad, ese puesto pasó a *ABC* en 1985.

ABC, que publica ediciones separadas en Madrid y Sevilla, se fundó en 1905 y mucho antes de la Guerra Civil ya se había granjeado una reputación importante en el sector de las noticias internacionales. Se le permitió continuar en la calle tras la victoria franquista porque sus propietarios, la monárquica familia Luca de Tena, apoyaron a los nacionales durante el conflicto.

Desde la vuelta a la democracia se convirtió en un leal apoyo del Partido Popular (antigua Alianza Popular). Pero su enfoque tiene poco en común con el conservadurismo moderado que José María Aznar querría que se considerara como rasgo característico de su partido. El periódico se ha negado tozudamente a abandonar su formato y el diseño con fotografías en primera plana, que era una peculiaridad de la prensa franquista. A diferencia de lo que ocurre con *La Vanguardia*, no se puede decir que este periódico haya hecho una virtud de la objetividad: muchas veces, sus criterios de selección y presentación lindan con la histeria, aunque es una política que a pesar de todo dio al *ABC* buenos dividendos, en especial durante la época socialista. La circulación creció de un modo continuo, y en 1992 se plantó en más de 300.000 ejemplares.

El periódico *Ya* es el «enfermo» de la prensa española. Se fundó en 1939 con el fin de ser portavoz de la Iglesia y, cuando desapareció el dictador, vendía más de 140.000 ejemplares diarios. Aunque incluía una sección diaria dedicada a temas religiosos, su contenido eclesiástico no era exagerado, por lo que su posterior decadencia no se puede atribuir sólo al debilitamiento del poder de la Iglesia.

Durante unos años fue un producto bastante más vivaz que cualquiera de los otros dos sobrevivientes franquistas. Pero no se convirtió en un producto periodístico selecto como *La Vanguardia*, ni tuvo el atractivo de una línea editorial beligerante como la de *ABC*. Pocas veces *Ya* publicaba alguna primicia. En 1989, cuando la Iglesia vendió sus acciones a los propietarios del periódico vasco *El Correo Español-El Pueblo Vasco*, la circulación del *Ya* había bajado a sólo 63.000 ejemplares. Los nuevos propietarios procuraron volver a lanzarlo como tabloide madrileño, pero no fueron capaces de detener el deterioro y, en el momento en que escribo estas líneas, se mantiene con vida gracias a los esfuerzos de una cooperativa de trabajadores.

Por delante de *ABC* y de *La Vanguardia*, a la cabeza de las ventas de los periódicos de calidad, está *El País*. Apareció en 1976 y es la expresión periodística *par excellence* de los años posteriores a Franco y el siguiente ascenso al poder de los socialistas. PRISA, la compañía a la que pertenece, se estableció con una amplia venta de acciones en la que casi todas las personalidades importantes interesadas en la consolidación de la democracia tenían una participación. El primer director de *El País*, Juan Luis Cebrián, tenía sólo treinta y un años cuando fue nombrado y, además, la fortuna de contar con recursos generosos que le permitieron contratar a los mejores periodistas jóvenes de España. Desde el primer día, su periódico fue lectura imprescindible para todo el que tuviera un interés serio en los asuntos de la nación.

Su formato limpio, claro y moderno destacó siempre en los quioscos y daba a entender que se trataba de un periódico que quería subrayar lo que era digno de atención y no ocultarlo. Durante los años en que UCD estuvo en el poder, los periodistas de *El País* «destaparon» varias noticias importantes, pero quizá su mayor contribución fuera la de sus editorialistas que, día a día, explicaban con paciencia y claridad cómo se hacía esto, aquello y lo de más allá en una democracia. Fue una contribución muy valiosa en un país a cuyos votantes –y dirigentes– se les podía perdonar entonces por no comprender conceptos como los de responsabilidad colectiva o de obligación ministerial y tenían que establecer los límites entre una administración permanente compuesta por funcionarios y un gobierno transitorio compuesto por políticos.

Con los socialistas en el poder, *El País*, que se mostraría muy partidario de los sucesivos gobiernos de González, tuvo que asumir un papel mucho más difícil. De los periódicos que apoyan al gobierno de turno siempre se piensa que están en desventaja. Pero en 1992 *El País*, que se publica en Madrid y en Barcelona, tenía una circulación diaria media de unos 407.000 ejemplares y sólo un año en toda su historia, el de 1990, tuvo una caída en las ventas.

Los éxitos continuados del periódico permitieron a PRISA, bajo la dirección de Jesús de Polanco, convertirse en el grupo de medios más influyente de España, con acciones en el diario financiero *Cinco Días*, la cadena de radio SER y Canal Plus de televisión. En 1990, PRISA compró el 12,5 por ciento de las acciones del británico *The Independent* y después ha aumentado ese porcentaje hasta más del 18.

Los otros dos periódicos que nacieron de la transición se financiaron con los beneficios que en la época obtuvieron sendas revistas. Como complemento de *Cambio 16*, se creó *Diario 16* y el grupo Zeta, propietario de la revista *Interviú*, fundó *El Periódico*. La historia de ambos diarios dice mucho acerca de las sensibilidades regionales, porque parece ser que un producto lanzado desde Madrid es aceptable en otros puntos del país, en tanto que otro editado en Cataluña no lo es.

El Periódico inicialmente se estableció en Barcelona como una publicación nacional, pero no logró vender fuera de su región de origen y renunció a hacerlo. Con una circulación de 181.000 ejemplares en 1992, con el cuarto puesto entre los periódicos generales de España, es un producto pensado para el mercado catalán, como lo sugiere su nombre completo: *El Periódico de Catalunya*. Su tendencia es favorable a los socialistas, aunque no sin algunas críticas tangenciales.

Diario 16 también fue una publicación con problemas. Se concibió como el primer periódico madrileño de 24 horas diarias; pero esa idea no funcionó y la publicación se transformó primero en un periódico vespertino y después en matutino. En 1978, su circulación se desplomó a menos de 50.000 ejemplares y daba unas frágiles señales de recuperación cuando, en 1980, un joven de veintiocho años, Pedro J. Ramírez, recibió el nombramiento de director. Durante el primer año de esa etapa, las ventas subieron en más de un 60 por ciento y siguieron en alza mientras Ramírez estuvo en la dirección. En 1989, con una circulación diaria de 145.000 ejemplares, estaba por sus ventas en el quinto puesto entre los periódicos españoles.

La recuperación de *Diario 16* bajo la dirección de Ramírez también contradecía el criterio convencional del mundo periodístico, por el que se dice que el apoyo al gobierno de turno es malo para las ventas. *Diario 16* fue favorable a los centristas mientras estuvieron en el poder; después de la desaparición de UCD, el periódico se decantó por los socialistas, aunque se convertiría en un opositor ruidoso a medida que su director se desencantaba de González y su política.

En los años que siguieron al fin de la dictadura, reapareció una prensa diaria vernácula, con el lanzamiento de *Avui* en catalán y dos periódicos escritos parcialmente en vasco, *Deia*, órgano del Partido Nacionalista Vasco (PNV), y *Egin*, que se transformó en el portavoz del grupo terrorista vasco ETA. Los tres periódicos existen aún, aunque ninguno tiene una circulación de más de 50.000 ejemplares.

Un obstáculo importante con el que se enfrentaban los periódicos en los primeros años de la restauración de la democracia española fue el de tener que competir en circulación y captación de publicidad con una cadena de periódicos de cuyas pérdidas se hacía cargo, automáticamente, el Estado.

En 1936, Franco había decretado la expropiación de todos los periódicos que pertenecían a los partidos, sindicatos o personas favorables a la República. Cuatro años después, esos periódicos pasaron a manos del Movimiento. El interés estatal en los medios de prensa se amplió más aún con la creación del vespertino madrileño *Pueblo*. Hasta los años setenta, la mayoría de esos periódicos se autofinanciaron. En determinado momento, *Pueblo* era el periódico de mayor venta en el país. Pero en los últimos años de la vida de Franco, su circulación cayó en picado y, desde el punto de vista del nuevo gobierno democrático, los periódicos estatales eran una responsabilidad económica y, a la vez, un estorbo político. A pesar de su debilitamiento, los periódicos estatales eran capaces, con todo, de arrebatar parte de la circulación a la prensa privada, de modo que se distorsionaban los mecanismos de un mercado libre.

En 1979, el gobierno cerró los seis periódicos más deficitarios de la cadena estatal. Al año siguiente se desprendió de otros dos. Pero aún quedaban otros veintiocho (excluido *Pueblo*) que, hacia fines del período de gobierno de UCD, costaban a los fondos públicos nada menos que 2.876 millones de pesetas al año. Uno de ellos, *Suroeste*, tenía una circulación de sólo 1.645 ejemplares, a pesar de que se publicaba en una gran ciudad como Sevilla. En 1981, las Cortes aprobaron una ley de UCD para subastarlos, con la condición de que se permitiera pujar a las cooperativas formadas por los trabajadores. Los socialistas se opusieron a la ley, con el argumento de que los periódicos en cuestión habían sido robados a sus propietarios verdaderos y que privatizarlos sería suscribir una injusticia. Pero cuando se hicieron cargo del gobierno, no pudieron hacer más que acatar el espíritu, si no la letra, de la política de UCD. El nuevo gobierno cerró de inmediato otros seis periódicos y –con la excepción de *Pueblo*– llevó a subasta los restantes en los primeros meses de 1984.

La cabecera más importante de las que cayeron bajo el martillo fue el periódico deportivo *Marca*, que desde entonces superó a *As* para convertirse en el líder de este sector competitivo pero muy provechoso del mercado. En 1992, *Marca* y *As* ocuparon los puestos tercero y octavo, respectivamente, entre los diarios españoles. La circulación diaria conjunta de la prensa deportiva, destinada sobre todo a los hinchas de fútbol, superaba el medio millón de ejemplares.

Sólo uno de los periódicos de la cadena estatal fue comprado por una cooperativa de trabajadores. Los demás, en su mayoría, fueron a manos de hombres de negocios, no pocos de los cuales tenían relación estrecha con el PSOE. Pero sólo un puñado tuvo que cerrar y a los tipógrafos y periodistas que perdieron su puesto a causa de la subasta se les ofreció una plaza en la administración. Tampoco *Pueblo* se salvó del cierre, concretado poco después, a pesar de las protestas de la central sindical socialista UGT, que quería convertirlo en un periódico sindicalista moderno.

La disolución del imperio periodístico estatal abrió el camino para una nueva serie de iniciativas, cuando la economía española empezó a repuntar a mediados de los años ochenta. Como era de esperar, los primeros signos de un interés renovado en los medios escritos llegó bajo la forma de elementos frescos de la prensa financiera diaria española.

Hasta entonces, el único representante de ese sector era *Cinco Días*, publicación fundada en 1978 y hoy propiedad, entre otros, del grupo PRISA, de *Expansion* de Francia y del grupo estadounidense *Dow Jones-Wall Street Journal*. En 1986, se le agregó *Expansión*, en el que después *The Financial Times* adquirió una participación del 35 por ciento. Tres años más tarde, el grupo Zeta puso en circulación su *Gaceta de los Negocios*, un tercer diario financiero. En consecuencia, hay un atiborramiento en el mercado. Por unos años el líder fue *Expansión*, aunque su auditoría de circulación de 1992 cayó por debajo de los 35.000 ejemplares.

El superviviente más destacado, por cierto que el único, de los periódicos de publicación diaria fundados a fines de los años ochenta es *El Mundo*[1]. La historia que hay detrás de su creación es tan interesante como su evolución posterior. En marzo de 1989, Juan Tomás de Salas, presidente de *Diario 16*, echó a su director, Pedro J. Ramírez, quien afirmaba que lo echaron porque se negó a poner fin a las investigaciones sobre el caso GAL que llevaba adelante el periódico[2]. De Salas aseguraba que lo había hecho porque tenía la sensación de que *Diario 16* se estaba volviendo demasiado sensacionalista.

En cualquier caso, fue una decisión que le costaría cara al Grupo 16. En primer lugar, Alfonso de Salas, hermano de Juan Tomás y ejecutivo del grupo, apoyó los planes de Ramírez para abrir un nuevo periódico y ocupó la presidencia de la compañía creada para lanzarlo y gestionarlo. A continuación, Ramírez se dedicó a despojar a su antiguo periódico de muchos de sus talentos más brillantes. Entre los que se unieron a él estaban: Francisco Umbral, el más original de los columnistas españoles; Forges, uno de los dibujantes más populares; Melchor Miralles, el principal investigador del caso GAL y varios enviados, en especial Alfonso Rojo, que en 1991 atrajo la atención mundial por ser el único reportero de prensa no árabe que estuvo en Irak durante la Guerra del Golfo. Ramírez también firmó un contrato con *The Guardian*, uno de los accionistas fundadores de *El Mundo*, por el que podría publicar material del periódico británico.

Al cabo de ocho meses, *El Mundo* estaba en los quioscos con un diseño que al año siguiente le valdría en la Sociedad de Diseño Periodístico de Estados Unidos más premios de los que jamás se habían otorgado a cualquier otro periódico europeo. Su crítica implacable al gobierno socialista le ganó un grupo sólido de seguidores entre los desencantados jóvenes de las ciudades que tienen buen nivel de educación, precisamente el sector de la población que es más atractivo para los anunciantes. Con la ayuda de una buena inyección de dinero por parte de los editores italianos de *Corriere della Sera*, que compraron un 45 por ciento de las acciones, *El Mundo* superó a *Diario 16* por primera vez en 1992 y, a mediados del año siguiente, con una circulación controlada de mucho más de 200.000 ejemplares, estaba a punto de convertirse en el tercer periódico nacional, por detrás de *El País* y *ABC*.

Entre tanto, el descenso de *Diario 16* desde la salida de Ramírez ha sido continuo. A principios de 1994, Juan Tomás de Salas abandonó la dirección de un periódico que, por entonces, estaba abrumado de deudas y de conflictos laborales.

Sin embargo, ahora mismo España es un país en el que la prensa diaria ofrece a los lectores una elección de notable, por no decir alarmante, estrechez. En los años veinte y treinta, Madrid y Barcelona –que tenían, ambas, una tercera parte de su tamaño actual– contaban con dieciocho y dieciséis periódicos respectivamente. En 1994, las cifras correspondientes eran cinco y tres.

Ningún visitante primerizo de España deja de admirarse ante los quioscos de las grandes ciudades, en especial los de la Gran Vía madrileña y las Ramblas barcelonesas. Cerrados por la noche como cajas de acero misteriosas sobre las aceras, se abren por la mañana como flores tropicales de colorido abigarrado. Todo el espacio disponible en las paredes, el mostrador y las puertas abiertas de par en par está ocupado por las cubiertas de vivos colores de todo tipo de revistas. Por lo común hay tantas a la venta que el dueño tiene que poner otros soportes delante y a los lados del quiosco para poder acomodarlas. Hay revistas de noticias y otras de información general o especializada, muchas de ellas publicadas en Estados Unidos y en países de la UE. Hay revistas de humor, educativas, revistas para «adultos» (gays, lesbianas o heterosexuales), científicas y literarias, fascículos y comics para niños y adultos.

Los quioscos son un tributo no sólo al genio de los españoles en materia de exhibición sino también a la flexibilidad del comercio español de revistas. El entusiasmo de la gente por las publicaciones periódicas contradice el punto de vista que se basa sólo en la circulación de los periódicos y afirma que los españoles no son lectores asiduos.

En España el hábito de la suscripción a un periódico o revista no está arraigado. La prensa se vende casi por completo en los quioscos. Las revistas resultan más afectadas que los periódicos por esta circunstancia, porque la lealtad de los lectores –y no se trata de un fenómeno puramente español– suele ser más débil respecto a los semanarios que a la prensa diaria. En consecuencia, las ventas de una determinada revista española varían ampliamente de una semana a otra, según los atractivos que cada edición presente al lector. La competencia es más feroz que en cualquier otro sector de los medios. Los extremos a los que llegan los redactores de las revistas españolas para asegurarse una exclusiva lindan, a veces, con la piratería y, sobre todo por las fotografías «calientes», pueden pagarse hasta más de 10 millones de pesetas.

Como en la mayoría de los países, el negocio de las revistas se despliega en los espacios que deja libre la industria de los periódicos. Por ejemplo, ninguno de los periódicos españoles tiene un equivalente de las crónicas sociales o las columnas de cotilleo que se encuentran en los británicos y americanos. En cambio, en España abundan las revistas bien presentadas y muy rentables, dedicadas a vida y amores de los famosos.

La pionera fue ¡Hola!, una empresa extraordinaria que sigue pisando fuerte desde 1944, en manos de la familia Sánchez Junco, su fundadora. La edición del semanario está a cargo de Eduardo Sánchez Junco, que la prepara en el salón de su casa, con la ayuda de su madre, su mujer y su sobrina. ¡Hola! es la corporización periodística de esa «cultura de evasión» identificada por Carr y Fusi, ya mencionada en un capítulo anterior; en su momento, parecía ser un producto adecuado sólo a una época y a un lugar específicos. Pero no fue así. Una revista que ayudaba a sus lectores a huir de los rigores y el aburrimiento de la España franquista se mostró, contra todos los pronósticos, capaz de ejercer una enorme atracción en la Gran Bretaña de fines de los años ochenta y principios de los noventa.

En 1988 apareció Hello!, edición inglesa con el mismo diseño anticuado e idéntica actitud servil ante los ricos y famosos. Al cabo de cuatro años, tenía una circulación de casi medio millón de ejemplares y había dado al inglés un neologismo: *helloization*.

A lo largo de los años, a *¡Hola!* se unieron otras revistas como *Pronto*, la que más se vende en España, *Diez Minutos*, *Lecturas* y *Semana*. Estas publicaciones –a las que se conoce con el nombre de «prensa del corazón»– ocupan cinco de los diez primeros lugares en el cuadro de ventas de las revistas y venden más de 2.500.000 ejemplares por semana.

Ante la existencia de otro vacío en el campo periodístico, las revistas trataron de satisfacer la necesidad de una cobertura desinhibida de la actualidad, a fines de la dictadura y en los primeros años de la monarquía, ya que los periódicos no querían o no podían hacerlo.

La primera revista de la oposición al franquismo fue *Cuadernos para el diálogo*, fundada por un grupo de demócrata cristianos en el año 1963. Pero *Cuadernos* era sobre todo una publicación intelectual, con una propensión hacia los resultados de las investigaciones sociológicas. La primera verdadera revista de actualidad fue *Cambio 16*, que llegó a la calle en 1972. Tenía bastante similitud con *Time* o con *Newsweek*, y no tardó en alcanzar un alto nivel de profesionalidad. La seguirían en el mercado muchos otros semanarios, que en 1977 sumaban un total de quince; las ventas llegaron a los 2.000.000 de ejemplares por semana. Pero cuando *El País* y otros periódicos empezaron a competir, la circulación de las revistas decayó. *Cuadernos* fue la primera en desaparecer y las demás lo hicieron poco después. Hoy *Cambio 16* es la única superviviente de aquellos días vertiginosos, aunque se ha tenido que enfrentar con la competencia de *Tiempo*, una revista de sensacionalismo moderado que edita el grupo Zeta, de la conservadora *Epoca* y de la liberal *Tribuna*.

Cambio 16 fue el producto de una atmósfera bastante seria y apasionada, que prevalecía en los años previos a la muerte de Franco. Pero la revista que captó y reflejó el espíritu ya más liberado de los años posteriores es *Interviú*, fundada en Barcelona inmediatamente después del fin de la dictadura, con el fin de dar a los lectores dos cosas que no habían tenido en tiempos de Franco: información desinhibida en temas políticos y fotos de mujeres desnudas, cosa que hizo de un modo que resultaba de particular atractivo para el mercado español. En lugar de presentar sus artículos con códigos y metáforas, tal como se había hecho hasta entonces, *Interviú* fue directamente a los propios políticos, les planteó preguntas bruscas y provocativas y publicó las respuestas palabra por palabra. En lugar de acudir a las modelos profesionales, casi siempre extranjeras, que empezaban a aparecer en otras revistas, *Interviú* se acercó a las cantantes y actrices españolas con la teoría seductora de que, si se quitaban la ropa, sus credenciales democráticas serían incuestionables. El mensaje que se transmitía al lector era, y es, que la liberación sexual y la política son una y la misma cosa. Para cualquiera que no haya vivido en España durante los últimos años del decenio de 1970, esto es una mezcla rara y para un extranjero resulta más rara aún, por la inclusión habitual de fotografías a todo color de intervenciones quirúrgicas, asesinatos y accidentes, a menudo recuperadas de fotos que parecían demasiado directas para que las usara la prensa diaria.

En 1978, cuando estaba en su apogeo, *Interviú* vendía casi 750.000 ejemplares por semana. El dinero así generado formó la base sobre la que su propietario, Antonio Asensio, pudo construir su imperio, el grupo Zeta, en el que News International de Rupert Murdoch compró el 25 por ciento de las acciones, en 1989. Pero *Interviú* perdió circulación de un modo sostenido durante los años ochenta y en 1992 su media de ventas semanal apenas llegaba a 200.000 ejemplares.

Por muy vulgar que sea a menudo, *Interviú* contribuyó a modelar un estilo de periodismo específicamente español, que se desarrolló en los años siguientes al fin de la dictadura. Aunque sea sorprendente en un país que tanto ha tomado en préstamo del otro lado de los Pirineos, tiene poco en común con el estilo de sugerencias de los franceses, cuyos artículos tantas veces empiezan con una pregunta. Al menos en su relato de las noticias, los españoles se decantan por el método anglosajón de empezar con una síntesis que luego amplían.

La singularidad del periodismo español se ha de encontrar en un alto grado de personalización, que refleja con fidelidad lo atrayentes que son las individualidades para los españoles y la relativa indiferencia que les producen las instituciones y asociaciones. La proporción de espacio ocupado por columnas de opinión firmadas debe ser la más alta del mundo y hay un extraordinario grado de concentración en las palabras exactas dichas por los protagonistas de las noticias. Las entrevistas quedan siempre en la cruda forma de «pregunta y respuesta» y, si un artículo no está encabezado con una «cita», casi siempre empieza con una. Con todo, pocas veces oí decir en España, si es que lo oí alguna vez, que alguien se quejara de que habían citado sus palabras mal o fuera de contexto.

Sin embargo, ha habido muchas quejas sobre la prensa española, a medida que su poder fue creciendo en los últimos años, porque quizá no hay otros periodistas europeos cuya influencia sea tan desproporcionada al número de sus lectores.

Como veremos en el capítulo siguiente, los españoles son ávidos consumidores de los demás medios pero, a diferencia de lo que ocurre en muchos otros países, la estructura de las noticias en la radio y la televisión está muy condicionada por las que se publican en la prensa y no a la inversa. Sólo uno de cada veinte españoles puede haber leído una exclusiva en un determinado periódico matutino, pero se puede apostar a que por la tarde la habrá oído o visto resumida en otros medios.

Además, en España –como en Estados Unidos–, el sistema político permite sólo un control parlamentario limitado de la acción del gobierno. Así es como los periodistas españoles, al igual que sus colegas estadounidenses, tienen un papel propio más importante que desempeñar. La importancia de la prensa española quedó subrayada cuando el poder estuvo en manos de un gobierno que, durante más de diez años, entre 1982 y 1993, no necesitaba la aprobación ni siquiera de una parte de los otros partidos para llevar adelante su programa legislativo. El sentido espontáneo que tenían los directores de los periódicos acerca de su papel natural en semejante situación puede explicar, con mayor eficacia que las creencias personales o los prejuicios, el notable grado de oposición a los socialistas desarrollado en los periódicos y revistas de España.

Por sí misma, esta actitud habría significado para los periodistas de la prensa escrita una hostilidad gubernamental. Pero fue un periódico, *Diario 16*, el que dio a conocer el caso GAL y una revista, *Epoca*, la que hizo estallar el escándalo Juan Guerra[3]. Cuando el segundo de estos casos llegó a su culminación, a principios de 1990, González y sus ministros empezaron a hablar abiertamente de someter a la prensa a un control mayor. En el contexto, eso produjo una respuesta comprensiblemente airada por parte de los periodistas.

Pero no hay que ser un político con esqueletos en el armario para creer que se necesita un nuevo ordenamiento de las normas que rigen la prensa. En realidad, el tema se suscitó un año antes en la prensa misma, cuando una serie de controversias entre reporteros de revistas llevó la atención a la cuestión del derecho a la privacidad.

De una parte, muchas de las leyes que afectan a los periodistas están anticuadas o son injustas. Va contra la ley difamar a las instituciones, por ejemplo el gobierno, tanto como a los muertos. Y la veracidad de una acusación no pesa en el momento de decidir si un periodista ha cometido la falta de atacar el honor de alguien o de algo.

Igualmente serio, sobre todo en vista del compromiso de introducir el jurado en los juicios, es que no haya ninguna ley que evite que los presuntos culpables se vean juzgados por la opinión pública antes de presentarse a la justicia. Casi todos los días se lee en la prensa española algún titular que, sin equívocos, anuncia que la policía ha arrestado al asesino de éste o aquél y al ladrón de esto o lo otro. A menudo las crónicas periodísticas citan fuentes policiales anónimas que identifican por su nombre a sospechosos de terrorismo que no han sido ni arrestados ni, mucho menos, juzgados.

Hasta ahora, las leyes han permitido a la prensa esta libertad, con la idea de que los jueces profesionales encargados de decidir la inocencia o la culpabilidad de alguien no se sentirán influidos por lo que lean en la prensa. Pero esto mismo no se puede decir con tanta seguridad de un jurado.

Otro tema que habrá que tener en cuenta, si la democracia española quiere madurar, es el de la relación entre la prensa y el Estado. Casi dos decenios después del fin de la dictadura de Franco, el gobierno sigue siendo el mayor propietario de los medios en España.

La liquidación de la cadena estatal de prensa no puso fin a la presencia oficial en los medios escritos. La mayor agencia de noticias del país, EFE, de la que los periódicos reciben gran parte de su material básico, aún pertenece al gobierno. Los ejecutivos de EFE que se atreven a desafiar la línea señalada por el partido gobernante pierden prontamente su cargo. A veces el gobierno se sirve de EFE de un modo más propio de una dictadura. Una de las decisiones internacionalmente más significativas y discutibles que adoptó Felipe González desde su llegada al poder fue la carta que, durante la Guerra del Golfo, envió a George Bush, en la que le pedía que terminaran los bombardeos a las ciudades iraquíes. Esta carta no fue anunciada en una conferencia de prensa ni distribuida entre los periodistas. Un resumen de su texto, que podía ser correcto o no, se filtró a través de EFE. En esas circunstancias, los corresponsales de prensa extranjeros no tenían más posibilidad que la de citar como fuente a la «agencia oficial de noticias». Eso hacía pensar que España era aún un Estado totalitario.

Además de EFE, el gobierno ejerce un control directo sobre grandes cadenas de radio y televisión. Pero aunque sus intereses en los medios crecieron durante la administración socialista, la influencia general del gobierno ha disminuido, quizá. Y nada ha hecho más para debilitarla que el advenimiento de la televisión comercial.

NOTAS CAPITULO 21

1) El Independiente, que antes había puesto un pie en el ruedo bajo la forma de semanario, pasó a ser una publicación diaria en 1989 y dos años más tarde desapareció. El Sol se mantuvo desde 1990 hasta 1992.

2) Véanse págs. 75-76.

3) Véanse págs. 78-79.

22

Cambio «en el aire»

El monopolio estatal de la televisión en España llegó a su fin el día de Navidad de 1989. A la una en punto de la tarde el presentador Miguel Angel Nieto anunciaba: «Antena 3 Televisión, primer canal privado de televisión en España, acaba de nacer». En el control, el director general de la empresa estaba tan aturdido por la emoción que tenía lágrimas en los ojos, cuando intentó decir unas palabras a los invitados que habían acudido para presenciar la inauguración de la nueva emisora. Como era de esperar, la televisión privada española había llegado al aire a velocidad de vértigo: Antena 3 supo que había obtenido un permiso sólo cuatro meses antes de su lanzamiento.

Aunque tuvieron que sacársela como quien arranca un diente, la decisión de los socialistas de permitir que hubiera competencia en televisión se puede ver, con la perspectiva del tiempo, como una de sus contribuciones más valiosas a la consolidación de la democracia, comparable con su modernización del ejército. Esto puede parecer un punto de vista ridículo, si se considera la forma trivial en que las emisoras comerciales libran desde entonces una guerra de audiencia con la cadena oficial. Pero basta saber la cantidad de gente que ve la televisión en España para advertir que no se trata de ninguna ridiculez.

Quizá sea sorprendente, pero los españoles son un pueblo de adictos a la televisión. Las cifras de audiencia en Europa muestran una situación que es exactamente opuesta a la que se podría esperar. En general, las personas que menos miran televisión son las que tienen una reputación de introvertidas y que viven en los fríos países nórdicos, en tanto que las que miran televisión son las que viven en las cálidas tierras meridionales y tienen reputación de gregarias. Hay una excepción a esta regla general. Gran Bretaña, un país del norte con una población muy reservada, tiene las cifras más altas de todos, pero esto puede que se deba a la calidad excepcional de los programas de la televisión británica. Si se deja a un lado a los británicos, el pueblo que más tiempo pasa pegado a los receptores de televisión son los españoles, seguidos por portugueses e italianos, una situación coherente con el criterio de que en las preferencias en materia de medios influye la preponderancia de una cultura «oral» en el Mediterráneo.

En casi todas las casas españolas hay un aparato de televisión, incluso en las que carecen de otros electrodomésticos mucho más útiles. No pude averiguar si aún es así, pero a principios de los años ochenta, en Andalucía, que es la región más cálida de Europa, los hogares que tenían aparatos de televisión eran más numerosos que los que tenían un refrigerador. En 1989, según un estudio de la televisión estatal, el 85 por ciento de la población de más de catorce años miraba la televisión en un día normal de verano, y en uno de invierno se llegaba al 87 por ciento. El tiempo medio que los españoles pasaban mirando TV era casi tres horas y media por día, sólo quince minutos menos en verano que en invierno. Pero lo de «mirar» la televisión puede que no sea la palabra exacta: los españoles suelen dejar encendido el televisor mientras hacen otras cosas. Sospecho que la cantidad de tiempo en el que prestan una atención continuada a la TV no es tanto como sugieren las cifras generales.

Dicho esto, la investigación también muestra que alrededor del 70 por ciento de los españoles se hace un juicio político según lo que ve en la televisión. Por tanto, no es exagerado decir que quien controle lo que en España se llama «la caja tonta» está en condiciones de controlar la actitud y los puntos de vista del país. Aunque tal vez no previera hasta qué extremo llegaría la adicción de los españoles al televisor, Franco decidió que el medio era demasiado poderoso como para dejarlo en otras manos que no fuesen las suyas.

Televisión Española (TVE) se estableció como monopolio estatal en 1956. Como ocurría con toda actividad creativa, en tiempos de la dictadura los programas de TVE estuvieron sometidos a la censura. Pero la televisión era la única entidad que pasaba por un doble filtro. Primero, los planes de programación se sometían a «comisiones asesoras» compuestas por jueces, sacerdotes, oficiales de las fuerzas armadas y otros. Después, el producto terminado, ya fuera de origen español o comprado en el extranjero, pasaba por lo que se describía como «valoración de contenidos». La consecuencia de esto era que lo que se permitía en las películas y en el escenario no se permitía en la pequeña pantalla.

En 1980, *El País* tuvo acceso a los informes de uno de los censores franquistas, el dominico Antonio Sánchez Vázquez, quien ordenó los siguientes cortes en "Días sin huella" de Billy Wilder:

1. Beso en el momento de despedirse.
2. Cuando roba el bolso de una señorita, eliminar los planos en que ella y su compañero se comportan con excesiva afectuosidad (dos o tres veces); al menos, aligerarlo en esos planos.
3. Beso y conversación mientras están abrazados. Reducir el tiempo del beso.
4. Después las buenas noches del enfermero... uno de los enfermos sufre un *delirium tremens*. Dejar que se inicie y cortar rápidamente, y unir cuando, una vez entrados los médicos, él se escapa con el abrigo del médico.

Pero fray Antonio no se preocupaba sólo del sexo y la violencia. Después de ver una comedia francesa, escribía que «aunque la intención sea humorística, la Gestapo y su jefe en París están ridiculizados en su comportamiento y en sus referencias al *Führer*». Se diría que, para ser un religioso, era muy sensible a la política. Con la idea de la posición de España como potencia colonialista, de un filme titulado "Jaguar" cortó una frase acerca de la explotación que los ingleses ejercían sobre los africanos. Poco después, las relaciones con Gran Bretaña entraron en una de sus periódicas crisis a causa de Gibraltar y los registros señalan que fray Antonio envió otro informe para sugerir que se volviera a insertar la frase. Quizá su observación más memorable fue la que acompañó la recomendación de no difundir una película titulada *La moral de la señora Pulska*: «Tema "fuerte". Critica la hipocresía. Advierto que levantará polvareda», escribía.

Los censores no desaparecieron con el fin de la dictadura. Fray Antonio fue uno de los cuatro del equipo de TVE nada menos que hasta 1980, aunque por entonces su tarea no era ya la de cortar planos sino la de encontrar la forma de que todo fuera menos duro, por ejemplo, sustituyendo «mierda» por «estiércol» o algo así en los subtítulos.

Pero lo más importante es que la llegada de la democracia no liberó a TVE de la interferencia del gobierno en el contenido político de sus programas. En este sentido fue poco afortunado que el primer presidente de gobierno de la España democrática hubiera sido un hombre que tuvo la dirección de RTVE, la corporación pública que controla la radio y la televisión estatales, en época de Franco. Suárez fue primero director de la primera cadena de televisión y después director general del ente, y estaba muy imbuido de la idea franquista de la televisión como un brazo del gobierno.

Gracias a la insistencia de socialistas y comunistas, los Pactos de la Moncloa de 1977 incluyeron un compromiso de establecer un cuerpo de gobierno, responsable de garantizar la objetividad de RTVE, controlar sus finanzas y, lo más importante, redactar un reglamento. Aun así, la composición de su Consejo Rector, como se lo llamó, era por completo favorable al partido gobernante. El reglamento preparado para RTVE se empezó a aplicar en 1980; creaba un nuevo cuerpo de gobierno denominado Consejo de Administración, compuesto por miembros elegidos por las Cortes, quienes, por supuesto, reflejan la composición del parlamento, en el que el partido del gobierno es mayoría. Hasta hoy, el Consejo de Administración ha demostrado que es un perro guardián desdentado. Aunque el reglamente dice que no se puede reemplazar al Director General salvo en caso de incompetencia manifiesta, UCD consiguió deshacerse de tres de ellos en los dos últimos años de su gobierno.

La llegada de los socialistas no aportó ningún evidente cambio de actitud. Poco después de una de las emisiones del programa *La clave*, dedicado a comentarios sobre la actualidad, en la que se iba a presentar un político socialista contestatario, el programa se retiró de improviso. En la campaña previa al referéndum sobre la OTAN, la «caja» padeció una manipulación abierta, para conseguir que los electores apoyaran el punto de vista que en ese momento sostenían los socialistas.

Desde entonces, el uso de la televisión para promocionar al gobierno se hizo cada vez más sutil. Durante la campaña electoral de 1989, la última que hubo antes de la aparición de los canales privados, *Diario 16* cronometró los telediarios de TVE. Encontró que los espacios especiales dedicados a la campaña estaban bastante bien equilibrados: cada partido ocupaba un tiempo más o menos proporcional a su presunta cantidad de votantes. Pero los telediarios eran otra cosa. Un total de una hora y cuarenta y tres minutos se invirtió en la cobertura del gobierno y del PSOE, frente a los cuatro minutos dedicados al principal partido de la oposición, el PP. Las cifras de *Diario 16* sacaron a relucir la causa más frecuente de esa circunstancia: TVE no «equilibraba» rutinariamente la cobertura de las iniciativas del gobierno con comentarios de la oposición.

Tampoco hubo más que alusiones superficiales a distintas controversias que afectaron al gobierno. En febrero de 1990, los socialistas por fin se vieron obligados a dar cuenta en público del caso Juan Guerra, en un debate especial en la Cortes. TVE hizo caso omiso de las peticiones firmadas por los editores de todos sus telediarios y se negó a televisar el debate en directo. El jefe de los informativos adujo que el escándalo, que había sido el centro de la atención general durante meses, «era de interés sólo para una audiencia especializada». Al año siguiente, tras una remodelación del gobierno, el telediario de las tres de la tarde describía al nuevo gabinete con estas palabras: «un gobierno notable por el alto nivel de experiencia de sus miembros y por su gran disposición para solucionar los retos que debe enfrentar España en el futuro».

La utilidad que tuvo TVE tanto para los socialistas y como para sus antecesores en el cargo puede explicar por qué los gobiernos sucesivos se mostraban tan dispuestos a cerrar los ojos ante las pruebas de una gestión abusiva, al menos mientras les dejara algún provecho.

Las primeras críticas llegaron poco después del fin de la dictadura. En 1977, un grupo de trabajadores organizó un «comité anticorrupción» y, al año siguiente, *Cambio 16* publicó un amplio informe en el que exponían algunos de los peores abusos: salarios inflados, personas que tenían dos nóminas por desempeñar, o fingir que desempeñaban, tareas en la radio y la televisión, integrantes de la plantilla que cobraban como colaboradores externos por trabajos que hacían en el horario de RTVE y otras cosas semejantes. «Hay quienes ganan, literalmente, el doble que el rey», indicaban los autores del informe, que, entre otros, dieron a conocer el caso de un señor que vivía y trabajaba en Brasil, como representante de una compañía española, y ganaba 65.000 pesetas semanales por «coordinar» un programa que, como bien comentaba la revista, quizá jamás había visto.

Sin duda por causa de estos derroches y otros semejantes, RTVE tuvo que pedir un subsidio oficial en 1976. Todo el año siguiente transcurrió en un estado de aguda crisis financiera. Estaba claro que, a menos que se hiciera algo para sanear las finanzas del ente, RTVE pronto iba a adquirir la costumbre de obtener ayudas estatales cada vez mayores. En 1978, se ordenó una auditoría oficial para descubrir en qué se gastaba el dinero. Infortunadamente para el gobierno, el informe llegó a la redacción de *El País*, donde encontraron material suficiente como para escribir siete artículos.

El informe de los auditores, escrito con bastante ironía, revelaba un grado de ineficacia y deshonestidad casi increíble. Para empezar, los libros de cuentas no estaban en orden. «Hay abundante y hasta excesiva información contable, pero no puede hablarse de la existencia de un auténtico sistema de información contable. Es imposible hacer un balance o calcular los ingresos y los gastos», decían los autores del informe.

Después de nueve meses de investigación, los auditores del gobierno confesaban que no se podía decir con certeza cuántas personas trabajaban para RTVE ni cuántas propiedades y equipos tenía el ente. Había empleados que desempeñaban tareas cuya descripción no significaba nada y otros contratados para una cosa pero que hacían otra:

«En RTVE hay ayudantes de producción que presentan programas, periodistas que dirigen, directores que presentan, conserjes que filman e incluso locutores de radio que se ponen ante las cámaras si les pagan una bonificación, por la que todo se vuelve posible».

Se descubrió que faltaba gran número de libros y discos y enormes cantidades de ropa y películas. De hecho, el robo estaba tan extendido que se había acuñado un eufemismo especial para los bienes robados en RTVE: se los llamaba «depósitos personales». Además de los robos, los auditores también advirtieron que parecía existir una genuina confusión en las mentes de todos acerca de dónde estaba el límite de lo que pertenecía a RTVE y lo que era propiedad de cada persona. «Hay casos de directores y productores que ven sus programas como propiedad privada y, en casos extremos, se niegan de plano a devolverlos.» Esto explica por qué es tan poco el material de archivo que emite la televisión española. La investigación del gobierno también descubrió que era usual que los actores se quedaran con el vestuario que les daban para trabajar y que así habían encontrado una vía para la evasión fiscal, porque sus gastos en ropa gozaban de una exención, a veces importante. «Cuando se estudian ciertos contratos, se diría que RTVE contrata a los artistas desnudos y después los viste», decían los auditores.

Más de diez años después, *Diario 16* se hizo con el borrador de otro informe sobre RTVE esta vez del Tribunal de Cuentas, el organismo responsable de las auditorías del sector público; el documento cubría el lapso en que los socialistas habían estado en el poder. RTVE no tenía aún un inventario exacto y los diferentes departamentos internos del ente operaban con distintas estimaciones del número de personal. «Los planes de inversión, los programas de trabajo y los presupuestos resultaron ser meros documentos formales, carentes de todo tipo de continuidad», decía el borrador. Un programa, con un presupuesto inicial de 11 millones de pesetas, costó en realidad 150 millones. En algunos casos, se dieron adelantos sobre películas que ya se habían hecho.

Con tal grado de mala administración, no era sorprendente que tanto en RTVE como en el gobierno se temiera a la competencia entre Televisión Española y las nuevas emisoras privadas. Una de las formas en que RTVE reaccionó fue la de dar a ambas cadenas una oportunidad mayor para la batalla que se avecinaba. La segunda cadena, TVE-2, que se había inaugurado en 1965, pasó a tener un papel más amplio y un mayor presupuesto para aumentar su atractivo. Se la rebautizó como «La 2» y su audiencia media diaria en 1989 llegaba al 34 por ciento de la población adulta. En el mismo año, TVE-1 tenía un «alcance» del 78 por ciento.

La remodelación de TVE-2 no fue, en la carrera hacia la instauración de la televisión privada, el único desarrollo que podía verse como perjudicial para el éxito final de las nuevas emisoras. Por ejemplo, estaba la rara trayectoria de Canal 10, el primer canal por satélite de España, que empezó sus transmisiones desde Londres en enero de 1988. A pesar de las negativas del gobierno, la oposición llegó a convencerse de que el gobierno había soñado a Canal 10 como un «ejercicio de anticipación». José María Calviño, primer director general de RTVE, fue uno de los asesores del proyecto e incluso, creían algunos, el que lo ideó. Canal 10 no consiguió monopolizar el mercado publicitario antes que los canales privados convencionales. Pero cuando se produjo su abrupta desaparición, después de menos de siete meses, dejó tras de sí a un buen número de españoles que, tras haber pagado 15.000 pesetas para ver sus programas, quedaron poco menos que espantados por su primera experiencia con la televisión privada.

En tanto, el gobierno se había ocupado de aumentar el número de las emisoras públicas autonómicas, con lo que incrementaba la competencia que deberían enfrentar los canales privados. La idea que había detrás de las televisiones autonómicas era la de ofrecer un servicio local en las regiones en que se hablaba una lengua distinta del castellano. Los estatutos autonómicos de esas regiones establecían que las emisoras creadas para brindar ese servicio estarían a cargo de los gobiernos de las comunidades autónomas, tal como RTVE estaba a cargo del gobierno central. De esta manera, la televisión autonómica se convirtió en un medio de dar poderes adicionales a cada gobierno regional de las zonas que, con fundamento, tenían una identidad distinta, y pronto se diluyó el tema de si debían ser exclusivamente en lengua no castellana.

Los dos primeros canales se inauguraron con un absoluto desdén por la ley, característico de muchos desarrollos recientes en los medios de radiodifusión. El servicio de televisión del gobierno vasco, Euskal Telebista (ETB), empezó sus emisiones en la noche vieja de 1983, varios días antes de que entrara en vigor la legislación que autorizaba a las regiones a solicitar licencias. En la actualidad, gestiona dos canales: ETB-1, que emite sus programas en lengua vasca, y ETB-2 que emite en castellano. El gobierno catalán, que se sentía obligado a recoger el guante arrojado por los vascos, inauguró su canal TV-3 pocos días más tarde. A continuación, Galicia obtuvo su propio canal y otro tanto hizo Valencia, donde una minoría importante de la población habla un dialecto del catalán. En 1988, Cataluña adquirió una segunda emisora en catalán, Canal 33. Esta inauguración también fue un acto de desafío; a diferencia del vasco, el estatuto de autonomía catalán no autorizaba más de una emisora en la región. De hecho, desde Madrid se interfirieron las primeras emisiones de Canal 33, hasta que la discusión sobre el estatuto autonómico de Cataluña se llevó a cabo.

En 1984, se habían archivado los planes para servicios autonómicos adicionales en áreas con una identidad lingüística diversa; pero, mientras se acercaba la fecha del lanzamiento de la televisión privada salieron de esos archivos y se les quitó el polvo acumulado. Sin que fuera una sorpresa para nadie, las dos autonomías que consiguieron canales propios en 1989 estaban en manos de los socialistas.

En Andalucía se inauguró Canal Sur, cuyo primer director general declaraba: «Haremos una programación para la mayoría de los andaluces, pero hay que recordar que la mayoría de los andaluces votan por el PSOE». El nuevo servicio pronto obtuvo una audiencia más que respetable, aunque no a bajo coste. Al cabo de tres meses de estar en el aire, Canal Sur había gastado casi 50 por ciento más que su presupuesto de todo un año. Telemadrid o TM-3 resultó ser una sorpresa de otro tipo. Dependiente de un gobierno autónomo encabezado por Joaquín Leguina, un socialista disidente, se convirtió –según palabras del propio Leguina, sin duda dichas como una broma a medias– en «el enemigo interno». Sus telediarios no tenían restricciones visibles en cuanto a noticias poco agradables para el gobierno o el PSOE.

Las tres licencias acordadas a televisiones privadas –aprobados por el consejo de ministros– correspondieron a Antena 3, Tele 5 y Canal Plus[1]. El consorcio de Antena 3 dependía de la red radiofónica del mismo nombre, creada a su vez por *La Vanguardia*. Entre ambas, Antena 3 Radio y *La Vanguardia*, tenían una cuarta parte de las acciones. Los propietarios de ABC también tenían un pequeño porcentaje. Los mayores accionistas de Tele 5, cada uno con un 25 por ciento, eran el magnate italiano de los medios Silvio Berlusconi, la editorial barcelonesa Anaya y la poderosa ONCE. Canal Plus tomó su nombre del canal privado francés homónimo, que participa con un 25 por ciento de las acciones. Su principal accionista español es el grupo PRISA, al que pertenece también *El País*.

Desde un principio se supuso que cada canal privado de televisión tendría una actitud política identificable, como ocurre con las cadenas radiofónicas en España[2]. De Antena 3 se podía esperar que fuera crítica con los socialistas; en cambio, de Canal Plus se esperaba que los apoyara. El tercer canal, Tele 5, había dejado claro en su proyecto que no se disponía a dar mucho espacio a las noticias y temas de actualidad y que trataría de obtener una audiencia masiva con teleconcursos, programas de variedades y películas populares. Se podría decir, pues, que la balanza se desequilibraría contra el gobierno porque, a diferencia de Antena 3 que consideró la posibilidad pero la rechazó, Canal

Plus optó por convertirse en un canal de pago, lo que restringió su audiencia potencial.

Dentro de este panorama es donde hay que situar un golpe de estado en la junta directiva de Tele 5. Los representantes de Berlusconi unieron sus fuerzas con los de la ONCE para reemplazar al presidente del canal, un hombre de Anaya; así se hizo y Miguel Durán, el director general de la ONCE, ocupó el cargo. Era la primera vez que un invidente tenía el control cotidiano de una emisora de televisión. Los consejeros representantes de Anaya habían discutido con Berlusconi sobre el punto hasta el que el nuevo canal debía depender de la producción española y de las empresas de publicidad subsidiarias del magnate italiano. Sin embargo, muchos comentaristas, con la idea de que la ONCE está sujeta al control de un ministerio, vieron en el cambio de la dirección una maniobra del PSOE para restablecer el equilibrio en la cobertura de la televisión privada.

No obstante, si algo de verdad hay en esta teoría, lo que no hay aún es alguna señal de que el presunto objetivo se haya cumplido. Como se esperaba, Antena 3 siguió una línea antisocialista, aunque han cambiado sus propietarios: en 1992, el propietario de *La Vanguardia* dejó la presidencia a Antonio Asensio, jefe del Grupo Zeta. El cambio implicó una prolongada reorganización en la estructura financiera de la empresa, lo que permitió la entrada de la sociedad Asensio-Murdoch, que no había conseguido un permiso en el concurso celebrado tres años antes. Cuando terminó la reestructuración, casi tres cuartas partes de las acciones pertenecían a empresas controladas por Asensio, Murdoch o el entonces presidente de Banesto, Mario Conde. Los telediarios de la noche de Antena 3 –presentados por José María Carrascal, antiguo corresponsal de ABC– siguieron muy contrarios al gobierno. Tele 5 también mezclaba comentarios con las noticias, bajo la forma de intervenciones de «columnistas», y estaba preparada para contener los ataques contra la política gubernamental. Canal Plus, que tiene un formato de telediario muy convencional, hasta ahora parece haberse decidido por la imparcialidad.

Como era lógico suponer, los canales independientes produjeron una erosión importante en el monopolio de TVE, tanto en audiencia como en la publicidad. A fines de 1993, TVE-1 todavía estaba a la cabeza en los cuadros de *rating*, con más del 28 por ciento. Pero Antena 3 apenas le iba a la zaga, con casi el 27 por ciento y Tele 5 se había hecho con un 19 por ciento del público. Ya en 1991, RTVE había desvelado que por primera vez en casi un decenio estaba en números rojos. El factor más grande en sus pérdidas de 20.000 millones de pesetas era una caída de 8.500 millones de pesetas en ingresos de publicidad. El déficit se cubrió con reservas pero, como era inevitable, el ente quedó sujeto a unas inspecciones draconianas desde entonces. Sin embargo, aunque hubo recortes, las pérdidas de RTVE subieron en 1993 hasta 127.000 millones de pesetas.

En la batalla por ganar audiencia, ambas partes aseguran que están en una injusta posición de desventaja. Las emisoras privadas, que han llevado su caso a la Comisión de la UE, argumentan que la televisión estatal se paga con fondos públicos y no debería competir con el sector privado haciendo rebajas en la publicidad. A su vez, RTVE se queja de que tiene que atender a una serie de costos de los que sus competidores están libres. TVE tiene que subsidiar a la red estatal de radiodifusión, Radio Nacional de España (que ya no emite publicidad), financiar a los servicios exteriores y al Instituto de Radio y Televisión y hacerse cargo del déficit de la Orquesta y Coro de RTVE. En 1994 por primera vez, el gobierno tuvo que conceder a RTVE un subsidio para hacerse cargo de esos costos adicionales.

Las emisoras de televisión autonómicas, que tenían en torno al 15 por ciento de audiencia, a fines de 1993 también se vieron afectadas por la aparición de los canales privados, y empezaron a resultar una carga pesada para los respectivos gobiernos. TeleMadrid, que afirmaba ser la menos subsidiada, no obstante recibía unos 7.500 millones de pesetas en 1993 y ni aun así cubría su déficit.

Canal Plus, que había previsto una audiencia necesaria de entre 500.000 y 600.000 abonados para que cuadraran sus cuentas, terminó el año con más de 750.000 y empezaba a mostrarse como la empresa más próspera de todas. También se ponía en duda si Antena 3 podría haberse mantenido por encima de Tele 5 sin las generosas ayudas que le había prestado Mario Conde antes de que el Banco de España, a fines de 1993, lo apartara de la dirección de Banesto.

Una de las primeras armas que, en la guerra de las audiencias, esgrimieron los distintos canales fue, quizá inevitablemente, el sexo. En el verano de 1990, Tele 5 lo puso en juego: tres veces por semana, emitía a última hora de la noche un programa de espectáculo variado y *striptease*, comprado a un canal italiano. En su versión española se llamó *¡Uf! ¡Qué calor!* TVE recurrió a la rutina del *striptease* profesional para finalizar su programa de tertulia y variedades *Un día es un día*[3]. Después emitió una serie de filmes hechos para la televisión, basados en clásicos del erotismo, como *Roxanne*, y recurrió a películas X como *Emmanuelle*, que habían sido un elemento de la programación en los primeros años del gobierno socialista. Entre tanto, y con una publicidad mínima, Canal Plus empezó a emitir películas pornográficas –porno «duro», no «blando»– una vez a la semana en horas de la madrugada.

Pero el sexo pronto perdió su fuerza y, desde entonces, la guerra de la audiencia se peleó sobre todo con los llamados «culebrones» latinoamericanos[4] y programas de variedades de producción autóctona y comedias de actualidad. Lo que dio a Antena 3 una ventaja sobre Tele 5 fue, en realidad, su éxito al desarrollar series para todo público, como la muy difundida *Farmacia de guardia*, que se centra en los personajes que pasan por una farmacia de la ciudad, o en las circunstancias que allí se producen.

Una competencia feroz es el rasgo característico de la radio española desde hace mucho tiempo, porque el medio cuenta con una predilección que muy posiblemente sea única. A menudo se oye decir a los españoles, con orgullo, que la suya es la «mejor radio de Europa» y es probable que tengan razón. Los españoles son especiales para la radio. Suelen ser buenos locutores, brillantes en la improvisación, y los profesionales de la radio consideran que el medio está en su mejor expresión cuando es espontáneo, flexible y algo falto de estructuración. A diferencia de la televisión, la radio tiene prestado, además, un buen servicio a la democracia.

La primera experiencia de la mayoría de los españoles en materia de noticias sin censura previa llegó con el programa de comentarios *Hora 25*, de la cadena SER, emitido en la época de la transición a la democracia. Cuando la radio se liberó de las restricciones impuestas durante la dictadura, el número de oyentes se disparó de unos 7 millones a la muerte de Franco, hasta unos 16 millones a fines del decenio de 1970. Pero fue la actitud de las emisoras durante el golpe del 23-F lo que determinó la verdadera diferencia. Los corresponsales de la radio acreditados en la galería de prensa de las Cortes estuvieron retransmitiendo hasta que Tejero ordenó a sus hombres que dispararan al aire. Durante la noche siguiente, tanto en los estudios como en las unidades móviles, sus colegas lograron transmitir apremio y preocupación sin caer en el pánico. José María García, el más famoso de los periodistas radiales deportivos de España, desde un coche aparcado junto a las Cortes emitió sus comentarios sin interrupción.

Muchos españoles sintieron que los hombres de la radio «tendieron la mano» en esa noche de angustia y no lo han olvidado. Los oyentes aún son más de 16 millones. Bastante más de la mitad de la población adulta escucha la radio cada día, por lo que constituyen, en proporción, la audiencia más alta de Europa.

La competencia por la mayor cantidad de oyentes matinales[5] es una lucha sin respiro entre los programas de formato *magazine* de las distintas cadenas, cuyos presentadores son figuras de celebridad nacional. Desde hace algunos años, ha habido un duelo entre Iñaki Gabilondo, en la Cadena SER, quien llegó a la fama conduciendo *Hora 25*, y Luis del Olmo, de Onda Cero, quien trabaja en la radio desde que era un adolescente[6]. Sus audiencias máximas superan al millón. La reina de la tarde ha sido hasta hace poco Encarna Sánchez, que arrastra a casi medio millón de oyentes a la Cadena COPE, mientras que el zar de la noche aún sigue siendo José María García –Supergarcía–, cuyo programa, también en la COPE, cuenta con más de un millón de seguidores del deporte.

En España es costumbre que las estrellas de la radio paguen los sueldos y los gastos de todo su equipo de apoyo, y hay que tener esto en cuenta cuando se consideran sus ganancias. No obstante, esas ganancias son astronómicas. Cuando Onda Cero contrató a Del Olmo en 1991, se dijo que se le ofreció una paga anual de 600 millones de pesetas más un porcentaje de los ingresos de publicidad del programa.

Hasta la Guerra Civil, las únicas emisoras que había en España eran privadas. Pero en 1937, el gobierno franquista creó una cadena estatal, Radio Nacional de España (RNE). Durante su régimen, Franco permitió que ciertos grupos de presión internos, como el Movimiento, los sindicatos y la Iglesia, establecieran sus propias cadenas. En 1964 había unas 450 emisoras que competían por un espacio en las frecuencia de AM. El gobierno consiguió que disminuyera ese número a menos de 200 a mediados de los años setenta. Pero eso estaba aún muy por encima de lo que previó en 1975 la Conferencia de Ginebra: sólo tres cadenas de onda media para cada país. España no estaba en condiciones de respetar lo fijado por la Conferencia de Ginebra, pero en 1978 logró recortar a cuatro el número de cadenas de onda media: RNE; Radio Cadena Española (RCE), constituida por emisoras que habían pertenecido al Movimiento y a los sindicatos; Cadena de Ondas Populares Españolas (COPE), de propiedad de la Iglesia, y por último, la mayor de las cadenas privadas, la SER. Las emisoras que no pertenecían a ninguna de las cuatro cadenas fueron cerradas o pasaron a FM.

En 1988, RNE absorbió a RCE. Hoy gestiona dos emisoras de AM: Radio 1, que difunde una programación de interés general y de temas de actualidad, y Radio 5, con un servicio de deportes y entretenimientos, con notas locales.

Las principales cadenas de AM también tienen una actividad importante en FM. Dos emisoras de RNE se emiten en VHF: Radio 2, que difunde música clásica, y Radio 3, que transmite música pop y rock[7]. Los 40 Principales de la SER, dedicados al pop y al rock, tienen la mayor audiencia de España.

Hacia fines de los años setenta empezó a crecer la importancia de la FM. Entre 1979 y 1981, el gobierno concedió más de 300 licencias nuevas. Muchas fueron para empresarios que simpatizaban con el gobierno centrista de entonces y formaron la base de varias nuevas cadenas, en especial Antena 3, cuya programación es semejante a la de una emisora AM convencional. También de este período datan la Cadena Rato y la Cadena Ibérica. Un número de personalidades importantes de la radio de onda media –en España casi no existen emisiones de onda larga– se marcharon y llevaron a los oyentes a sintonizar VHF. Hoy son muchos más los que escuchan FM que los que siguen la AM.

El entusiasmo de los españoles por la radio y su desdén hacia la legalidad también se vio en la instalación de varios centenares de emisoras sin licencia, unas 500 de las cuales están gestionadas por ayuntamientos[8]. En 1989, a pesar de que España ya tenía más emisoras que cualquier otro país de Europa, en proporción a su número de habitantes, el gobierno socialista se dispuso a ceder 250 concesiones de FM nuevas. Muchas –varias de esas licencias fueron para emisoras que ya estaban transmitiendo, emisoras pirata– se adjudicaron a ayuntamientos socialistas. Como había ocurrido en tiempos de UCD, un número de esas licencias fueron a manos de empresarios y otros grupos cercanos al partido gobernante. La ONCE adquirió varias en forma directa o a través de compañías que están bajo su control. De inmediato compró sesenta y tres emisoras de la Cadena Rato y, sumada ésta a otras adquisiciones, su nueva cadena, Onda Cero, tiene ahora un total de unas 160 emisoras.

Aun sin contar el monopolio de la ONCE, el Estado y sus distintos entes controlan un imperio de medios de proporciones poco corrientes y menos saludables. Mientras expandía el sector privado, el gobierno socialista a la vez promovía el sector público, hasta tal punto que en la actualidad tal vez sea mayor que cuando Franco murió: cuenta con una agencia internacional de noticias, once canales de televisión y muchas estaciones de radio. Con todo, según las pruebas que existen en todos los campos. los españoles prefieren los productos de la actividad privada, de modo que las deudas del sector público crecen a una velocidad temible.

En 1991 –mucho antes de que se advirtiera el impacto total de la televisión privada– un alto ejecutivo de Canal Plus, cuyos patrocinadores no son hostiles a los socialistas, calculaba que las pérdidas del imperio de los medios públicos en ese año serían de 100.000 millones de pesetas. Esa misma cantidad de dinero habría permitido al gobierno triplicar las becas universitarias o construir una central eléctrica de tamaño mediano.

NOTAS CAPITULO 22

1) Los consorcios que no consiguieron esos permisos fueron Univisión Canal Uno, en el que el grupo Zeta y News International de Robert Murdoch tenían cada uno un 25 por ciento de acciones, y Canal C, promovido por un grupo empresario catalán. Un proyecto del Grupo 16 se rechazó porque, se dijo, se había presentado fuera de plazo.

2) Otro tanto ocurre en gran parte de los países continentales europeos. En Europa, la idea de que la radio y la televisión no tienen el mismo derecho que la prensa escrita para seguir una «línea» editorial es sobre todo británica, un concepto heredado de Lord Reith, primer presidente de la BBC.

3) TVE tomó Un día es un día de TV 3, el canal catalán. La última edición emitida por TV 3 dio al programa una amplia notoriedad: su presentador terminó persuadiendo a todos los asistentes de que debían quitarse la ropa ante las cámaras.

4) Por su interminable extensión.

5) Un reflejo de los horarios peculiares de los españoles está en el hecho de que la audiencia no llega a su cúspide hasta después de las 11 de la mañana y de que la audiencia total entre la medianoche y la 1 de la madrugada sea más alta que la que hay entre las 7 y las 8 de la mañana.

6) Su padre era jefe de estación de un pequeño pueblo gallego, en el que los trenes que llegaban de Madrid o iban hacia la capital debían hacer una larga parada. Con un magnetófono, Luis del Olmo recorría los coches de primera clase en busca de personas conocidas que, en esas circunstancias, no se podían negar a concederle una entrevista.

7) Radio 4, destinada a audiencias regionales, fue cerrada para ahorrar gastos a principios de los años noventa.

8) En 1988, la agencia oficial de noticias EFE firmó un contrato para prestar a más de cien emisoras ilegales un servicio regular de boletines preparados en su oficina central de Madrid.

23

El arte y lo posible: la política cultural

No es corriente que una exposición de cuadros del siglo XVII llegue a ser una amenaza para el orden público. Pero eso ocurrió en España.

En 1990, El Prado organizó la más amplia exposición habida de las obras de Velázquez. La respuesta del público fue asombrosa: más de medio millón de personas la visitaron.

En la víspera del cierre de esa muestra, el director del museo, con poco tino, prometió que las puertas estarían abiertas mientras llegara gente. Los españoles tienen la tendencia a dejar las cosas para el último minuto y la gente tomó esas palabras al pie de la letra. A pesar de la lluvia, varios centenares de personas se acercaron al Prado después de la cena, el último día, para encontrarse con que las puertas se habían cerrado a las 9 de la noche. De inmediato se organizaron en un grupo iracundo que empujaba las puertas y golpeaba en ellas con sus paraguas empapados.

Para evitar más desórdenes, el personal reabrió el museo. Pero las colas siguieron creciendo hasta dar la vuelta al edificio. Cuando volvieron a cerrar las puertas, a las 10.30 de la noche, esta vez definitivamente, se produjeron los que los periódicos del día siguiente describieron como «incidentes» entre algunas personas del público y los guardias civiles que custodian el museo. A medianoche, relataba *El País*, unas cuarenta personas seguían reunidas ante las puertas del Prado coreando: «Queremos entrar».

Cuando en España se habla –se podría pensar que con excesiva pretensión– de «la demanda cultural», concretamente se está refiriendo a una realidad palpable, y a veces difícil de manejar.

Para el criterio español, la cultura, como la educación, es buena por axioma. En el resto de Europa, esa creencia se deterioró a causa de los acontecimientos de este siglo y, en particular, por el papel que desempeñaron las artes en la Alemania de Hitler. España no intervino en la Segunda Guerra Mundial, por lo que los españoles no están tan interesados como los otros europeos por las complejas preguntas que plantea el nazismo ni tan familiarizados con ellas. Sus intelectuales jamás han tenido que preguntarse cómo fue que llenaban los hornos de gas aquellos trabajadores que tarareaban melodías wagnerianas.

Otra diferencia existente entre España y las demás grandes naciones europeas es que la mayor parte del país no tuvo la experiencia de una revolución industrial. Uno de los efectos de la industrialización es el de reforzar un sentimiento de identidad de la clase trabajadora, a través de la formación de sindicatos y la difusión de los acuerdos colectivos. En España ese proceso quedó restringido sobre todo a Cataluña, Asturias y zonas del País Vasco, e incluso en esas regiones se logró con habilidad que retrocediera cuando Franco llegó al poder, declaró ilegales a los sindicatos e impuso una idea fascista de los pactos salariales. La España que al fin se libró de su sombra estaba casi por entero desprovista de una conciencia de clase trabajadora. Esto era una realidad total entre los millones de habitantes que abandonaron las zonas rurales en los años cincuenta y sesenta. Puede que no estuvieran avergonzados de ser o haber sido pobres. Pero la idea de que la pobreza, en algún sentido, podía ser fuente de orgullo o de que el dinero podía ser fuente de vergüenza les habría parecido una perfecta tontería. Así como no hay un cuestionamiento real de los «valores burgueses», tampoco hay ninguna objeción verdadera a la «cultura burguesa». Es difícil, si no imposible, oír que algún miembro de la clase obrera española hable despectivamente de Cervantes, por ejemplo, tal como lo sus pares británicos o americanos se refieren con frecuencia a Shakespeare. Lo que ocurre en la práctica es que la mayoría se queda en casa mirando Tele 5 en lugar de ir al teatro, pero todo rechazo es pasivo más que activo, silencioso más que verbal.

La necesidad de «cultura» es algo que todos, pero todos, los integrantes de la sociedad española alaban. Hable usted con el alcalde de cualquier diminuto pueblo dejado de la mano de Dios e invariablemente terminará su enumeración de agravios y carencias diciendo: «... y hay un terrible déficit cultural». Como si hablara de escasez de agua potable o de postes de telégrafo.

Con estos antecedentes, resulta más fácil comprender por qué los políticos españoles de todos los campos piensan que una de sus mayores preocupaciones ha de ser que la «demanda cultural» se corresponda con una «oferta cultural» adecuada. Lo que, dentro de esa misma actitud de estilo un poco Thomas Gradgrind, se llama a veces «infraestructura cultural» ha tenido grandes mejoras en los años posteriores a la muerte de Franco.

El mayor problema cuando murió el dictador era el de un desequilibrio geográfico. Los recursos culturales de España estaban concentrados casi exclusivamente en Madrid y en Barcelona. El resto del país estaba descuidado por completo. Andalucía, por ejemplo, tiene la misma población que Suiza. Es una región con una tradición cultural rica y un apetito cultural inmenso. Sin embargo, hasta 1982 no tuvo ni un solo teatro ni una orquesta estable.

La ausencia de instalaciones en las provincias se enfrentó de dos maneras. Según lo previsto por la Constitución, gran parte de la responsabilidad de administración de las artes se transfirió, con los fondos correspondientes, a los gobiernos autonómicos. Además, en los últimos años el gobierno central ha prestado más atención a las necesidades locales.

En general, se reconoce que las artes se beneficiaron cuando se transfirieron las competencias sobre la política cultural a las autonomías. No obstante, la medida se acompañó por una buena cantidad de controversias. Una de las acusaciones fue la de estrechez mental por parte de las administraciones autonómicas, ya que al decidir la adjudicación de fondos, se guían no tanto por el valor cultural intrínseco de los proyectos sino, más bien, por lo que puedan contribuir a la causa de la cultura regional, o «nacional».

El gobierno vasco, por ejemplo, recibió críticas porque había asignado una cuarta parte de sus fondos para las artes a la creación de medios vascófonos. «Podemos prescindir de la canción, la música o el teatro vascos durante diez años, pero si nos pasamos diez años sin hablar vasco y sin ofrecer una solución real al problema de nuestra lengua, la perderemos», respondió un alto cargo del gobierno vasco.

A medida que la transferencia de responsabilidades y de fondos proseguía, el presupuesto del ministerio de cultura de Madrid iba en disminución constante. En 1992 era casi dos tercios menos, en cifras reales, de lo que había sido diez años antes. Sin embargo, el gobierno central continúa interviniendo en una gran cantidad de proyectos importantes, puestos en marcha por el PSOE, que tienen por objeto mejorar las instalaciones en distintas zonas. Uno es el de restauración de unos cincuenta teatros provinciales, la mayoría de ellos cerrados en tiempos de la dictadura a causa de una suma de indiferencia gubernativa y competencia de la radio, la televisión y el cine. Otro es la construcción de diecisiete nuevas salas de conciertos. La más importante que se ha inaugurado hasta el presente es el Teatro de la Maestranza de Sevilla, que también puede utilizarse para representar óperas[1].

Han surgido, asimismo, varios festivales de música nuevos, en particular el Festival de música contemporánea de Alicante y la Semana de música religiosa de Cuenca. En años recientes, nacieron o se renovaron varias orquestas municipales. No se puede pedir mejor prueba del progreso de España que el hecho de que dos de sus regiones tradicionalmente más atrasadas, Murcia y Extremadura, tengan hoy sus propias orquestas juveniles, aunque ambas hayan sido, desde siempre, zonas asociadas con el trabajo rural, los paisajes calcinados y una pobreza tremenda.

Varias autonomías también tienen hoy galerías de arte públicas por primera vez. El mayor éxito lo obtuvo el Instituto Valenciano de Arte Moderno (IVAM), que en los años ochenta adquirió notoriedad internacional al comprar una colección del escultor Julio González, de principios de este siglo.

A pesar de todo, un estudio promovido por la *Generalitat* catalana dio a conocer que, entre 1983 y 1987, la mitad del dinero invertido por el ministerio de Cultura aún se gastaba en Madrid. Sin embargo, por ser la capital, Madrid es también el campo en que trabajan o la sede de la mayoría de las instituciones culturales del país. En los últimos diez años, poco más o menos, se tuvo que gastar una gran cantidad de dinero para sacarlas adelante o, en algunos casos, crearlas.

A menudo se dice que España tiene la tradición teatral más rica del mundo después de Inglaterra. Sin embargo, el país que fue patria de Lope de Vega, Tirso de Molina, Guillén de Castro, Calderón, Benavente y Guimerá no tuvo una compañía de repertorio dedicada con exclusividad a representar a los clásicos hasta 1985, año en que se creó la Compañía Nacional de Teatro Clásico, bajo la dirección del actor y productor Adolfo Marsillach, que viene trabajando con ella casi sin interrupciones desde entonces y a quien se le han dirigido muchas críticas. La principal es la de que trivializa a los clásicos con el afán de llevar al teatro a un mayor número de espectadores.

En lo que se refiere al teatro contemporáneo, el papel del Estado consiste en asegurar que se ponga en escena un mínimo número de obras de calidad, y lo hace de dos maneras. La primera es subsidiar a los teatros comerciales que presentan obras «serias». La segunda se lleva a cabo a través del Centro Dramático Nacional, que se creó en 1978. El CDN, que tiene su sede en el Teatro María Guerrero de Madrid, no es una compañía de repertorio como, por ejemplo, el *National Theatre* británico. Se trata de un centro de producción cuyo director examina las obras originales que le llegan o las posibles reposiciones, y después organiza una temporada de producción de calidad, contratando distintos actores para cada una. El María Guerrero se usó para representar las piezas de valor clásico, en tanto que las obras experimentales se presentan en otro teatro, también de gestión pública, la Sala Olimpia. Poco después de llegar al poder, los socialistas dieron un paso importante al contratar al joven productor catalán Lluís Pasqual como director del CDN, cuyo trabajo recibió la aprobación general. En 1989, Pasqual aceptó una oferta de Jack Lang para hacerse cargo de la dirección del *Théâtre de l'Europe*, en París. Para entonces, el teatro de subvención pública ya tenía una base sólida en España.

Fue muy importante que las autoridades –no sólo el gobierno central sino también los autónomos y los ayuntamientos– interviniesen cuando lo hicieron, porque en los años ochenta se produjo el inicio de un colapso virtual en el sector privado. Como en muchos países, la gran mayoría de los teatros privados está en la capital; en 1984, Madrid –una ciudad de sólo 4 millones de personas– tenía treinta y nueve teatros. Su actividad en este campo era comparable a la de Londres o París y mucho mayor que la de Roma, por ejemplo. Nueve años más tarde, el número de teatros había bajado a veintidós. La diferencia entre ambas cifras se debe casi por completo al cierre de salas comerciales.

A mediados de 1993 no quedaban más que trece salas, una de las cuales sólo presenta revistas. Varios teatros de Madrid se han convertido en cines que exhiben películas pornográficas; uno pasó a ser una discoteca; otro, un restaurante de comidas rápidas. El propietario del Teatro Benavente lo vendió, porque no podía encontrar un empresario que quisiera montar una obra de Jacinto Benavente, ganador del Premio Nobel de literatura en 1922 y cuyo nombre llevaba el teatro. Esta depresión tiene como motivo principal una pérdida del entusiasmo por el teatro de cuyas causas se ocupa el capítulo siguiente. Sin embargo, otro factor fue la subida de los precios de la propiedad en Madrid: las ganancias que se podían obtener vendiendo los edificios a los promotores inmobiliarios eran muchísimo mayores que los ingresos posibles con la actividad teatral. Sin el papel desempeñado por el gobierno, es muy probable que el teatro español hubiera entrado en una espiral descendente fatal en los años ochenta. No obstante, el gobierno también ha puesto su máxima atención en otras formas de arte: la música y, en especial, la pintura y la escultura.

Durante años, la actitud de los españoles ante el arte moderno ha sido la misma mezcla de hostilidad mayoritaria y entusiasmo minoritario que se puede encontrar en otros países occidentales. Sin embargo, a principios del decenio de 1980 se produjo un cambio profundo. Es difícil decir con exactitud cuándo se concretó, pero es posible fijar el momento en que comenzó a manifestarse: febrero de 1983, cuando el segundo Festival Internacional de Arte Contemporáneo auspiciado por el gobierno con el nombre de *Arco 83* atrajo a un número excepcional de personas. Cuando visité Madrid un año más tarde, me llamó la atención un ambiente que nunca había visto antes: el de una ciudad invadida por la fiebre del arte. Fuera donde fuera, cafeterías, bares y restaurantes, había carteles que anunciaban las exposiciones y en todas partes amigos y conocidos me comentaban que habían pasado horas en una cola para entrar en una u otra muestra. Como Antonio Bonet Correa, profesor de historia del arte en la Universidad Complutense, escribió por entonces:

"De pronto, los españoles –que durante años ignoraron el mundo del arte y estuvieron privados del arte contemporáneo universal– han despertado y descubierto un nuevo territorio. El hábito de visitar las exposiciones para poder conocer el arte actual ha entrado en las costumbres del profesional que se precia de culto."

Según un estudio del ministerio de Cultura, hecho en 1985, el 20 por ciento de los españoles de más de catorce años de edad van a una galería de arte pública o privada al menos una vez cada quince días. Sólo podemos hacer suposiciones en cuanto a la motivación de este notable nivel de interés. La historia muestra que la pintura es un arte en el que los españoles han demostrado tener un genio especial y puede que, simplemente, sea aquel por el que sienten una atracción innata. Hasta cierto punto. el arte en España se benefició de la ola mundial de interés por la pintura y la escultura durante los años ochenta, inspirada en las posibilidades financieras, más que en las artísticas, que brindan las bellas artes. Pero, en este sentido, el desarrollo posterior de las muestras de la serie Arco es significativo. Las ventas, según los galeristas que se presentaron, llegaron a su cima en 1990. Dos años después, se ponía en cuestión todo el futuro de la empresa. En 1992, por primera vez y a petición de los propietarios de galerías, los organizadores no dieron a conocer la cifra del total de las ventas. Sin embargo, el número de visitantes fue mayor que nunca: 176.000 personas. En otras palabras, eran más los españoles que iban a ver, aunque ya no tuviesen dinero para comprar.

El grado de interés que muestra el público por el arte –en particular el arte contemporáneo– ayuda a explicar los esfuerzos arduos, aunque no siempre felices, del gobierno para dar a Madrid un museo que sea comparable al *Centre Pompidou* o a la *Tate Gallery*.

Poco después de las siete de la mañana del domingo 26 de julio de 1992, el cuadro más famoso del siglo XX, dentro de un contenedor que pesaba más de una tonelada y media, quedó atado con cadenas al brazo de una grúa que lo levantó bajo la luz del sol madrileño. En medio de una controversia encendida, el Guernica de Picasso se mudaba por segunda vez en once años. En 1981, había viajado desde el *Museum of Modern Art* de Nueva York, para cumplir la voluntad del pintor, que había mandado que la obra se entregara al pueblo español cuando se restaurase la democracia en el país. Ese segundo cambio de domicilio, que se hacía contra la voluntad de varios de los familiares de Picasso, llevaba al cuadro de un anexo de El Prado al nuevo Centro de Arte Reina Sofía, a un kilómetro, poco más o menos, de distancia.

Algunos críticos temían que la tela, ya agrietada, se dañara aún más. Otros creían que el cambio de sede iba en contra de la voluntad expresa del artista, que quería que su obra se exhibiera en El Prado y que, de ese modo, se abriera un punto de partida para el arte contemporáneo en los fondos del museo, que se detienen en el siglo XIX. Sin embargo, para el gobierno instalar el *Guernica* en el Reina Sofía era esencial para la organización que tenía pensada: en El Prado se mantendrían las obras clásicas; en el Casón del Buen Retiro, anexo de El Prado, se expondrían los cuadros del siglo XIX y el Reina Sofía se destinaría al arte moderno. También de esa forma el muy discutido y criticado nuevo centro tendría en sus salas una obra básica para su colección permanente, que atraería a los visitantes y, por fin, justificaría las enormes sumas de dinero gastadas en él.

El Reina Sofía se había concebido para reemplazar al Museo Español de Arte Contemporáneo abierto en 1969 en las afueras de Madrid, siguiendo un criterio que reflejaba las reticencias del franquismo ante el arte de este siglo. En 1981 se empezaron los trabajos de remodelación de un hospital del siglo XVIII, situado cerca del extremo de la amplia avenida a la que da El Prado. Pero cuando el Centro se abrió, en 1986 –según no poca gente con precipitación, para ganar votos en las elecciones generales de ese año–, el edificio aún no tenía el sistema de aire acondicionado necesario. Se exhibieron obras del artista americano Cy Twombly que empezaron a combarse durante la muestra. Tres años después se iniciaron nuevas obras y en 1990 se cerró el museo durante siete meses para unos arreglos que, por fin, costaron más del 50 por ciento más de lo presupuestado en principio. Cuando se reabrió, el Reina Sofía presentaba –entre otros agregados– tres controvertidas torres de cristal por la parte exterior del edificio para acomodar los ascensores; después de esto, el director predijo que los trabajos en el edificio deberían continuar durante veinte o treinta años más.

Este museo no tiene aún una colección permanente y, cuando empezaron a conocerse los planes de sus gestores para organizarla, el Centro se vio afectado por una nueva polémica. Se acusó al director de intentar lo imposible, cuando habló de reunir una colección que explicara el desarrollo del arte español del siglo XX. El pintor Antonio López, la «estrella» del filme *El sol del membrillo* de Víctor

Erice, se quejó amargamente de que en ese museo no se hiciera justicia a los artistas figurativos españoles. A pesar de todo, los planes para la inauguración de una colección permanente siguieron adelante después de la incorporación del *Guernica* y, aunque algunos creen que el IVAM valenciano es un museo más coherente, la sola presencia de una obra maestra de Picasso da al Reina Sofía un rango de excepción entre las galerías de arte moderno del mundo. En 1993, el Reina Sofía tuvo, por fin, una tregua en las controversias, gracias a que la atención se desplazó hacia otro edificio del siglo XVIII, situado en el extremo opuesto del Paseo del Prado.

El Palacio de Villahermosa sirve hoy de albergue a la mayor parte de lo que casi todos consideran como la colección de arte privada más bella del mundo, después de la de la familia real británica. A mediados de los años ochenta, el barón Heinrich von Thyssen, el magnate holandés del acero, había ampliado la colección de cuadros heredada de su padre hasta unas 1.500 obras de pintura y escultura excepcionales. Ante la imposibilidad de colocarlas adecuadamente en su casa de Lugano, el barón empezó a buscar una nueva sede para sus tesoros y puso en marcha algo así como un concurso internacional para que alguien se quedara con el privilegio de brindar esa sede. Se dice que el príncipe de Gales visitó al barón en Suiza, con la intención de convencerlo de que entregara la colección a Gran Bretaña. La mujer del barón, la española Carmen «Tita» Cervera –antigua Miss España y ex mujer de Lex Barker, uno de los Tarzanes del cine–, resultó ser más persuasiva. En 1988, Thyssen se decidió por España, a la que prestó unas 800 de las mejores piezas, por un período inicial de nueve años y medio.

Se acordó que el grueso de la colección se instalaría en el Palacio de Villahermosa y que el resto iría al monasterio medieval de Pedralbes, en Barcelona; ambos edificios se restauraron con ese propósito. En 1993, se firmó un trato permanente: el gobierno español compró la colección por 44.000 millones de pesetas. Seis años antes, un grupo de expertos españoles había afirmado que la parte de la colección que había ido a España valía, al menos, siete veces más. Es verdad que los precios de las obras de arte habían bajado entre tanto, pero de cualquier manera el trato fue ventajoso para el gobierno español.

Más allá de su valor cultural para España, la compra de la colección Thyssen y la creación del Centro Reina Sofía dieron a Madrid una nueva dimensión como destino del turismo. Se puede afirmar con fundamento que el triángulo formado por el Palacio de Villahermosa, el Centro Reina Sofía y El Prado alberga una de las mayores y más densas acumulaciones de arte del mundo[2]. A pesar de que el dinero para la magnífica colección Thyssen se entregó en una etapa de grandes problemas económicos, no hubo muchas reservas con respecto al trato, aunque esto no significa que todos se mostraran encantados. Al otro lado del paseo, en El Prado, los funcionarios hacía tiempo que se mostraban temerosos de la compra de la colección Thyssen.

El problema de El Prado es uno de los más extraños que puede tener un museo: es dueño de demasiadas obras buenas. En 1992, totalizaba 19.056 piezas. Sólo 1.781 de ellas están expuestas de modo permanente. El resto configura lo que se conoce como «El Prado oculto» y «El Prado disperso». Componen el primero las obras guardadas en los almacenes que hay debajo del museo. El segundo abarca las pinturas, esculturas y dibujos que El Prado presta a edificios gubernamentales. Entre las obras que el público corriente nunca o casi nunca ve, hay algunas de El Greco, Velázquez y Murillo. Entre el «oculto» y el «disperso», El Prado totaliza una colección tan valiosa como la del barón Thyssen, pero la compra de esta última ha hecho que la posible exhibición de aquellas obras resulte mucho más problemática.

Al poner la colección Thyssen en el Palacio Villahermosa, las autoridades privaron a El Prado de un edificio que antes se había usado para muestras temporales de algunos de los tesoros de sus sótanos. Además, después de haber gastado una suma tan importante, no es probable que el gobierno, en un futuro cercano, esté en condiciones de disponer del dinero necesario para resolver el problema de El Prado.

Para una muy discutida ampliación del edificio del museo, se contaba con reunir fondos privados, según se dijo en 1992. Sin embargo, esa reforma sólo añadiría un 15 por ciento al espacio actualmente disponible para exposición permanente. La solución definitiva depende, quizá, de que el gobierno use para ese fin uno de los grandes edificios de los alrededores, que hoy están ocupados. Se trata del Museo del Ejército y de los ministerios de agricultura y sanidad, todos ellos necesitados de importantes arreglos antes de estar en condiciones de albergar pinturas.

Las artes plásticas españolas gozan de reputación internacional, pero no se puede decir lo mismo de su música. Un motivo importante de su tradicional falta de desarrollo ha sido una total carencia de fondos. Los conciertos, las óperas y el ballet exigen locales amplios, un número importante de intérpretes y equipos muy caros. Además, la monarquía y la aristocracia españolas siempre se mostraron reticentes en cuanto a patrocinar la música y, en este aspecto, Franco era un típico gobernante español: la cantidad de dinero asignada a la música mientras el dictador estuvo en el poder era mísera. Como señaló cierta vez el director Jesús López Cobos, ser director de orquesta en España era más o menos como ser torero en Finlandia. Al morir Franco, España no tenía un ballet clásico; sólo había dos orquestas subvencionadas por el Estado, la Orquesta Nacional de España (ONE) y la Orquesta Sinfónica de RTVE, y Madrid carecía de un teatro de ópera y de una verdadera sala de conciertos.

El Teatro Real, frente al Palacio Real, había empezado su vida como teatro de ópera en 1850, treinta años después de que se ordenara su construcción. En el decenio de 1920 fue clausurado tras un incendio. Durante la Guerra Civil sufrió nuevos daños, después de que alguien tuviera la idea de usarlo como polvorín. No se reabrió hasta 1966, y sólo para conciertos y recitales.

La única sala musical de Madrid, además del Real, era el Teatro de la Zarzuela, que se abrió en 1852. Como su nombre lo indica se destinaba a la representación del género lírico español, la zarzuela[3], pero por necesidad se utilizó para poner en escena lo poco de ópera y ballet que se representaba en Madrid, además de operetas.

El primer paso lógico en cualquier reestructuración era construir una sala específicamente dedicada a conciertos. De inmediato, se podría cerrar el Real para hacer en él los cambios que volvieran a convertirlo en un teatro de ópera. En 1984, empezaron las obras en una parcela situada en la parte este de la ciudad y, cuatro años después, el primer Auditorio Nacional de España estuvo listo para la ceremonia de inauguración. Su acústica le ha valido generosos elogios de los directores visitantes.

El Teatro Real debía quedar terminado en 1992, pero demoras reiteradas obligaron a situar la fecha de terminación en 1995. Eso dejaba al Liceo –Liceu en catalán– de Barcelona como el único teatro de España construido exclusivamente para la ópera y dedicado sólo a ella. En 1994 un incendió lo arrasó. El fuego iniciado por el soplete de un soldador redujo la estructura del siglo XIX a un montón de escombros humeantes. En el momento en que escribo estas líneas, se espera reconstruir el Liceo en el mismo lugar que ocupaba, sobre las Ramblas. Por tanto, de momento, España es la única de las grandes naciones europeas que carece de un teatro de ópera en el sentido pleno de la expresión.

Hasta después de la muerte de Franco, las únicas compañías de baile que había en España estaban dedicadas al «ballet español», una fusión de flamenco con influencias clásicas y modernas. Había escuelas convencionales de ballet occidental, en especial la que dirigía María de Avila en Zaragoza. Pero después de graduarse, los jóvenes bailarines que tenían condiciones y querían hacer una carrera escénica debían ir al extranjero.

En 1978, el ministerio de Cultura creó el Ballet Nacional de España, que consta de dos compañías, una para el ballet español y otra para el ballet clásico, cada una dirigida por un bailarín de primera línea en su especialidad. Se contrató a Antonio Gades para dirigir la primera y para la segunda, a la principal figura masculina del Ballet del Siglo XX de Maurice Béjart, el bailarín Víctor Ullate, que volvió a España en la cúspide de su carrera para asumir el cargo y tuvo la idea de reunir a muchos buenos bailarines que, como él mismo, se habían visto obligados a trabajar en el extranjero. Pero pronto resultó evidente que la mayoría de esos artistas tenían otros compromisos y Ullate tuvo que hacer las cosas lo mejor posible con los jóvenes que salían de las escuelas, en particular la nacional, que se estableció al mismo tiempo que el cuerpo de ballet y que dirigía la mujer del bailarín, Carmen Rocha. Con esos comienzos poco auspiciosos, es fácil comprender que, si se logró formar una compañía nacional de ballet digna de ese nombre en sólo cinco breves años, fue gracias a la enorme capacidad de Víctor Ullate. En 1983 el recién elegido gobierno socialista –al parecer preocupado por la posibilidad de que las dos supuestas compañías nacionales se convirtieran en feudos de sus respectivos directores– cesó a Ullate y a Antonio Ruiz, el sucesor de Antonio Gades, y puso a María de Avila, antigua profesora de Ullate, al frente de ambas compañías. Fue una actitud impropia e injusta ante el hombre que, casi sin ayuda, había revivido el ballet clásico en España. Al marcharse, Ullate dijo que se iba triste porque no comprendía mucho de lo que había ocurrido o, más bien, lo comprendía pero le parecía imposible.

Los acontecimientos posteriores fueron irónicos. La dirección de María de Avila en ambas compañías fue decepcionante. En 1986 se marchó, después de un extraño escándalo en que se expulsó del cuerpo a tres bailarines clásicos que se habían presentado en una recepción oficial, en Alemania, vestidos con ropas de mujer. Después de María de Avila, se volvió a dividir el BNE. El ballet español conservó para sí el nombre de Ballet Nacional de España y pasó a estar bajo la dirección de Antonio Ruiz "Antonio".

Después de un año de indecisión e incertidumbres, la compañía de ballet clásico quedó bajo la regencia de la bailarina rusa Maya Plisetskaya. Tres años más tarde, volvió a encargarse de su dirección un «exiliado», al que se recuperaba tras una etapa en la que había sido bailarín y coreógrafo en el Dans Theater holandés: Nacho Duato. Sin embargo, entre tanto, una compañía formada por Víctor Ullate con los jóvenes de la escuela y del cuerpo de ballet originales era la que surgía como esperanza fundamental para el futuro. En 1992, se brindó el reconocimiento debido a los esfuerzos heroicos de ese hombre en favor del ballet clásico en España, ofreciendo a su compañía el recién abierto Teatro de Madrid como sede permanente.

En cuanto al ballet español, parece estar en su propia fase de incertidumbre e indecisión. En 1992, cuando Antonio se retiró de su dirección, el cuerpo había pasado por las manos de tres grandes exponentes de ese arte en solo catorce años de existencia. Tras la partida de Antonio, las autoridades no encontraron mejor solución que la de encargar la dirección del cuerpo, por un año, a un triunvirato de antiguos bailarines.

En el campo de la música orquestal, la clave de la ruptura con el pasado fue el regreso de López Cobos, que se hizo cargo de la ONE en 1983. Como Francia e Italia, España no es un país con una gran tradición orquestal. Quizá se trate de un rasgo peculiar de las sociedades latinas, que valoran la espontaneidad más que la disciplina y aprecian los logros individuales más que los colectivos. En cualquier caso, los conservatorios de Europa meridional están pensados para formar solistas más que instrumentistas de una fila orquestal. Un antiguo músico de la ONE dijo cierta vez que el problema de afinación de una orquesta española es que «cada uno tiene su propio la». López Cobos, que había hecho buena parte de su carrera dirigiendo orquestas alemanas y británicas, se propuso inculcar lo que se denomina «disciplina musical». Sin embargo, en 1988 renunció a la dirección de la ONE en circunstancias un tanto raras. Un artículo publicado en un periódico citó anónimamente las críticas que le hacían algunos miembros de la orquesta que, entre otras cosas, se quejaban de que López Cobos se ausentara con frecuencia para trabajar fuera de España. «No hay el mínimo de armonía necesaria para la continuidad de mi trabajo», declaró airado López Cobos antes de volver al extranjero al año siguiente. Este director tiene reputación de temperamental y autoritario, algo no poco corriente entre los directores de orquesta. No obstante, parece que su partida no se debía tan sólo a hipersensibilidad ante las críticas. En particular, se sabía que estaba desalentado ante la actitud del gobierno respecto a la educación musical.

En los primeros años del decenio de 1980, se creó una orquesta juvenil, la Joven Orquesta Nacional de España (JONDE). Desde entonces aumentaron las becas destinadas a los jóvenes y su monto. Pero todavía hay una necesidad terrible de reforma en los conservatorios.

Dicho esto, hay que agregar que la música en España no puede afrontar las renuncias tempestuosas y los ceses arbitrarios que caracterizan los últimos tiempos. España está aún muy por detrás de la mayoría de los países europeos en materia musical. Tampoco se puede esperar que, en años próximos, artistas como Ullate, Gades y López Cobos estén dispuestos a interrumpir sus brillantes carreras internacionales sólo para «hacer patria»[4]. Si la música española ha de alcanzar un buen nivel, todos los implicados deben decidirse a poner el interés nacional por encima de los intereses personales y políticos. Con todo, de momento el campo musical español al menos avanza. No se puede decir otro tanto del cine, ya que España se ha acostumbrado a la idea de que es, y debe ser, algo de envergadura.

El gobierno de Franco convirtió uno de los países más chispeantes del mundo en uno de los más aburridos. Las películas ofrecían a los españoles algo del encanto y la excitación que faltaba en su vida. En determinada época, España tuvo más butacas de cine por millar de habitantes que cualquier otro país del mundo, excepto Estados Unidos.

Este hecho, por sí mismo, convertía a España en una mina de oro para los distribuidores extranjeros. Además, los filmes extranjeros tenían que estar doblados. Ei doblaje se hizo obligatorio en 1941, para que los censores tuvieran el control total sobre el contenido de las películas importadas.

En una sociedad con un alto porcentaje de analfabetos, el doblaje hacía que las películas fueran accesibles para un público más amplio y, por tanto, mucho más rentables económicamente que las versiones subtituladas. Sin protección, es casi seguro que la introducción del doblaje obligatorio habría dejado a la industria cinematográfica española fuera de combate. Pero a Franco le gustaban los filmes españoles –incluso llegó a escribir el guión de la película *Raza*–, y comprendió que le ofrecían una manera de dar a conocer las ideas del régimen. En 1955, el gobierno español se mostró tan duro en sus medidas proteccionistas que la Motion Picture Export Association (MPEA, Asociación de exportadores de películas) americana estableció un boicot que duró tres años. Pero al fin fue la MPEA la que tuvo que rendirse. A regañadientes, aceptó que el número de filmes extranjeros distribuidos en España sólo podía cuadruplicar el número de películas españolas. También aceptó un impuesto sobre los ingresos generados por filmes doblados; esas sumas se destinaron a la financiación de producciones nacionales. Al final de la dictadura, las películas dirigidas y producidas en el país daban casi un 30 por ciento de las ganancias de taquilla, lo cual era una cifra más que respetable.

Sin embargo, en 1977, un decreto que implicaba la abolición virtual de la censura en el cine, y la reemplazaba con un sistema de calificación, también eliminó la norma de distribución de cuatro por uno y la sustituyó por una condición mucho más estricta: por cada dos días de exhibición de películas extranjeras, había que destinar uno a la de películas nacionales. Esta medida, a la que se llamó «cuota de pantalla», pretendía fortalecer la industria, pero se puso en vigor en un momento en que, por diversas razones, entre las que se incluía el estado caótico de las condiciones financieras para la producción de películas nacionales, los cineastas españoles no estaban en condiciones de responder al desafío. Los propietarios y gerentes de cines, obligados a reflotar películas de la era franquista para cumplir con la exigencia del decreto, recurrieron a la justicia y, en 1979, el Tribunal Supremo suprimió la cuota de pantalla.

La decisión del Supremo enfrentó a la industria con el desastre. Una ley promulgada al año siguiente fue el elemento salvador. Por ella, se volvía a introducir la cuota de pantalla, fijada en la proporción más razonable de un día de exhibición de películas nacionales por cada tres para los filmes extranjeros. También establecía un sistema complejo, por el que el número de permisos de doblaje otorgados a una distribuidora dependía del éxito de los filmes españoles costeados por esa firma, con el fin de que los distribuidores extranjeros no pudieran introducir en España sus productos financiando producciones españolas de bajo costo y baja calidad.

Cuando los socialistas subieron al poder en 1982, una de sus decisiones más atrevidas fue la de nombrar a Pilar Miró para que se hiciera cargo del asunto del cine. Miró, una joven y destacada directora, había pasado más de un año, en la época previa al golpe de Tejero, batallando con las autoridades para conseguir el permiso de exhibición de una de sus películas, *El crimen de Cuenca*, que disgustaba a los militares. Para bien o para mal –sus partidarios y detractores todavía discuten sobre el tema–, Miró iba a marcar una huella profunda en la industria cinematográfica española.

Un año después de haber asumido su cargo, había dado a España una ley de censura en el cine que era una de las más liberales de Europa. En consecuencia, aunque las películas de porno duro están prohibidas para menores de 18 años, todas las demás calificaciones son simples criterios de guía. Miró también arbitró el primer acuerdo entre los productores de cine y Televisión Española, por el que TVE se comprometía a programar un porcentaje mínimo de películas españolas, aceptaba nuevas tarifas de retransmisión y suscribía un acuerdo general para proyectos conjuntos.

Pero la ley con la que se identificó más directamente a Pilar Miró –tanto que se la conoce como «ley Miró»– se pondría en vigor a principios de 1984. A las medidas proteccionistas existentes, la nueva ley sumaba un sistema de subsidios de extraordinaria generosidad. Los productores podían recibir del gobierno un anticipo de hasta la mitad del costo estimado de sus películas. El anticipo era reintegrable, pero de una serie de subvenciones posteriores, pensadas en parte para compensar los ingresos presuntamente mínimos de taquilla. Desde tiempo atrás, los productores españoles aseguraban que las cifras declaradas por los propietarios de salas cinematográficas eran un 20 por ciento más bajas que las reales. Según los términos de la «ley Miró», todas las películas rodadas en España podían disponer de una asignación equivalente al 15 por ciento de los ingresos brutos. Pero se adjudicaba un 25 por ciento más para las producciones consideradas de «calidad especial» y otro 25 por ciento para las de alto costo. El gobierno dejó de asignar dinero sólo cuando las subvenciones llegaron a ser mayores que el costo de la película. Pero aun en ese caso, el excedente se apartaba para el siguiente proyecto del productor. Con sequedad, un funcionario de la Comisión Europea comentaba: «Si fuera español, dejaría mi trabajo e iría a hacer películas».

Uno de los efectos de la «ley Miró» fue mover el fiel de la balanza hacia los filmes de cinearte y apartar al cine español, así, de las comedias de sexo vulgares, pero de gran aceptación, que habían sido el pan cotidiano de la industria desde principios de los años setenta. Otro resultado fueron los presupuestos de producción exagerados.

En los años en que la «ley Miró» estuvo vigente, Pedro Almodóvar saltó a la fama, como el talento creativo más aclamado en España en los últimos tiempos. También se hizo la producción de la película española más cara de la historia, *El Dorado* de Carlos Saura, que no tuvo mucho éxito. Pero –y esto es capital para cualquier discusión acerca de los pro y los contra– también fueron los años en que el número de películas rodadas en España bajó a menos de la mitad.

En 1988, cuando Jorge Semprún[5] llegó al ministerio de Cultura, la industria cinematográfica española había conseguido una aceptación muy alta. *Mujeres al borde de un ataque de nervios* de Almodóvar se exhibía en salas llenas en todo el mundo. Sin embargo, las películas hechas en España ese año eran en total sólo 54, comparadas con las 118 de seis años antes, cuando los socialistas habían llegado al gobierno. Detrás de todo esto, los funcionarios de la UE advertían a Madrid que la «ley Miró» podía estar en contra de la ley comunitaria.

En 1989, se promulgó la «ley Semprún», que mantenía el nivel de apoyo financiero para la industria, pero canalizaba menos cantidades hacia los productores. La subvención del 15 por ciento de los ingresos de taquilla se mantenía, pero se estableció un límite para el anticipo.

El cambio de orientación se acompañó con una disputa impía. Varios productores predijeron la muerte de la industria. Fernando Méndez Leite, sucesor de Pilar Miró[6], respondió con un rechazo a las nuevas propuestas. Semprún lo acusó de haber dado preferencia a sus amigos al adjudicar las subvenciones y Méndez Leite respondió sugiriendo al ministro que acudiera a un psiquiatra.

Los acontecimientos posteriores dieron la razón a los profetas de la catástrofe. En 1990 sólo se filmaron 42 películas en España, incluidas las coproducciones, la cifra más baja desde 1952. En ese mismo año, TVE se negó a seguir subvencionando filmes españoles y la industria tuvo que afrontar la cercana recesión en muy malas condiciones.

Desde entonces, las autoridades renovaron sus esfuerzos para fortalecer la industria del cine, pero lo han hecho reforzando su armadura proteccionista. En 1992, la cuota de pantalla fue retocada para adecuarla a la legislación de la UE. Por cada tres días de exhibición de películas no provenientes de países de la UE (es decir, sobre todo americanas), los cines debían proyectar un día de material de la UE. Un año más tarde, con la intención de rechazar las restricciones del GATT, que por fin nunca se aceptaron, se promulgó otro decreto por el que, mientras se recortaba la cuota de pantalla según la cantidad de habitantes de la ciudad en que estuviera la sala cinematográfica, se introducían sanciones estrictas para los propietarios de cines que incumplieran la ley y se endurecían las condiciones para conceder licencias de doblaje. Los exhibidores respondieron con una huelga de un día, y aseguraron que el gobierno trataba de obligar al público a ver películas que la gente no quería ver. En el año anterior, los filmes de la UE habían representado un 22 por ciento de los ingresos de taquilla y los españoles, sólo el 9 por ciento.

No era la primera vez que se acusaba a los socialistas de elitismo cultural. Su disposición para invertir cantidades enormes en colecciones de arte y en la construcción de salas de concierto y teatros de ópera había abierto las puertas a esa clase de críticas.

Con respecto a la música clásica, hay bastante más que un punto de verdad en todo eso. Las grandes cantidades de dinero gastadas en ese campo se podrían justificar mejor si se hubiera hecho un esfuerzo sensato para extender el alcance de la música seria. A pesar de todo, un decenio después de la llegada de los socialistas al poder, era casi imposible comprar una entrada para un concierto en Madrid, a menos que el interesado tuviera los medios económicos –o las buenas influencias– necesarios para comprar un abono de temporada. El vestíbulo del Auditorio Nacional, minutos antes de un concierto, es un mar de abrigos de piel, collares de diamantes y trajes de corte exclusivo.

Pero eso no es todo. Los socialistas pueden argumentar, y con razón, que abordaron lo que quizá fuera la mayor brecha de la «infraestructura cultural» española, mientras que sus predecesores la ignoraron. En 1982, España contaba con 1.436 bibliotecas públicas generales, con sólo 8 libros por cada 100 habitantes: menos que en Marruecos. Un 90 por ciento de la población jamás había pisado una biblioteca. En 1990, las bibliotecas públicas llegaban a 2.940 y había más de 50 libros por cada 100 habitantes. Esta cifra es la más baja entre los países de la UE y está muy por debajo de lo que recomienda la UNESCO: 2–3 libros por persona. Pero aun así es una mejora.

También ha habido progresos importantes en cuanto a llevar las artes más cerca del pueblo en algunas autonomías gobernadas por los socialistas. Un ejemplo sobresaliente es el de la Comunidad de Madrid, cuyo gobierno financia un sistema de exposiciones itinerantes y una red de teatros en la periferia y en los pueblos que rodean la capital. Móstoles es un típico pueblo–dormitorio proletario, situado al sur de Madrid; mientras escribo estas líneas, sus habitantes pueden visitar una muestra de grabados o, si lo prefieren, asistir a una presentación del Ballet Nacional de Cuba.

NOTAS CAPITULO 23

1) Que se lleguen a presentar es otro asunto. Doce meses después de una inauguración rumbosa en 1992, aún no había señales de que se estuviera organizando una temporada seria. La parálisis se atribuye sobre todo a falta de coordinación entre las autoridades nacionales (socialistas) y el ayuntamiento (PP), que deben organizar y gestionar el teatro. Si es así, se trata de un ejemplo lamentable de los escollos de la descentralización.

2) Sin embargo, la colección Thyssen no ha resultado la atracción turística que se pensó en un primer momento. Las previsiones iniciales calcularon en un millón anual el número de visitantes que acudirían. Pero pasados los primeros seis meses, se citaban palabras del director del museo, en las que aseguraba que una «previsión optimista» sería la de 700.000 visitantes.

3) La zarzuela lleva ese nombre porque originalmente se representó, a principios del siglo XVIII, en el palacio de ese nombre, en las afueras de Madrid. El actual Palacio de la Zarzuela, donde viven el rey Juan Carlos y su familia, se alza en ese mismo lugar.

4) Esta frase irónica, de burla a los franquistas, se usó para referirse a los sacrificios —algunos imaginarios, otros reales— que los jóvenes españoles debían estar preparados a hacer en sus carreras, hacia fines de los años setenta y principios de los ochenta, para contribuir a la construcción de una nueva España.

5) Semprún, que estuvo en el cargo hasta 1991, era uno de los personajes más notables que integraron los gabinetes españoles. Fue miembro de la Resistencia francesa en tiempos de guerra, sobrevivió a una permanencia en Buchenwald y se convirtió en líder de la resistencia clandestina comunista en Madrid, bajo el poder de Franco. Expulsado del PCE porque sostuvo muchas de las ideas que tiempo después formaron la base del «eurocomunismo», Semprún dedicó todo su tiempo a la escritura. Es autor de novelas en francés y en español e intervino en el guión de la película Z, que ganó un Oscar.

6) Miró había dejado el cargo en 1986, tras ser nombrada directora general de RTVE.

24

Un viaje sin mapas

Las cicatrices que dejó la Guerra Civil se curaron con distinto ritmo, según el ámbito en que se hubieran producido. La economía recuperó el nivel que tuvo antes de la guerra en 1954. La política volvió a su curso normal en 1977. Pero las artes jamás se recuperaron y, si se echa una mirada a la un tanto frívola y materialista España de hoy, es perdonable preguntarse si alguna vez lo harán.

En 1936, España era lo que se podría llamar una superpotencia creativa. Había dado al mundo tres de los máximos pintores contemporáneos: Picasso, Dalí y Miró. Podía presentar a uno de los compositores más reconocidos –Manuel de Falla– y a algunos de los jóvenes más prometedores, como el catalán Roberto Gerhardt y el valenciano Joaquín Rodrigo. Su industria cinematográfica, recién nacida, ya había logrado presentar un director del calibre de Buñuel. En literatura, los integrantes de la famosa «generación del 98» –los filósofos Unamuno y Ortega y Gasset, el novelista Pío Baroja, los escritores teatrales Benavente y Valle Inclán y los poetas Machado y Jiménez– vivían aún y podían dar consejo a los jóvenes escritores e influir en ellos. Pero había más aún: la posterior «generación del 27» estaba llegando a la madurez. Fuera de España, el más conocido de sus integrantes es Federico García Lorca, aunque hubo muchos otros, a los que en su tierra se considera de igual calibre: poetas como Rafael Alberti, Vicente Aleixandre y Luis Cernuda, cuya importancia vendría reconocida en la concesión del Premio Nobel de Literatura al segundo de ellos, en 1977.

La gran mayoría de los artistas e intelectuales de España se pusieron del lado de la República y contra los nacionales. Algunos, como

Lorca, encontraron la muerte. De los que sobrevivieron, la mayoría fue al exilio. Una vez pasado el período más cruel de las represalias, se enfrentaron con una opción deplorable. El regreso les ofrecía la oportunidad de restablecer el contacto con las tradiciones culturales de su patria, pero también implicaba dar al régimen una victoria en el campo de la propaganda y renunciar a ejercer la crítica durante toda su vida. Quedarse en el extranjero significaba perder el contacto con sus raíces, pero les garantizaba su integridad creativa. Joan Miró se decidió a volver pero la mayoría optó por seguir en el exilio. Visto todo eso como un conjunto de decisiones personales, era comprensible. Visto como parte del desarrollo de la historia cultural del país, fue catastrófico. Casi todo lo que los exiliados escribieron, pintaron, esculpieron y filmaron se desconocía por completo en España hasta los años sesenta, cuando Fraga ocupó el ministerio de Información y Turismo y disminuyeron las restricciones sobre las obras importadas. Pero para entonces casi todas las obras de los exiliados ya tenían diez, quince o incluso veinte años de edad y no valían como estímulo ni inspiración.

La oposición de los intelectuales generó en Franco, a lo largo de toda su dictadura y tanto en él como en sus seguidores, una honda sospecha respecto a la actividad especulativa. La cultura en sí misma se vio como algo peligroso. «En casa ni siquiera escuchábamos la radio. Los libros no eran más que objetos encuadernados que no se tocaban», recordó en algún momento el cantante catalán de folk-rock Pau Riba. Lo que da un matiz especial a este recuerdo es que Pau Riba no es hijo de tenderos u obreros, sino que proviene de una familia en la que hay figuras literarias eminentes: su abuelo, por ejemplo, fue el poeta y filólogo Carles Riba.

Los artistas e intelectuales nacidos en los años veinte, treinta y cuarenta tuvieron que abrirse camino lo mejor que pudieron, sin guía ni mapas. Retrospectivamente, lo sorprendente de la España de Franco no es que hubiera tan poca buena música, arte y literatura, sino que hubiera tanta. Es probable que la obra más conocida de la era franquista sea el muy famoso *Concierto de Aranjuez* de Joaquín Rodrigo. Pero en ese mismo tiempo surgieron muchos grandes pintores como Tàpies, Saura, Gordillo y Millares y al menos un escultor de fama internacional, Eduardo Chillida. Unas veces embaucando y otras desafiando a los censores, los escritores de teatro como Antonio Buero Vallejo, los directores de cine como Luis García Berlanga, Juan Antonio Bardem y Carlos Saura consiguieron crear obras profundas e íntegras. La palabra impresa se convirtió en un medio de protesta, una forma de señalar la trivialidad y la hipocresía de la España de Franco. Los pioneros fueron el poeta Dámaso Alonso y los novelistas Camilo José Cela y Miguel Delibes, que llegaron al público a fines de los años cuarenta. Tras ellos apareció toda una generación de escritores comprometidos con el «realismo social», cuyo representante de mayor talento tal vez sea Juan Goytisolo.

Pero de ninguna manera la España franquista podría describirse como una potencia en el mundo de la cultura. Sin duda, mal podía llegar a convertirse en una fuerza en ese campo, cuando sólo una proporción mínima de los recursos públicos se dedicaba a él. La falta de estímulos y oportunidades llevó a muchos jóvenes creadores españoles a buscar fortuna fuera de su tierra. López Cobos, que se convirtió en director general de la Opera de Berlín y Josep María Flotats, estrella de la *Comédie Française*, son sólo dos ejemplos de la «fuga de cerebros» ocurrida en la época del régimen.

El período inmediato posterior a la muerte de Franco fue de una desorientación e introspección tremendas. La dictadura que había dado a tantos creadores españoles una diana en la cual descargar sus energías había desaparecido de un día para otro. Mientras los partidarios del régimen se quejaban diciendo «Con Franco vivíamos mejor», el novelista Manuel Vázquez Montalbán hablaba por muchos de sus pares intelectuales cuando afirmaba: «Contra Franco vivíamos mejor». Al mismo tiempo, había nuevas libertades para disfrutar e influjos para aprovechar. El sexo dejó de ser un tabú y la tentación de describirlo o mostrarlo resultó irresistible para todo el que no fuese un asceta. Además, volvían a España muchos exiliados de cuyo trabajo se pensaba que debía ser publicado o exhibido y valorado antes de seguir adelante. En cuanto a la gente, gran cantidad de españoles estaban tan preocupados por el destino de la democracia que no se preocupaban demasiado por el destino de las artes.

Ese período tan anormal llegó a su fin a principios del decenio de 1980. Hasta cierto punto, la gente estaba harta de la explotación del sexo y se empezaba a decidir cuáles eran las aportaciones y experiencias de los exiliados que merecían aceptación. Pero también todo eso tenía algún nexo con el fracasado golpe de Tejero que, aunque alimentó los peores miedos de muchos, a la vez los despejó, como el aguacero que estalla al fin de tormenta eléctrica.

La señal más visible de una nueva actitud se apreció en el fenómeno conocido como la «movida madrileña». «Movida» es una palabra de significación peculiar, y la «movida madrileña» se produjo en un momento en que los jóvenes de la España recién liberada tomaron la costumbre de «salir de copas», hasta altas horas de la madrugada, en las noches del viernes al sábado y del sábado al domingo. Hacia fines de los años setenta, incluso la más pequeña de las capitales de provincia tuvo su propia «movida», su propia red de bares y discotecas que estaban abiertos hasta el amanecer durante los fines de semana. Pero la de Madrid era no sólo la mayor sino también la más excitante y poco a poco la expresión «movida madrileña» pasó a usarse para describir a la gente que la protagonizaba. Hay cierto paralelo entre la movida madrileña de los años ochenta y el *swinging London* de los sesenta. Ambos eran fenómenos que se produjeron entre los jóvenes. Ambos reflejaban o canalizaban un factor de creatividad artística. Pero más que en el *swinging London*, el centro de gravedad de la movida madrileña estaba en los locales nocturnos de la ciudad, en especial en el ya desaparecido club *Rock-Ola*. Los que estuvieron en el núcleo de la movida madrileña sitúan su origen en 1977, el año en que España volvió a la democracia. Sin embargo, hasta 1982 los no iniciados no se percataron de su existencia y los identificados con ella no ejercieron su influjo en la sociedad hasta esas fechas.

El más destacado de todos esos jóvenes fue el hijo de un encargado de gasolinera, nacido en 1949 en la yerma tierra de Don Quijote, La Mancha. Al recordar su infancia, Pedro Almodóvar señaló cierta vez: «Me sentía como si hubiera caído de otro planeta». En 1969, se mudó a Madrid y empezó a filmar películas *underground* en Super–8, mientras se ganaba la vida como empleado de Telefónica, el monopolio público de teléfonos. En 1980, rodó su primer largometraje, *Pepi, Luci, Bom y otras chicas del montón*. Los filmes que le siguieron, llenos de colores crudos y de hechos y personajes inverosímiles, son en esencia un producto de la actitud frenética que se había apoderado de España en los años ochenta. Lo que hizo tan populares a esas películas más allá de su país quizá fuese que eran opuestas a las tragedias circunspectas y ensangrentadas que la gente esperaba de los directores españoles. Los filmes de Almodóvar convirtieron a dos de sus actores, Carmen Maura y Antonio Banderas, en estrellas internacionales. *Mujeres al borde de un ataque de nervios*, donde ambos aparecían, fue la película extranjera que más recaudación obtuvo en Estados Unidos durante 1989.

Sin embargo, aparte del trabajo de Pedro Almodóvar, los frutos creativos de la movida madrileña han sido modestos. Entre los que se asocian con ella, está una de las diseñadoras de moda más importantes de España, Agatha Ruiz de la Prada, y un puñado de músicos de rock y de pop. Sobre todo, es difícil no concordar con el veredicto que da al respecto José Luis Gallero, en su libro sobre la movida titulado *Sólo se vive una vez*, donde asegura que lo que ha quedado de todo aquello es la costumbre de salir de copas, algo existente aun antes de la muerte de Franco[1].

Lo que España ofrece hoy es una producción artística muy estimable, aunque pocos dirían que llega a las alturas de los niveles, por todos reconocidos como extraordinarios, que se fijaron en los años treinta. Y es discutible si es mejor o peor de lo que había en la España franquista. Sería erróneo esperar, en estos tiempos postmodernistas, que haya una escuela española de algo, aunque se puede advertir una tendencia reiterada a «pasarse de los límites». Muchos talentos creadores contemporáneos, y Almodóvar entre ellos, han sentido la fascinación del melodrama y el *kitsch*, se han embelesado con lo extravagante y lo excesivo. Es una fascinación que tiene raíces profundas en la historia cultural del país: el barroco español, el modernismo de Gaudí, el surrealismo de Dalí y el «tremendismo» que se puede encontrar en la obra de novelistas como Cela implicaron que una buena idea se llevara un paso –o muchos– más allá de lo que el buen gusto definiría como prudente. Aplicado a conciencia y con habilidad por un artista como Almodóvar, el principio puede dar resultados muy buenos. Aplicado inconscientemente y con torpeza, puede llevar a fracasos sonados y desconcertantes.

En términos convencionales, el director de cine español más reconocido internacionalmente no es, en realidad, Pedro Almodóvar, sino José Luis Garci, que en 1983 se convirtió en el primer cineasta español que recibía un Oscar a la mejor película extranjera. La historia de Garci y su Oscar es bien peculiar.

Este director era, y es, considerado en España como un profesional competente pero no excepcional y su película, *Volver a empezar*, fue un fracaso de taquilla en su tierra. Los españoles encontraron que el tema –un romance entre un exiliado que volvía al país y su novia de la juventud– era demasiado sentimental para su gusto. Sin duda que su aceptación por parte del jurado de Hollywood debió algo a su fuerte sabor americano, pues el protagonista había pasado gran parte de su vida en Estados Unidos y el tema musical era *Begin the Beguine* de Cole Porter. No obstante, es difícil explicarse por qué el director de la que se consideró la mejor película hecha ese año fuera de Estados Unidos tenía que ser mirado con tanta indiferencia en su tierra, y no sólo antes sino también después de haber recibido el espaldarazo del mayor premio que otorga la industria cinematográfica. Garci ha hechos otras películas después de aquella. Ninguna tuvo mucha aceptación ni entre los críticos ni entre el público español.

De los directores ya conocidos cuando llegó a su fin la dictadura, tres han logrado éxitos repetidos desde entonces. Tanto Berlanga como Saura se han distinguido con trilogías: la de Berlanga es una sátira política planteada en torno a la fortuna en extinción de una familia de aristócratas excéntricos; la de Saura proyecta el folclore meridional y gitano a través de la coreografía del flamenco. En tanto, Víctor Erice continúa seduciendo a los entusiastas del cinearte de todo el mundo con algunas obras espaciadas, de estructura exquisita.

Dentro de España, entre los directores más respetados de la generación que surgió inmediatamente después de la muerte de Franco, están Manuel Gutiérrez Aragón, Fernando Trueba y Mario Camus, cuya película *Los santos inocentes*, de 1984, durante varios años se mantuvo como la de mayor recaudación. En la última hornada de directores, el que más impacto ha producido es Juan José Bigas Luna, cuyo extravagante filme *Jamón, jamón* tuvo un éxito internacional notable en 1992.

Antonio Buero Vallejo sigue siendo el autor de teatro más aclamado de España, aunque a él se han unido en primera línea otros dos, que también tenían una reputación sólida antes de la muerte de Franco: Antonio Gala y Francisco Nieva. En los años ochenta se revelaron muchos otros talentos. Uno de los varios escritores de teatro jóvenes es José Sanchís Sinisterra, de cuya obra *Ay, Carmela* Carlos Saura hizo una película de éxito. En el campo del teatro de vanguardia, el nombre que sobresale es el de la compañía catalana *Fura dels Baus*. Un público muy amplio tuvo oportunidad de ver su trabajo, llamativo y a menudo inquietante, en la ceremonia de apertura de los Juegos Olímpicos de Barcelona.

La experimentación no ha sido muy corriente en la literatura española de los últimos tiempos. La única, y notable, excepción es el trabajo de Julián Ríos. A principios de los años setenta, Ríos –con el estímulo del escritor mexicano Octavio Paz– empezó una obra que, según un crítico, «pretende integrar todo el cuerpo de la literatura universal, destruir y construir idiomas literarios de su época y adoptar la posición más audaz y escandalosa dentro de la vanguardia para ir al frente de ella». Era una tarea descomunal para un escritor que había publicado muy poca cosa anteriormente. Ríos se propone que la serie, aún sin nombre, tenga cinco volúmenes más un apéndice. El primero, *Larva*, que escribió en diez años, se publicó en 1984. Era el relato de una orgía, escrito fundamentalmente en castellano, que a intervalos saltaba a diversas lenguas, incluido el bengalí. Las notas que aparecen en las páginas de la izquierda son un comentario del texto, que se lee en la página enfrentada. Como en el caso de Sterne, ese texto está sembrado de diagramas. Sus colegas están impresionados por la dedicación y ambición de Ríos, pero muchos miran con recelo lo que hasta ahora lleva producido. Como uno de ellos decía: «¿Qué sentido tiene hacer lo que hizo Joyce, sólo que sesenta años después y en castellano?»

No obstante, en 1989 se podía argumentar como una prueba de la necesidad de innovación que, cuando una vez más se otorgó el Premio Nobel de Literatura a un español, el premiado era un escritor cuya mejor obra ya tenía cuarenta años. La diferencia entre las circunstancias que rodeaban al Nobel de Camilo José Cela y al de Aleixandre, inválido y retirado, no podían ser mayores. Cela, que tiene el genio de la autopropaganda, se había convertido mucho antes del premio en una personalidad importante tanto en la sociedad como en los medios. Para la mayoría de los españoles era el excéntrico señor mayor que, con una joven compañera, hacía en la tele los anuncios de la guía de hoteles y restaurantes editada por la empresa de productos petrolíferos CAMPSA. Cuando se anunció que le habían concedido el Nobel, todo el país reaccionó como si la selección española de fútbol acabara de ganar el Campeonato Mundial. En la víspera de la ceremonia, los periódicos dedicaron una doble página a los diagramas que ilustraban la disposición de los asientos. Aunque de un modo diferente, la respuesta al Premio Nobel de Cela ilustró tan bien como cualquier película de Almodóvar el espíritu que inspira la España postfranquista, porque pocas veces, si es que se hace en algún caso, se menciona en España un hecho que aparece sin cesar en los artículos y comentarios del extranjero: Camilo José Cela fue censor del trabajo de sus colegas inmediatamente después de la Guerra Civil.

Tal vez sea significativo que la llamada «nueva narrativa española» tenga como característica principal cierta reticencia para recordar –y más aún para juzgar– el pasado. Fue Ediciones Libertarias, en 1985, la editorial que acuñó esa expresión, que remite a la producción de unos 150 novelistas españoles, la mayoría de ellos por los treinta y los cuarenta años de edad. Entre los de mayor éxito están Almudena Grandes, Javier Marías, Juan José Millás y Antonio Muñoz Molina.

Los temas que tratan son, en general, rigurosamente contemporáneos. Pero no siempre lo son. En algunas obras aparecen la ficción histórica y la fantasía. Por cierto que se expresaron dudas acerca de si lo de «nueva narrativa española» nombra a un verdadero movimiento literario o sólo se trata de un lema promocional, porque la denominación se acuñó en momentos en que el esquema de la relación entre escritores, editores y público lector se estaba revolucionando en España.

Durante mucho tiempo la industria editorial española había sido importante, sobre todo porque hay muchos hispanohablantes en todo el mundo. Los españoles mismos leían bastante poco. Además, buena parte de lo que se leía en España llegaba de fuera; esto fue bien cierto en los años sesenta y setenta, tiempos en que estuvo en su apogeo la prosa latinoamericana. Era típico que los novelistas españoles fuesen intelectuales que escribían para un público mínimo: unos pocos miles, como mucho.

Los primeros intentos de conseguir una literatura más popular llegaron bajo la forma de novelas policiacas. La primera escrita por un español fue *El inocente* de Mario Lacruz, publicada en los años cincuenta. Pero el género no adquirió fuerza hasta que lo adoptó Manuel

Vázquez Montalbán, que creó a Pepe Carvalho, el hoy internacionalmente popular detective privado. Otros dos escritores españoles de novelas de suspense muy apreciados, surgidos en los últimos años, son Eduardo Mendoza y Juan Madrid.

Con todo, lo ocurrido a mediados de los años ochenta fue un cambio absoluto en la condición de la novela corriente. Como en tantos otros desarrollos de la España contemporánea, se produjo casi de la noche a la mañana. Para ser exactos, en 1986, se advirtió que los novelistas españoles lograban estar, una y otra vez, en la lista de obras más leídas de su país. Con un poco de perspectiva, se ve que lo consiguieron gracias al vigor de los temas que trataban, importantes para la vida de los nuevos lectores españoles, personas de clase media que eran producto de la ley de educación de 1970 y para quienes no era raro ponerse a leer un libro en la playa o en un balcón.

Por primera vez, los escritores empezaron a verse tratados como celebridades en España. Aumentaron mucho los beneficios que se obtenían escribiendo novelas. Los autores conocidos, como el difunto Juan Benet, acostumbrados a ventas mínimas, de pronto se encontraron con que de sus libros se hacían tiradas de 25.000 ejemplares o más. Todos los meses aparecía un premio literario nuevo y mejor dotado que los anteriores. El escritor teatral Antonio Gala decidió probar con una novela. Su primera obra en ese campo, *El manuscrito carmesí*, ganó el premio Planeta de 1990 y gracias a eso la tirada inicial fue de 200.000 ejemplares.

Al mismo tiempo, los editores descubrían un mercado amplio para los temas humorísticos. La empresa inicial fue la colección «El Papagayo», lanzada por Ediciones Temas de Hoy[2].

El otro rasgo importante de los años recientes ha sido la mayor reputación de la literatura vernácula. En 1990, la causa de la cultura en idioma vasco tuvo un impulso especial: ese año se otorgó la distinción oficial más alta que se da a la novela española, el Premio Nacional de Narrativa, a una obra publicada originalmente en vasco, *Obabakoak*, de Bernardo Atxaga.

Como en muchos otros países, hoy la poesía en España es cosa de minorías. En este campo, durante los últimos años, no ha habido un movimiento que fuera capaz de captar el interés de un público mayoritario o numeroso. Los poetas más importantes que surgieron hacia fines de la dictadura franquista son los llamados «novísimos», cuya obra se caracterizó por una afortunada mezcla de lengua arcaica y vernácula, un interés por el simbolismo y la fascinación ante la cultura de los medios.

Los amantes impenitentes del realismo social consideraron decadentes a los novísimos, los vieron como «señoritos»[3], pero ellos se consideraron continuadores de la generación del 27 y, al parecer, también los tuvieron por tales los viejos poetas, o al menos Aleixandre, que escribió un prólogo para una de las primeras antologías del grupo. Los novísimos eran, y son, poetas de gran calidad. *Arde el mar*, publicado por Pere Gimferrer en 1966, *El sueño de Escipión* (1973) de Guillermo Carnero, *Sepulcro en Tarquinia* (1976) de Antonio Colinas e *Hymnica* (1979) de Luis Antonio de Villena tienen en todo el mundo de habla hispana la calificación de obras mayores. Hasta ahora no hay otro grupo ni algún poeta aislado que haya venido a reemplazarlos, aunque se ha hablado de los «postnovísimos» (título de una colección publicada en 1986). Se han publicado obras de valor pero, al menos de momento, la poesía española parece carente de una dirección clara.

Entre los pintores y escultores que han llegado a la fama en los últimos diez años, poco más o menos, destacan dos nombres por el reconocimiento internacional que obtuvieron. Uno es Miquel Barceló, un mallorquín que ha llevado una vida profesional especialmente peripatética, durante la que ha pintado sus lienzos de notable textura, relucientes a menudo, en estudios de Lisboa, Nápoles, Túnez y Marruecos, además de hacerlo en talleres estables de París y en su isla natal. La escultora barcelonesa Susana Solano es la otra figura importante que surgió en los últimos años. Sus composiciones austeras, desoladas, de hierro y acero empezaron a darle fama internacional a fines de los años ochenta, una época de considerables logros en la escultura española en general.

Si los últimos años del decenio de 1980 fueron un hito para los escultores españoles, a continuación los años noventa presentaron una oportunidad de oro a los arquitectos. Con la atención de todo el mundo puesta en los acontecimientos de la Expo y en los Juegos Olímpicos, tuvieron una ocasión única para brillar. Probablemente el arquitecto español más conocido fuera de su país todavía sea Ricardo Bofill, uno de cuyos edificios neoclásicos formaba parte del complejo principal de las instalaciones olímpicas de Barcelona. En la actualidad, el nombre más citado dentro de España es el de otro catalán, Oriol Bohigas, que fue quien inspiró el programa de renovación urbanística de Barcelona y el principal arquitecto de la villa olímpica. Aunque en principio estudió arquitectura, el valenciano Santiago Calatrava, radicado en Zurich, se ha hecho famoso como ingeniero. Uno de sus elegantes puentes fue la entrada de la Expo. La graciosa torre de comunicaciones por él diseñada y situada junto al estadio olímpico –cosa que suscitó controversias– fue quizá la estructura más fácilmente identificable de la celebración barcelonesa de 1992.

Los Juegos de Barcelona, o mejor dicho, sus ceremonias de apertura y cierre, también dieron a los españoles la ocasión de mostrar al resto del mundo que su país es la patria de un conjunto notable de cantantes de ópera. Plácido Domingo, Montserrat Caballé, José Carreras, Teresa Berganza y Alfredo Kraus son, todos ellos, españoles. Sin embargo, por las circunstancias descritas en el capítulo anterior, en España la cantidad y calidad de las representaciones operísticas es aún poco importante. Por esta causa, los cantantes españoles deben pasar, más de lo que es normal en esa forma de arte esencialmente cosmopolita, la mayor parte de su vida profesional fuera de su país de origen.

Una disparidad semejante entre talento y oportunidad existe en el mundo de la danza. Trinidad Sevillano se dejó tentar por Gran Bretaña a mediados de los ochenta, y allí se convirtió en primera bailarina del *London Festival Ballet*. A fines de ese decenio, había solistas españoles en las compañías de diversas capitales europeas: Ana Laguna en el *Cullberg Ballet de Estocolmo*, Arantxa Argüelles en Berlín y José Carlos Martínez en París.

Varios buenos directores de orquesta españoles –Jesús López Cobos y Rafael Frühbeck de Burgos entre ellos– están instalados fuera de su país. Otro tanto ocurre con Marisa Robles, una arpista de excepción, que vive en Londres.

Durante siglos la música ha sido la cenicienta de las artes españolas. En el siglo XVI, la calidad de la música que se componía en España era comparable a la de casi cualquier otra nación europea. Pero la Contrarreforma aisló a la península de los países nórdicos de Europa, en los momentos en que Alemania se imponía a Italia como centro musical preponderante en el continente. Las obras de Bach, Haendel, Haydn y Mozart llegaron a España, pero como ecos débiles. En los últimos cien años, el país volvió a abrirse a las influencias exteriores y, gracias a la obra de Albéniz primero, más tarde a la de Granados y por fin a la de Manuel de Falla, empezaba a recuperar su reputación, cuando estalló la Guerra Civil y, una vez más, quedó apartado del resto del continente.

Por consiguiente, es un hecho extraordinario de verdad que un número de buenos compositores, como Luis de Pablo, Cristóbal Halffter, Carmelo Bernaola y Juan Hidalgo, hayan llegado a la fama en tiempos de Franco. Todos ellos tienen hoy un núcleo de obras importantes, que sirven de inspiración y estímulo a los jóvenes compositores.

La música popular española presenta unos contrastes muy vivos. En esencia, cuanto más dulce y melódica sea la música, más destacan los españoles. *Begin the Beguine* de Julio Iglesias fue el primer *single* grabado (aunque no titulado) en un idioma distinto del inglés que vendió más de un millón de discos en el mundo y el propio Iglesias es hoy, sin duda, una estrella internacional y no sólo española o hispana. Y su éxito no es casual: sencillamente era el mejor de los muchos cantantes de baladas con talento que aparecieron en España al mismo tiempo que él.

Sin embargo, en el campo del pop y del rock, España es pobre. Durante casi dos decenios de conocimiento del país, creo que no he escuchado más de media docena de temas que haya querido volver a oír y cientos –no, miles– que hubiera pagado por no volver a oír. Las letras a menudo son buenas, pero la música siempre carece de originalidad.

Muy pocos grupos españoles han tenido éxito en el extranjero. Uno que sí lo tuvo fue Los Bravos, en los años sesenta (con una canción que se titulaba *black is black*). En tiempos más recientes, Mecano, un vistoso trío de Madrid, ha conseguido alguna notoriedad en Francia y Duncan Dhu, del País Vasco, tiene una presencia modesta en Gran Bretaña. Pero Mecano y Duncan Dhu están en el extremo más suave del pop. Nadie ilustra las peculiaridades de la música popular española mejor que Luz Casal, que grabó la música de *Tacones lejanos*, la película de Almodóvar. Esta mujer tiene una voz fascinante, de austeridad perturbadora. Si las cantara en inglés, sus baladas tendrían éxito en todo el mundo, estoy seguro. Pero su rock es terrible.

En este sentido, España no se diferencia de la mayoría de los demás países europeos continentales, aunque es interesante señalar que las naciones nórdicas –y sobre todo Alemania– tienen mayor capacidad que las del sur para producir rock auténtico. También en este caso, es probable que eso se relacione con la naturaleza de la sociedad latina. El rock es un producto de una cultura juvenil que, a su vez, es resultado de un rechazo de los valores sociales establecidos. En las sociedades en que los lazos familiares aún son fuertes, es imposible crear esa cultura juvenil. El problema de los músicos de rock españoles –incluso los de mayor talento– es que parecen, y en realidad son, buenos chicos con la cara bien lavada, que no reconocerían una brecha generacional ni aun cayendo en ella. No obstante, el rock es también producto de una sociedad urbana, y no de una sociedad rural, y de las clases proletarias y no de la clase media. La vida urbana en la España de hoy exige al menos algo de la rudeza y de la impermeabilidad necesarias para salir adelante en Detroit o Liverpool, digamos, y el progreso económico de los años sesenta y ochenta dio a la clase trabajadora española una prosperidad y una influencia que nunca antes había tenido. Todo eso, hasta cierto punto, sirvió para estrechar la distancia entre España y los países anglosajones.

Sin embargo, parece que existe un espacio insalvable, creado por las diferencias de lengua. El español es una lengua de intensa melodiosidad, a la que los ritmos abruptos del rock y del pop se adaptan con esfuerzo. Es digno de señalar que parte de la mejor música que se produjo en los años noventa es obra destinada a una generación de cantantes que graban en catalán, un idioma caracterizado por la abundancia de sonidos breves y ásperos.

Con todo, hay una importante excepción a la regla general de que la música de rock escrita en España es sólo una imitación de menor calidad de las canciones populares en Gran Bretaña y los Estados Unidos unos años antes: se trata de la fusión del rock y el flamenco. En los años setenta, varios músicos andaluces jóvenes se entusiasmaban con la idea de unir el rock y el flamenco. Se formaron dos grupos, Triana y Veneno y, aunque ambos desaparecieron, la idea por ellos sembrada floreció. Hoy los principales exponentes del género en España son Ketama y Pata Negra. Pero el grupo más famoso de pop flamenco no es español: los Gypsy Kings son franceses. Su repertorio se compone de variaciones sobre rumbas, uno solo de los muchos estilos que constituyen el ámbito del flamenco.

El flamenco verdadero ofrece a los españoles lo mismo que a los turistas: una pincelada de color en un mundo cada vez más gris. La música es exótica, el baile es dinámico y la historia del flamenco está llena de intérpretes que llevan a gala nombres tan extraños como La Niña de los peines, Frasco el Colorao y el Loco Mateo. Pero la tradición del flamenco también ofrece uno de esos lazos con el mundo de una humanidad joven, de la que España es tan rica, porque es capaz de generar ese sentimiento de éxtasis que, se piensa, siempre quiso transmitir la música primitiva. Un cantante de flamenco no debe interpretar en público hasta que no ha caído en algo similar a un trance, un estado de emoción contenida en el que la necesidad de expresión se fortalece poco a poco hasta un punto en que ya no puede ser reprimida. Ese elemento de éxtasis del flamenco está espléndidamente captado en una descripción que hace José María Caballero Bonald de una reunión en una venta del camino en medio del ondulado campo andaluz: «La noche avanza, y ya el día viene clareando sobre los árboles. Dentro del caserío de la venta hay un grupo de hasta siete y ocho personas. Se bebe vino parsimoniosamente, con toda calma. El tocaor busca el acorde de su guitarra. De pronto, cuando las notas musicales marcan ya la iniciación de un cante, alguien modula los lamentos preparativos. El cantaor aclara su voz y busca el compás de la música. Todo el mundo guarda un respetuosos silencio, un religioso silencio. Al fin salta la copla. Las palmas empiezan a batir maravillosamente al compás de la guitarra. El cantaor tiene el mirar perdido, mueve la cabeza, contorsiona el cuerpo según las dificultades del cante, levanta su mano con un gesto de majestad.»

Aunque sus orígenes son oscuros, se piensa que el flamenco nació a fines del siglo XVIII, entre los gitanos de las provincias de Sevilla y Cádiz. Lo que es indiscutible es que la música gitana sigue estando en el núcleo de la tradición del flamenco, aunque se incorporaron al repertorio cierto tipo de composiciones del sur de España, como el fandango, de origen árabe. De igual manera, muchos artistas payos se convirtieron en maestros de ese arte como «cantaores», «bailaores» y «tocaores» (guitarristas). La mayoría de las canciones del flamenco son verdaderamente folclóricas, creadas por alguna persona sencilla ya olvidada y modificadas por las repeticiones incesantes, hasta que se establecieron en la forma que resultó más atractiva. Todos los intentos por transcribir esa música fracasaron, de modo que la tradición del flamenco se basa por completo en una transmisión oral, de instrucción y ejemplo. Pero eso también significa que da un campo muy amplio a la creatividad individual.

Las canciones o «coplas», varían entre tres y seis versos de longitud; como cada palabra se alarga en lloros y plañidos, la duración de las coplas es de varios minutos. El lenguaje usado es siempre muy sencillo y directo. Hay unos cuarenta tipos distintos de copla. Algunos están destinados a ocasiones específicas, como las bodas. De los restantes, las coplas más alegres, que se pueden bailar y son las que por lo común llegan a conocer los turistas, no son más que una pequeña proporción del total. En su mayoría son lamentos agónicos por la muerte de un ser querido, en especial una madre –figura que entre los gitanos es más importante aún que entre sus vecinos andaluces–, o por la pérdida de la libertad –porque los gitanos han pasado más tiempo del que sería justo en la cárceles del país–, o por el carácter efímero de los placeres de la vida y la perdurabilidad de sus miserias. Como ha escrito Ricardo Molina, crítico e investigador del flamenco, este arte es «la respuesta de un pueblo reprimido durante siglos», y esto puede explicar por qué se hizo tan popular entre los labriegos andaluces en el siglo XIX, ya que también eran víctimas de otra clase de opresión cuando sus terrenos comunales fueron cercados y ellos se convirtieron en campesinos sin tierras.

La difusión del flamenco en este siglo ha sido desigual. Por dos veces pareció que estaba a punto de caer en una declinación irreversible y por dos veces se reavivó su práctica, gracias a festivales organizados en Granada (1922) y en Córdoba (1955). Esos certámenes inspiraron una sucesión de otros, menores, que mantuvieron despierto el interés y sacaron a luz nuevos talentos. La segunda restauración fue menos dramática que la primera, pero también más durable. Sobre todo, se debió al trabajo de un solo hombre, el cantaor Antonio Mairena, que murió en 1983. El flamenco pierde su ímpetu cuando pierde su integridad. Mairena insistía en cantar un repertorio sin adornos, sin atenuaciones. También fue incansable en la promoción de festivales de flamenco. La difusión del lenguaje purificado que Mairena y sus discípulos volvieron a descubrir, o más bien reforzaron, tuvo la ayuda de factores sociales, económicos e incluso políticos. La recuperación del flamenco «genuino» llegó en el momento mismo en que cientos de miles de andaluces preparaban sus maletas para empezar una vida nueva en Madrid o en las ciudades industriales del norte. La migración hacia otros puntos de España dio al género una continuidad en cada comarca del país, exceptuados quizá el noroeste y las Islas Baleares y las Canarias.

A fines de los años setenta y principios de los ochenta, el flamenco se benefició de la maduración de un sentimiento de identidad andaluz, un proceso que llevó a la obtención de una generosa dosis de autonomía para la región. El gobierno autónomo, la Junta de Andalucía, no tardó en aportar el dinero necesario para un certamen de flamenco de un mes de duración, la Bienal, que se celebra en Sevilla. Otros festivales menores, dedicados a la conservación, o recuperación, de las características de estilo de cada localidad, nacieron en docenas de ciudades y pueblos de toda Andalucía.

El período inmediatamente posterior a la transición a la democracia también fue el del apogeo de dos exponentes excepcionales del arte flamenco: el guitarrista Paco de Lucía y el cantaor Camarón de la Isla.

Como hemos visto, el flamenco es una forma artística inspirada por las condiciones adversas y la opresión. Aunque pocas veces, o casi ninguna, se ha usado para expresar actitudes políticas, no es sorprendente que prosperase en la atmósfera seria y apasionada que prevaleció en España durante los primeros años de su democracia. Por lo mismo, su sinceridad desolada no se adecuaba a la actitud materialista y hedonista que caracterizó a España tras el fin de la recesión postfranquista de mediados de los ochenta. Desde entonces, en realidad, el flamenco –el flamenco «puro», distinto de los quejidos híbridos y los pasos de baile que se ven en los programas de variedades de la televisión– está en retirada.

A la vista de los muchos andaluces que ocuparon posiciones de importancia en la administración socialista, es sorprendente que el gobierno central no haya ofrecido ningún apoyo, sino todo lo contrario. En 1988, el ministerio de Cultura retiró una subvención que hubiera permitido la celebración de un festival anual, al que se había llamado «Cumbre». Puede que me equivoque, pero a veces creo ver en las publicaciones oficiales cierto matiz de incomodidad, ante la idea de que algo tan poco refinado como el flamenco haya sobrevivido en la España «europea» de autopistas de seis carriles y televisión por satélite. Por el contrario, no es esa la actitud aplicada a otra de las formas vernáculas de arte español: la corrida de toros.

NOTAS CAPITULO 24

1) En recientes esfuerzos por limitar la «movida» en distintas ciudades provincianas, las autoridades se encontraron con una resistencia tenaz. En 1991, varios cientos de personas que proclamaban «Queremos divertirnos» y «Si no estás preparado para irte a casa a las tres, defiende tu libertad», recorrieron las calles de Cáceres alborotando, en protesta por un bando del ayuntamiento que imponía el cierre de los locales a las 3 de la madrugada. Los manifestantes, algunos armados con piedras y palos y tocados con pasamontañas rompieron papeleras, escaparates y cabinas telefónicas. La revuelta terminó cuando la policía disparó balas de goma contra los manifestantes, en el momento en que trataban de entrar en la sede del Gobierno civil.

2) Uno de los títulos de El Papagayo *fue* Cómo ser una mujer y no morir en el intento, *de Carmen Rico Godoy, citado en el capítulo 12.*

3) Aunque en términos gramaticales sea ni más ni menos que el masculino de «señorita», esta palabra adquirió una connotación peyorativa: se aplica a los jóvenes ricos y ociosos, playboys *o diletantes.*

25

El amansamiento de los toros

El pueblo de Valdemorillo está junto al cinturón de barrios–dormitorio que con rapidez van rodeando Madrid. Tiene una iglesia medieval, con una torre coronada por un hirsuto nido de cigüeñas y un centro comercial postmodernista que tiene, al menos en la fachada, el mismo granito de la zona que se usó en la construcción, propiciada por Felipe II, del sombrío monasterio–palacio de El Escorial, erguido a pocos kilómetros de allí. El mayor mérito de Valdemorillo es que cada año celebra el primer festejo taurino de España, en el mes de febrero, cuando un viento helado baja de la cercana sierra de Guadarrama. Pocos pero verdaderos aficionados se deciden a sentarse durante dos horas en la plaza de toros provisional donde se celebran las corridas. Pero el día de 1993 en que yo asistí a la «fiesta», la plaza estaba casi llena y el amigo con el que acudí me aseguró que unos días antes había habido más público aún.

Para los muchos que se oponen a las corridas, dentro y fuera de España, hay motivos de desesperación: en contra de todas las expectativas y previsiones, en la ilustrada España de hoy los toros son más populares y ahora están más de moda que en los años sesenta.

Es necesario señalar que la «fiesta nacional», como los grupos taurinos gustan llamarla, tiene –y siempre ha tenido– un grupo limitado de seguidores. En los últimos años, se comprobó que se habían vendido unos 2 millones de entradas para las mil y tantas corridas de primera y segunda categoría que se celebraron en cada temporada. Eso se compara con los más de 10 millones de entradas que se venden para los partidos de fútbol de primera y segunda división.

Pocas encuestas de opinión se han hecho sobre el tema de «los toros», por sorprendente que parezca. Sólo tengo noticia de cinco, que pueden considerarse serias, en los últimos veinte años. Lo que todas dejan ver, por cierto, es que alrededor de la mitad de la población no muestra interés ni entusiasmo por la fiesta. Incluso hay una evidencia por la cual se sugiere que los españoles, en general, son más «anti» que «pro». La única encuesta que preguntaba a la gente si gustaban de las corridas de toros se publicó en la revista Tiempo en 1985. Los «no» llegaron al 51 por ciento; los «sí», al 35 por ciento; el resto se definía como indiferente. Sin embargo, desde entonces el equilibrio puede que se haya desplazado hacia los que están a favor de las corridas. En 1987, los críticos y otras personas muy comprometidas con las plazas de toros aseguraban que se advertía un repentino aumento en el interés y apoyo popular. Un estudio encargado por *El País* y publicado en julio de ese año lo confirmó. Cuando se les preguntó por su grado de entusiasmo respecto de los toros, un 46 por ciento de los entrevistados respondió «ninguno». Pero dieron la gran sorpresa los que admitieron cierto interés. Todas las encuestas anteriores, incluidas las que se habían hecho el año anterior, indicaban que los verdaderos aficionados eran muchos menos que los que tenían un interés eventual. Sin embargo, en este caso un 38 por ciento se declaró «muy» entusiasta.

Otras pruebas de esa resurrección de los toros están en el número anual de corridas. A fines de los años cincuenta se produjo un aumento brusco, que continuó en el decenio siguiente. La prosperidad general y la mayor cantidad de tiempo libre parecen haber contribuido a ese auge, junto a la aparición de un torero[1] tan polémico como Manuel Benítez, el Cordobés. Pero también fueron años en que se organizó una gran cantidad de corridas, sobre todo para los turistas que acudían masivamente a España, y eso significó que la curva ascendente fuera mucho más empinada de lo que podría haberlo sido en otras circunstancias. El número de corridas llegó a su máximo en 1971 con un total de 682, para caer con rapidez hasta menos de 400 diez años más tarde. Desde entonces –con la excepción de una baja en 1985-1986–, la cifra anual ha crecido poco a poco. En 1992 se llegó a las 646, algo menos que la cifra máxima de veinte años antes, aunque aun así duplica el total de las corridas que se hacían en los tiempos en que Hemingway escribió por primera vez sobre el tema.

En sí, esto se puede explicar tal como el auge de los años sesenta: por un aumento del bienestar económico. Desde mediados del decenio de 1980 en adelante, los españoles se encontraron con que tenían más dinero para gastar en entretenimientos de todo tipo, incluidos «los toros». Más difícil de explicar es el cambio de actitud hacia las corridas, que se hizo visible hacia esa misma época. De pronto, las fiestas madrileñas de San Isidro, de un mes de duración, se convirtieron en un acontecimiento social de primera magnitud. Entre los asistentes hubo muchas personalidades del mundo del espectáculo, junto a diseñadores de vanguardia y propietarios de las discotecas de moda. Compañías de relaciones públicas se ocupaban de comprar entradas para luego ofrecerlas a sus clientes. Al mismo tiempo, por primera vez los matadores empezaron a verse tratados como celebridades y a tener aceptación social. Lo tradicional había sido que se les admirara e incluso festejase, pero no se les daba más que una ocasional acogida en la sociedad elegante. Sin embargo, varios de los diestros de las últimas generaciones –como Roberto Domínguez y el torero portugués Victor Mendes– estaban muy lejos de pertenecer al tipo de personalidades marginales que casi siempre había habido en las plazas de toros y su entorno. Eran hombres jóvenes, hijos de familias acomodadas, gustos refinados y una buena educación.

Nada de eso se correspondía con lo que fuera en tiempos el criterio general: en cuanto España tuviera más prosperidad y más democracia, en cuanto se conectara con el resto de Europa, el interés de los españoles por ese rito sangriento se diluiría. Por un lado, se decía, nadie más que un campesino hambriento y desesperado tendría incentivos suficientes como para entrar en un ruedo y enfrentarse con un animal tan peligroso, y mucho menos para utilizar esa agresividad a fin de crear un arte[2].

Una teoría es la de que la popularidad de los toros en los últimos años se debe atribuir, precisamente, a esas mismas fuerzas que, se pensó, generarían su desaparición: se trataría de una reacción ante el ritmo agobiante de la modernización, de un intento inconsciente de aferrarse a las señas de identidad, en un momento en que los líderes del país incitan a los españoles a entrar en una Europa cada vez más homogénea.

Lo que se puede demostrar es que la democracia, hasta ahora, benefició más que perjudicó a la causa de los toros. No hace mucho que los políticos municipales descubrieron que sus posibilidades de reelección aumentaban si invertían el dinero de los contribuyentes en las fiestas de sus ciudades y pueblos. Como en la mayoría de los pueblos españoles las corridas de toros se incluyen en la fiesta anual, una de las formas más fáciles de asegurar el éxito es aumentar la cantidad, y mucho menos la calidad, de las corridas. A nivel estatal, la democracia llevó al poder a los socialistas, que sin duda fueron los gobernantes más protaurinos que jamás haya tenido España. Muchos miembros importantes del PSOE –incluido el propio presidente del gobierno– nacieron en Andalucía, tierra de toros por autonomasia.

Sin embargo, después de llegar al poder, durante varios años González y sus ministros se contentaron con una política de benévola desatención. Pero el nombramiento de José Luis Corcuera como ministro de Interior, en 1988, depositó la responsabilidad de «los toros» en las manos de un aficionado de toda la vida. El grado de su complicidad con los empresario taurinos quedó en evidencia en una entrevista que otorgó a un periódico andaluz dos años después. Las reformas, dijo Corcuera, tenían que llevarse adelante «con rapidez, pero sin hacer mucho ruido, porque no sería buena idea que los ecos llegaran hasta los que dentro y fuera de España están abiertamente en contra de la fiesta». La Ley de Espectáculos Taurinos propiciada por Corcuera y promulgada en 1991 era la primera que aprobaba un Parlamento español referida exclusivamente a las corridas de toros, a las que definía como una «tradición cultural», con lo que respaldaba a los que querían identificar los toros con el patriotismo. La ley daba un apoyo muy necesario para las penas impuestas por las autoridades a quienes infringieran las normas. Además, preparó el camino para la introducción de un reglamento actualizado, que debía reemplazar al vigente desde 1962. El nuevo reglamento se aplicó poco después del comienzo de la temporada de 1992 y de inmediato propició una controversia furiosa.

Quizá lo más notable de esa norma, en vista de la presión exterior creciente en favor de la abolición de las corridas de toros, fuera que sus autores no consideraran adecuado incluir más que un simple guiño en cuanto a los derechos del animal. Mejoraron las condiciones en que se transportaba a los toros. Pero los informes de la época hacen pensar que se hacía así para asegurar que llegaran al ruedo en condiciones satisfactorias, y no para evitar a los animales sufrimientos innecesarios. También se modificó la primera parte, o primer tercio, de la corrida, en la que los picadores, que van montados a caballo, lancean al toro, pero no con una intención visible de reducir la crueldad implícita.

Siempre ha sido ésta la fase más discutida del toreo. Una de las razones es que, se hagan los cambios que se hagan, implican o más daño para el toro o mayores riesgos para los caballos. Tiempo atrás, cuando el picador montaba un animal muy poco protegido, la norma era que los caballos sufrieran cornadas y que dejaran el ruedo arrastrando sus propias entrañas. Media docena de caballos, o más, se sacrificaban todas las tardes. Para reducir la cantidad de cornadas, en 1928 se decidió proteger a los caballos con una cobertura acolchada que se llama peto. Al principio era muy ligera y sólo cubría el vientre y los flancos. Pero después se hizo más grande y más pesada, hasta el punto de trabar los movimientos del caballo. Entre tanto, y para mayor facilidad y seguridad propias, los picadores se ocuparon de que sus monturas fuesen más grandes y más fuertes, de modo que llegaron a ser casi –si no totalmente– caballos de tiro. Sentados sobre esos carros de combate equinos, los picadores estaban en condiciones de soportar las embestidas peligrosas del toro, mientras los matadores, muy contentos con la limitación de los riesgos que ellos mismos tenían que afrontar en la segunda y tercera etapa de la corrida, los incitaban a que lo hiciesen así.

El reglamento de Corcuera procuraba restablecer el equilibrio. Determina que la cabeza de la garrocha sea más pequeña, establece que el peso máximo del peto sea de 30 kilos, prohíbe los caballos de tiro y reduce el peso máximo de la montura del picador de 900 a 650 kilos. La primera corrida que se celebró según las nuevas normas fue la del primero de mayo de 1992 en Sevilla y hubo mucho interés por ver qué efecto tenía aquel reglamento. El primer toro, después de levantar por los aires al caballo de uno de los picadores y tirar al jinete a la arena, terminó el primer tercio casi con la misma energía con que lo había empezado. Cuando el banderillero Manolo Montoliú levantó los brazos por encima de la cabeza del toro para clavarle las banderillas, el toro le clavó los cuernos en el pecho: le partió el corazón y el hombre murió de inmediato. Los picadores y los banderilleros echaron la culpa al nuevo reglamento y a continuación convocaron una huelga que, de haber seguido, habría obligado a cancelar la feria de San Isidro, a celebrar unas semanas después. La huelga se desconvocó después de que el gobierno diera marcha atrás en sus decisiones. Corcuera se mantuvo firme en el límite máximo de peso, pero permitió que la prohibición de caballos de tiro se interpretara de modo que volvieran al ruedo los percherones, caballos bretones cruzados con otros de razas españolas o inglesas, que ya se habían utilizado.

Otro objetivo evidente del nuevo reglamento, así como también de la Ley de Espectáculos Taurinos, era evitar lo que sin duda es el mayor abuso en la moderna lidia: el afeitado de los cuernos. Los cuernos son para el toro lo que las zarpas para un gato. Pero también más que eso. Para ampliar la analogía, son equivalentes a los bigotes y a la cola del felino: le ayudan a medir las distancias y a mantener el equilibrio. El afeitado consiste en recortar los cuernos, de modo que el animal está en desventaja en el ruedo. Se hace con una sierra y se termina con una lima o, dicen, incluso con un soplete. Tan hábiles son los que lo hacen que las señales del afeitado por lo común sólo se pueden detectar con microscopio. En la actualidad siempre se da un tranquilizante al animal antes de afeitar los cuernos y, a menos que el «barbero» toque por accidente el nervio central del cuerno, el toro sufre en el afeitado tanto como una persona con la manicura. Sin embargo, los tranquilizantes, el encierro y el transporte son terriblemente traumáticos para el animal, que a menudo sale de todo ello destruido. En cualquier caso, sus cuernos están más sensibilizados, y también más cortos y romos, y puede que haya perdido gran parte de su sentido del equilibrio.

El problema está en que el afeitado se ha convertido en un punto de interés para casi todos los que están en el asunto, con la excepción de los seguidores de los toros, que pagan para ver el equivalente de una pelea amañada. El matador tiene un contrincante con menos posibilidades de matarlo o herirlo (las cornadas son menos comunes y menos graves con los cuernos afeitados) y, cuantas más corridas tiene un matador, más gana su apoderado. Por su parte, el empresario, que gestiona el ruedo, prepara las lidias y compra los toros, en la actualidad suele ser, él mismo, el apoderado de uno o más matadores de los que se presentan cada tarde. Los criadores de toros, o ganaderos, no suelen ser los instigadores del fraude, pero a menudo sus clientes, los promotores, los presionan para que permitan la manipulación de los animales.

Al menos desde los años cuarenta se viene practicando el afeitado. En la actualidad está tan extendido y aceptado que, en la última revisión de los estatutos de su sociedad, los ganaderos eliminaron la cláusula por la que se expulsaba a los miembros culpables de permitir el afeitado de sus toros. De hecho, jamás se probó la culpabilidad de ninguno. No se podía demostrar que habían consentido el afeitado y, en cualquier caso, las normas no tenían un adecuado apoyo legal. La ley de 1991, que establecía penas de hasta 25 millones de pesetas, daba ese apoyo. También parecía ofrecer una solución al problema legal de una persona –en este caso el ganadero– a la que se considera responsable de algo que no ha hecho ni incitado a hacer a otros y de la que ni siquiera se puede probar que estuviera en conocimiento de la infracción. Con las nuevas normas, el ganadero puede contradecir al veterinario en la inspección previa a la corrida e insistir en que se lidie un toro, siempre que acepte la responsabilidad plena, si en el análisis posterior a la corrida se descubre que los cuernos fueron afeitados. Sin embargo, pocas veces se envían los cuernos para su análisis en las condiciones establecidas y las multas aplicadas según la normativa actual han sido pocas y espaciadas.

Con todo, el afeitado es sólo un síntoma de un fenómeno más amplio: la domesticación de la tauromaquia ibérica. La declinación histórica se puede remontar al menos a la época de la Guerra Civil. Se mataron tantos toros de lidia para aprovechar su carne o por venganza durante la guerra, que en la posguerra los ganaderos no pudieron presentar toros de la edad y las cualidades adecuadas. El reglamento establece que los matadores sólo pueden lidiar toros de cuatro años. Pero en los años cuarenta, los animales de tres años, aún débiles, eran lo habitual. Aunque más tarde se recuperó la casta, la mejoría llegó en un momento en que aumentaba la influencia de los empresarios dentro del mundo de las corridas, sobre todo porque se habían convertido en gerentes de cuadrillas de toreros, cada una sujeta a un contrato exclusivo con el promotor y apoderado. En un proceso paralelo al del afeitado, los empresarios empezaron a ejercer presión sobre los ganaderos para que presentaran animales que tuvieran un aspecto imponente, aunque careciesen de la casta necesaria como para constituir un reto serio para los diestros, cuyos salarios debían pagar. En tiempos, la cría de toros era sólo un pasatiempo de aristócratas y entonces el hacendado podría haberse resistido, pero en la medida en que se convirtió en una actividad comercial y se empezaron a criar más toros de los que pedía la fiesta, el ganadero ya no puede oponerse a nada. Los toros de la posguerra, aunque eran pequeños y jóvenes, al menos tenían fiereza. Los de los años sesenta se mostraron cada vez más dóciles y, en los setenta, algunos literalmente se caían en el ruedo antes de que la faena entrara en su curso normal. Aunque hoy las caídas son menos corrientes, los toros «colaboradores» se han convertido en la norma aceptada.

Uno de los pocos criadores que se ha resistido a esa tendencia es Victorino Martín. La suya es la ganadería más sobresaliente de los últimos años y Martín no es un terrateniente aristócrata sino un hombre que se ha hecho a sí mismo, un antiguo carnicero de Galapagar, una localidad que está entre Madrid y la sierra de Guadarrama. Sus briosos *Victorinos* pueden costar a un promotor hasta 2 millones de pesetas. Sin embargo, en 1989, cayó una sombra sobre la carrera de Martín: los inspectores veterinarios lo acusaron de permitir que se manipularan sus toros. El ganadero negó terminantemente las acusaciones y durante dos años no permitió que sus animales se lidiaran en España.

La preponderancia de toros afeitados y menos peligrosos da una explicación alternativa de la causa por la que no se han cumplido las predicciones de desaparición de las corridas. Según este criterio, los riesgos de la lidia ya no disuaden a los toreros de hoy, porque esos riesgos no son tan grandes como los que enfrentaron sus predecesores.

Entre los matadores de los últimos años, la figura dominante ha sido Juan Antonio Ruiz, que se presenta con el nombre de Espartaco. Para un matador, la medida de su éxito se manifiesta en el «escalafón», un cuadro anual que clasifica a los toreros por el número de corridas en que hayan intervenido y, por consiguiente, por el número de contratos firmados. En 1991, Espartaco estuvo en el primer puesto del escalafón por octava vez y por séptimo año consecutivo: fue el primer matador que lo consiguió[3]. La lidia es sensible a los cambios de las circunstancias sociales, mucho más de lo que se cree fuera de España.

Así como El Cordobés reflejó a la perfección la rebeldía de los años sesenta, Espartaco es el tipo de torero que se esperaría en los ochenta, precisamente. Es un joven guapo, de ojos claros y mandíbula cuadrada; diligente, hábil, aunque pocas veces inspirado, fue y es el modelo mismo de un torero *yuppy*. Si bien era muy popular en las corridas de pueblos, hasta 1988 no llegó a triunfar en los ruedos importantes.

A lo largo de los años, Espartaco tuvo varios rivales. Joselito dio buena impresión en 1986. Manili triunfó por dos veces en San Isidro de 1988, antes de sufrir una cogida en esa misma temporada. Roberto Domínguez parecía ser un buen contrincante en los dos años siguientes. Pero el mundo de la tauromaquia tuvo que esperar hasta 1991 para ver a un torero capaz de sumar la pureza del arte, la habilidad técnica y la voluntad de enfrentar peligros rayanos en lo suicida. Ese torero no es español sino colombiano: César Rincón salió a hombros por la puerta grande de la madrileña plaza de Las Ventas cuatro veces en esa temporada, una hazaña jamás antes conseguida que lo arrancó del anonimato. Aunque nunca más desde entonces igualó esa marca, sus presentaciones casi siempre son notables y muchos creen que Rincón puede llegar a ser uno de los pocos maestros reconocidos en el arte del toreo.

La aparición del colombiano se produjo después de un período de gran énfasis en la pureza del estilo. Joselito es uno de los matadores que en la actualidad torean empleando pases que habían caído en el olvido hace tiempo. Una de las causas de esta circunstancia es la proliferación de las escuelas de toreo, en general subvencionadas con dinero público. La más conocida está en Madrid y data de principios de los años setenta, época en que la fundó Enrique Martín Arranz, un novillero en paro por entonces. Pocas veces hubo tantos novilleros prometedores como los que aparecieron en las últimas temporadas, la mayoría de ellos interesados en conservar la técnica correcta y sumarla a la sofisticación.

Es difícil imaginarse una España sin toros. La lidia ha inspirado algunas páginas literarias excelentes y muchas obras plásticas. El habla cotidiana está llena de expresiones que no significan nada sin referencia al toreo. Todos hemos oído aquello de «la hora de la verdad», que tiene equivalente en muchos otros idiomas. Pero hay cientos de frases que, sospecho, no tienen equivalente. Por ejemplo, «dar largas» deriva de una de las suertes más espectaculares de la lidia, la «larga cambiada». El matador se arrodilla ante la puerta por la que el toro se precipita al ruedo y hace que se lance a la carrera hacia un lado con un amplio giro de su capote. En su sentido metafórico, «dar largas» es una frase sumamente expresiva, con la que los españoles describen la forma en que una persona sale de una situación difícil hablando largo rato acerca de un tema que no tiene nada que ver con lo que se debía tratar.

Tampoco hay que olvidar que el toreo –arte, espectáculo o lo que sea– es, sin más, un negocio. Se dice que mueve, en todos sus niveles, unos 90.000 millones de pesetas y da trabajo (muchos son puestos de ocupación a tiempo parcial) a unas 170.000 personas. Ambas cifras me parecen excesivamente altas, pero la presencia de la tauromaquia en la sociedad española es, sin duda, considerable y mucha gente tiene un interés serio en que sobreviva.

A la vez, hay que señalar que en la actualidad, el toreo se enfrenta, fuera y dentro de España, con presiones sin precedentes. Muchas personas de otros países europeos siempre se han opuesto a las corridas; pero nunca pudieron ejercer una coacción tan directa y eficaz como ha sido posible desde 1986, cuando España ingresó en la CE. En 1990, un eurodiputado alemán trató de que se aprobara una moción que habría prohibido la intervención de los picadores en las lidias. Aunque la propuesta fue desviada por diputados españoles, está claro que dentro de no mucho tiempo volverá a tocarse el tema.

En la propia España existe desde hace siglos un grupo contrario a la fiesta de los toros. Torquemada estaba en contra y tampoco los aprobaba Isabel la Católica. En el siglo XVIII, Felipe V y Carlos III prohibieron a los nobles la asistencia a las lidias. Pero en los últimos años ocurrió algo que no había ocurrido antes: en algunas regiones de España en que el apoyo es poco, se han prohibido los toros.

La primera prohibición fue la de la localidad catalana de Tossa de Mar en 1990. Al año siguiente, la Asamblea regional de las Islas Canarias votó a favor de la prohibición. La medida fue puesta en ridículo por los aficionados, que señalaron que el último ruedo de Canarias, que estaba en Santa Cruz de Tenerife, se había cerrado en 1986. Esa decisión, decían, era un intento lamentable de obtener el favor de los operadores de turismo y conseguir que no advirtieran que la misma ley que prohibía las corridas autorizaba las peleas de gallos, un pasatiempo que tiene una tradición mucho más fuerte en las Canarias.

Sin embargo, este enfoque no tomaba en cuenta que se establecía un precedente y que hay muchas otras regiones españolas –Cataluña y Galicia, por ejemplo– cuya tradición taurina es casi tan débil como la de las Islas Canarias.

La posibilidad de que los toros desaparezcan en Cataluña no es lejana. El gobierno de la *Generalitat* ya ha prohibido los cosos móviles. Una de las dos plazas de toros de Barcelona, Las Arenas, ya no se usa para la lidia. En 1989, la *Generalitat* publicó un estudio según el cual sólo un 8 por ciento de la población de Cataluña estaba a favor de los toros. La misma encuesta sugería que el 53 por ciento quería que los prohibiesen. Con razón, los aficionados criticaron esa investigación, afirmando que abarcaba una muestra sin valor estadístico, pero quizá lo más significativo fue que la *Generalitat* lo publicara.

En Cataluña, y en menor medida en las Canarias, las actitudes antitaurinas se fortalecen por el sentimiento anticentralista: los toros se ven como algo adecuado para la diversión de mesetarios rústicos y meridionales de sangre caliente. Si otras regiones periféricas siguieran el ejemplo dado por las Islas Canarias, se debilitaría el argumento básico de los comprometidos en el negocio de los toros: que la corrida es una fiesta nacional, típica de lo hispano.

Esto aún dejaría a los toros en su posición inexpugnable en tierras castellanas y andaluzas. Pero en 1992 ocurrió algo en lo que pocos repararon y que sugería que no todo fuera tan sencillo. Tres Cantos es un nuevo pueblo construido al norte de Madrid, junto a varios establecimientos de ganadería. Aun no teniendo "alma", es un lugar de tamaño impresionante que atrajo a varias empresas que se dedican a las nuevas industrias «limpias» y a cientos de miles del nuevo tipo de españoles de suburbio que trabajan en ellas. En 1992, el ayuntamiento decidió prescindir de las corridas en las fiestas del pueblo, a causa de la escasez de espectadores en los espectáculos del año anterior y por «el carácter antitaurino de la mayoría de la población».

NOTAS CAPITULO 25

1) El torero puede ser picador, banderillero o matador. El primero, montado a caballo, recibe al toro con la garrocha o pica durante el primer tercio de la corrida; durante el tercio de banderillas, los banderilleros clavan sus dardos en el lomo del toro; el matador es la figura principal del equipo y es quien termina con el animal en el tercio de matar, tercera sección de la corrida. Puede ser también un rejoneador, o matador de a caballo. Pero, al menos en España, nunca es un «toreador».

2) En España, la lidia se ha considerado siempre un arte desde la revolución protagonizada por el matador Juan Belmonte, en los primeros años del presente siglo. Los periodistas que se ocupan de las corridas reciben el nombre de críticos taurinos y están a las órdenes del jefe de la sección de cultura. De momento, los espectáculos de toros están regidos por el ministerio de Interior, pero entre los aficionados se piensa que deberían estar a cargo del ministerio de Cultura.

3) Domingo Ortega encabezó el escalafón siete veces entre 1931 y 1940. José Gómez, Gallito, lo hizo seis veces consecutivas entre los años 1913 y 1918.

Sexta parte

Un Estado fisionable

26

Fuerzas centrífugas

Es probable que alguno de mis lectores haya visto que, además de la identificación internacional con la letra E (de España), o incluso en lugar de ella, muchos coches españoles llevan una pegatina con la letra G, por ejemplo, sobre fondo blanco y una franja azul oblicua, o una C sobre barras rojas y amarillas. Cada una de ellas representa a una región del país: la G, a Galicia y la C, a Cataluña y hay otras de distintas autonomías, todas ellas con las letras iniciales y los colores regionales. No tienen reconocimiento oficial, ni siquiera del gobierno español, pero eso no ha impedido que se vendan a granel desde la restauración de la democracia.

Esto es un buen símbolo de la división de su lealtad patria que sienten muchos españoles. Más que la mayoría de los pueblos europeos, los españoles suelen poner el amor por su región a la par que el amor a la nación, o aun por delante. El sentimiento regionalista impidió que se impusieran los esfuerzos por construir un Estado español unitario y poderoso en los siglos XVI y XIX. Hoy, el separatismo que representan ETA y sus seguidores es una amenaza seria a la España actual.

Hasta cierto punto, la fuerza del sentimiento regionalista español es una manifestación de la tendencia mediterránea hacia lo subjetivo. Los europeos meridionales, más que los nórdicos, prefieren a sus más allegados, ya lo estén física o socialmente, sin tomar en cuenta sus méritos. Por esta razón es tan importante el contacto personal en los negocios y también por ella la corrupción es corriente bajo la forma del favoritismo aplicado a amigos y parientes. Creo que otro tanto ocurre con los lugares. Tradicionalmente, el mayor afecto está reservado a la ciudad o el pueblo natal, que los españoles llaman «patria chica», una expresión de gran valor afectivo. Después está la región y, por último, el Estado. Muchos otros factores –geográficos, históricos y culturales– se sumaron para dividir a los españoles entre sí y para originar en muchos de ellos la convicción de que su tierra está primero y el Estado después y, en casos extremos, para hacerles pensar que al segundo no hay por qué otorgarle un espacio.

Al menos según los puntos de referencia europeos, España es un país grande. Si se deja a un lado a Rusia, el único país europeo mayor que España es Francia. El territorio español es casi un cincuenta por ciento más extenso que el de Alemania y con sus algo más de 500.000 km^2, duplica la superficie de Italia y cuadruplica la de Inglaterra. No obstante, a lo largo de su historia, la población española no fue muy numerosa. En consecuencia ha sido, y es, un país de núcleos de población dispersos. Desde épocas antiguas, el aislamiento de esos centros fue mayor por la escasez de ríos navegables y por la pobreza que les tocó soportar; más tarde, las comunicaciones por carretera y las ferroviarias se desarrollaron con gran lentitud. Por ejemplo, en una fecha tan cercana como la de 1974 se inauguró el puente aéreo Madrid-Barcelona, que une en pocos minutos las dos ciudades más grandes el país. Hasta fines de los años setenta, no se construyó el tramo de autopista que asegura la disminución de las nueve horas de conducción sin descanso que antes llevaba ese viaje.

La meseta, de la que se pensaría que acerca las diversas comarcas, tuvo un efecto contrario. Aparte de ser un obstáculo temible para las comunicaciones entre los pueblos que están en su periferia, tiene una sucesión de cadenas de montañas, «esa murallas que van de este a oeste, que surcan España y dividen a sus gentes en razas distintas», como ha dicho Laurie Lee.

La geografía de España no favoreció la unidad, tal vez, pero no la hizo impensable. Los suelos de Francia son también muy variados y su extensión ligeramente superior, pero el suyo es un pueblo de gran homogeneidad. El curso de la historia española fue lo que aseguró la división.

Como la mayor parte de las costas mediterráneas, las de la península ibérica recibieron la visita de los fenicios, la colonización por obra de los griegos y la ocupación romana. Cuando declinaba el poder de Roma, tribus provenientes del norte y del este continentales invadieron la península, a la vez que la mayor parte del resto de Europa. A principios del siglo V, tres pueblos germanos, alanos, vándalos y suevos, atravesaron los Pirineos. Los alanos desaparecerían cuando los visigodos, un pueblo cristiano que mantenía una alianza no muy estrecha con Roma y que había creado un reino cuya capital fue Toulouse, invadieron la península para tratar de reincorporarla al Imperio. Los vándalos siguieron su marcha hacia el norte de Africa. Quedaban, pues, sólo los suevos que a mediados del siglo V estaban a punto de apoderarse de toda la península, cuando se produjo una nueva invasión de los visigodos quienes, esa vez, llegaban decididos a establecerse. Poco después de llegar a la península, perdían la mayor parte de las tierras que tenían al otro lado de los Pirineos, y desde entonces su reino se desarrolló en tierras ibéricas sobre todo.

La implantación del dominio visigodo en Iberia llevó más de un siglo. Los soberanos sucesivos tuvieron que luchar con los suevos, que se habían retirado al noroeste, y también con un ejército bizantino que, a cambio de la ayuda prestada a un visigodo pretendiente del trono, se adueñaron de una amplia extensión de tierras en el sureste. Por fin, en el año 585, llegó la derrota de los suevos, y el último reducto bizantino quedó anexionado en el 624. Los reyes visigodos tuvieron que hacer frente a las revueltas de los nativos, en especial los vascos, pero otro tanto ya les había sucedido a los romanos. En cualquier caso, la Iberia visigoda estuvo más unida que otros incipientes reinos europeos, nacidos después de la caída del Imperio Romano. Los visigodos y la mayor parte de sus súbditos eran cristianos y hablaban una lengua derivada del latín. Además, a mediados del siglo VII, los reyes visigodos impusieron a los pueblos que gobernaban un conjunto de leyes comunes a todos.

Sin duda, el dominio visigodo no podía durar para siempre pero –como no fuera un rayo que cayera de un cielo despejado, como el que le puso fin– no hubo motivos para que los reyes godos no hubieran podido gobernar unos siglos más. Después de su desaparición, tal vez la península podría haberse mantenido como una entidad política unitaria, como ocurrió con Francia. En último caso, los visigodos podrían haber legado a sus sucesores un país que venía desarrollando un idioma y una forma de vida comunes, de modo que si se hubiera desintegrado en estados minúsculos –como ocurrió en Germania y la península itálica–, sin embargo se hubiera conservado un robusto sentido de identidad nacional.

Sin embargo, Iberia no iba a seguir el mismo camino que las demás grandes unidades geopolíticas europeas. Su destino se decidía, a orillas del Mar Rojo, a unos 5.000 kilómetros de distancia; allí, convencido de ser el mensajero de Dios, un hombre predicaba la doctrina de la Guerra Santa. Tras la muerte de Mahoma, sus partidarios partieron de Arabia (632) en todas direcciones y, hacia fines del siglo VII, sus descendientes habían conquistado todo el norte de Africa. La primera incursión musulmana en Iberia data del año 710: un pequeño grupo de reconocimiento desembarcó en el extremo sur de la península. Al año siguiente, un antiguo esclavo, el beréber llamado Tariq ibn-Ziyad, desembarcó con un ejército de 7.000 hombres no lejos de la enorme roca que domina la entrada del Mediterráneo; los musulmanes llamaban Jabal Tariq, o Monte Tariq a ese peñón y, con el tiempo, las torpes lenguas cristianas modificarían el nombre árabe, hasta convertirlo en Gibraltar. La pequeña tropa de Tariq necesitó sólo dos años para someter las tierras de lo que hoy llamamos España y Portugal. Pero después de atravesar los Pirineos y llegar hasta el propio corazón de Francia, donde sufrieron la derrota a manos de los francos, los musulmanes se retiraron a la península y se instalaron en la parte sur, sobre unos tres cuartos del territorio. La mayoría de los habitantes autóctonos quedó bajo el dominio musulmán, pero algunos huyeron a través de los Pirineos o se refugiaron en las sierras y montañas que se extienden por el extremo superior de la península, desde Galicia a Cataluña.

La invasión musulmana rompió la unidad precaria que habían impuesto los visigodos. Los cristianos no se unieron para el contraataque, sino que formaron minúsculos estados, que pronto adquirieron tradiciones diferenciadas. El primero en reaccionar fue el que formaron los nobles visigodos refugiados en las montañas de Asturias. Con el apoyo esporádico de algunos vascos, los reyes de Asturias extendieron su dominio, por el oeste en dirección a Galicia, y hacia el sur, hasta que en el siglo X establecieron su capital en la meseta de León. Ese reino asturiano-leonés creó los condados de Castilla y Portugal, que más tarde se convertirían en reinos. En Navarra los vascos crearon otro pequeño estado. Por el lado este, aunque siempre al pie de los Pirineos, se establecieron varios condados poco extensos, de los cuales Aragón llegaría a ser el más poderoso y no tardaría en ufanarse de tener reyes propios. Por último, sobre la costa mediterránea, un ejército compuesto, en su mayor parte, por los descendientes de los hombres y las mujeres que habían atravesado los Pirineos en su huida se abrió paso luchando; una vez en Cataluña, comenzaron a formar otro conjunto de condados.

La llegada de los musulmanes también puso fin a las esperanzas de una unificación lingüística. Separados unos de otros en las montañas del norte, los descendientes de los refugiados de habla latina, que habían huido frente al ejército conquistador de Tariq, tuvieron que mantener con los idiomas de los pueblos aborígenes un contacto mucho más estrecho que el necesario en otras condiciones; así se originaron no menos de cinco lenguas nuevas: el gallego, el bable (en Asturias), el castellano, el aragonés y el catalán. En el sur, entre los cristianos que vivían bajo el dominio musulmán, surgió otra lengua, el mozárabe. Con la excepción de esta última, todas esas lenguas sobrevivieron hasta el presente, si bien en la actualidad sólo hablan el bable y el aragonés un reducido número de personas, en áreas rurales apartadas. Todas estas lenguas, unidas al vasco y a reliquias lingüísticas tan extrañas como el aranés (una variedad del provenzal gascón hablado en el valle de Arán, al norte de Cataluña), constituyen una rica herencia y una fuente de conflictos continuos. En la actualidad, 9 de los 35 millones de habitantes de España, hablan una lengua vernácula además del idioma oficial del Estado, o en lugar de él.

Es evidente que, salvo uno, los estados cristianos primitivos nacieron en las montañas; y las regiones montañosas–Suiza es un buen ejemplo– suelen favorecer el desarrollo de los sistemas representativos de gobierno, en una etapa temprana de su historia. Los pueblos montañeses del norte y del noroeste de Iberia no fueron la excepción. Al avanzar hacia el sur, en compañía de los descendientes de aquellos refugiados que habían huido de la invasión musulmana, se llevaron sus instituciones y costumbres, aunque bajo formas cada vez más diluidas. En el noreste, el sistema político y social estaba muy cerca del modelo feudal en vías de desarrollo en otros puntos de Europa. Pero aun así, ciertos sectores de la sociedad catalana pudieron obtener de sus gobernantes libertades políticas, a cambio de contribuciones financieras o de ayuda militar. Por tanto, durante la mayor parte de la Edad Media los habitantes de la Península Ibérica tuvieron más libertad personal y asumieron mayores responsabilidades individuales que sus contemporáneos de otras regiones europeas. Así que es lógico que muchos españoles piensen hoy que la época medieval, en que los estados regionales alcanzaron la culminación de su poder, no era tanto una etapa de desunión como una etapa de libertad e igualdad.

La Reconquista no fue un proceso continuo ni coordinado. Los diminutos estados cristianos dedicaban a pelear entre sí tanto tiempo como a luchar contra los musulmanes. Algunos reyes de mayor visión intentaron, y a veces la consiguieron, la unificación de dos o más reinos, mediante tratados o conquistas, pero con frecuencia los intereses de sus propios subordinados les hacían ver la conveniencia de establecer una nueva división territorial en sus testamentos. En realidad, el proceso que llevó a los diferentes reinos a convertirse en un solo Estado se prolongó más allá de la Reconquista. En 1137 el condado de Barcelona –que por entonces ya había absorbido a la mayoría de los restantes miniestados catalanes– se unió por vía de matrimonio con el reino de Aragón. Tras la unión, catalanes y aragoneses conquistaron Valencia y las Islas Baleares en el siglo XIII. Castilla, que estaba reconquistando una amplia zona de Andalucía y León que se adueñó de Asturias, Galicia y Extremadura se unificaron en 1230, tras haberse unido y separado dos veces a lo largo de los cien años precedentes. La conquista y colonización de Murcia, a fines del siglo XIII, fue un empeño conjunto de la Corona de Castilla (nombre que se dio al reino formado por Castilla y León) y de la Corona de Aragón (nombre del reino formado por la federación de Aragón y Cataluña). En tanto, los navarros –cuyo rey más importante, Sancho III estuvo a punto de conseguir la unificación de los reinos cristianos, más que cualquier otro de los señores medievales hispanos– miraban hacia el norte desde varios siglos antes. En sus momentos de máxima expansión, Navarra se apoderó de vastos territorios en lo que hoy es Francia, y sus soberanos contrajeron matrimonio con las hijas de diversas familias francesas regias o nobles, hasta tal punto que estuvo a un paso de quedar incorporada a Francia.

A su vez, los miembros de las casas de los tres reinos restantes –Portugal, Castilla y Aragón– se habían unido entre sí tantas veces por lazos matrimoniales que, inevitablemente, más tarde o más temprano, dos de estos Estados tendrían que unificarse por vía de herencia. Por cierto que eso sucedió más tarde que temprano: en 1474, cuando el muy poco eficaz Enrique IV de Castilla murió sin herederos, se produjo la ocasión. Las dos pretendientes al trono eran Isabel, su media hermana, y Juana, que afirmaba ser su hija, aunque para sus enemigos había nacido de la relación ilegítima entre la mujer de Enrique y un cortesano. Pero lo esencial era que Juana estaba casada con Alfonso V de Portugal y el marido de Isabel era Fernando, heredero del trono de Aragón. Según cuál de las dos llegara al trono, se produciría una alianza entre Castilla y Portugal o entre Castilla y Aragón. Tuvo que mediar una guerra para resolver el asunto. Pero en 1479 –año en que Fernando ocupó el trono de Aragón–, las tropas de Isabel ya habían derrotado a Juana. En términos técnicos, Castilla y Aragón continuaron siendo reinos separados. Fernando e Isabel acordaron que cada uno reinaría como exclusivo soberano en sus tierras y sería tan sólo príncipe consorte en el reino del otro. Pero en la práctica Isabel se ocupaba de los asuntos internos de ambos dominios, mientras Fernando atendía las relaciones exteriores.

Una de las iniciativas conjuntas más famosas de Isabel y Fernando fue la campaña de diez años que, en 1492, culminó con la rendición del reino de Granada, último baluarte musulmán en la península. La caída de Granada puso fin a la Reconquista, que se había prolongado casi 800 años y tuvo una influencia profunda en el carácter tanto de españoles como de portugueses. Es verdad que –como lo ha señalado más de un historiador– el hecho de que la reconquista de Portugal se produjera más de 200 años antes que la española determinó que los árabes dejaran en los españoles una huella más profunda que en los portugueses. La herencia de casi ocho siglos de conquista y colonización es visible en muchos aspectos de la vida española; por ejemplo, en la aceptación poco menos que indiferente de la violencia y la sangre, y los dos aspectos más contradictorios del carácter español: su inmenso respeto por los jefes enérgicos y la fe inconmovible en el criterio y la habilidad personales. También dio lugar, sospecho, a un rasgo característico de otras sociedades fronterizas, como las de América del Norte y Africa del Sur: el amor desmedido por la tierra conquistada y colonizada.

La gradual dispersión de los pueblos cristianos en la península facilitó la correspondiente difusión de las lenguas romance nacidas en las regiones montañosas del norte. Unas prosperaron más que otras. En el oeste, el gallego había dado vida al portugués. En el este, el catalán se extendió a las Islas Baleares y a buena parte de Valencia. Pero el castellano fue imponiéndose a todos, hasta el extremo de que llegaría a conocerse en la mayor parte del resto del mundo como el idioma «español». Los españoles que hablan alguna de las otras lenguas peninsulares suelen pensar que el castellano predominó por la fuerza, por vía de la conquista en la época medieval, y a través de la represión y la coerción en tiempos recientes. Esto es verdad sólo en parte. Un motivo muy importante para que se expandiera es su índole de excelente medio de comunicación que, en cuanto se relaciona con otro idioma, es adoptado ni más ni menos que por sus méritos. En el centro del país entró en el reino de León, por el oeste, y en Aragón, por el este; así fue como desplazó al bable y al aragonés, respectivamente, mucho antes de que Castilla tuviera alguna fuerza política en cualquiera de ambos reinos. Su peculiaridad lingüística también le permitió afirmarse en el País Vasco antes de que alguien quisiera obligar a los vascos a abandonar su lengua madre; es verdad que la fuerza de las armas le permitió difundirse en Andalucía. Pero es significativo que, en Murcia, cuando el castellano se encontró de frente con el catalán, después de la campaña en la que intervinieron tanto castellanos como catalanes, fuera el castellano –aunque mezclado aquí y allí con palabras y expresiones catalanas– la lengua que se impuso en la región.

En 1504, los episodios que siguieron a la muerte de Isabel descubrieron la debilidad de la alianza entre Castilla y Aragón. De una parte, la reina había incluido en su testamento un codicilo por el que prohibía a los aragoneses y a sus confederados catalanes y valencianos el comercio con el Nuevo Mundo, descubierto por Colón el mismo año en que los españoles cristianos conquistaron Granada. Juan, único hijo de Isabel, y más tarde el hijo póstumo del príncipe, y nieto de la soberana, habían muerto antes que ella; así que la corona de Castilla pasó a la hija de Isabel, otra Juana que, considerada incapaz de gobernar, tuvo que dejar el poder en manos de un regente. Fernando, tras un segundo matrimonio, se había instalado en Italia y el gobierno quedó en manos del marido de Juana. En 1506, la inesperada muerte de Felipe el Hermoso llevó otra vez a Fernando, en calidad de regente, a ocuparse de los asuntos de Castilla. En esta etapa, consiguió la incorporación de la mayor parte del tercero de los reinos peninsulares medievales, Navarra, en 1512.

Fernando murió dos años más tarde. Aunque fue Isabel quien tuvo conciencia de la importancia de la unificación de la península, fue Fernando quien más hizo para concretarla. Como era de esperar, legó su propio reino de Aragón a Carlos, hijo de Juana. En lugar de seguir los pasos de su padre y su abuelo y convertirse en regente de Castilla, Carlos se empeñó en reinar.

La tradición dice que 1516, el año de su acceso al trono, señala la unificación de España. Pero esto se ve así al cabo de los siglos. La meta siempre había sido la reunificación de toda la península ibérica, un resultado que se alcanzaría en 1580, cuando Felipe II, hijo de Carlos, anexionó Portugal, tras la muerte de su rey en una absurda expedición al norte de África y porque el soberano portugués no dejaba heredero. Sin embargo, después de esto el proceso de unificación sufrió un revés, como tantas veces había ocurrido antes. En esta ocasión no fue a causa de un testamento sino de una guerra. En 1640 los catalanes y los portugueses, que habían soportado a disgusto el centralismo impasible de Castilla, se sublevaron contra Madrid. En 1659 sobrevino la derrota de los catalanes, pero los portugueses se mantuvieron como una nación separada, bajo el mando de una nueva dinastía, hasta que en 1665 consolidaron su independencia, después de derrotar a los españoles en la batalla de Montes Claros.

España y Portugal jamás volverían a unirse, aunque el sueño de la unidad en una confederación flexible iba a persistir hasta este siglo. Fue un hecho casual que los seis estados del norte de la península se configuraran en dos naciones, una de ellas constituida por cinco de ellos y la otra por el restante. Si una u otra batalla hubiese arrojado un resultado distinto, si un heredero u otro no hubiese muerto en la infancia, si una madre u otra no hubiese dejado la vida en el parto, la división podría haber sido bien distinta. En contra de lo que afirman los más fervorosos centralistas españoles, no hay nada de «sagrado» en la unidad de España, porque no había nada preestablecido en cuanto a su forma.

Los reyes de las casas de Habsburgo y de Borbón, que rigieron en España desde principios del siglo XVI hasta fines del siglo XIX, sabían que su reino era un conglomerado circunstancial de estados independientes en otros tiempos. Sin embargo, esto no significó que se sintieron contentos con su situación, en la que varias regiones tenían facultades políticas y privilegios económicos que ponían un límite serio al poder del gobierno central, y hacían casi imposible la construcción de un estado moderno.

La elección de Madrid como capital fue una respuesta a este problema. Hasta mediados del siglo XVI, la corte española se había mudado de un lugar a otro. Pero en 1561, Felipe II decidió que la maquinaria gubernamental tenía que estar asentada en un solo sitio. Con el interés de no dar más fuerza ni jerarquía a una sola región, pensó que debía instalar su corte en el centro geográfico de la península. Madrid casi carece de ventajas naturales, no tiene puerto ni está a orillas de un lago ni en la confluencia de dos ríos. La razón por la cual hubo hombres que se asentaron allí es su altitud, que permite dominar la llanura circundante. Durante la Edad Media, la importancia militar de esa elevación determinó que Madrid fuese una plaza valiosa tanto para moros como para cristianos. Pero tras la Reconquista, sin duda se habría convertido en un lugar insignificante, de no ser por la iniciativa de Felipe II. Como Bonn y Brasilia, Madrid es una ciudad «artificial» y no «orgánica»; por eso mismo nunca ha ocupado un lugar importante en el afecto de la nación.

El cambio de dinastía de los Habsburgo a los Borbones se vio envuelto en una guerra prolongada y sangrienta, librada entre 1702 y 1713, durante la cual las regiones tradicionales de España se dividieron, una vez más, en bandos antagónicos y cada uno apoyó a uno de los pretendientes rivales. También señaló una modificación en la actitud de la corona frente a sus súbditos más rebeldes. Aunque Felipe II de Habsburgo se abstuvo de tomar represalias contra los catalanes después de la sublevación de 1640, Felipe V de Borbón, vencedor de la Guerra de Sucesión en definitiva, castigó a los catalanes, los aragoneses y los valencianos que habían apoyado a su antagonista, anuló sus leyes e instituciones, y así fue como se creó en la región de habla catalana de España una corriente subterránea de descontento que ha perdurado hasta hoy.

La reacción de los españoles ante la ocupación francesa en 1808 dio a conocer algo que los extranjeros, e incluso muchos españoles, entienden con dificultad: para la mayoría de los españoles el amor a la patria y una forma de regionalismo o nacionalismo cercana al separatismo no se excluyen mutuamente. En la que se denominó Guerra de la Independencia, gallegos, vascos, castellanos, aragoneses, catalanes y andaluces se volvieron contra el invasor con una ferocidad demostrativa de que, por muy distintos que se sintieran unos de otros, se consideraban más diferentes aún de los extranjeros. No obstante, lo hicieron de una manera muy independiente. El vacío que dejó el derrocamiento del rey no quedaría ocupado por un gobierno central provisorio, opuesto al mando de los franceses, sino por innúmeras juntas locales, que en su mayoría contaban con sus propios y minúsculos ejércitos.

La breve ocupación francesa difundió en la burguesía española, sector social bastante reducido, una serie de ideas sobre el gobierno consideradas por entonces progresistas. Como hemos visto ya, una de ellas fue que el monarca debía ceñirse a una constitución. Otra, que un estado moderno debía ser igual para todos, pues no podía tolerar derechos y privilegios feudales. En consecuencia, la causa del centralismo en la España del siglo XIX quedó en manos de los burgueses defensores de una constitución –los liberales–, y la defensa de la tradición legislativa local permaneció en manos de los partidarios del absolutismo, la mayoría de los cuales pertenecía a los sectores más reaccionarios de la aristocracia y el campesinado. Por desgracia para España, una disputa acerca de la sucesión permitió que estos dos grupos antagónicos se identificasen con pretendientes que rivalizaban por el trono. En el siglo pasado, por dos veces los ultrarreaccionarios pretendientes carlistas entablaron guerras inútiles para ellos, pero muy perjudiciales para una monarquía que, aunque no tuviera instinto progresista, se veía obligada a buscar el apoyo de los liberales. La causa carlista atraía en especial a los labriegos vascos, piadosos, reaccionarios y de ardiente espíritu de independencia. En el decenio de 1870, cuando se produjo la derrota final del carlismo, el gobierno central castigó a los vascos –incluido un amplio sector de la comunidad que se había mantenido fiel al gobierno central– con la abolición de los derechos y privilegios que les pertenecían por tradición.

Así fue como en el último cuarto del siglo XIX, el gobierno central había suscitado el apartamiento de Cataluña y el País Vasco, precisamente las regiones en que existían o estaban a punto de florecer las condiciones que habrían promovido el crecimiento de un nacionalismo moderno. En primer término, vascos y catalanes tenían una lengua y una cultura propias, factor que bastó para estimular el desarrollo de un eficaz movimiento nacionalista gallego. En segundo lugar, fueron las dos primeras regiones industrializadas en España y, por tanto, las primeras en contar con una importante clase media, del tipo de la que, en todas partes del mundo, siempre fue propensa a dar su apoyo a las aspiraciones nacionalistas. En la clase media vasca y catalana una inclinación visceral hacia los valores tradicionales se sumó a un sentimiento de superioridad respecto de los odiados castellanos. Esa actitud manaba en particular de la idea, más o menos razonable, de que Madrid no podía comprender los problemas de las sociedades industriales avanzadas como las de ellos. Pero también fue, en parte, el resultado del anhelo instintivo de separarse de la decadencia española puesto de manifiesto por la derrota de 1898.

Es lamentable para Madrid que tanto vascos como catalanes estén sobre los dos caminos principales que conducen a Francia, y que en ambas regiones haya personas de su propio grupo que viven más allá de la frontera. Los vascos y los catalanes españoles rebeldes nunca tuvieron dificultad para encontrar refugio ni abastecimientos, en especial cuando a París le parecía oportuno cerrar los ojos ante las actividades de vascos y catalanes como un medio de mantener ocupado al gobierno español y de agotar sus recursos.

La derrota del carlismo puso fin a la posibilidad de que las aspiraciones regionales llegaran a satisfacerse con la entronización de un monarca absoluto. Desde entonces, las mayores esperanzas de vascos y catalanes estuvieron puestas en que los enemigos de la monarquía *liberal*, situados en el extremo político opuesto a ella, la derrocaran. Los radicales españoles ya habían mostrado cierto interés por el federalismo, que ocupó un primer plano cuando gobernaron el país –menos de un año– en la época de la Primera República (1873-1874). En 1931, cuando se produjo la nueva derrota de la monarquía, la presión por lograr un gobierno propio fue enorme. Los catalanes obtuvieron su estatuto de autonomía en 1932, y los vascos y los gallegos estaban a punto de conseguir una forma limitada de gobierno propio en 1936, cuando estalló la Guerra Civil.

Aunque el general Franco y sus seguidores se definían como nacionalistas, en realidad hablaban de un nacionalismo español, opuesto por completo al nacionalismo regionalista, en el que veían una de las principales razones del desorden que había acosado a la Segunda República. En los primeros años del franquismo, no sólo se prohibió la enseñanza de las lenguas vernáculas, sino que además se hicieron esfuerzos serios para impedir que se hablaran. No se permitía su uso en las oficinas públicas ni en las celebraciones oficiales. Hasta se pegaron carteles en las cabinas telefónicas advirtiendo a quienes llamaban que debían emplear el castellano o –según la expresión del régimen– «hablar en cristiano». La prohibición de publicar libros en las lenguas locales no duró mucho, pero otra análoga, en la prensa, la radio y la televisión, continuó vigente hasta el día en que murió Franco.

Y es que la intransigencia del centralismo de Franco fue tan grande que logró crear grupos nacionalistas regionales hasta en regiones como Extremadura y Murcia, donde nadie antes se había cuestionado su españolidad. Resulta irónico, aunque no es sorprendente, que fuera el nacionalismo regional en su versión más radical y violenta el que garantizara que el estilo de gobierno franquista no sobreviviese al dictador: en 1972, el almirante Carrero Blanco, primer ministro y sucesor electo, voló en pedazos por obra de los terroristas nacidos en la minoría que, entre todas, mostraba el más fiero de los sentimientos de independencia: los vascos.

27

Los vascos

La diferencia más evidente entre los vascos y sus vecinos franceses y españoles es su lengua, llamada por ellos *euskera o euskara*, según el dialecto que hablen. Aun cuando, con el correr de los años, adoptó palabras aisladas francesas y castellanas, su vocabulario básico y su estructura no se parecen en nada a los de ninguno de esos idiomas.

En vasco, la frase «la mesa está puesta, puedes traer la comida», tomada al azar de un libro de texto, se dice así: *Mahaia gertu dago. Ekar dezakezue bazkaria.* La sintaxis también es exótica. El artículo determinado «el» no es una palabra independiente sino un sufijo. Los nombres adjetivados con un numeral se usan en singular. Los verbos auxiliares concuerdan con el número del objeto y también con el del sujeto y lo que, por analogía, llamaríamos preposiciones en vasco son sufijos y prefijos, variables cuando la palabra a la que van unidos denota un elemento animado o inanimado. Quizá debamos perdonar al autor de la primera gramática vasca, que puso a su obra el título de *Lo imposible superado.*

En general, siempre se dio por sentado que el vasco era una lengua muy antigua. En la Edad Media, cuando se creía que los diversos idiomas de la tierra habían surgido de la intervención divina en la Torre de Babel, algunos estudiosos argumentaron que Tubal, nieto de Noé, había llevado a Iberia la lengua vasca que, en tiempos remotos, debía de haberse hablado en toda la península. Incluso mucho después de que comenzara a discutirse en toda Europa la teoría bíblica del origen de los distintos idiomas, en el propio país vasco se defendió con obstinación esa tesis, en especial porque la Iglesia ejercía una autoridad enorme allí. Algunos autores vascos afirmaron, incluso, que la suya era la lengua europea –y aun mundial– primigenia. No hay dudas acerca de que el vasco se hablara, en tiempos, en un área mucho más extensa que la actual, incluidos los Pirineos en su totalidad, casi con certeza, ya que sabemos que se empleó en zonas de Aragón y Cataluña en la Edad Media. Pero no parece que haya sido la lengua de toda Iberia y, menos aún, de Europa o del mundo.

Sin embargo, la investigación moderna ha demostrado que es una lengua extremadamente antigua. Hacia fines del siglo XIX, los filólogos hicieron un descubrimiento que se convirtió en la moderna piedra de toque de su disciplina: un buen número de lenguas europeas y asiáticas –a las que se llamó indoeuropeas– tienen un tronco común. En el curso del siglo XIX, el vasco se resistió a todos los intentos de incluirlo en la familia indoeuropea y hoy, al cabo del tiempo, los filólogos aceptan que el vasco precede a las migraciones que llegaron de Oriente hace unos 3.000 años, trayendo consigo las lenguas indoeuropeas. Pero también hay indicios de que su antigüedad puede ser mayor. Por ejemplo, se señala que palabras como *aitzkor* (hacha) y *aitzur* (azada) provienen de *aitz* (piedra) y datan de los tiempos de las herramientas de piedra.

La investigación reciente concentró sus esfuerzos en la búsqueda de un nexo entre el vasco y otras lenguas preindoeuropeas, como algunas de las caucásicas o las que hablan los beréberes del norte de Africa. Para ese estudio, se aplicó un método ideado por el lingüista norteamericano Morris Swadesh: se compara un texto de un centenar de palabras de una lengua con un segundo, de igual extensión, de otro idioma; el objetivo es determinar el porcentaje de palabras similares; un 5 por ciento se considera simple casualidad. Pero se descubrió una coincidencia del 7 por ciento entre el vasco y dos de las tres lenguas caucásicas, el georgiano y el circasiano, y del 10 por ciento entre el vasco y ciertas lenguas beréberes, lo que sugiere que bien podría haber entre todas ellas un vínculo distante.

Mientras los lingüistas estudiaban con empeño la singularidad del idioma de los vascos, médicos y científicos descubrían otras peculiaridades menos evidentes. Para comprenderlas es necesario realizar una breve visita al mundo de la serología, la ciencia de la sangre.

En ciertos casos, al ponerse en contacto con la de otra persona, una muestra de sangre se coagula, porque al menos la sangre de una de esas personas tiene lo que se llama un antígeno. Hay dos tipos de antígenos, el A y el B. Cuando ambos están presentes, las personas tienen el tipo sanguíneo A/B. Cuando hay un solo antígeno en la sangre, el tipo sanguíneo es A o B. Pero existe un tercer tipo, el 0, en el que no hay antígenos. Por dos razones los antropólogos otorgan importancia a este hecho. Primero, los antígenos son hereditarios: nadie puede tener el A o el B en su sangre sin que al menos uno de sus padres lo tenga en la suya. Segundo, la proporción de cada tipo sanguíneo en la población presenta variaciones significativas según el lugar. Cuando se recorre Europa de este a oeste, el porcentaje del tipo A aumenta y disminuye el de B. Entre los vascos se mantiene este esquema, aunque exageradamente. El porcentaje del tipo A es aún más alto y la proporción del B, aún menor de lo que se podría esperar en un pueblo incluso asentado sobre la costa atlántica.

En 1939, un científico norteamericano abría nuevos campos de investigación al descubrir en la sangre de un mono, el *Macacus Rhesus*, un elemento también presente en la de algunos seres humanos. Según fueran o no portadores de tal sustancia, se dividió en adelante a los tipos sanguíneos humanos en Rhesus positivo (Rh+) y Rhesus negativo (Rh–). Se comprobó que en Europa predomina el Rh–, que oscila entre el 12 y el 16 por ciento. La importancia del asunto para los vascos no fue un descubrimiento de investigadores del País Vasco, sino de un médico general que trabajaba en Argentina, a miles de kilómetros de distancia, interesado en un tema bien distinto: la eritroblastosis, una enfermedad a menudo fatal que afecta a los niños recién nacidos cuya sangre es incompatible con la de sus madres. En la mayoría de los casos, el problema se genera porque la madre no tiene el elemento rhesus y el hijo di lo tiene, recibido de su padre. Ese médico, el doctor Miguel Angel Etcheverry, observó que una proporción muy alta de esas infortunadas madres eran, como él mismo, de ascendencia vasca. Para probar si sus sospechas eran fundadas, tomó muestras de sangre de 128 argentinos con abuelos vascos, y descubrió que un tercio bien cumplido de esas muestras presentaban el factor Rh–. En 1945, publicadas las comprobaciones de Etcheverry, una serie de estudios hechos en el País Vasco español dio cifras superiores al 30 por ciento, y uno de ellos, llevado a cabo en el País Vasco francés, comprobó que el 42 por ciento de la población no era portadora del factor Rh, es decir, que se trataba de la proporción más alta registrada en cualquier región del mundo. De modo que, en cuanto a grupo sanguíneo, los vascos se definían como excepcionalmente «europeos», por el predominio del Rh–, y muy «occidentales», por sus antígenos.

A través de la historia, los vascos tuvieron, entre sus vecinos, la fama de ser más corpulentos y fuertes. Una gran cantidad de mediciones de talla y peso, que en especial en los primeros años de este siglo registraron los antropólogos, demostró que era así. Se descubrió que la talla media de los vascos era 2-3 cm mayor que la media de Francia y de España y que, aunque en general su musculatura era más fuerte, sus extremidades –sobre todo manos y pies– a menudo eran muy finas. También comprobaron los antropólogos que el tipo vasco presentaba una cabeza piramidal, ancha en la parte superior y estrecha en la inferior, con una frente alta, nariz recta y un ensanchamiento característico en las sienes.

En sí mismos, estos datos no probaban nada. Sin embargo, cuando se sumaron a los descubrimientos arqueológicos de esa misma época, adquirieron gran interés. Tras la Primera Guerra Mundial, los investigadores vascos Telésforo de Aranzadi y José Miguel de Barandiarán, habían empezado a excavar varios dólmenes fechados hacia el 2000 a. C., es decir, la época de las invasiones indoeuropeas. De los huesos encontrados en esos yacimientos, dedujeron que el pueblo asentado allí en aquellos tiempos tenía las mismas características que los vascos de hoy. Pero hubo otro descubrimiento más interesante y discutible: a mediados de los años treinta, ambos investigadores encontraron en una cueva cerca de Itziar, en Guipúzcoa, un cráneo que fecharon a fines de la Edad de Piedra –hacia el 10.000 a.C.–, en el que reconocieron varios de los rasgos vascos típicos, cosa que para ellos sugería que los vascos actuales podrían descender, en línea directa, del hombre de Cromagnon.

Desde entonces, muchas dudas se proyectan sobre la interpretación de esos descubrimientos, pero el hecho de que en el folclore vasco no exista ni una sola leyenda del tipo migratorio, sumado a los datos lingüísticos y serológicos, parece sugerir que este pueblo vivió donde hoy lo hace desde la Edad de Piedra. Bien protegidos en una tierra de montañas abruptas y valles cubiertos, en su mayoría, por bosques espesos, al parecer mantuvieron un contacto muy escaso con los pueblos llegados a Europa dos mil años antes de Cristo, que traían sus lenguas indoeuropeas y una distribución de grupos sanguíneos caracterizada por el alto porcentajes del tipo B y el Rh+. Tiempo después, aislados de los grupos vecinos por su lengua y también por la orografía, los vascos adoptaron una actitud de rechazo de las influencias exteriores –en especial, ante el dominio de los forasteros–, distintiva en toda su historia.

Los vascos entran en la historia con la llegada de los romanos. Los autores latinos observaron que había cuatro tribus en el actual País Vasco español: vascones, várdulos, caristios y autrigones. Es interesante señalar que los límites de las zonas en que se hablan los diversos dialectos vascos en uso coinciden, aproximadamente, con las áreas ocupadas por cada una de esas tribus. El navarro se habló o se habla en la región en que se asentaron los vascones; el guipuzcoano, en la de los várdulos; el vizcaíno, en la de los caristios y fuera de Navarra, la zona en la que el vasco dejó de hablarse hace ya mucho fue, en tiempos, el país de los autrigones.

En el siglo XVII, se formuló la teoría de que los vascones eran los únicos vascos genuinos y, que habrían impuesto su cultura a los demás pueblos en la etapa posterior a la ocupación romana de Iberia. La teoría tuvo una aceptación tan amplia que Vizcaya, Guipúzcoa y Alava pasaron a denominarse Provincias Vascongadas. Tiempo después se rebatió esa teoría, pero aún se encuentra la denominación en algunos periódicos de corte conservador como *ABC*.

Uno de los mitos más perdurables referidos a los vascos es el de que jamás se sometieron al dominio romano. Aún hoy, hay españoles que aseguran que el motivo de que los vascos tengan tan fiera actitud independiente es que nunca se vieron obligados a paladear la disciplina romana. Es verdad que los romanos tuvieron que enfrentarse a reiterados motines en el País Vasco, pero su control de la región les permitió construir caminos y pueblos y explotar algunas minas de hierro, incluso. Además, los adivinos vascos se hicieron famosos en todo el Imperio.

La desaparición del dominio romano señala la última vez en que los vascos, en su conjunto, se vieron sometidos a un mismo gobierno, aunque eso no quiere decir que, a uno y otro lado de los Pirineos, este pueblo constituyera una unidad antes del dominio romano o durante él. Cuando las legiones se marcharon, los sucesores «bárbaros» de los romanos procuraron imponer su mando en la comarca; los francos lucharon para apoderarse de una zona que corresponde, en términos amplios, al actual País Vasco francés y a la Navarra septentrional; por su parte, los visigodos intentaron gobernar las tierras de Guipúzcoa, Vizcaya y Alava. Ni unos ni otros lo consiguieron totalmente.

A principios del siglo VII, los francos establecieron el dependiente ducado de Vasconia, que en determinada época se extendería desde el Garona hasta el Ebro. El ducado se hundió en una sucesión de sediciones violentas hasta que, en el año 788, el ejército franco que volvía derrotado por los musulmanes cayó en una emboscada, tendida por los vascos en Roncesvalles. La batalla que allí se libró está inmortalizada en la *Chanson de Roland*, aunque el poeta habla de atacantes moros, no de vascos. Poco después de Roncesvalles, los vascos del sur del ducado declaraban su independencia. El Estado que fundaron no controlaba al principio más que una pequeña región en torno a Pamplona, pero iba a convertirse en el reino de Navarra. Tiempo después, se expandió hasta abarcar gran parte del País Vasco francés y un área considerable situada al sur de Pamplona, que no tenía lengua ni costumbres vascas.

Entre tanto, los visigodos se vieron obligados a entablar campañas repetidas contra los vascos de Alava, Vizcaya y Guipúzcoa, pero no parece que hayan llegado a ejercer el poder en esas zonas, excepto por tiempo breve. Los señores visigodos que establecieron el reino de Asturias pretendieron, como sus antepasados, concretar la ocupación de la zona vasca occidental. Sin embargo, ellos y sus sucesores, los reyes castellano-leoneses, tuvieron que pelear no sólo con la tenaz resistencia de los vascos, sino también con las ambiciones antagónicas del nuevo reino de Navarra. Casi nada sabemos sobre las provincias de Alava, Vizcaya y Guipúzcoa en ese período, pero es evidente que todas esas comarcas eran bastante salvajes; fueron las últimas zonas de Europa meridional y occidental que se convirtieron al cristianismo, presuntamente en el siglo IX o en el X. Las leyendas locales hacen pensar que se mantuvieron espacios de paganismo hasta mucho más tarde y que, en una fecha tan tardía como la del siglo XII, los nominalmente cristianos vascos, atacaban a los peregrinos que iban de camino a Santiago de Compostela. Fue también la región europea en la que más tardíamente se alzaron ciudades, es decir, la última que se civilizó en el sentido estricto del término. Los poblados más antiguos del interior de Guipúzcoa datan de la segunda mitad del siglo XIII y los vizcaínos no se alzaron hasta la segunda mitad del siglo XIV.

Castilla y Navarra firmaron tratados solemnes, adjudicándose una u otra esa o aquella provincia, o toda la región; sin embargo, en la práctica, los lugareños ejercían el poder. En Alava gobernaban los nobles, pero Vizcaya y Guipúzcoa conservaron una suerte de primitiva democracia, en la que los jefes de familia de cada valle elegían o integraban un consejo, cuyos representantes acudían a una asamblea provincial, que nombraba al que tenía que adoptar las decisiones cuando la asamblea no estaba reunida. En distintas épocas, ese poder se entregaba a consejos de notables o a señores que lo eran por elección o por herencia; aunque existía una aristocracia en ambas comarcas, al parecer su poderío era económico y social más que político.

Si bien el País Vasco era pobre, la servidumbre desapareció allí con mayor rapidez y de una manera más completa que en otros puntos de España. A fines de la Edad Media, las libertades de los vascos plebeyos podrían haber despertado la envidia de sus pares de otras tierras europeas: tenían derecho a llevar armas, libertad para cazar y pescar, y dentro de su zona natal les estaba permitido el aprovechamiento de bosques y prados comunales, casi siempre muy extensos.

Los reyes de Castilla impusieron su mando a los vascos occidentales con mucha lentitud y gradualmente. Los notables guipuzcoanos del siglo XIII y los aristócratas alaveses del XIV votaron a favor de brindar a la Corona de Castilla el dominio de sus respectivas comarcas, mientras que el señorío de Vizcaya llegó a Castilla, por vía hereditaria, en 1379. En cambio, Navarra siguió siendo independiente hasta 1512, fecha en que Fernando, rey de Aragón y regente de Castilla, que por entonces mantenía una guerra con los franceses, pidió a los navarros autorización para que sus tropas circularan por ese territorio. La respuesta fue negativa y Fernando invadió el reino y lo anexionó a sus tierras. En 1530, el recién unificado reino de España renunció al área principal de lo que había sido el territorio navarro al otro lado de los Pirineos, y así el País Vasco español llegó, poco más o menos, a su forma actual.

Aunque nominalmente integrados en el Estado español, los vascos conservaban una considerable parte de sus atribuciones, en perjuicio de las del gobierno central. En Guipúzcoa y Vizcaya se mantuvo intacto el sistema local de gobierno. La asamblea guipuzcoana podía vetar las leyes presentadas por el monarca español, y los vizcaínos insistían en que, en cuanto subiera al trono, el rey o la reina, o al menos un representante, debía acudir a la provincia para jurar bajo el árbol de Guernica, donde se reunía la asamblea, que respetaría las leyes locales. A su vez, los navarros tenían el privilegio de que los gobernara un virrey –el único que existió fuera de las colonias americanas– y conservaron los poderes legislativo, ejecutivo y judicial. También tenían derecho a acuñar su propia moneda: hasta nada menos que el siglo XIX, los navarros acuñaron monedas con la efigie del rey Fernando VII de España como Fernando III de Navarra. Junto a otros apreciables privilegios económicos y sociales –como el de estar exentos de las tasas aduaneras españolas y del cumplimiento del servicio militar fuera de su tierra natal–, esas facultades políticas estaban recogidas en los códigos del derecho tradicional, llamados «fueros».

Es inevitable que los nacionalistas subrayen la amplitud de la independencia de los vascos bajo la Corona de Castilla, pero también lo es que no mencionen los vínculos estrechos que mantienen con el pueblo castellano. Sin embargo, esa situación tan privilegiada se fundaba en una larga relación de contigüidad con los castellanos, por mucho que la hayan mantenido en los términos que ellos mismos establecían. Los vascos ayudaron a los castellanos a fundar sus primeros centros estables en la meseta, y después tuvieron un papel destacado en muchas de las batallas decisivas de la Reconquista castellana. En tiempos de los Habsburgo, el País Vasco dio a España algunos de sus mejores administradores, dos de sus más grandes exploradores –Pedro de Ursúa y Lope de Aguirre, cuya fatal búsqueda de El Dorado inspiró la película *Aguirre*, de Werner Herzog– y dos de las más célebres figuras religiosas, san Ignacio de Loyola y san Francisco Xavier.

Otro gran nombre vasco del Siglo de Oro español fue Sebastián Elcano, que completó el primer viaje de circunnavegación del globo después de la muerte de Magallanes, el primer comandante de la expedición, ocurrida en Filipinas. Durante siglos, los vascos mantuvieron un vínculo estrecho con la mar. Al parecer, heredaron de los normandos el arte de la pesca en alta mar, y hasta el siglo XVIII también fueron reconocidos balleneros. Parte de su terminología fue adoptada por los cazadores de ballenas de las Azores, y desde allí pasó a los marineros de Massachusetts, que durante el siglo pasado tenían en esas islas su base de abastecimiento. Por ejemplo, la etimología de «cachalote» nos remite, en definitiva, a la lengua vasca. Pero, aunque las aldeas de pescadores de la costa guipuzcoana y vizcaína siempre fueron importantes para la vida y la leyenda de la región, el alma vasca viene de tierra firme donde, desde el fin de la Reconquista hasta el comienzo de las guerras carlistas, se desarrolló una sociedad de temperamento singular, cuyas últimas huellas aún se descubren en el País Vasco de hoy.

La característica más notoria es una proporción relativamente baja de población concentrada en núcleos urbanos y una mucho más alta que vive en los caseríos rurales. Se cree que esa pauta se desarrolló en el curso del muy estable y próspero siglo XVI, cuando empezó a tomar forma la característica vivienda rural vasca, llamada caserío en castellano y baserri en vasco. El caserío originario tenía una planta baja con dependencias para personas y para animales y una planta alta donde se guardaba el grano. En las versiones posteriores, los dueños de la casa dormían en la planta alta, pero seguían guisando y comiendo en la planta baja, cerca de los establos. Por sus techos empinados, los caseríos recuerdan a los chalés alpinos; la mayoría de ellos están ocupados por arrendatarios, aunque el número de propietarios está en aumento desde los años cincuenta, y casi siempre se alzan en las tierras que sus ocupantes labran. Son propiedades pequeñas (una media de seis hectáreas) y siempre están dedicadas a una gran diversidad de cultivos y de ganado, motivo por el cual resultan poco rentables. Lo tradicional era que en los caseríos viviera un grupo más amplio que la familia nuclear: un matrimonio, sus hijos, un hermano o una hermana solteros, los padres del marido o de la mujer y uno o dos criados, todos bajo el mismo techo.

La importancia de la mujer en la sociedad vasca siempre fue relativamente alta y es no es improbable que el hecho represente un último, lejano, eco del matriarcado que, según se cree, existió en todo el norte de España en tiempos prehistóricos. La zona rural del País Vasco es también una de las pocas regiones europeas en las que sólo hubo una mínima división de la riqueza familiar. En gran parte del País Vasco, esto se debió a que el caserío, la tierra en que se alzaba y todos los bienes de la familia pasaban al primogénito, en algunos lugares ya fuera varón o mujer; en otros, el padre elegía al hijo que consideraba más capaz.

Como muchos pueblos históricamente pobres, los vascos son famosos por su excelente cocina excelente y por la tendencia a comer con exceso siempre que surge la ocasión. Las bebidas vascas tradicionales son la cerveza, la sidra y un vino «verde» ácido, que se llama *txacolí*; pero en los últimos tiempos pueden consumir, cada día más, los excelentes vinos riojanos. Las borracheras no despiertan el rechazo social intenso que provocan en la España meridional.

Otro rasgo distintivo de la sociedad vasca tradicional es el puesto de excepción que tienen los deportes. Los vascos son los inventores de muchos juegos. El más famoso es el de la pelota –semejante al *squash*–, que se remonta como mínimo al siglo XVI, época en que lo practicaban grupos de ocho a diez jugadores provistos de guantes. Mucho antes del desarrollo profesional del deporte en el resto del mundo, ya había jugadores semiprofesionales de pelota que hacían demostraciones por todo el País Vasco. Con los años, el juego fue cambiando y se generaron distintas variantes. El nombre de una de ellas, *Jai-Alai*, se aplica a veces al deporte mismo. La cesta que cubre el brazo, *txistera* en vasco, usada en una de las formas del juego, permite arrojar la pelota contra el frontón a una velocidad extraordinaria, pero no es tan tradicional como se cree, pues este adminículo data de la segunda mitad del siglo pasado. Algunos otros deportes que se siguen practicando en el País Vasco son el lanzamiento y la corta de troncos, el levantamiento de piedras y el *sokatira*, en el que los bueyes arrastran rocas muy grandes cubriendo distancias cortas, en general por la plaza del pueblo. En tiempos pasados, se practicaron dos juegos, uno de ellos semejante al golf –el *perratxe*– y otro –el *anikote*–, similar al criquet, hoy ambos perdidos. No es extraño, por las características de su tierra, que los vascos sean famosos montañeros, y sus clubes de montañismo fueron, siempre, una cantera de sentimientos nacionalistas radicales.

Tal vez por la importancia dada al deporte, el juego nunca dejó de tener un papel importante en la vida de este pueblo. No es raro ver en los bares vascos una pizarra garabateada con las apuestas que hacen los clientes. Y por cierto que la cultura popular regional tiene un matiz competitivo, uno de cuyos ejemplos son las *bertsolariak* o justas de poesía, en las que los participantes improvisan, con una métrica determinada, tomando cada uno algún elemento temático de lo que haya dicho el contrincante anterior. La forma en que se expresa la mayoría de las artes en tierras vascas es muy distinta a la que se encuentra en el resto de España. Por ejemplo, el arte vasco es de una extraña simetría. La música no presenta las características de «sinuosidad» del flamenco y se interpreta con instrumentos regionales: el *txistu*, un tipo de flauta con dos agujeros en la parte superior y otro en la inferior, se toca con una mano, de modo que el instrumentista puede tocar con la otra un tamboril; la *trikitrixa* es un acordeón pequeño y la *alboca* se hace con un cuerno de toro y emite un sonido similar al de una gaita. En las canciones, a diferencia de otras españolas, cada nota corresponde a una sílaba de la letra y las danzas –en las que hay equivalentes de la danza griega de las copas y de la danza escocesa de las espadas– son más atléticas que sensuales: su propósito es demostrar agilidad más que gracia.

Mucho más que el resto de España, esa sociedad aislada e ingenua no estaba preparada para aceptar las nuevas ideas que invadirían el país en el siglo XIX y, en particular, el concepto napoleónico de centralización estatal, de un Estado en el que los ciudadanos tendrían que someterse todos a idénticas leyes. Los vascos pronto equipararon ese nuevo criterio con la antipatía por los fueros; Napoleón mismo los abolió después de la invasión francesa de España; más tarde, también lo hicieron los liberales, al asumir el poder por un breve período del decenio de 1820. En ambas ocasiones los restableció el reaccionario Fernando VII, de modo que cuando su hermano don Carlos enarboló la bandera del absolutismo, los vascos se apresuraron a alinearse en sus filas, como era previsible. Pero el catolicismo fanático del pretendiente, muy atractivo para la población rural, significó el rechazo de la burguesía urbana y en las Guerras Carlistas la mayor parte de la clase media de las ciudades como Bilbao apoyó a Madrid contra el carlismo.

A modo de castigo a los vascos que habían apoyado el levantamiento de don Carlos, se revocaron, una vez más, los fueros de Vizcaya y Guipúzcoa en 1841, tras la Primera Guerra Carlista, aunque más tarde se restablecerían. Pero en 1876, cuando llegó a su fin la Segunda Guerra Carlista, el gobierno abolió los fueros de Guipúzcoa, Vizcaya y Alava –y no los de Navarra–, medida que nunca se anuló. Lo que se mantuvo de los privilegios tradicionales vascos en las tres provincias fue un sistema específico de recaudación fiscal llamado «concierto económico». Pero el hecho de haber abolido los fueros a modo de castigo afectó a todos los vascos y no sólo a los partidarios del carlismo. En realidad, las perspectivas económicas más seriamente afectadas eran las de la clase media baja, en su mayoría fiel al gobierno central. Pocos años después de la abolición de los fueros, además, el País Vasco iba a entrar en un período de rápida industrialización, en el que esa clase media baja tendría un papel clave.

Las bases de la industrialización regional están en la abundancia de madera y de yacimientos de hierro y en los muchos arroyos y ríos de corriente rápida. La etapa de crecimiento más veloz fue la de 1877-1902, en la que el proceso se desarrolló sobre todo en Vizcaya. Sólo hacia fines de ese período, la industria empezó a entrar en Guipúzcoa. Aunque hubo, y aún hay, varias fábricas importantes en la región, la característica más destacada de la industrialización vasca fue la existencia de una gran cantidad de pequeños talleres dentro y fuera de las ciudades. Aunque los propietarios de las factorías, integrantes de la clase media alta, y los de la gran banca y las empresas de seguros que se desarrollaron al mismo tiempo, se mostraron en línea con la oligarquía económica española –lo que con frecuencia les valió títulos nobiliarios a lo largo del proceso–, los propietarios de los talleres, miembros de la clase media baja, llegaron a pensar que en esas circunstancias habían ganado menos de lo que habían perdido. No se habían hecho precisamente ricos, aunque la industrialización favoreció la afluencia de centenas de millares de obreros oriundos de distintas regiones españolas, a los que llamaron maketos y consideraron una amenaza para la supervivencia de la sociedad vasca tradicional.

El personaje que dio forma sistemática de ideología política –lo que hoy llamamos nacionalismo vasco– a los temores y resentimientos de ese sector social fue Sabino de Arana Goiri. Arana nació en 1865; su padre era un carlista que, por sus simpatías políticas, tuvo que exiliarse en Francia. Arana entró en la batalla ideológica a sus treinta años y, muy adecuadamente, lo hizo con un artículo acerca de la ortografía vasca de la palabra «vasco». Sus primeros escritos versaban todos sobre filología y etimología. En concreto, una de sus herencias menos afortunadas fue la de distorsionar y complicar el vasco escrito, con el objetivo de depurarlo de lo que, para él, eran hispanismos. Con la intención de borrar cualquier matiz de centralismo, también inventó una serie de nombres de pila vascos, para reemplazar los españoles; por ejemplo, Luis pasó a ser Koldobika. Su mayor contribución fue la de dar a los vascos un nombre para el país en que vivían. En rigor, la región vascófona ya tenía un nombre, *Euskalerría*, cuya desventaja era la de excluir a todas las zonas habitadas por vascos en las que se había instalado el castellano. Arana llenó el vacío con el neologismo *Euskería*. Más tarde cambió de idea y se decidió por *Euskadi* –a menudo escrito *Euzkadi*–, que significa «reunión de vascos», la palabra que desde entonces usan los nacionalistas locales para hablar de la nación que quieren crear.

Arana esperaría hasta 1892 para publicar su primera obra política de largo alcance. Como teórico político era un profundo reaccionario. Quería que el País Vasco volviera a un estado de inocencia preindustrial, en el que la sociedad se atuviera a los dictados de la religión y en el que elegir entre capitalismo y socialismo no fuese algo tan importante. En el meollo de su doctrina alentaba un odio evidente hacia los inmigrantes. «Viniéronse para acá trayendo consigo las corridas de toros, el baile y el cante flamencos, la *cultísima* lengua tan pródiga en blasfemias y sucias expresiones, la navaja y tantos y tantos excelentes medios de "civilización"», escribía en su estilo de ironía amarga. La idea de Arana era una especie de *apartheid*. En sus artículos atacaba los matrimonios «mixtos», y en los centros comunitarios, *batzokis*, que fundó para difundir la fe nacionalista, estaba prohibido tocar música española y hablar de política española. Las normas de los primeros batzokis demuestran cuán hondo e intenso era el racismo de Arana: los miembros estaban divididos en tres categorías, de acuerdo con el número de abuelos vascos, y sólo los que tenían cuatro abuelos con apellido vasco podían ocupar cargos directivos.

La actividad política de Arana se desarrolló entre 1893, año en que hizo una declaración formal de sus ideales, en una cena que le ofrecía un grupo de amigos –el que se conoce como Juramento de Larrazábal–, y 1903, año de su muerte. Por esas fechas se creó un periódico nacionalista y en 1894 vio la luz el Partido Nacionalista Vasco (PNV). Al principio, Madrid ignoró a Arana y a sus seguidores, pero en 1895 el gobierno central estaba tan preocupado por las actividades de ese grupo que Arana fue a dar a la cárcel por unos meses. Cuatro años más tarde, el gobierno central puso en marcha un duro ajuste contra los nacionalismos regionales de toda laya, con el resultado de que en los últimos años de la vida de Sabino, sus exigencias públicas eran las de autonomía más que las de independencia. Dejaba así un legado ambiguo, que por serlo permite que los separatistas y los autonomistas encuentren, por igual, un espacio en el PNV.

Para los nacionalistas vascos, *Euskadi* abarca el País Vasco francés, que por tradición pero no oficialmente se divide en tres distritos –Soule o Zuberoa, Labourd o Laburdi y Basse–Navarre o Benavarra–, y las cuatro provincias españolas que tienen población vasca: Alava, Guipúzcoa, Vizcaya y Navarra. En España no se discute la índole vasca de las tres primeras pero Navarra, paradójicamente, pues es el único Estado que debe su creación a los vascos, es la provincia por la que ha surgido la controversia. Y así es en parte porque siempre hubo en Navarra un gran número de habitantes no vascos; pero además el hecho corresponde a la incapacidad del nacionalismo para echar raíces allí, al menos hasta hace poco. Como ya hemos visto, los navarros no perdieron su fuero a la vez que las otras provincias, lo que significa que ya tenían un grado considerable de autonomía. Además, en Navarra, y también en Alava, predominaba la agricultura y, por tanto, no existía esa clase media industrial que dio al PNV la mayor parte de sus seguidores en las dos provincias de la costa.

En 1932, cuando el gobierno republicano preguntó a los ayuntamientos vascos si querían que sus respectivas provincias integraran un

Euskadi autónomo, los navarros optaron por apartarse. Alava se apartó poco después. El levantamiento de 1936 ahondó la brecha que separaba a las dos provincias interiores por una parte, y a Guipúzcoa y Vizcaya por otra. Los principios hondamente reaccionarios de los labradoɾes vascos y la ideología casi fascista de los nacionalistas de clase media dan pie para pensar que, si no hubiera sido por el tema de la autonomía, la mayoría de los vascos habría dado apoyo a Franco. Así lo hicieron los de Alava y Navarra. En cambio, los de Guipúzcoa y Vizcaya eligieron la autonomía, una decisión que unió la suerte de ambas poblaciones a la del gobierno legal de España. La fidelidad a la República les valió un estatuto provisional de gobierno autónomo, tras el estallido de la Guerra Civil, en octubre de 1936.

Guipúzcoa y Vizcaya pagaron muy cara su decisión, tanto en los años de guerra como después de ellos. Quizá la acción más horrible de todas las que uno y otro bando ejecutaron durante el conflicto fue, en abril de 1937, la de arrasar la ciudad de Guernica, lugar emblemático, como hemos visto, para los vizcaínos en especial y los vascos en general. Además, en cuanto Guipúzcoa y Vizcaya quedaron sometidas, Franco dictó un decreto punitorio especial que anulaba el estatuto provisional de autonomía y también los conciertos económicos de las dos provincias, últimos vestigios de los fueros abolidos sesenta años antes. De otra parte, Alava conservaba su concierto económico y Navarra mantuvo su fuero, con todo lo que implicaba. A lo largo de los treinta y seis años de la dictadura franquista, Navarra constituyó una excepción sin igual, una isla de autonomía en un mar de uniformidad, que presumía de legislatura y gobierno propios.

Tras verse sometidas a un castigo público no es de sorprender que Guipúzcoa y Vizcaya hubieran sido las únicas provincias de España en las que hubo una oposición continua y violenta al régimen. Las siglas ETA –*Euskadi Ta Askatasuna*, Euskadi y Libertad– se conocieron en 1960, escritas en las paredes de las ciudades de las dos provincias marítimas. El movimiento que está tras ellas se había configurado a fines de los años cincuenta, en torno a la publicación clandestina *Ekin* (Acción), escrita por estudiantes universitarios. En 1961, en su primer atentado terrorista, algunos miembros de ETA trataron de hacer descarrilar un tren en el que viajaban ex combatientes franquistas en dirección a San Sebastián. La represión policial fue salvaje. Unas cien personas fueron arrestadas; muchas, sometidas a tortura y algunas juzgadas y sentenciadas a penas de hasta veinte años de cárcel. Pero los cabecillas de ETA huyeron a Francia. Así fue como empezó un ciclo de terrorismo y represión que ha seguido hasta hoy.

La historia de ETA es una sucesión de conflictos internos. En 1966 el grupo se dividió en dos facciones, ETA-Zarra (ETA Vieja) y ETA-

Berri (ETA Nueva). La segunda renunció a la violencia y, tiempo después, se convertía en el Movimiento Comunista de España. En 1970, ETA-Zarra se dividió en ETA V Asamblea y ETA VI Asamblea. ETA VI Asamblea también abandonó la lucha armada y cambió su nombre por el de Liga Comunista Revolucionaria. A mediados de los años setenta, se produjo otra separación: de ETA V Asamblea nacieron ETA Militar y ETA Político-Militar. Por fin, en 1981 ETA Político-Militar quedó fatalmente debilitada por su división en ETA-pm (VII Asamblea), cuyos miembros desmontaron su organización al año siguiente, y ETA-pm (VIII Asamblea). Desde entonces, ETA se compone de ETA-militar más los restos rebeldes de ETA-pm. Las rencillas que provocaron esas divisiones son demasiado rebuscadas como para explicarlas aquí con detalle, pero en todos los casos se mantuvo intacto el grupo más violento y menos intelectualizado.

Aunque sus fundadores fueran estudiantes universitarios y profesionales, las acciones de ETA no tardaron en quedar en manos de hombres provenientes de los caseríos. Así fue sobre todo en el caso de los «Milis». La comarca que más *gudaris* (soldados) dio es el Goierri, un reducto vascófono de Guipúzcoa y zona de extraña contraposición de industria y agricultura, donde es común ver un caserío y una pequeña fábrica o un taller contiguos. El surgimiento de ETA propició que a la lucha nacionalista se reincorporaran los campesinos integrantes del bando carlista. A pesar de su retórica revolucionaria, ETA –como el IRA– siempre deja ver una firme vena de moral católica convencional y, alguna que otra vez, organiza una campaña contra lo que ve como actividades decadentes; amenaza de muerte a los traficantes de drogas, o pone bombas en bares y discotecas, o en los cines que anuncian películas pornográficas.

La difusión del nacionalismo violento y radical en el País Vasco coincidió con un proceso mucho más pacífico de reválida cultural, sobre todo de la lengua. El vasco había cedido terreno ante el castellano –en términos literales y también metafóricos– durante siglos, no tanto por las medidas represivas de Madrid, sino porque el castellano, por ser la lengua dominante de la península, resultaba más útil en los contactos con el mundo exterior; por tanto, se convirtió en el idioma de las clases alta y media y de los que, como los alaveses, no tenían montañas que los separasen de sus vecinos. Sin embargo, no hay que pensar que el veto impuesto por Franco al vasco no produjera efectos. En realidad, fue mucho más cruel y persistente que todo lo hecho en Cataluña y Galicia y desencadenó una considerable autocensura lingüística entre los propios hablantes. El vasco desapareció de los medios de comunicación y, además, virtualmente se borró de la calle. Una amiga mía de San Sebastián, tan vasca como el que más, no habla una palabra de su lengua materna, porque sus padres, ambos vascófonos, le prohibieron hacerlo.

No obstante, hacia fines del decenio de 1950, empezó un renacimiento. En esa época se fundaron las primeras *ikastolas*, escuelas primarias en las que se da clase en vasco. En los primeros tiempos, muchas de ellas funcionaban en casas particulares y en vida de Franco nunca recibieron fondos públicos. Pero aunque el gobierno miraba con enorme recelo a las *ikastolas*, e incluso llegó a pedir a la policía que hiciera listas del personal y de los patrocinadores de esas escuelas, nunca tuvo un motivo para prohibir un movimiento que, por muy subversivo que fuera, era útil para complementar la pobreza de escuela pública, característica del sistema educativo español de entonces. De inmediato, muchos miles de vascos adultos se embarcaron en la dura empresa de aprender su lengua madre; uno de tantos fue Carlos Garaikoetxea, el hombre que sería el primer presidente del gobierno autónomo del País Vasco.

Los profesores calculan que un hablante de castellano necesita entre 300 y 500 horas de estudio para poder hablar con fluidez el vasco. Además, durante unos años la restauración de la lengua enfrentó el problema de la existencia de seis –y quizá siete– dialectos, cuatro en España y dos o tres en Francia. Pero en 1968 la Academia del Idioma Vasco completó la tarea de normalización de un vasco literario, el *euskera batua*. En 1990, un estudio encargado por el gobierno autónomo establecía en sus resultados que más de una cuarta parte de la población del País Vasco español afirmaba que podía hablar euskera con fluidez.

En 1982, poco después de la llegada de los socialistas al poder, en una entrevista publicada por *Le Monde*, se preguntaba a un cabecilla de ETA Militar si, ante los enormes cambios políticos ocurridos en España, el grupo terrorista no pensaba modificar su actitud. La respuesta fue: «Aunque España se convirtiera en una democracia modélica, las cosas no variarían para nosotros. No somos, no hemos sido ni seremos jamás españoles». Puede que eso fuera verdad para ese terrorista y otros como él, pero ya no se aplica, para bien o para mal, al conjunto del País Vasco. Casi cien años de crecimiento económico interrumpido sólo por la Guerra Civil lograron que Vizcaya y Guipúzcoa, que habían sido las provincias españolas más pobres en 1877, estuvieran respectivamente en el primer y en el tercer puesto del cuadro de ingresos per cápita de 1973. En todo ese lapso, los trabajadores de otras regiones emigraron hacia el País Vasco en busca de empleo, con un ritmo más o menos constante. En los años sesenta, el proceso de industrialización se extendió con mayor rapidez aún, primero hacia Alava, y después hasta Navarra. En 1970, el porcentaje de la población empleada en el sector industrial en Alava era el mayor entre todas las provincias de España. Las demás provincias vascas –incluida Navarra– estaban entre las diez más importantes.

En Navarra, la nueva empresa contrataba su fuerza de trabajo sobre todo dentro de la provincia, pero Alava tenía que nutrirse con los trabajadores del resto de España, por lo que su población aumentó en casi un 50 por ciento en diez años. A fines de los años sesenta, el 30 por ciento de los habitantes del País Vasco había nacido fuera de la región; hoy, menos de la mitad tiene padres nacidos en tierras vascas y ese porcentaje incluye a muchas personas cuyos abuelos llegaron de otras regiones españolas. De otra parte, el estilo de vida del mundo rural vasco desaparece a gran velocidad. Algunos jóvenes viven en un caserío y trabajan en una fábrica o en alguna oficina, pero la mayoría se instala en las ciudades al casarse, y sólo vuelve a su caserío para pasar el fin de semana.

A pesar de la hostilidad maligna que acogió a sus abuelos, los «inmigrantes» están bien integrados. Una de las causas del hecho es que más de la mitad era oriunda de León y Castilla la Vieja –donde no hubo la tremenda pobreza que tenían algunas regiones meridionales– y provenía de la clase media rural. En términos amplios, eran personas de mayor educación y mejor formación técnica que la de los típicos emigrantes que iban a Cataluña y, aunque por razones obvias son menos los inmigrantes que aprenden vasco que los que aprenden catalán, la tasa de matrimonios mixtos entre vascos e «inmigrantes» siempre fue más alta en el País Vasco que en tierras catalanas. Muchos de los inmigrantes recientes han llegado para ocupar puestos de técnicos, funcionarios y encargados y, por tanto, en el presente es muy escasa la diferencia entre los ingresos medios de los vascos y los de los forasteros. Un segundo fundamento de las relaciones más o menos armoniosas entre «nativos» e «inmigrantes» es que unos y otros se vieron afectados por idéntica represión durante la dictadura. De los once «estados de excepción» declarados por Franco, cuatro fueron de alcance nacional. Pero de los siete restantes, nada menos que seis se aplicaron a Guipúzcoa, a Vizcaya o a ambas. Se calculó que, a principios de los años setenta, una cuarta parte de la Guardia Civil estaba apostada en el País Vasco. El gas lacrimógeno no distingue a nativos de inmigrantes. Tampoco lo hacían las fuerzas policiales cuando detenían a la gente en la calle y a menudo hacían investigaciones avasallantes. Un coche con matrícula de Bilbao o San Sebastián bastaba para que el conductor se viera detenido en la carretera media docena de veces entre el País Vasco y Madrid.

Por supuesto, eso era lo que ETA y sus secuaces querían. La inmigración había invalidado las justificaciones del separatismo con el mero argumento étnico, pero la represión que sufrían todos los sectores de la comunidad daba argumentos a la izquierda separatista, que apoyaba a ETA, para decir con cierta verosimilitud que el País Vasco estaba sujeto a una opresión doble, exclusiva, del capitalismo y del gobierno central. Desde el punto de vista de estos nacionalistas revolucionarios, los abertzales (patriotas), la liberación económica y social sólo se alcanzará con la independencia nacional.

A la muerte de Franco, muchos de los habitantes del País Vasco, fuera cual fuese su origen étnico, se sentían muy alienados del resto de los españoles. Entre los niños, así lo dejaba ver un estudio encargado en 1977 por la Cámara de Comercio de Vizcaya. La pregunta que se planteó era qué creían ser. Si se eliminan los «no sé», las respuestas de los niños nativos eran: «vasco», 80 por ciento; «español», 8 por ciento; «europeo», 12 por ciento. Las respuestas de los hijos de inmigrantes fueron: «vasco», 48 por ciento; «español», 28 por ciento; «europeo», 24 por ciento. Entre los adultos, ese sentimiento se reflejó en la tasa de abstención, mucho más alta en el País Vasco que en el resto de España, en el referéndum que debía ratificar la ley de reforma política y en el hecho de que la mayoría del electorado del País Vasco también se abstuvo en el referéndum sobre la Constitución[1]. A lo largo de los años, muchos hijos e hijas de inmigrantes se incorporaron a ETA o a las redes organizativas que la apoyan.

ETA y sus defensores se fortalecieron con el comienzo de la recesión a finales de los setenta. Los efectos de la crisis fueron especialmente devastadores en el País Vasco. En parte, esto se debía a la dependencia de esta región en una industria incompetente, pero también en parte–aunque parezca irónica– a las mismas acciones de ETA, que tenían un efecto de fuerza disuasoria para la inversión. Entre 1973 y 1979, Vizcaya y Gipúzcoa pasaron del primer y tercer puesto en el ránking de ingresos per cápita al noveno y sexto, respectivamente.

Con la perspectiva del tiempo, vemos que el auge de ETA data de fines de los años setenta. Su año más sangriento fue 1980, en el que mató a 118 personas. Desde entonces, se han sumado diversos factores para que se reduzca el nivel de violencia: la disolución de ETA–pm, la cooperación creciente entre los gobiernos francés y español, sobre todo desde la entrada de España en la UE, y –en parte gracias a esto último– el trabajo policial más eficiente. Se han necesitado varios años de gobierno autonómico y una modesta mejora en las fortunas del País Vasco por erosionar el apoyo popular de Herri Batasuna, el brazo político de ETA.

Herri Batasuna (Unidad del pueblo) nunca fue el partido mayoritario del País Vasco. El PNV y el PSOE siempre estuvieron por delante, pero sus votos en las elecciones generales fueron aumentando hasta llegar a un máximo en 1986. Desde entonces viene perdiéndolos, lenta pero sostenidamente. Un estudio publicado a fines de los años ochenta determinó que había habido una caída fuerte en el apoyo a la independencia como solución de los problemas vascos. En 1987, el 17 por ciento de la población lo creía; en 1979, ese porcentaje era del 34. Los separatistas del País Vasco son menos que los separatistas escoceses. Pero mientras Madrid resolvía con calma el problema vasco, los vascos iban desplazando calladamente el núcleo de la cuestión. Herri Batasuna se convirtió en el refugio de los ecologistas radicales, las feministas y otros rebeldes cuyo desagrado ante la sociedad no es ni mínima ni fundamentalmente de origen nacionalista. Por tanto, haber concedido al País Vasco un aceptable nivel de autogobierno no garantiza que los problemas planteados por Herri Batasuna y ETA se resuelvan con rapidez.

En 1992, la banda terrorista recibió el mayor golpe de su historia: toda su cúpula fue arrestada en Francia. Sin embargo, dos años después el ministro de Interior de España declaraba que aún operaban en su país no menos de diez comandos etarras. Una señal de cuán lejos está la organización de sus raíces es el hecho de que, cuando escribo estas líneas, una de las terroristas más buscadas es hija de salmantinos.

NOTA CAPITULO 27

1) *Otro tanto ocurrió en Galicia, pero más por apatía que por antipatía. Lo distintivo en el País Vasco, sobre todo, fue que el porcentaje de voto negativo llegó al 23,5, el mayor de España.*

28

Los catalanes

En el aeropuerto barcelonés del Prat, los ejecutivos bien trajeados van y vienen con aire serio y decidido. A uno y otro lado de la carretera que lleva a la ciudad, se suceden los carteles que subrayan la bondad de una *caixa* o algún banco. Si el visitante ya conoce otras regiones de España, advierte que los catalanes gastan en las comidas menos tiempo que otros españoles y que en Barcelona hay más restaurantes de autoservicio que en otras ciudades. La legendaria laboriosidad catalana siempre implicó que Barcelona estuviera entre las ciudades más prósperas de España.

Esa prosperidad, sumada a su situación geográfica, junto a Francia, sobre el Mediterráneo, también ha implicado que fuera, sin duda, la más cosmopolita de las ciudades españolas. La mayor parte de las ideas que dieron forma a la historia moderna española –republicanismo, federalismo, anarquismo, sindicalismo y comunismo– entró en España por Cataluña. Las modas –ya sea en el vestir, en la filosofía o en el arte– suelen asentarse en Barcelona varios años antes de ser aceptadas en Madrid.

En un mundo ideal, es posible que los catalanes no tuvieran inconveniente en cambiarse de lugar con los belgas o los holandeses. Un poema de Salvador Espriu, el mayor poeta catalán moderno, refleja a la perfección la ambivalencia de la actitud de los catalanes hacia España:

> *¡Oh, qué cansado estoy de mi cobarde,*
> *vieja, tan salvaje tierra;*
> *cómo me gustaría alejarme*

hacia el norte,
en donde dicen que la gente es limpia
y noble, culta, rica, libre,
desvelada y feliz! (...)
Pero no he de seguir nunca mi sueño
y aquí me quedaré hasta la muerte,
pues soy también muy cobarde y salvaje
y, además, quiero,
con un desesperado dolor,
esta mi pobre,
sucia, triste, desgraciada patria.

Sin embargo, es significativo que Espriu termine resignándose a su destino. La insatisfacción catalana casi siempre se expresó como resentimiento e indignación y en la exigencia de ser dueños de la conducción de sus propios asuntos, más que en los términos de un separatismo cerril. Los políticos madrileños se complacen en decir que la diferencia entre un político vasco ambicioso y un político catalán ambicioso consiste en que el primero sueña con ser primer ministro de un Euskadi independiente y, en cambio, el segundo sueña con ser primer ministro de España.

Una causa de que el instinto separatista haya sido menos fuerte en Cataluña es que los catalanes, aunque muchos tengan la piel algo más clara y el cabello más rubio, no pueden ni quieren reivindicar una diferencia étnica con respecto a los demás españoles. Pero otra causa es el reflejo de la virtud más preciada de los catalanes, la que ellos llaman *seny*. No existe una traducción exacta de la palabra. Quizá su equivalente más cercano sea el vocablo inglés *nous*, aquello del viejo «sentido común». El respeto al *seny* hace de los catalanes personas realistas, formales, tolerantes y, a veces, un poco dadas a la crítica. Pero, al mismo tiempo, no va demasiado bien con su tantas veces tumultuosa historia.

En varias ocasiones, Barcelona sufrió el ataque de tropas del gobierno central, casi siempre a consecuencia de levantamientos y revoluciones. La popularidad del anarquismo entre los obreros de Cataluña hizo de Barcelona la más violenta de las ciudades europeas a principios de este siglo y, en el apogeo de la Guerra Civil, la capital catalana fue escenario de sangrientas batallas callejeras entre facciones republicanas antagónicas.

Para Víctor Alba, escritor y académico catalán, existe una cuadratura de ese círculo: «Lo contrario de *seny* es *arrauxment*, el éxtasis de la violencia. Pero el *arrauxment* se concibe como la consecuencia última del *seny*. Porque [los catalanes] están convencidos de que, cuando actúan impetuosamente, se comportan como personas sensatas... Cuando una cosa no se desarrolla como debería, cuando una situación no es "sensata", el sentido común señala como oportuna una oposición ruda, violenta». Otra explicación que me han dado afirma que los catalanes se dividen en dos grupos bien diferenciados –el *sorrut* (antisocial) y el *trempat* (espontáneo, agradable, simpático)– y que los cambios violentos de orientación de la historia política catalana son un producto de la coexistencia inestable de ambos tipos.

Un esquema igualmente paradójico se encuentra en la cultura catalana. En general, es más bien estirada y aburrida. Pero, de cuando en cuando, aparece una figura de originalidad excepcional. En la Edad Media, tuvo a Ramón Llull, el políglota misionero mallorquín, el objetor de las Cruzadas que formuló la teoría de la redondez de la tierra; y también a Anselm Turmeda, el franciscano renegado que se convirtió al islam y al que consideran un santo en el norte de Africa. En años más recientes, en Cataluña vieron la luz Salvador Dalí y dos arquitectos cuyas obras se destacan como una sucesión de fanales entre los edificios sólidamente burgueses de Barcelona: Antoni Gaudí, cuya gigantesca y excéntrica catedral, la Sagrada Familia, se empezó en 1882 y probablemente se completará alrededor del año 2020; y Ricardo Bofill, responsable, entre otras cosas, de la transformación de una fábrica de cemento en un bloque de oficinas que parece un castillo medieval.

El idioma es el factor que unifica a este pueblo extrañamente heterogéneo y contradictorio. El orgullo que sienten por su lengua es casi ilimitado, y la hablan siempre que se les presenta una ocasión. Cuando se reúnen dos catalanoparlantes y un castellano, los catalanes hablan al castellano en su idioma, pero entre sí hablan en catalán, algo que irrita profundamente a los demás españoles.

En su forma escrita, el catalán parece una mezcla de español y francés, pero hablado tiene una aspereza ausente en las otras dos lenguas; es muy rico en monosílabos –hasta el punto de que los poetas catalanes han creado poemas enteros con ellos– y las sílabas de los polisílabos están marcadas con fuerza. Los diptongos «au», «eu» y «iu» aparecen con mucha frecuencia, por lo que a oídos extranjeros la lengua se asemeja bastante al portugués.

La peor falta de tacto que se puede cometer cuando se habla con un catalán es decir de su lengua que es un dialecto. El catalán es tan dialecto del castellano como el castellano lo es del catalán. O dicho de otro modo, ambos –como el francés o el italiano– son dialectos del latín. Las primeras palabras catalanas se encuentran en documentos del siglo IX, aunque se cree que la lengua empezó su desarrollo en el siglo VII o en el VIII. Se difundió gracias a la expansión imperial de Cataluña en una región mucho más vasta que las cuatro provincias de

Gerona, Lleida, Tarragona y Barcelona, que integran el propio principado de Cataluña. También se habla en una faja de 15 a 30 kilómetros de extensión dentro del territorio aragonés que limita con el principado, en unas dos terceras partes de Valencia, en las Islas Baleares, en la República de Andorra y en la comarca histórica del Rosellón, integrante del departamento francés de los Pirineos Orientales. También se habla catalán en Alguer, una ciudad amurallada de la costa oeste de Cerdeña, ocupada y poblada por catalanes durante el siglo XIV; hasta principios del decenio de 1950 aún se oía esta lengua en San Agustín, Florida, una ciudad conquistada por menorquines en el siglo XVIII. El catalán es la lengua madre de unos 6.500.000 de personas, que son más que las que hablan otros idiomas más reconocidos, como el danés, el finlandés o el noruego.

A medida que se difundía, empezaron a surgir diferencias entre el catalán de la región occidental y el de la oriental del mundo de habla catalana. La línea divisoria discurre entre un punto situado al este de Andorra y otro que se encuentra al oeste de Tarragona. La fragmentación interna de la lengua no se detiene allí. Ambos dialectos pueden dividirse en subdialectos –por lo menos tres en el catalán oriental (central, rosellonés y balear) y dos en el catalán occidental (noroccidental y valenciano)–, de acuerdo con la fonética de la primera persona singular del presente de indicativo de los verbos de primera conjugación. «Yo canto» se pronuncia «cantu» en Barcelona y en la mayor parte de la misma Cataluña; «canti» en Rosellón, «cant» en las Islas Baleares; «canto» en Lleida y a lo largo de los límites aragoneses, y «cante» en Valencia. También existen los que podrían llamarse subsubdialectos del balear y del valenciano, tres de cada uno; mallorquín, menorquín e ibicenco en las islas, y septentrional central y meridional en la región valenciana. En una actitud típica del localismo acérrimo de España, muchos habitantes de las Baleares y de Valencia se niegan a que se llame catalán a su idioma. Para no herir las sensibilidades locales, hace algún tiempo se trató de aplicar el neologismo *bacavés*, formado con las sílabas de balear, catalán y valenciano.

Cataluña era una de las regiones más profundamente romanizadas de Iberia y sólo tuvo un contacto brevísimo con los musulmanes. Además, fue la única región repoblada en gran escala por reconquistadores no provenientes del resto de la península. Los francos contribuyeron a la colonización de Cataluña y ése sería el primero de los numerosos vínculos que se establecieron entre los catalanes –a quienes los demás españoles llamaron originariamente «francos»– y los habitantes de lo que hoy es Francia. Ante las ideas y las actitudes francesas, los catalanes siempre se mostraron más receptivos que otros españoles, que más bien sienten antipatía por sus vecinos.

El período más glorioso de Cataluña se extendió entre los siglos XII y XIV, época en la que estuvo aliada con los aragoneses. Esa confederación fue una liga prontamente perfeccionada, en la que los dos socios, sin duda muy distintos, conservaron cada uno sus propias leyes, sus costumbres y sus lenguas, bajo la misma corona. Ya a principios del siglo XIII, Cataluña tenía sus *Corts* o parlamento, divididas en tres cámaras, la de los nobles, la de los burgueses y la del clero. Los reyes de la confederación aceptaron que convocarían las *Corts* una vez al año y que no se aprobarían leyes sin consentimiento parlamentario. Las Corts crearon un cuerpo de veinticuatro miembros, ocho por cada cámara, cuya misión era la de recaudar impuestos. En 1359 ese organismo, llamado *Generalitat*, se responsabilizó además de la manera en que se gastaba y se convirtió en lo que se puede creer que haya sido el primer gobierno parlamentario del mundo. Como anotaba un cronista medieval, los señores de Cataluña y Aragón «no eran los amos de sus súbditos, sino sus cogobernantes».

A mediados del siglo XIV, la confederación catalano–aragonesa gobernaba en las Islas Baleares y en la región valenciana y, además, también en Cerdeña, Córcega y gran parte de la actual Grecia. Un miembro de su familia real ocupaba el trono de Sicilia, y controlaba el comercio de oro con el Sudán. Hoy, el mundo prácticamente ha olvidado la edad de oro catalana, pero el recuerdo de su poderío y de su influencia perdura en los dichos populares del Mediterráneo. En Sicilia, a los niños caprichosos se les amenaza con un «haz lo que te digo o llamaré a los catalanes», y en Tracia lo peor que puedes desearle a un enemigo es «la venganza catalana». Una serie de términos navales y financieros del castellano derivan del catalán, incluida tal vez la palabra peseta.

En 1381, un desastre bancario, provocado por el costo de las numerosas guerras imperiales, el ascenso del Imperio Otomano y la pérdida del comercio del oro, determinó la decadencia de Barcelona, mucho antes de que el descubrimiento de América desplazara la ventaja geográfica desde el Mediterráneo al Atlántico. Cuando por fin la suerte de la ciudad empezó a mejorar, en el siglo XIX, la causa no fue el comercio sino la industria, sobre todo la del algodón.

En el siglo XIX los catalanes volvieron a descubrirse a sí mismos a través de su lengua. Tras la unificación de España, la clase gobernante de todo el país había adoptado el castellano como signo de su propia jerarquía. El catalán se convirtió en la lengua de los campesinos, y la cultura asociada con él se oscureció. Pero en el siglo pasado se convirtió en el medio de un renacimiento literario que logró dar al catalán la jerarquía suficiente como para permitir que otra vez lo adoptaran las clases media y alta, lo que le devolvió su respetabilidad y su influencia.

La *Renaixença* catalana, como se la llama, se inició de una manera muy extraña en el año 1833, fecha en que Bonaventura Carles Aribau, un poeta menor, publicó su «Oda a la Patria» escrita en catalán. Sólo se proponía hacer un regalo de cumpleaños a su protector, otro catalán llamado Gaspar Remisa i Niarous, que por entonces estaba a cargo del Tesoro Real. Pero el poema, publicado en un periódico barcelonés, impresionó mucho a la comunidad intelectual. Aribau, que era un centralista convencido, no volvería a publicar nada importante, y pasó el resto de su vida trabajando para el gobierno y la monarquía de Madrid. Pero el estímulo que dio al interés por el catalán creció inexorablemente. En 1859 se inauguró un concurso anual de poesía, los Juegos Florales, que en 1877 premiaba a Jacint Verdaguer, una de las grandes figuras literarias modernas de España. Muchos otros escritores importantes nacieron en Cataluña a fines del siglo XIX y principios del XX: el autor teatral Àngel Guimerá, el novelista Narcís Oller y el poeta Joan Maragall.

En ese mismo período se llevó adelante la normalización del propio idioma. En 1907 se fundó el *Institut d'Estudis Catalans* y, cuatro años más tarde, la sección científica del organismo pidió a la sección filológica que preparase un informe sobre la normalización de la ortografía catalana. Esta petición, al parecer modesta, originó una multitud de preguntas acerca de la gramática y el vocabulario, muchos de ellos resueltos en la publicación de 1913, bajo el título de *Normes Ortogràfiques*. El investigador que hizo la contribución más decisiva en las *Normes* fue un ingeniero convertido a la filología, el erudito Pompeu Fabra. Poco después, el mismo Fabra decidió compilar un diccionario completo, que se publicó en 1932 y es la piedra angular del catalán moderno.

La *Renaixença* aportó la materia prima y el impulso del movimiento político surgido a fines del siglo pasado: el catalanismo, una convicción amplia que recibía a todos los que creían en la identidad diversa de Cataluña y deseaban que se reconociera, bajo la forma de la autonomía o como nacionalidad. Valentí Almirall, el padre del catalanismo y autor de *Lo Catalanisme*, fue en esencia un regionalista. Pero al cabo de unos años, sus ideas se hicieron más incisivas, más específicas, por obra de Enric Prat de la Riba, que dio al movimiento su primer programa político y fundó la Unión Catalana, primera organización partidaria. Exceptuados sus primeros años, el catalanismo nunca estuvo representado por un solo partido, ya que fue la bandera de agrupaciones de derecha y de izquierda y de todas las clases sociales, cuyo exponente más vigoroso fue la *Lliga*, grupo conservador, de la alta clase media. Pero la cohesión que faltaba en el catalanismo quedaba compensada con creces por la profundidad y amplitud de su inserción en la comunidad, un aspecto jamás inadvertido para Madrid.

El primer intento de resolver «el problema catalán» se puso en práctica poco antes de la Primera Guerra Mundial: el gobierno español autorizó a los gobiernos provinciales a unir sus funciones con las de sus vecinos, y formar las «Mancomunidades». Las cuatro provincias catalanas fueron las únicas de España que aprovecharon la oportunidad. La mancomunidad catalana sobrevivió tan sólo un decenio, antes de que Primo de Rivera la suprimiese. No fue un experimento muy afortunado. El grado de autonomía que ofreció era sumamente pobre y en determinado momento la Mancomunidad tuvo que contraer deudas, por la falta de apoyo financiero oficial.

En el corto tiempo que medió entre la caída de Primo de Rivera y la renuncia de Alfonso XIII, los partidos de la izquierda republicana española firmaron con los principales partidos nacionalistas regionales el Pacto de San Sebastián, en el que prometían un gobierno autónomo a Cataluña, a Galicia y al País Vasco, en caso de llegar al poder. Pero el 14 de agosto de 1931 –dos días después de las elecciones municipales que llevaron al rey al exilio– los nacionalistas de Barcelona apresuraron la marcha hacia el gobierno autónomo y proclamaron la República Catalana, parte integrante de una Federación Ibérica, aunque no existía ni se había planeado nada semejante. El gobierno central consiguió después que se modificara el nombre de la administración creada por el de *Generalitat*, en memoria de la institución medieval. Una asamblea elegida por los concejeros municipales catalanes preparó un borrador de estatuto, que obtuvo abrumadora mayoría en un referéndum (562.691 votos a favor, 3.276 en contra, 195.501 abstenciones). El 9 de noviembre de 1932, las Cortes aprobaron una versión bastante descolorida del estatuto provisional, en la que se daba a los catalanes el control de la salud y los servicios sociales, pero no el de la educación. Además, los fondos transferidos a la *Generalitat* en los meses siguientes fueron muy restringidos.

Dos años más tarde, Alejandro Lerroux, un demagogo anticatalán, obligaba a la *Generalitat* a aceptar integrantes tanto de derecha como de izquierda. Esto era inconcebible para la izquierda, que creía que la derecha no podía ni quería apoyar a la República, y el *President* de la *Generalitat*, Lluís Companys, proclamó el «Estado Catalán de la República Federal Española». El gobernador civil de Barcelona, también catalán, declaró la guerra al nuevo gobierno, y los edificios de la *Generalitat* y el Ayuntamiento fueron bombardeados antes de que Companys se entregase con todo su gobierno. Las Cortes cerraron el parlamento catalán y designaron un gobernador general que debía cumplir las funciones de la *Generalitat*. En 1935 los integrantes de la

Generalitat fueron sentenciados a treinta años de cárcel, pero se beneficiaron de la amnistía concedida a los presos políticos, aplicada por el Frente Popular izquierdista al asumir el poder tras las elecciones de febrero de 1936.

Así se restableció el estatuto de autonomía y, en la etapa inmediatamente posterior al estallido de la Guerra Civil, la *Generalitat* recuperó gran parte del poder que se le había negado de 1932 a 1934. En vista de que Franco y sus tropas dominaban la situación, y a la vez la zona republicana se reducía más y más, se trasladó la capital de Madrid a Valencia, y después, de Valencia a Barcelona, donde la República llegaría a su fin. Companys huyó a Francia pero, arrestado por la Gestapo tras la invasión alemana, fue entregado a Franco, que ordenó su ejecución secreta. Más tarde llegó a saberse que las últimas palabras del *President* de la *Generalitat*, gritadas segundos antes de que el pelotón hiciera fuego, fueron: *¡Visca Catalunya!* (¡Viva Cataluña!).

La victoria de Franco desencadenó contra la lengua catalana una campaña sin par en la historia de la región. Hubo allanamientos de editoriales, librerías y bibliotecas públicas y privadas en busca de libros escritos en catalán, y se destruyeron todos los que se encontraban. Con la biblioteca de Pompeu Fabra, de valor incalculable, se hizo una hoguera en la calle. Se castellanizaron los nombres de los pueblos y las ciudades. La calle de la Virgen de Montserrat, patrona de Cataluña, se convirtió en la calle del Redentor, y la Biblioteca de Cataluña pasó a llamarse Biblioteca Central. A mediados de los años cuarenta, se autorizó la publicación de libros y la representación de obras teatrales en catalán. Pero la lengua siguió prohibida en la radio y la televisión, en los periódicos y en las escuelas. *El Institut* tuvo una existencia ambigua en la época franquista: a medias tolerado y clandestino a medias, celebraba reuniones semanales, organizaba cursos de lengua, literatura e historia catalanas en casas privadas, daba recepciones, y llegó a publicar libros y folletos, algunos de los cuales compró el gobierno central para exhibirlos en exposiciones internacionales.

A lo largo de los dos primeros decenios de la dictadura, Cataluña fue la principal fuente de oposición al régimen. En 1944, los comunistas protagonizaron un catastrófico conato de invasión por el valle de Arán, y entre 1947 y 1949 los anarquistas organizaron una sangrienta pero inútil campaña de tiroteos, bombas y asaltos en Barcelona. Tras el fracaso de esos intentos de derrocar el régimen franquista por la violencia, sobrevino un período en que la oposición se manifestó con masivas protestas públicas. Casi todas las de mayor eficacia se desarrollaron en Cataluña. El cuadro se estableció en 1948: los antifranquistas consiguieron reunir 100.000 personas en la ceremonia de la entronización de la Virgen de Montserrat. En 1951, se convocó en Barcelona la primera huelga general que abarcaba a una ciudad entera en la España de la posguerra; la capital catalana sirvió de escenario a los boicots masivos al transporte público en 1951 y 1956.

Sin embargo, una cosa es ser el foco de la oposición y otra muy distinta, promoverla; lo cierto es que el papel representado por los nacionalistas catalanes en la lucha antifranquista fue, en general, bastante débil. Hubo un Frente de Liberación Catalán, aunque jamás tuvo un apoyo siquiera mínimo ni consiguió la centésima parte de la proyección de ETA. Los estudiantes barceloneses fueron la vanguardia en la creación de un movimiento estudiantil independiente, cuya dirección se ejerció desde Madrid en cuanto estuvo formado. Las acciones más vigorosas de resistencia surgidas en Cataluña tenían carácter simbólico. Entre ellas, la de un día de 1960, en el que los asistentes al Palau de la Música cantaron el nunca reconocido himno nacional de Cataluña en presencia de Franco, que estaba visitando la región.

La ausencia virtual del nacionalismo violento significó que los catalanes no estuvieran sometidos a la misma represión brutal que contribuyó a unir a la población del País Vasco y, en Cataluña, las diferencias entre «nativos» e «inmigrantes» no se borraron –o enmascararon– hasta el mismo punto que entre los vascos.

El crecimiento de la industria, en primer lugar en Barcelona y sus alrededores y después en otras capitales catalanas, creó una demanda de mano de obra que los catalanes no podían satisfacer. Cerca de la mitad de la población catalana actual desciende de «inmigrante» y se dice que en hacia el año 2040 no quedarán catalanes «puros».

De otra parte, no sólo creció el porcentaje de inmigrantes llegados de otros puntos de España, sino también el número de regiones españolas de las que esos trabajadores proceden. Con ese crecimiento, se hicieron presentes algunas regiones bien distintas de Cataluña cuyas poblaciones no simpatizaban para nada con el catalanismo. La migración inicial fue la de los catalanes de zonas rurales que se mudaron a Barcelona en los primeros años del siglo pasado y en los últimos, los inmigrantes llegaban desde Mallorca y Valencia. A principios de este siglo, la mayoría era de Aragón, que conservaba recuerdo de aquella estrecha asociación histórica con Cataluña. En el decenio de 1920, los recién llegados en su mayoría eran de Murcia, región que, aunque hablante de castellano, había sido conquistada en parte por catalanes. Pero en las migraciones posteriores a la Guerra Civil y a los años de desarrollo había una proporción creciente de andaluces. Esa fue la «oleada» más numerosa y extensa, y los andaluces forman ahora el mayor grupo de inmigrantes que viven en Cataluña. Con su temperamento alegre y apasionado y su amor al flamenco, además de no ser catalanes, los andaluces son los herederos de una cultura alternativa muy pujante.

Esta razón no es más que una de las muchas por las que asimilar al último grupo de inmigrantes resultó más difícil que integrar a los llegados antes de la Guerra Civil. En el decenio de 1920, se incorporaban entre 25.000 y 30.00 inmigrantes por año; el número culminó en el período 1927-1929, porque se necesitaban trabajadores para dos importantes obras públicas, el Metro de Barcelona y la Exposición Universal de Montjuic, celebrada en 1929. Por entonces, se pensaría que no era posible la asimilación. Los «murcianos», como se llamaba a todos –aunque eran bastantes los que provenían de otras regiones– eran un grupo desordenado y rústico. Los crímenes pasionales, antes casi desconocidos en Cataluña, se volvieron menos raros; aunque ya pudieran darse el lujo de comer mejor, muchos continuaban fieles al almuerzo de pan y cebolla que los había mantenido en los campos pobres del Sur. La palabra «murciano» adquirió una connotación peyorativa –primero en Cataluña y después en el resto de España–, que nunca perdería del todo.

Las actitudes y el comportamiento de los «murcianos» consternaban a los nativos catalanes, que les aplicaron el mote de *xarnegos*, una palabra probablemente derivada de xarnec, epíteto despectivo que se aplica al que es mitad catalán y mitad francés; también los acusaron de «venir a quitarnos el pan de la boca», una acusación totalmente injusta, basada en que los empresarios catalanes se habían llevado una minoría minúscula de inmigrantes para usarlos como esquiroles. En los años de la Guerra Civil, los inmigrantes que vivían en Tarrasa pusieron, en la entrada de su barrio, un famoso cartel que decía: «Cataluña termina aquí. Aquí empieza Murcia», y en un sector los anarquistas se anticiparon a Franco, poniendo carteles que prohibían a la gente hablar catalán en la calle. Sin embargo, por entonces la mayoría de los inmigrantes de los años veinte habían comenzado a asimilar influencias que harían de ellos unos catalanes. De una manera típicamente catalana, la asimilación se cumpliría gracias a la lengua.

En los años treinta, no era difícil adquirir –en realidad, un hablante de castellano no podría haberlo evitado– un conocimiento práctico del catalán. Los inmigrantes se instalaban en barrios donde los comerciantes hablaban catalán, trabajaban en fábricas y en lugares donde muy probablemente el capataz hablaba catalán, oían catalán por la radio, para los que sabían leer allí estaba el catalán en la prensa y sus hijos aprendían catalán en la escuela. Cuando llegó una ola de inmigrantes posterior, los «murcianos» de los años veinte estaban en condiciones de mirar con aire de superioridad a los recién llegados, porque compartían la lengua y diversas experiencias. El «murciano» maduro cuyo apoyo al nacionalismo catalán fue más apasionado que el de cualquier nativo y que bautizó Montserrat a su hija mayor se convirtió en un tipo bien conocido en la sociedad catalana.

Pero la razón más importante por la cual ha sido tan difícil asimilar a los inmigrantes de la posguerra es ni más ni menos que su número: 250.000 en los años cuarenta, casi 500.000 en los cincuenta y casi un millón en los sesenta. Esa marea cubrió a Barcelona y al resto de Cataluña. Cuando llegó el fin del «milagro económico» español, casi una de cada cinco personas en las otras tres provincias catalanas descendía de inmigrantes; por ser tantos, los de los años cuarenta, cincuenta y sesenta a menudo vivían en lugares en que sólo el cura, el médico y quizá los profesores de escuela y los tenderos eran catalanes nativos.

La libertad que los catalanes adquirieron desde la restauración de la democracia para enseñar y difundir su lengua debe juzgarse considerando todos esos precedentes, porque el idioma, una vez más, ha sido el factor principal para la homogeneización de Cataluña.

En la época de la muerte de Franco, el catalán estaba en una crisis. Las investigaciones señalaban dos males específicos que, si se permitía que siguieran adelante, tarde o temprano lo destruirían.

En primer lugar, como no se había enseñado en la escuela ni se había escrito en la prensa ni usado en la documentación pública, mucha gente que podía hablar catalán no era capaz de escribirlo, y aun los que sí eran capaces estaban tan habituados a que los documentos, los libros y los periódicos estuvieran en castellano que les resultaba arduo leer y escribir en su lengua materna. En segundo término, una encuesta cuyos resultados se publicaron en 1978 reveló que, en contra de lo que se podía esperar, las personas que hablaban catalán en su casa no eran todas las que lo hacían en el trabajo, en las tiendas y sitios así. El hecho, se comprobó, derivaba de que los matrimonios mixtos de nativo e inmigrante casi siempre habían adoptado el castellano en lugar del catalán, porque el cónyuge catalán había estudiado el castellano en la escuela y, en cambio, el cónyuge castellano había aprendido de una manera no sistemática el catalán. Era evidente que, a menos que se tomara alguna medida, los hijos de esos matrimonios mixtos serían sólo hablantes de castellano.

Desde la restauración de la *Generalitat*, se produjeron cambios inmensos. El catalán se ve en las señales de las carreteras y en las calles en toda la Comunidad y, asimismo, en las Islas Baleares y en Valencia; también se oye por radio y televisión. Los catalanes pueden publicar periódicos y revistas en su lengua materna y la gran mayoría de sus hijos no sólo aprende catalán sino que, además, recibe la enseñanza en catalán.

Un reciente estudio[1] sugería que, entre 1975 y 1986, el número de hablantes de catalán en Cataluña misma se había elevado del 60 al 64 por ciento, pero que a la vez en otras zonas catalanoparlantes la proporción no había dejado de disminuir: del 55 al 49 por ciento en Valencia y del 75 al 71 por ciento en Baleares. Sin embargo, el número de personas que podía entender el catalán había aumentado en ese período en las tres regiones. En la Comunidad autónoma subió del 80 al 90 por ciento; del 70 al 74 por ciento, en Valencia; del 80 al 89 por ciento, en Baleares.

Aun así, las cifras subestiman la amplitud de los cambios producidos desde la restauración de la democracia. Toda una generación que es más que bilingüe ha salido ya de las escuelas catalanas. Los jóvenes que la integran en general tienen más fluidez para hablar, e incluso leer y escribir, en catalán[2]. Su habla a menudo está salpicada de castellanismos, lo que molesta a los puristas, que a modo de reproche llaman a esa forma «catalán light». No obstante, se trata de catalán y muchos de los que lo hablan incurren en errores gramaticales cuando se expresan en castellano.

Los nacionalistas desechan la idea de que Cataluña esté marchando hacia algo más cercano del monolingüismo que del bilingüismo. Por ejemplo, señalan que los nuevos canales privados de televisión transmiten exclusivamente en castellano. Sin embargo, se puede sospechar que esa actitud de menospreciar el problema haya nacido por temor a la reacción de Madrid ante el separatismo de *facto* que crece, veloz, en Cataluña. No es difícil imaginar que, dentro de unos veinticinco años, el castellano llegue a tener en Cataluña una posición semejante a la del inglés en los países escandinavos: una segunda lengua que la gente puede hablar muy bien pero que es nada más que una segunda lengua.

NOTAS CAPITULO 28

1) Francesc Vallverdú, L'ús del Català: un futur controvertit.

2) Una investigación hecha para la edición barcelonesa de El País en 1989 demostró que, por primera vez desde que se tenían cifras registradas, un sector de la población –el de jóvenes de entre catorce y diecisiete años– prefería leer en catalán.

29

Los gallegos

En 1993, Galicia –la región española que está al norte de Portugal– hizo un esfuerzo valiente para atraer la atención del resto de España. Con el resquemor de que la autonomía había quedado aparte en las festividades del año anterior, sus autoridades declararon que 1993 sería el Año Jacobeo (o *Xacobeo* en gallego). Se organizó una amplia variedad de acontecimientos culturales y de otro tipo, para sacar provecho al renacimiento de la popularidad de la peregrinación a Santiago de Compostela. En consecuencia, los hoteles de Santiago se vieron llenos, los visitantes recorrieron el resto de Galicia en mayor número que el habitual y la publicidad del turismo en España se concentró en la región más que nunca.

Se podría decir que esto último, por sí mismo, justificaba el costo de esa campaña, porque en los tiempos modernos la pobre, húmeda y poco asequible Galicia estuvo entre los lugares menos conocidos de Europa occidental. Sin embargo, se trata de una región cuya reivindicación de una identidad propia es tan fundada como la de Cataluña.

Los gallegos afirman que las raíces de su singularidad son étnicas. Galicia, dirán, es la región española en la que los celtas más abrumaron a la población autóctona cuando llegaron a la península, hacia el año 1000 a. C. El testimonio número uno es la gaita, tan tradicional en Galicia como en Escocia o en Irlanda.

No obstante, no faltan pruebas que sugieren la posibilidad de que todo eso sea un mito de mediados del siglo XIX, propagado por los nacionalistas gallegos. En tiempos antiguos, al parecer, la región no fue más céltica que el resto de la península y la lengua celta había desaparecido mucho antes del fin del dominio romano.

Dicho eso, Galicia tiene su propia lengua, llamada *galego*, o gallego en español. Si el catalán parece un híbrido de francés y español, el gallego se asemeja a una mezcla de español y portugués. Una vez más, hay que subrayar que el gallego, como el catalán, es una lengua independiente, aunque una de sus formas, conocida como *castrapo* y salpicada de castellanismos, quizá deba definirse como dialecto, pero dialecto del gallego y no del español. La existencia del *castrapo* no permite una determinación categórica de la cantidad de hablantes de la lengua autóctona. Un estudio oficial hecho en 1990 situó la proporción de gallegos que hablan «bien» su lengua en el 63 por ciento, mientras en Cataluña la cifra sería del 68 por ciento para el catalán y de sólo el 26 por ciento para el vasco en el País Vasco.

Hay tres variantes del gallego: occidental, central y oriental; el primero se divide en los subdialectos septentrional y meridional. A lo largo de los años setenta, la Real Academia Gallega y el Instituto del Idioma Gallego de la Universidad de Santiago de Compostela trabajaron en la normalización de la ortografía y la gramática de la lengua. Pero las normas propuestas por una y otra institución no tuvieron una buena acogida general. Aun así, comienza a surgir naturalmente una suerte de gallego normalizado, a medida que la lengua hablada en las grandes ciudades adquiere homogeneidad paulatinamente. El peligro que corre la supervivencia del idioma, más que de su diversidad, deriva de otros factores. Mientras el catalán es «el idioma del pueblo», en el sentido de que se habla en todas las capas sociales, el gallego lo es mayoritariamente en el sentido de que lo hablan las «masas». Exceptuados unos pocos intelectuales, en general bastante cohibidos, los miembros de las pequeñas pero influyentes clases alta y media gallegas hablan castellano. Por tanto, la gente suele identificar la preeminencia social y el uso del castellano, hecho que, sumado al desarrollo y progreso gallegos, podría determinar que se olvidara la lengua autóctona. Ya se advierte que las familias obreras con aspiraciones de cambio en su situación social enseñan castellano a sus hijos.

Puede que los gallegos, en realidad, no compartan sus antepasados con los irlandeses, los galeses y los bretones, pero también viven en una región barrida por el viento, anegada en lluvias, a orillas del Atlántico. Tal vez por todo eso no es extraño que los gallegos tengan muchas de las características asociadas con los celtas: el genio de la poesía, el amor a la música, la atracción por la muerte y una tendencia a la melancolía.

Sin embargo, este último rasgo bien podría derivarse de las tremendas privaciones a que los gallegos se vieron sometidos a lo largo de su desdichada historia. El monje benedictino Benito Feijóo –el «Voltaire español»– que visitó la región a mediados del siglo XVIII, nos dejó esta descripción del típico labrador gallego:

«Cuatro trapos cubren sus carnes, o mejor diré que por muchas roturas que tienen las descubren. La habitación está igualmente tan rota como el vestido, de modo que el viento y la lluvia entran en ella como por su casa. Su alimento es un poco de pan negro, acompañado de algún lacticinio o alguna legumbre vil, pero en tan escasa cantidad que hay quienes apenas una vez en la vida se levantan saciados de la mesa. Agregado a estas miserias un continuo y rudísimo trabajo corporal desde que raya el alba hasta que viene la noche, contemple cualquiera si no es más penosa la vida de los míseros labradores que la de los delincuentes que la justicia pone en las galeras.»

Las hambrunas eran muy frecuentes y, cuando las hubo, según el testimonio de registros locales, las calles de las principales ciudades resonaban con el eco de los lamentos y las súplicas de semidesnudos esqueletos ambulantes.

La última gran hambruna fue la de 1853-1854, pero aún hoy son tremendas las privaciones en Galicia. En 1992 se publicaron cifras indicadoras de que, en términos de poder adquisitivo, Galicia era la más pobre de las diecisiete comunidades autónomas españolas, con un 85 por ciento de la media nacional[1]. Sus provincias interiores de Lugo y Orense son los últimos sitios de España en que se puede ver, con una frecuencia chocante, a ancianas que recorren los caminos rurales llevando, como bestias de carga la leña.

Galicia es una víctima de la dinámica de la historia española. A diferencia de lo ocurrido en Cataluña, la romanización de Galicia fue lenta e incompleta. Pero, al igual que el pueblo catalán, los gallegos tuvieron muy escaso contacto con los musulmanes. Se supone que uno de los primeros reyes asturianos consolidó su poder en la región costera a mediados del siglo VIII, aunque la totalidad de la región no volvió al dominio cristiano hasta el reinado del nieto de ese monarca, en la primera mitad del siglo IX. Sin embargo, de inmediato la atención de los soberanos se centró, inexorable, en el sur, por el ansia de reconquistar la península. A medida que el poder pasó a los estados nacidos de la monarquía asturiana –primero León y más tarde Castilla–, los gallegos quedaron cada vez más aislados del centro del poder.

La frustración del pueblo al verse sujeto a una corona cuyos intereses no eran los de Galicia se manifestó desde una etapa muy temprana en las sediciones de la nobleza; a la luz de ese resquemor imperante en la región habrá que ver el hallazgo de la tumba de Santiago.

Cuenta la leyenda que la descubrió un pastor en un prado, al que llegó guiado por una estrella. El prado se convirtió en el lugar en que se alzaron una catedral y una ciudad que tomaron el nombre de Sant Iago de Campus Stellae (del campo de la estrella). Una etimología alternativa afirma que la supuesta tumba de Santiago estaba en lo que antes había sido un cementerio; según este punto de vista, Compostela deriva de la voz *composta* (lugar de enterramiento) más el sufijo diminutivo -ela.

En cualquier caso, dio a los monarcas asturianos y a sus sucesores el motivo, o el subterfugio, para derramar presentes y privilegios sobre la ciudad que creció en torno a la tumba. Hasta el siglo pasado, el soberano español pagaba una suma anual a la ciudad, el «voto de Santiago», aparentemente a cambio de la protección del santo. El efecto, sin embargo, era el de crear en una provincia de potencial turbulencia una ciudad con buenas razones para apoyar al gobierno central.

Ya en el siglo XIV, los gallegos perdieron su representación en las Cortes. No tuvieron ningún papel en la Mesta, el gremio de criadores de ovejas que tantos beneficios dio a los labradores de la meseta, ni en el comercio con las Américas, en manos de los andaluces, ni en las revoluciones industriales que tantos cambios llevaron a las provincias catalanas y a las vascas. Muy por el contrario, se convirtieron en el blanco favorito de tasas exorbitantes y de levantamientos militares.

El ferrocarril de Madrid llegó a Galicia en la tardía fecha de 1883, y a principios de este siglo, las únicas industrias de la región, además del astillero de La Bazán fundado en el siglo XVIII, eran una modesta industria textil en La Coruña, unas pocas manufacturas de tabaco y de alimentos y alguna enlatadora; como era de suponer, las latas llegaban de fuera. Tal vez Galicia tenía derecho a esperar de Franco un trato especial, porque el dictador había nacido en El Ferrol. Pero, aunque sin duda la región se benefició de la mejora general del nivel de vida español en los años de desarrollo, en los que se establecieron algunas grandes fábricas nuevas, en particular la factoría de Citroën en Vigo, el mayor cambio fue una explotación más eficaz de sus recursos naturales, la fuerza hidroeléctrica y la madera. En 1989, aún un 34 por ciento de la población trabajaba la tierra: una proporción mucho más alta que en cualquier otra región española.

La agricultura de Galicia muestra un atraso lamentable. A diferencia de la mayoría de los demás pueblos del norte de España en tiempos pasados, los gallegos no pudieron evitar la presión del crecimiento demográfico con una migración masiva hacia el sur. Los asturianos se establecieron en León y, por último, en Extremadura. Los vascos y los cántabros marcharon a Castilla y también a Andalucía. Los aragoneses y los catalanes se fueron a Valencia. Pero la expansión de Galicia hacia el sur quedó impedida por la creación de Portugal, un Estado con el que los gallegos no tenían nexos políticos. El único pueblo que, como los gallegos, se veía en las mismas dificultades fue el navarro; sin embargo, como la ausencia de límites marítimos le permitía una salida hacia el norte, la aprovechó.

Limitados por todas partes, los gallegos no tenían más posibilidades que dividir y volver a dividir la misma tierra. Hoy, la mayoría de los labradores tiene minúsculas superficies que se componen de parcelas aisladas, donde explotan distintos cultivos y crían animales; es mucho el tiempo que pierden trasladándose de un lugar a otro; desaprovechan el terreno que ocupan los muros de separación de las parcelas, y la poca superficie de las propiedades y la diversidad de los cultivos hacen que a menudo la introducción de maquinaria sea antieconómica. La agricultura que se practica en Galicia no es muy distinta del cultivo en fajas medieval. Y por cierto que los labradores gallegos pagaron unos derechos feudales llamados foros aún mucho después de que otros vestigios de la Edad Media, de ese mismo tipo, hubieran desaparecido en todo el país.

Cualquier pueblo que haya recibido el duro trato que sufrió el gallego tiene derecho a mostrarse desconfiado y, entre los españoles, el nativo de Galicia se caracteriza como cauto y astuto. En castellano, una afirmación ambigua es un galleguismo. Si no en otro, en este sentido Franco fue un verdadero hijo de Galicia: eran famosos sus comentarios enigmáticos, y siempre dejaba que sus ministros discutiesen los temas sin intervenir.

La pobreza también engendra superstición y Galicia ha sido, desde tiempos inmemoriales, la tierra de la brujería en España. El famoso manual de magia gallega, O antigo e verdadeiro livro de San Cipriano, más conocido como Cipranillo, se editó innúmeras veces. En Galicia es común la creencia en el mal de ojo, abundan brujas y curanderos y es un refugio legendario del lobizón, el lobis home.

Con su costa tan accidentada, Galicia también tiene una antigua familiaridad con el contrabando. Hasta hace muy poco tiempo, el principal producto era el tabaco. Los cigarrillos llegaban en barcos de carga, se recogían en alta mar, se transportaban hasta aguas más bajas en barcas con motor fuera borda y se descargaban en pequeños pesqueros que podían adentrarse en las rías sin despertar sospechas. El contrabando sigue aún, pero durante los años ochenta, desde América del Sur llega a las costas gallegas el tráfico de cocaína: más fructífero, peligroso y dañino.

Es digno de señalar el hecho de que las dos comunidades españolas donde resultó más sencillo encontrar gente dispuesta a traficar con drogas hayan sido las que históricamente estuvieron más abandonadas por el resto de España: los gitanos y los gallegos. Tal como para los gitanos, las drogas dejaron una herencia mixta para Galicia. La cocaína hizo muchos adictos en las comunidades por las que pasó, también dio lugar al establecimiento de bandas criminales despiadadas, pero no se puede negar que llevó prosperidad. A fines de los años ochenta, había indicios de un consumo importante, los suficientes como para abrigar alguna duda acerca de la fiabilidad de las estadísticas oficiales para conocer el origen de la verdadera riqueza gallega.

Más aún que en el País Vasco, por tradición las mujeres gallegas disfrutaron de una alta jerarquía social y de una amplia influencia. El personaje heroico nacional de Galicia es una mujer, María Pita, célebre por su bravo comportamiento en el sitio inglés de La Coruña en 1586, y varios de los intelectuales gallegos de mayor renombre también lo son: la poeta Rosalía de Castro, la novelista Emilia Pardo Bazán y Concepción Arenal, la reformadora del sistema penitenciario. Puede que sea otra herencia de las sociedades matriarcales prerromanas del norte de España, pero también algo tiene que ver el hecho de que las gallegas, durante centenares de años, sencillamente porque sus hombres estaban en otras regiones del país o del mundo, se hayan visto obligadas a asumir responsabilidades que en otros grupos sociales estaban a cargo de ellos.

A lo largo de los años, se escribieron muchísimas tonterías sobre la tendencia emigratoria de los gallegos. Se consideraba de buen tono atribuirla a una típica sed de aventuras celta. Pero un escritor español observó: «La próxima vez que usted vea a uno de estos celtas emigrantes, déle una patata, y lo transformará inmediatamente en un europeo sedentario. Lo que convierte en aventureras a las "razas aventureras" es la falta de patatas, la falta de pan y la falta de libertad.»

Se ha calculado que, en los últimos cinco siglos, uno de cada tres gallegos abandonó su tierra natal por necesidad. La emigración permanente más temprana se produjo en el siglo XVI, cuando se instaló a miles de gallegos en la andaluza Sierra Morena, para repoblar zonas despobladas tras la expulsión de musulmanes y judíos. Más tarde, el centro de atracción se desplazó a las grandes ciudades de Andalucía y a las de León, Castilla y Portugal, donde los gallegos se ocuparon de las tareas humildes y serviles que la gente del lugar desdeñaba. Por ejemplo, el servicio doméstico casi siempre estaba a cargo de gallegos. Pero la migración interna en pequeña escala sólo podía aliviar la presión sobre la tierra, raíz de todos los problemas de Galicia. El pueblo gallego estaba limitado a su tierra por el sur y por el este. Por el norte y el oeste se extendía el océano y en él, en cierto sentido, encontraron al fin una vía de escape. A lo largo de casi dos siglos, desde la segunda mitad del XVIII, cuando desaparecieron las restricciones de establecimiento en el Nuevo Mundo, una continua corriente de gallegos atravesó el Atlántico en busca de una nueva vida en Argentina, Uruguay, Venezuela, Cuba y los otros países de la América hispana. Tan grande era su desesperación –o su inocencia– que en el decenio de 1850, cuando los propietarios de las plantaciones caribeñas tuvieron que liberar a sus esclavos, un cubano de origen gallego reclutó a unos dos mil paisanos suyos dispuestos a cumplir esas funciones. En gran parte de América del Sur, gallego es sinónimo de «español». Quizás el descendiente contemporáneo más conocido de inmigrantes gallegos sea Fidel Castro, cuyo apellido deriva de la palabra celta que significa un pueblo fortalecido.

Pero no toda la emigración era permanente. Todos los años hasta los primeros de este siglo, entre 25.000 y 30.000 gallegos de ambos sexos marchaban en nutridos grupos desde su tierra a la meseta, donde trabajaban en la cosecha. Cada una de esas cuadrillas estaba formada por un número fijo de segadores y rapaces agavilladores, dirigidos por un capataz, el *maoral*. En su marcha, con la hoz al hombro, esos nómadas curtidos por la intemperie, personajes de la literatura de Castilla y de la gallega, tienen que haber sido un espectáculo impresionante.

Las oportunidades de emigrar a América del Sur se agotaron en los años cincuenta, casi en el mismo momento en que empezó a tomar impulso el auge de la posguerra en Europa, que creó un mercado alternativo para la mano de obra barata. Entre 1959 y 1973, los gallegos fueron más o menos una cuarta parte de los emigrantes españoles que iban a trabajar en Europa.

Una de las paradojas de España es el hecho de que Cataluña, que fue una región independiente aunque fragmentada durante tres siglos, tenga sólo jerarquía de principado, mientras Galicia, que fue autónoma por tres breves períodos, en total once años, a lo largo de los siglos IX y X, se designe convencionalmente como reino. Para los nacionalistas gallegos, las revueltas populares que se produjeron en su tierra a fines de la Edad Media, y en especial la gran sedición de 1467-1469, organizada por las hermandades de labriegos, *Irmandades*, son el testimonio de una conciencia patriótica. En cambio, para los historiadores modernos, esas rebeliones fueron más bien motines antifeudales, sin duda sobrecogedores. Pero es innegable que desde tiempos remotos los gallegos tuvieron conciencia de que lo eran, y así lo reconocieron Fernando e Isabel al crear la Junta General del Reino, compuesta por un representante de cada provincia gallega, para fiscalizar los asuntos políticos y económicos de la región.

El nacimiento del nacionalismo gallego, como el del nacionalismo catalán, coincidió con un renacimiento literario. En realidad, hubo un elemento de imitación. Al modo de los catalanes, los gallegos celebraron sus Juegos Florales –inaugurados dos años más tarde que los catalanes– y así como en Cataluña hubo una *Renaixença*, en Galicia hubo un *Rexurdimento*. No obstante, es discutible que el renacimiento gallego tuviera más importancia literaria que el catalán. Las figuras principales del *Rexurdimento* son el poeta Eduardo Pondal, los historiadores Manuel Murguía y Benito Vicetto y, en particular, Rosalía de Castro, casada con Murguía. Hija ilegítima de un cura, rechazada por la sociedad, desdichada en su matrimonio y, hacia el fin de su vida, destrozada por el cáncer, fue una figura gallega por excelencia, que en la vida sufrió tanto como su tierra natal a lo largo de su historia. Su obra *Cantares gallegos*, publicada en 1863, es una de las grandes de la literatura española.

Sin embargo, antes de 1889, año en que Alfredo Brañas publicó *El Regionalismo*, los sentimientos nacionalistas inherentes al *Rexurdimento* no habían tomado forma política y aún así lo hicieron con relativa timidez. El primer grupo nacionalista de verdad fue la *Irmandade dos Amigos da Fala*, que en 1916 Antonio Villar Ponte fundó en La Coruña. Relegado poco después a la clandestinidad por el golpe de Primo de Rivera, el nacionalismo de Galicia reapareció en los primeros años de la República, bajo la forma del Partido Galleguista, que negoció un estatuto de autonomía, por el que se habría asignado a Galicia el control sobre la agricultura, la propiedad de la tierra, las cajas de ahorro y la seguridad social y el poder de hacer «nacionalizaciones»; el estatuto se votó el 28 de julio de 1936. La participación alcanzó casi el 75 por ciento; más del 99 por ciento de los votantes se decidió por el «sí». Diecinueve días más tarde estallaba la Guerra Civil, con lo que se destruyeron las esperanzas de un gobierno autónomo.

No obstante, esa votación puso a los gallegos en un pie de igualdad con los vascos y los catalanes: también eran un pueblo dueño de una cultura singular que pública y fehacientemente se había mostrado a favor de su autonomía; ese hecho no permitió que los gobiernos postfranquistas se negaran a otorgarles una categoría similar. De no haber sido por la autoridad moral que esa votación les daba, es muy posible que las quejas lastimeras de Galicia se hubieran perdido entre el clamor ronco que, en otras regiones de España, había empezado a exigir autonomía.

NOTA CAPITULO 29

1) En el Anuario de El País, *1993.*

30

El gran experimento

El sistema de autogobierno que surgió tras la agitación de fines de los años setenta, al que en España se llama «Estado de las autonomías», fue en todo sentido el más definido y amplio intento jamás hecho por los españoles para resolver las tensiones internas que perjudicaron su historia moderna.

Se ha dicho que su rasgo definitorio es su «geometría variable». En ningún otro país, quizá, se haya aplicado una solución que, mientras abarca a todas las regiones, permite variantes tan amplias en la naturaleza y alcance de los poderes acordados a sus administraciones. En un principio, la Constitución dividía a las diversas Comunidades Autónomas en tres clases distintas: las que llegaron al autogobierno pleno por la «vía rápida» establecida en el artículo 151; las que llegaron por la «vía lenta» fijada en el artículo 143[1] y, por fin, Navarra, que es la única región española que ya disfrutaba de cierto grado de autonomía. Además, en cada una de las dos primeras categorías, se concretaron diferencias sustanciales entre los poderes de los gobiernos autónomos. Por ejemplo, vascos y catalanes tienen su propia policía, en tanto que gallegos y andaluces no la tienen. Los estatutos de gobierno aprobados para Valencia y las Islas Canarias son distintos entre sí y de los de otras autonomías de «vía lenta». En el País Vasco y en Navarra, por otra parte, se restableció un acuerdo tradicional, por el que las autoridades regionales cobran los impuestos y entregan al gobierno central sumas –en el País Vasco se trata del «cupo» y en Navarra, de la «aportación»– que en teoría corresponden a los servicios que presta Madrid. En el resto de España, el procedimiento es inverso: Madrid cobra los impuestos y da a las administraciones autónomas lo que les está reconocido. Desde el principio, la «geometría variable» del sistema fue lo que despertó mayores controversias e inquietudes.

En 1980, cuando la confusión acerca de los planes del gobierno de UCD para las regiones estaba en su apogeo, Felipe González, por entonces jefe de la oposición, propuso una ley para eliminar las ambigüedades en la sección del texto constitucional que se ocupa del gobierno autonómico. El proyecto se hizo realidad, bajo el complejo título de Ley orgánica para la Armonización del Proceso Autonómico, aunque pronto se la conoció por sus siglas, LOAPA.

En el núcleo de esta muy debatida ley había un intento de aclarar la cuestión de si la legislación estatal debía prevalecer sobre la autonómica. Lo que distinguía a las regiones que habían conseguido su autonomía a través del artículo 151 de las que lo habían hecho gracias al artículo 143 era que podían, de inmediato, reclamar sus competencias en determinadas áreas que, en principio, la Constitución había reservado para el gobierno central. Pero la LOAPA establecía que, si surgía un conflicto entre la ley estatal y la legislación autonómica en esos campos, siempre debía prevalecer la ley del Estado, incluso después de que los poderes correspondientes se hubieran delegado a la autonomía en cuestión, a través de su estatuto. Los nacionalistas de las autonomías «históricas», y en especial los vascos, argumentaron que la LOAPA era un intento de limitar el alcance de sus estatutos autonómicos, sin tener que someter los cambios a un referéndum, tal como lo exige la Constitución. Así fue como se trazaron las líneas de una batalla dura y larga.

La lucha no terminó con la aprobación de la LOAPA en el Parlamento, en junio de 1982, porque los que se oponían a ella recurrieron de inmediato al Tribunal Constitucional, que se tomó más de un año para llegar a una decisión. Cuando se dio a conocer, en agosto de 1983, fue una bomba. Los jueces dictaminaron que más de un tercio de la LOAPA era inconstitucional, incluidas las cláusulas que garantizaban la supremacía de la ley estatal respecto de la autonómica, en los campos en que los vascos, catalanes, gallegos y andaluces habían recibido poderes negados a las demás autonomías.

Las reservas acerca de la «geometría variable» del nuevo sistema español de gobierno autónomo se inspiraban en algo más que la preocupación por la amenazada unidad del país, ya fuera real o no esa amenaza. También se temía que las diferencias entre los poderes otorgados a las distintas regiones podían incrementar las disparidades ya existentes entre las zonas ricas y pobres de España. Las comunidades autónomas que habían recibido los poderes más amplios –el País Vasco y Cataluña– estaban entre las de mayor PIB per cápita y se decía que, si no se introducía algún mecanismo de corrección, podrían separarse del resto del país tanto económica como políticamente.

Por tanto, en 1985 se elaboró una Ley orgánica de financiación de las comunidades autónomas (LOFCA) que, además de otras cosas, pretendía cerrar la brecha abierta entre las regiones ricas y las pobres. Se creó una reserva económica, el Fondo de Compensación Interterritorial, en el que las comunidades autónomas más pobres podrían obtener ayuda. En 1994, la provisión anual del fondo había subido hasta unos 128.845 millones de pesetas.

La aprobación de la LOFCA significó que se habían puesto en su lugar la última de las instituciones y todos los procedimientos necesarios para gestionar el Estado de las autonomías en España. Desde entonces, la atención pasó a la transferencia a los gobiernos autónomos de los poderes que les acordaban sus estatutos, además de los recursos humanos y financieros necesarios para ejercer esos poderes. A principios del decenio de 1990, ya se había hecho la mayoría de las transferencias pactadas. A continuación, la parte que de los gastos consolidados correspondía al gobierno central bajó abruptamente: del 89 por ciento en 1980 hasta el 67 por ciento en 1991. Del resto, más de la mitad lo gastan hoy las autonomías, cuya parte en el total fue mucho mayor, ya en 1985, que la de los ayuntamientos. En 1994, se esperaba que más de un quinto del gasto general correspondiera a las regiones. Sin embargo, esto infravalora el impacto final de las nuevas disposiciones casi federales de España.

En el caso de las regiones que llegaron a la autonomía por el artículo 143 de la Constitución, la transferencia se pensó como un proceso en dos etapas. Aunque en principio se les negaban los poderes otorgados a las comunidades autónomas de «vía rápida» (artículo 151 de la Constitución), se suponía que adquirirían al menos una parte de ellos después de unos años. Tras muchas demoras, en 1992 los representantes del PSOE y del PP se reunieron para negociar un acuerdo sobre los poderes extraordinarios que se darían a las autonomías de «vía lenta». Se concedieron nuevas responsabilidades: la más importante fue la de la educación universitaria, quizá. Cuando los gobiernos regionales asuman esos nuevos poderes en los próximos años, la parte de los gastos generales que corresponderá a las comunidades aumentará de un modo sustancial.

Otro efecto del acuerdo de 1992 será que se cierre un poco la brecha existente entre las autonomías de «vía rápida» y las de «vía lenta». En el futuro, las principales diferencias serán que las primeras, a diferencia de las segundas, controlarán los servicios sanitarios y la educación primaria y secundaria. Además, todas las autonomías que se ciñen al artículo 151 tienen sus propios canales de televisión, y tres de ellas cuentan con policía propia (aunque también disfruta de ambas cosas una región de «vía lenta» como Valencia). El Estado de las autonomías no estará aún completo, pero es posible prever su naturaleza y forma finales.

Asimismo, el peculiar sistema español de gobiernos autónomos regionales ha estado en marcha, siquiera provisionalmente, durante algo más de un decenio[2]. Nos preguntamos, pues, qué clase de administración se ha producido, si aumentó o disminuyó la distancia entre las regiones ricas y las pobres, si aumentó o disminuyó la eficiencia del gobierno y si, a fin de cuentas, ha sido un éxito o un fracaso.

De una estructura intencionalmente tan heterogénea, se podría esperar que produjera variaciones enormes en la calidad de la administración regional. Sin embargo, no ha sido así. Algunas, por supuesto, son mejores que otras, pero la distancia entre la mejor y la peor ha sido relativamente pequeña, aunque podía reflejar, hasta hace poco, el alcance limitado de sus poderes. Un gobierno que hizo grandes gastos, presidido por Juan Hormaechea en Cantabria, fue quizá el más discutido, y dejó grandes deudas a la Comunidad.

Es peculiar el hecho de que las «nacionalidades históricas»[3] hayan elegido, todas, gobiernos de derecha. En las primeras elecciones vascas y catalanas, ganaron los nacionalistas de centro–derecha del Partido Nacionalista Vasco (PNV) y de Convergència y Unió (CiU), respectivamente. En Galicia no se impusieron los nacionalistas sino Alianza Popular, un partido nacional con base en Madrid, aunque fundado y por entonces dirigido por Manuel Fraga, gallego de nacimiento.

En el País Vasco, el primer *lehendakari* o presidente fue Carlos Garaikoetxea, quien tras una división del PNV se separó para fundar su propio partido, algo más radical, llamado Eusko Alkartasuna, y su cargo en el gobierno vasco recayó en José Antonio Ardanza, un hombre que presenta una imagen sólida, moderada y responsable; es probable que esta imagen sea la explicación de que el gobierno vasco haya sido capaz de acumular considerables poderes, sin suscitar muchos recelos en Madrid ni en el resto del país. En realidad, según algunos, el País Vasco disfruta hoy de un grado de autonomía mayor que el de cualquier otra región de la Unión Europea.

Desde 1980, la presidencia de la *Generalitat* catalana está en manos del ex banquero Jordi Pujol, que llegó al poder con el lema –esencialmente catalán– Anem per feina! (vayamos a trabajar); en el *President* se corporizan muchos valores tradicionales de su tierra: sobriedad, astucia, un catolicismo atado a las convenciones (la mujer de Pujol encabeza el movimiento antiabortista catalán) y, sobre todo, un orgullo ilimitado por la lengua y la cultura de su pueblo. Su actitud ambigua en cuanto a definirse como partidario de una Cataluña autónoma o independiente, aunque comprensible en términos de sensibilidad local, puede generar inquietud en Madrid. Al mismo tiempo, a menudo se le ha criticado dentro de su tierra por haber puesto a Cataluña en el papel de víctima de sus interminables discusiones con el gobierno central acerca de las competencias de la *Generalitat*.

El primer presidente de la *Xunta* de Galicia fue Gerardo Fernández Albor, un médico culto, de cierta edad. Sin embargo, las decisiones de cada día pronto estuvieron en manos de Xosé Luis Barreiro, hombre dado a maniobras y número dos de la *Xunta*. En 1987, después de fracasar en una conjura que pretendía derrocar a Fernández Albor, Barreiro se hizo cargo de un pequeño partido centrista. De inmediato se alió con los socialistas, para aprobar una moción de censura que desalojó del gobierno a Alianza Popular y entregó la presidencia de la autonomía a Fernando González Laxe, el candidato del PSOE. Un año más tarde, se presentaron acusaciones por corrupción contra Barreiro –que había vuelto a ser vicepresidente de la Xunta– y, en ese ambiente de disputas apasionadas, los gallegos llegaron a las elecciones autonómicas de 1989. Manuel Fraga, fundador de Alianza Popular (por entonces rebautizada con el nombre de Partido Popular), se presentó como candidato, convencido ya de que su pasado franquista le impediría llegar a la presidencia del gobierno central. El resultado fue una victoria aplastante del PP: Fraga obtuvo la mayoría absoluta en la asamblea gallega, a expensas del partido de Barreiro. Desde entonces, se ha convertido en un entusiasta sin par de la causa autonómica y a principios de los años noventa impresionó a nacionalistas como Ardanza y Pujol sugiriendo que se eliminara la duplicación de los gobiernos regionales y el central. Su idea de «administración única» significaría, en esencia, la aplicación del principio de subsidiaridad de la UE, o interferencia mínima del poder central.

La idea de Fraga no se adoptó hasta ahora como política de gobierno. Pero tarde o temprano será ineludible hacer algo para eliminar la superposición de responsabilidades y de personal administrativo innecesario, rasgos que han llegado a ser típicos de la administración española, a causa de los experimentos en materia autonómica. Durante la transferencia de poderes, se han desarrollado dos procesos muy poco deseables. En primer lugar, el gobierno central ha mantenido muchos más burócratas en los ministerios y departamentos de los que le exigen los poderes que aún detenta. Al mismo tiempo, los gobiernos regionales han contratado personal por su cuenta, además del que ya les transfiriera Madrid. Este segundo problema es el más pronunciado. Como vimos en un capítulo anterior, en 1991, cuando las comunidades autónomas eran responsables del 19 por ciento de los gastos, empleaban a un 31 por ciento de los funcionarios públicos de España.

También hubo, sin duda, cierto grado de libertinaje en las nuevas autonomías. Varios de sus presidentes tienen sueldos más altos que el presidente del gobierno central. Pero el dispendio y el derroche, donde los hubo, se produjeron en una escala relativamente modesta y el problema de las responsabilidades duplicadas es la causa fundamental del exceso de gasto y de las deudas, que en los últimos tiempos se convirtieron en una preocupación para Madrid.

Dentro de los términos de la economía y la unión monetaria europeas, se espera de España –y de otros Estados de la UE– que controle su deuda. Mientras el gobierno da los pasos para cubrir su propia deuda, no puede evitar que las Comunidades autónomas –cuyos poderes para aumentar los impuestos están muy limitados– cubran sus déficits fiscales apelando a la banca o al mercado. Aunque es comprensible que la falta de control cause ansiedad en Madrid, y es verdad que el éxito o el fracaso de España con respecto a los objetivos de Maastricht se decidirá probablemente en los márgenes, el porcentaje de la deuda total contraída por las autonomías es muy pequeño. En 1993, se esperaba que el servicio de la deuda de las comunidades autónomas representara menos del 5 por ciento del total de pagos de capital e interés del país.

Como un elemento para la igualdad regional, el sistema autonómico español, hasta hoy se diría, ha tenido éxito. Durante los años ochenta, las regiones menos aventajadas de España mejoraron su situación más que las regiones pobres de otros países de la UE. Al parecer, esto no se debió al Fondo de Compensación Interterritorial antes mencionado. Los estudios sugirieron que existe un nexo entre la magnitud de los poderes de una región y su tasa de crecimiento, y no habría que olvidar que dos de las comunidades autónomas más pobres –Galicia y Andalucía– disfrutan de amplios poderes, según el artículo 151 de la Constitución. Aun así, la convergencia entre las regiones más atrasadas y las más ricas de España marcha a paso lento. En 1975, a la muerte de Franco, la región más rica de España era el País Vasco, cuyo PIB per cápita estaba un 10 por ciento por encima de la media de la CE. La región más pobre era Extremadura, donde estaban un 53 por ciento por debajo. La diferencia entre un extremo y otro era del 63 por ciento. En 1989, las Islas Baleares, con un PIB per cápita de 7 por ciento por encima de la media de la CE, era la región más rica de España. Extremadura seguía siendo la menos próspera, pero su déficit con respecto a la CE había disminuido al 51 por ciento. Por tanto, la diferencia general era del 58 por ciento, es decir, sólo 5 por ciento menos que catorce años antes. Y no había cambiado el hecho de que ciertas zonas de España duplicaran, con exceso, los recursos de otras.

Se podría decir que es imposible medir en cifras el verdadero éxito del Estado de las autonomías, y que ni siquiera se puede hacerlo con acontecimientos, porque se encontrará en lo que no ha pasado más que en lo que sí ocurrió. No ha habido demasiados enfrentamientos y ninguna crisis, por cierto. El largo y complejo proceso de transferencia de poderes a las autonomías desató cientos de causas judiciales entre los gobiernos regionales y el central; provocó a veces airadas discusiones públicas entre políticos regionales y estatales. Pero no ha pasado nada que no se pudiera suponer que ocurriría en una democracia sana, y pocas veces alguien que tuviera peso y valor en la vida pública española ha dicho que la unidad del país estaba en peligro. Esto me parece un notable tributo a la tolerancia, la madurez y el cabal buen sentido de los españoles.

No obstante, podría ser que la verdadera prueba esté aún por llegar, porque se aproxima el momento en que los gobiernos de las distintas Comunidades Autónomas habrán recibido hasta el último de los poderes y responsabilidades que les otorga la Constitución. ¿Qué pasará entonces? Es difícil imaginarse que haya algún problema en alguna de las autonomías de «vía lenta», o en Andalucía, cuando todas ellas estarán disfrutando de un nivel de autogobierno mayor del que tuvieron, al menos, desde la Edad Media. Las «nacionalidades históricas» son otro asunto, no obstante, y con la excepción, quizá, de Galicia.

No parece probable que los nacionalistas vascos y catalanes que están a cargo de los gobiernos de sus respectivas autonomías dejen de pedir más poderes. Nunca se mostraron demasiado propensos a una solución que garantizara el autogobierno a las diecisiete autonomías, por el temor de que fuese una manera de evitar lo que ellos ven como el tema central: el reconocimiento de las identidades distintivas de las tres «nacionalidades históricas». El pacto de 1992, que redujo las diferencias entre las comunidades autónomas de «vía rápida» y de «vía lenta», convenció a muchos de que sus temores estaban bien fundados y les dio un incentivo para restablecer una brecha aún mayor entre las dos. En cualquier caso, la exigencia de concesiones del gobierno central se ha convertido en una forma de vida, una *raison d'être*, para los nacionalistas moderados que están bajo la presión constante de movimientos abiertamente separatistas como Herri Batasuna, en el País Vasco, y Esquerra Republicana de Cataluña. Si alguna vez se encontraran con sus exigencias colmadas, muy poco –aparte de su historia– diferenciaría a los nacionalistas de centro derecha de un Partido Popular que paulatinamente se muestra más moderado.

Al mismo tiempo, tampoco parece muy probable que el futuro gobierno central esté en una posición adecuada para resistir a esas exigencias. Desde las elecciones de 1993, en las que los socialistas no obtuvieron la mayoría absoluta en el Congreso, Felipe González y sus ministros se apoyaron en los nacionalistas catalanes de Convergència i Unió para sobrevivir. Otro tanto ha ocurrido con el gobierno de Aznar. Aunque el hecho fuera ocultado por once años de gobierno socialista con mayoría absoluta, el sistema electoral español se diseñó para evitar que un solo partido tuviera el poder total. A cierta distancia, se puede ver como una fórmula para entregar el equilibrio del poder a los nacionalistas.

Como hemos visto, la Constitución es un documento ambiguo, a menudo deliberadamente ambiguo, y crea muchas zonas grises en las que no queda claro si el poder debería ejercerse desde Madrid o desde una o más autonomías. Por tanto, tarde o temprano, la lucha entre ambos bandos –gobierno central y nacionalismos– tendrá que producirse en campos en los que será discutible si las exigencias de los nacionalistas van más allá del texto constitucional. Esto ha empezado a producirse. En 1993, Jordi Pujol exigió, y obtuvo, la adjudicación automática de un porcentaje de los impuestos recaudados en Cataluña, algo que no está contemplado, ni establecido, por supuesto, en la Constitución. Muchos catalanes –no todos ellos fervientes nacionalistas– consideran como algo inevitable una solución federal en la que todo, con excepción de los asuntos exteriores, el comercio y la defensa, estaría en manos de la Generalitat. Esta situación podría ser sensata y deseable. Pero no es la que ofrece la Constitución. Y me parece que los que hablan como si se tratara de una conclusión preanunciada tratan de rechazar el verdadero problema: el papel constitucional de las fuerzas armadas. Su tarea es garantizar no sólo la «integridad territorial» de España –que, se podría decir, no estaría amenazada por un sistema federal– sino también el propio «ordenamiento constitucional».

Ortega y Gasset decía: «Si España es el problema, Europa es la solución». Muchos nacionalistas vieron en los progresos del continente hacia la unificación una manera de solucionar la cuadratura del círculo aquí señalada. La idea es que la unión política europea implicará una entrega del poder «hacia abajo», a las regiones, y también «hacia arriba», a una nueva entidad supranacional; que las fronteras nacionales serán menos importantes cada día, de modo que sólo tendrán sentido las divisiones que separan a Europa del resto del mundo y las que coinciden con sus divisiones naturales, culturales y étnicas. Esta idea quizá sea atractiva y podría llegar a su cumplimiento en el próximo siglo, si todo marcha bien en la unificación europea. Pero particularmente en Cataluña, los nacionalistas la muestran no como inevitable sino como algo más o menos inminente.

Los motivos se identifican sin dificultad. Ese guión parece ofrecer a los nacionalistas un camino para aprovecharse de la popular causa de la unificación europea, que trata de convertir el continente en una gran unidad y, a la vez, mantenerse leales al nacionalismo, lo que implica dividir ese continente en unidades menores. Si esto es o no realmente posible, es otro asunto.

Personalmente, no creo que Europa pueda ofrecer una solución o, más bien, pienso que no puede ofrecer una solución con la rapidez necesaria. En cambio, sospecho que los propios españoles tendrán que recurrir a su autodominio y a su moderación para encontrar el modo de reconciliar la Constitución con su diversidad. En el contexto de la historia de España, en el que las divisiones y los conflictos internos tuvieron un papel tan importante y destructivo, es difícil ver este tema como algo que no sea el desafío más importante que enfrentará el país en los años inmediatos. Además, no es, ni mucho menos, el único.

NOTAS CAPITULO XXX

1) Véanse págs. 57-58.

2) Los últimos estatutos que se aprobaron se aplican desde febrero de 1983, aunque una ley que adapta las previsiones de la autonomía de Navarra no entró en vigor hasta el mes de agosto siguiente.

3) Véase nota 1 de pág. 63.

31

Los nuevos españoles

A medida que las ondas de choque de la caída de la Unión Soviética se esparcían por el mundo, millones de horas se invirtieron en informar sobre la expansión de la democracia en Europa Oriental y otras zonas, a la vez que millones de centímetros de columnas de periódicos y revistas se dedicaron a examinar si una u otra antigua dictadura se había convertido, por fin, en una democracia. Me parece que, aun sin intención, a menudo se ha dado la idea de que la democracia es algo así como un absoluto, que los países son democráticos o no democráticos y que todo lo que importa es que cumplan con los ritos de pasaje necesarios para transformarlos de una cosa en otra. Pero la democratización no es como la circuncisión; puede deshacerse y puede haber diferencias importantes en los resultados finales.

El caso de España ilustra ambos puntos. En el decenio de 1930, demostró que una democracia puede convertirse en una dictadura. Su historia desde el fin de la dictadura está demostrando que la democracia, como la libertad y la igualdad, es sobre todo una cuestión de grado.

Se ha sugerido que no se puede considerar que la democracia esté bien establecida en una sociedad hasta que el poder se haya transmitido voluntariamente, tras unas elecciones, al menos dos veces. Con ese criterio, España tiene que recorrer algo de camino aún. Podría argumentarse incluso que la primera vez que el poder no se entregó a través de las urnas fue en 1996. Lo que ocurrió en 1982 fue que UCD se hizo pedazos en el cargo y el PSOE, principal partido de la oposición, dio un paso al frente para ocupar el vacío.

Todavía, es mucho lo que se puede hacer para dar fuerza a la democracia española. El hecho de que no se haga así es culpa de los políticos en gran medida, si no por entero. El español medio se ha volcado en la democracia con entusiasmo y seriedad. Toda clase de decisiones, en escuelas e institutos, en oficinas y fábricas, las que se toman entre vecinos y parientes, entre compañeros de trabajo y de parroquia, decisiones que en el pasado tenían que adoptarse, si se tenían, tras una discusión implacable, en la actualidad se toman a mano alzada. Las costumbres que configuran la democracia han hechado raíces profundas. El respeto que los españoles pueden brindar a las opiniones de los demás es, hoy por hoy, casi ilimitado.

En España, lo inadecuado no es la democracia en sentido amplio, sino la democracia en sentido estricto, la democracia parlamentaria. El Senado, la cámara alta dentro del esquema bicameral establecido por la Constitución de 1978, no podría tener un espacio más marginal en la vida pública. Los propios senadores se quejan de que la importante tarea que hacen al revisar la legislación que les envían los diputados no es del conocimiento popular. Pero esto se debe sobre todo a que nadie se preocupa por difundir esos procedimientos, o siquiera informar acerca de ellos, y esto, a su vez, se debe a que los procedimientos mismos son, casi siempre, tediosos. Todavía no se ha encontrado la forma de dar a la Cámara alta una fuerza especial y, como por mucho tiempo el mismo partido tuvo la mayoría absoluta en ambas cámaras, no era fácil que se hiciera un esfuerzo serio en ese sentido.

Si el Senado está al margen de la vida pública española, tampoco se puede decir que el Congreso de los Diputados esté precisamente en el centro. Salvo en los casos en que se televisa un debate sobre el estado de la nación o alguna moción de censura, el verdadero diálogo político de España se desarrolla en otros foros, sobre todo en la prensa.

Hasta 1994, cuando aceptó que hubiera una sesión de preguntas, como la que protagoniza el primer ministro británico, Felipe González había acudido lo menos posible a la Cámara para la que lo habían elegido. En la legislatura 1989-1993, asistió a una media de sólo cinco sesiones por año. Lo de sus vicepresidentes es peor aún. A Narcís Serra nadie le oyó decir una palabra en el Parlamento hasta más de dos años después de su nombramiento. Su antecesor, Alfonso Guerra, tras nueve años en el cargo, habló una sola vez: cuando se vio obligado a responder a las acusaciones de ser responsable de la implicación de su hermano en una red de tráfico de influencias y escándalos financieros.

La corrupción que se achaca a los políticos en los últimos años también tendrá que desaparecer, si se quiere mejorar la calidad, o al menos la imagen, de la democracia española. Pero, las leyes que se refieren a la corrupción están llenas de baches, que no se quieren arreglar. Por qué son así las cosas ya es tema de diversas interpretaciones, pero existe hoy un cuerpo de pruebas lo bastante sólido como para sugerir que los grandes partidos españoles, con la posible excepción de los comunistas, han obtenido fondos del soborno sistemático, el pago de «comisiones» por parte de las empresas a cambio de la promoción, o no obstrucción, de sus proyectos. Se sabe que las firmas constructoras fueron el primer objetivo. Una situación idéntica hallaron las investigaciones hechas en Italia sobre el sistema de comisiones y sobornos.

Algunos españoles se han sentido aliviados, o incluso animados, ante la comparación y señalan que la cultura de la *tangentopoli* (la ciudad de los sobornos) apareció cuando Italia se convertía en una potencia económica. Sin embargo, el argumento ignora un punto importante. Al fin, alguien tendrá que pagar por la corrupción. Si el precio de cada contrato público se infla para permitir que cubra el costo del soborno necesario para obtener tal contrato, alguien tendrá que poner el dinero extra. Lo que pasó en Italia fue que, año tras año, esos incrementos contribuyeron a aumentar el déficit presupuestario, que el gobierno cubría con empréstitos altísimos. Esta inmensa deuda pública es, en gran parte, el costo acumulado de decenios de corrupción. España no puede dejarse caer en ese abismo, no tanto porque los mercados no lo permitan, sino más bien porque, como Italia misma, está empeñada en reducir la deuda pública para llegar a la unión económica y monetaria europea. Como consecuencia del Tratado de Maastricht, las implicaciones de la corrupción son insoslayables: cuanto mayor la corrupción, más elevado el déficit presupuestario; cuanto mayor el déficit presupuestario, menor la capacidad del gobierno para generar empleo y prosperidad, ya sea recortando impuestos o apoyando las inversiones.

Así es como reducir, o al menos tapar, la corrupción se ha convertido en un requisito crucial para el futuro crecimiento económico español.

En los años ochenta, cuando España daba alcance a sus vecinos europeos, se difundió la idea de que lo venía haciendo, aunque gradualmente, desde los años cincuenta. Pero no fue así. El PIB español per cápita en relación con la media de los países de la Unión Europea ha variado mucho con el tiempo. En los años sesenta y en la primera mitad de los setenta, subió abruptamente, hasta llegar al 80 por ciento de la media de la UE en 1975. Diez años después, terminada la recesión, el PIB per cápita era sólo el 72 por ciento de la media de los Doce. En 1991, el año anterior a una segunda recesión española, esa cifra sólo llegaba al 79 por ciento. Ningún gobierno llama la atención de nadie hacia este asunto; cuando el miniauge socialista llegó a su fin, la brecha entre España y el resto de «Europa» era aún mayor que a la muerte de Franco. Es probable que desde 1991 la situación comparativa española se haya deteriorado una vez más. Se diría que la recesión clavó sus dientes en España más hondo y por más tiempo que en el resto de la UE.

En todo caso, lo que tenemos no es una convergencia directa de España y sus vecinos europeos occidentales, sino una situación muy frustrante, en la que los españoles se elevan hasta cierto punto antes de caer y volver a empezar, aunque desde un nivel más alto que antes. Se puede esperar que la ayuda recibida de la UE evite nuevas caídas, y contribuya a que el país suba hasta cotas más altas que las alcanzables sin ella. Pero es difícil que esa ayuda siga por mucho tiempo tras el ingreso en la UE de los países del antiguo bloque soviético, mucho más pobres, y puede que los españoles tengan que aceptar nuevos cambios en su forma de vida, e incluso en su concepción de ella, si quieren concretar el sueño de estar a la altura de países como Gran Bretaña, Francia y Alemania.

Su capacidad de actuar con rapidez y decisión cuando surge la necesidad, de «pensar a lo grande», de correr riesgos y de no dejarse amilanar por las normas son elementos esenciales para una economía postindustrial próspera. Pero también hay muchas costumbres y actitudes corrientes en España, que funcionan como un freno a su desarrollo y que apenas si han cambiado en los casi dos decenios en que he mantenido relación con el país: el rechazo de la planificación más rudimentaria, la impuntualidad, las dilaciones y mucha reticencia entre los subordinados a asumir responsabilidades, un rasgo que va de la mano con la proclividad compulsiva de muchos jefes a ocuparse incluso de las decisiones más triviales.

En una época de culturas de servicio y de tecnología de la información, también será una desventaja la dificultad que para muchos españoles significa ponerse en la posición de otra persona o tratar con la gente de un modo que no sea directo.

Es imposible prever de qué manera se enfrentarán los españoles con los desafíos políticos y económicos que les esperan. Pero lo que se puede decir con certeza es que tendrán que afrontar esos retos en unas condiciones de cambio social renovado, que se producirá en una escala comparable con esa migración del campo a la ciudad, que tantas transformaciones produjo en España en los años cincuenta y sesenta. De ese modo tan inevitable que sólo la demografía puede asegurar, nos acercamos a una Europa en la que, por primera vez desde el siglo XIX al menos, las familias serán más amplias en el norte que en el sur[1]. Y en Europa meridional serán más pequeñas que las que se han visto jamás en los países nórdicos europeos.

El efecto que esto tendrá en las actitudes y modos de vida de la Europa mediterránea es potencialmente inmenso. Por ejemplo, las afiliaciones familiares están en la raíz de buena parte del favoritismo y de la corrupción característicos de las sociedades latinas. Es decir, parece inevitable que, a medida que disminuye el tamaño de la familia, desaparezca el nepotismo. No se puede dar trabajo a un yerno si no se lo tiene y no lo tienes si no has tenido al menos una hija. Se ha dicho que la propensión de los latinos a poner la familia por delante de todo no es más que una proyección egocéntrica. Si esto es así, la desaparición de la familia latina numerosa, amplia y destructora de otras lealtades contribuirá a terminar con el tipo de actitudes antisociales que prevalecen en ella.

Sin embargo, si –como sugerí en un capítulo anterior– la lealtad a los familiares no se ha convertido en el valor central sino en casi el único existente en la sociedad española, la disminución de tamaño e importancia de la familia podría mostrar que tiene consecuencias negativas que, de momento, son mayores que las positivas. En los próximos decenios, una de las cosas más interesantes será ver si los españoles, y otros europeos meridionales, son capaces de transferir su lealtad y sus afectos de la familia tradicional amplia a otra más pequeña, nuclear.

Al mismo tiempo, tendrán que enfrentarse con un entorno social que, cada día más, parece destinado a convertirse en multirracial. Las expulsiones de los judíos primero y de los musulmanes después significaron que, por casi cinco siglos, España permaneciera sin cambios étnicos. En los últimos años, podría haberse pensado que la llegada de una cantidad apreciable de inmigrantes, sobre todo del Caribe y del Magreb, iba a tener un efecto mucho más traumático que en países donde existe una larga tradición en cuanto a recibir extranjeros.

Muchos españoles desestiman el asunto: aseguran que su sociedad no es racista. Como cualquier forastero puede comprobarlo, esto no es exactamente cierto. La forma en que tratan a los gitanos, la única minoría étnica que ha quedado tras la purga de judíos y musulmanes, ha sido de inflexible discriminación.

Sin embargo, es verdad que las actitudes racistas a menudo son, en España, inconscientes más que conscientes. Los artículos de prensa sobre, por ejemplo, la visita de un diplomático americano que es negro, nunca dejarán de anotar que el personaje es «un hombre de color». Incluso los periodistas de mentalidad más abierta miran perplejos a cualquiera, si se le ocurre sugerir que el color de la piel de una persona sólo tendría que mencionarse en caso de ser importante para la noticia y que, de todas maneras, un negro es un hombre de color ni más ni menos que un «blanco». Aunque el número de africanos que viven y trabajan en España crece año tras año, las palabras como *kaffir* se incluyen alegremente como insulto en boca de los personajes de los comics destinados a los niños. El peyorativo vocablo «moro» se aplica en sentido amplio para describir no sólo a los norteafricanos, sino también a otros extranjeros de piel oscura.

Con todo, a pesar de esto, hay bases sólidas para pensar que los problemas raciales de España pueden ser menos graves que los de otros países. La extrema derecha organizada es mucho más débil que en Francia, Italia, Alemania o incluso Gran Bretaña. Más aún: las respuestas dadas a estudiosos y encuestadores, a la vez que confirman la existencia del racismo, sugieren un nivel de prejuicios más bajo que el de cualquier otro país de la UE. Hay varios motivos posibles para esto. Uno es que España todavía tiene una población inmigrante relativamente pequeña. Otro, que una gran cantidad de españoles fueron inmigrantes en otros países y saben lo que significa estar en el otro extremo de la discriminación. Un tercer motivo, que no excluye a los otros, es esa amplia tolerancia a la que me he referido, una y otra vez, como el rasgo singular más característico de España y de los españoles de hoy.

Algo que escribí en el libro que dio origen a éste me parece hoy más verdadero aún: los cambios de los últimos años no sólo produjeron una nueva España sino también un nuevo español, muy diferente de la figura intemperante de la leyenda y de la historia. Aun así, los nuevos españoles siguen siendo españoles. En realidad, no sé de ningún otro pueblo –quizá con la excepción de los polacos– que se mantenga tan tenazmente fiel a su tradición. En 1993, se calculó que los españoles se gastarían en las fiestas de sus pueblos el equivalente a medio *billón* de libras o casi tres cuartos de *billón* de dólares.

Tan importante como cualquiera otra elección política, económica o social que deban hacer los españoles en los años próximos, será la de decidir qué parte de su cultura, de su identidad y de su manera de vivir están preparados a sacrificar en bien de la integración con el resto de Europa. Esto no implica la idea de que la forma de vida sea homogénea en España. Los vascos, catalanes y gallegos tendrán que tomar esa misma decisión con respecto a sus propias culturas e identidades. No obstante, el respeto por la tradición es universal en España, y acaso sea más intenso aún en las regiones donde el sentimiento nacionalista es más fuerte.

Al parecer, esto ofrece una buena garantía de que la identidad de España –o mejor dicho, las identidades– no se diluya. Si tengo alguna duda al respecto, es porque los españoles, con excepción de los catalanes, suelen ser tan conformistas como tradicionalistas.

Cuando los españoles hablan de su «individualismo», no se refieren a lo que los británicos o los americanos llaman *individualism* (es decir, algo cercano a la excentricidad). En realidad hablan de su egocentrismo, que no sólo significa centrarlo todo en el yo, sino también confianza en sí mismos. El individualismo en el sentido anglosajón es bastante raro en España y la excentricidad, casi desconocida. Hay muchas personalidades extravagantes, provocativas y extravertidas en la sociedad española pero, casi sin excepción, se cuidan de moverse dentro de los límites de lo que el resto de la sociedad considera correcto, adecuado y decente. Se podía pasar todo un día en una gran ciudad española, en tiempos en que la moda punk estaba en su apogeo, sin ver una sola cabeza adornada de crestas pilosas.

El miedo de parecer «raro» puede llegar a ser obsesivo. En los años sesenta, cuando Fraga era ministro de Turismo, alguien en su ministerio pensó, o aceptó que se hiciera, una campaña cuyo lema era «España es diferente». La indignación que produjo esa frase aún no se ha extinguido, casi treinta años después. Es comprensible que en su época haya tocado en carne viva a más de uno. La frase estaba a un paso de afirmar que «los españoles son diferentes», lo que era una de las formas en que Franco había justificado su dictadura, con la idea implícita de que, al contrario que otros europeos, no se les podía confiar su propio destino. Pero Franco ha muerto hace tiempo y hoy nadie asegura que los españoles sean biológicamente incapaces de llevar adelante una democracia.

No obstante, la frase en sí es todavía una expresión de uso corriente. A menudo me he preguntado si Fraga no consiguió avanzar más como político demócrata, no por su relación con el franquismo, sino porque aún pesa sobre él la acusación de haber inventado aquella frase. Si ante un grupo de españoles se dice que una cosa u otra se hace de otra manera en España, no faltará uno de ellos que, a la defensiva, señale: «Lo que quieres decir es que "España es diferente"». Si se lee el periódico al día siguiente de la publicación de un informe en el que se asegura que España, en algún aspecto, está más cerca de la media de la UE, se puede esperar que al menos haya un artículo titulado «España ya no es diferente». En un capítulo anterior cité un estudio preparado por los investigadores de Presidencia del gobierno, en el que se explica a los extranjeros qué pasos dio el gobierno en los últimos años. ¿Y cuál es el título del primer capítulo? Como no podía ser de otra manera, «España ya no es tan diferente».

Sin duda, esto es verdad. Pero el hecho es que España es diferente. Algunas de sus peculiaridades han aparecido en las páginas de este libro: la cuna del «machismo» tiene uno de los niveles más altos del mundo en materia de objetores de conciencia. El país con las casas más densamente ocupadas de toda la UE también es el que tiene más segundas viviendas. Y el pueblo que, en particular, fuma y bebe más que ningún otro de la UE también tiene la expectativa de vida más alta. España es un país en el que los jefes aseguran que ganan menos que sus operarios, pero en el que la desigualdad ha crecido bajo un gobierno de izquierda; una nación presuntamente católica cuyo verdadero promedio de abortos es probablemente más alto que el de Gran Bretaña; un país en el que un gobierno se hizo añicos en la discusión de una ley de divorcio que casi nadie usa. Luego tuvo un gobierno socialista que pagaba a la Iglesia Católica y una prensa abrumadoramente contraria a ese gobierno, aunque buena parte de las noticias que publicaba provenían de una agencia de noticias estatal. En todas partes del mundo se lo asocia con la tauromaquia y, sin embargo, los datos sugieren que son mayoría los españoles a los que no les gusta su propia «fiesta nacional».

Pero es el temperamento español el que convierte a la nación en un lugar fascinante, tanto para visitar como para estudiar. Otro tanto se puede decir de Gran Bretaña, Francia, Alemania e Italia. Por fortuna, cada uno de estos países tiene su propia identidad. Y lo que los españoles, en su entusiasmo por «Europa», quizá pasan por alto es que, para ser ellos mismos de verdad, han de ser diferentes de los demás. Para mí al menos, la nueva España llegará a la madurez no el día en que deje de ser diferente del resto de Europa sino el día en que reconozca que lo es.

NOTA CAPITULO 31

1) Véase pág. 179.

INDICE

Aleixandre, Vicente, 332, 337, 340
Alfageme, Ana, 181n
Alfonso Carlos, 101, 105
Alfonso, hijo de Alfonso, 102
Alfonso V, rey de Portugal, 366
Alfonso XIII, rey de España, 31, 47, 101-02, 107, 397
Alfonso XII, rey de España, 101
Alguer, Cerdeña, 394
Alianza Popular (después Partido Popular), 54, 94
   AP y los regionalismos, 56; elecciones, 53 (1977), 64
   (1982), 71 (1986); lanzamiento, 53; liderazgo de Fraga, 79,
   414-5; liderazgo de Hernández Mancha, 79; nuevo nombre,
   79, 415; relación con los demócrata cristianos, 64
Almería, 24
Almirall, Valentí, 396
Almodóvar, Pedro, 169, 328, 335-6, 338, 342
Alonso, Dámaso, 333
alquileres, 75, 270-1, 273-4, 277-79
Altamira, 23
Alto Estado Mayor, 125-6, 130, 134
Alvarez Mendizábal, Juan, 138
Amedo, José, 77
América del Sur, 407, 409
América Latina, 158, 208
analfabetismo, 257
Ana María de Grecia, 111
anarquismo, 391-2
Andalucía, 249, 406-07, 416-7:
   autonomía, 55-6, 60-1, 63-4, 412; bandas organizadas que ope-
   ran desde, 213; carácter del pueblo, 70; castellano, 367;
   Castilla, 365-6; cultura, 316; descripción, 24; emigración galle-
   ga, 408; emigración interna, 39, 246, 399; flamenco, 344-5;
   ingresos, 41; pobreza, 33, 39, 41; polvorín de España, 246;
   Suárez, 247; televisión, 301, 307; toros, 350, 356
Andersen, Bibi, 169
Andorra, 394
Anguita, Julio, 80, 84-5, 193
animales, crueldad hacia los, 157-8, 220, 349-53
Ansaldo, Juan Antonio, 129
Ansón, Luis María, 259
Antena 3, 300, 307-11
antiabortista, movimiento, 158, 414
anticlericalismo y radicalismo, 144-6

anticonceptivos, 64, 138, 163-4, 167-8, 181
antiterrorismo, 217, 219-220
Annual, batalla de, 121
Año Jacobeo (Xacobeo) (1993), 403
años de desarrollo (1961-1973), 36, 42, 44
AP (ver Alianza Popular)
aperturistas, 46, 48, 52-3
apoderados, 352-3
árabes
    conquistan la península, 12; Escudo del Desierto/Tormenta
    del Desierto, 118; ver islam, musulmanes
Aragón
    asociación con Cataluña en la Edad Media, 395; autonomía,
    56; catalanes, 394; castellano sustituto del aragonés, 367-8;
    Castilla, 366-8; conformación de la Corona, 365-6; despo-
    blación, 39, 40; geografía, 24; Guerra de Sucesión Española,
    100-101, 369; idioma vasco, 374; transformado en una monar-
    quía poderosa, 364; Valencia, 406-07
aragonés (idioma), 364-5, 367
Aramendi, Marcelo, 132
Arán, 365, 398
Arana Goiri, Sabino de, 381n
aranés (idioma), 365
Aranzadi, Telésforo de, 376
Arco, Exposición, 318-9
Ardanza, José Antonio, 414-5
Arde el mar, 340
Areilza, José María, 50, 53
Arenal, Concepción, 227, 408
Argentina, 409
Argüelles, Arantxa, 341
Arias Navarro, Carlos, 49-50, 52-3
Arias Salgado, Gabriel, 161
Aribau Bonaventura, Carles, 396
Armada, Alfonso, 63, 100, 115
arquitectura, 21, 335-6, 340, 393
arte
    asunto Guernica, 319-20; colección Thyssen, 321; en la
    España de Franco, 333; escasez de locales en provincias, 316;
    exposiciones, 330; interés en el arte moderno, 318-9
As, 292-3
asaltos, 213, 398-9
Asensio, Antonio, 297, 308

déficit (financiación), 76
Deia, 292
delegaciones provinciales, 234
Delibes, Miguel, 333-4
Del Olmo, Luis, 311
demanda cultural, 314-6
democracia
ausencia de clase media, 43; consolidación socialista, 300; después de la muerte de Franco, 44; don Juan Carlos, 100, 113-4; fortalecimiento, 420; identidad española, 21-2; *Opus Dei,* 35; Pactos de la Moncloa, 58; parlamentaria y bipartidista, 120; relación patrón-cliente, 39; restauración de la monarquía, 120-1; Suárez, 50-1; transición desde la dictadura (ver período de transición)
Demócrata cristianos, 53, 62, 79-80, 148, 188, 296
deportes, 59, 381-2
derecho de propiedad intelectual, 220
desempleo
crecimiento económico, 77-8; desempleo de la mujer, 176; economía sumergida, 245; elevación, 84; pérdida de puestos de trabajo, 67-8; tasa, 42, 67, 71, 75, 83, 176, 244
desigualdad, 243-4
destape, 155-7, 168
Diario 16, 44, 47, 77-8, 117, 281, 286-7, 291, 293-4, 298, 303, 305
Diario Libre, 287
Días sin huella, 302
Díaz Merchán, Gabino, 147
Díaz-Plaja, Fernando, 231
Diccionario de la Real Academia, 27n, 176, 179
dictadura, 56
Diez Minutos, 296
dinero negro, 75, 240-1, 275
Diputaciones, 59
División Azul, 106
divorcio, 61-2, 138, 148, 173, 185-90
Divorcio en la Segunda República, El, 187
doctores, 253
Domingo, Plácido, 341
Domínguez, Michel, 77-8
Domínguez, Roberto, 349, 354
dominicos, 150
Don Carlos (1788-1855), 120, 182
Dow Jones, 293

drogas, 203-04, 206-09, 213, 219-20, 386, 407-08
Duato, Nacho, 324
Duncan Dhu, 342
Durán, Miguel, 197-9, 308

Ebro, 24-5, 41
economía
    ante la democracia parlamentaria, 120; ante la identidad española, 21; auge (decenio de 1980), 71-3; ayuda de la UE, 423; corrupción, 75, 223, 247, 422; crecimiento, 71-2, 76, 79, 95, 241-2, 244-5; en los años de hambre, 33; Mecanismo de tipos de cambio, 84; milagro económico (1961-1973), 36-44, 84, 95, 106, 348, 349, 401; recesión, 66, 74, 83, 266, 275, 422-3; reformas de los tecnócratas del *Opus Dei,* 35; riqueza en la economía, 68, 73-7
economía sumergida, 245
edad de voto, 59
Ediciones Libertarias, 338
Ediciones Temas de Hoy, 339
Editorial Española, 287
educación
    actitudes ante el conocimiento, 258; ante la prensa diaria, 286; de adultos, 257-8; educación a distancia, 257-8; el PSOE, 69; inversión pública, 257; la mujer en la educación, 174; LODE y LOGSE, 262-6; los jesuitas, 149; nexo con anticoncepción, 163; obligatoria, 259-61; *Opus Dei,* 149-50; religiosa, 139; sexo, 163; Universidades Populares, 256-7
Educación General Básica (EGB), 259-61, 263-4, 266
Educación primaria, 265
Educación secundaria, 265
EFE, 299, 313n
EGB (ver Educación General Básica)
Egin, 292
Eibar, 101
ejército
    breve auge después de la guerra, 32; estructura de pirámide invertida, 127-9, 132-3; falta de equipamiento, 129; Falange, 31, 35; función de mantenimiento de la paz de la OTAN y la ONU, 127; intento de golpe de Estado (1981), 118-9; lealtad a la memoria y los ideales de Franco, 91-2; orígenes del interés por interferir en asuntos de Estado, 119; panorama político, 122-3; pronunciamientos119-20; PSOE, 67, 125, 300
Ekin, 385

como partido fascista español, 31; establece las bases del Falange- *cont*

régimen franquista, 32; exaltación de la economía rural, 33, 34; se apodera del Movimiento Nacional, 32; y el sucesor de Franco, 106-08; y los monárquicos, 31

FILESA, caso, 81-2, 84, 222
Financial Times, 293
Fiscalía del Tribunal Supremo, 164
flamenco, 25, 72n, 323, 336, 343-6, 381, 384
Flashmen, 162
Flores, Lola, 241
Flotats, Josep María, 335
FONAS (Fondo Nacional de Asistencia Social), 249-50
Fondo de Compensación Interterritorial, 413, 416
fondos reservados, 78
Ford, Richard, 91, 203-05, 215
Forges, 210n, 294
Formación profesional (FP), 260-1, 264, 266
Fraga Iribarne, Manuel, 50, 53, 56, 71, 79-80, 92, 161, 333, 414-5, 426
Francia
    aumenta la cooperación con España, 389; invade España (1808), 19, 370; los GAL, 77; Navarra, 366; relación con ETA, 390; relación con vascos y catalanes, 371
Francisco Xavier, San, 379
francmasonería, 137, 145-6, 149
Franco Bahamonde, Francisco, 46-9
    actitud ante gobiernos «débiles», 231-2; acuerdos con Estados Unidos, 129; anticultura, 333-4; cambio, 34-5; Cataluña, 398-9; censura, 159, 173; centenario (1992), 88; centralismo, 56, 371-2; cine, 326-7; coloca a sus leales en puestos burocráticos, 68; colonias, 126-7; Companys, 398; condición de la mujer, 173-4; contrario al nacionalismo regionalista, 371-2; «cultura de evasión», 203; delirios de realeza, 108; Don Juan, 47, 102-5; drogas, 210n; estimula el aumento de oficiales, 123; funda empresas estatales, 68; Galicia, 406; general más joven de Europa después de Napoleón, 129; Gibraltar, 111; Guardia Civil, 215-6; herencia, 61-2, 76, 88-91; Iglesia, 137-41, 145, 146, 147, 264; Don Juan Carlos, 47-8, 103-05, 107-08; juego, 193-4; «justificación» de la dictadura, 426; masonería, 137; música, 322-3; nombra jefe de gobierno a Carrero, 48-9; obligado a iniciar cambios radicales en economía, 34-5, 43; ONCE, 196; opinión de los jóvenes sobre él, 92-3; *Opus Dei,* 35, 106, 149-50; planificación regional, 40-1; policía, 212; prensa, 288-92, 295-6; purga en los partidos políticos, 31-2; radio, 311; represión de costumbres y valores hispanos, 21; Salazar, 91; servicio civil, 232, 234; sindicatos, 315; sistema constitucional, 49; su muerte, 44-5, 86; televisión, 301-03;

universidades, 268-9; vivienda, 273-4, 277
Franco, Carmen, 108
francos, 364, 377, 394
franquismo
abolición del aparato, 48; actitud ante las elecciones generales (1977), 53; ante la muerte de Franco, 46; ante las reformas tecnocráticas, 35; desaparece como movimiento político, 88; en el cuerpo de funcionarios, 123-4; ley de reforma
parlamentaria, 52
Federica, reina de Grecia, 104
Frente de Liberación Catalán, 399
Frente Popular, 397-8
Frühbeck de Burgos, Rafael, 341
fueros, 379, 382, 385
Fuerza Aérea
acuerdo con Estados Unidos, 129; control de la aviación civil,
123; participación de la mujer, 175
Fuerzas Armadas
amenaza continuada, 92-3; falta de entendimiento con Suárez,
124-5; función en la política y la economía, 123-4; golpe de
Estado (1981), 62-3; informe sobre conjura (1985), 135n;
introducción de la democracia, 124; Ley institucional del
Estado, 124; objetores de conciencia, 133; opiniones, 125;
participación de la mujer, 175-6; reformas, 130-4; seguridad
social, 249; voluntarios, 134
Fuerzas Eléctricas del Noroeste Sociedad Anónima (FENOSA), 116n
fumar (ver tabaco)
Fundación Internacional de la Salud, 167
Fundación Santa María, 142, 183
Fura dels Baus, 337
Fusi, Juan Pablo, 151, 203, 295
fútbol, 39, 51

Gabilondo, Iñaki, 310
Gabón, 186
Gaceta de los negocios, 293
Gades, Antonio, 324-5
Gala, Antonio, 337, 339
Galicia, 23, 39, 41, 364, 365-6, 416, 417, 425
agricultura, 406-07; Año Jacobeo (*Xacobeo*), 403; bandas
organizadas, 213; café, 202; caso Barreiro, 415; contraban-
do, 407; emigración, 408-09; estatuto de Santiago, 60; Fraga
elegido presidente autónomo, 80; gobierno autonómico, 55-6,

Guerra de Sucesión Española, 369
Guerra Hispanoamericana, 121
Guerra, Juan, 80-1, 298, 303, 382
guerras carlistas
    primera (1833-1839), 382; segunda (1872-1876), 382
Guillén de Castro, 317
Guimerá, Angel, 317, 396
Guinea Ecuatorial, 127
Guipúzcoa, 376-9, 383-8
guipuzcoano (dialecto), 376
Gutiérrez Aragón, Manuel, 337
Gutiérrez Mellado, Manuel, 62, 130-1
Gypsy Kings, 343

Habsburgo (Casa real), 3689, 379
hachís, 207-08, 210n
Haití, 127, 186
Halffter, Cristóbal, 341
Hasán II, rey de Marruecos, 109
Hello!, 295
Hemingway, Ernest, 26, 348
Hermandades Obreras de Acción Católica (HOAC), 146
Hernández Mancha, Antonio, 79
heroína, 208-09, 210,
Herri Batasuna (Unidad del Pueblo), 389-90, 417
Herzog, Werner, 379
Hidalgo, Juan, 341
hipotecas, 273
HOAC (ver Hermandades Obreras de Acción Católica)
¡Hola!, 295-6
homosexualidad, 168-9
Hora 25 (programa de radio), 310
Hormaechea, Juan, 414
Hospital Gregorio Marañón (Madrid), 253
hospitales, 251
huelgas, 41-2, 52-3, 78-9, 89-90, 136, 146, 215, 245-6, 250-4,
260, 274, 350, 398-9
Huelva, 24
Hussein, rey de Jordania, 109
Hussen, Thorsten, 263
Hymnica, 340

Ibáñez Martín, José, 149

O'Donnell, Leopoldo, 120
Obabakoak, 339
objetores de conciencia, 133
OCDE (ver Organización de Cooperación y Desarrollo Económicos)
Oficina Nacional Permanente de Vigilancia de Espectáculos, 160
okupas, 280
Oller, Narcís, 396
OMS (ver Organización Mundial de la Salud)
ONCE (ver Organización Nacional de Ciegos de España)
Onda Cero, 310-2
ONE (ver Orquesta Nacional de España)
ONU (ver Organización de Naciones Unidas)
OPEP (ver Organización de Países Exportadores de Petróleo)
ópera, 322-3, 329, 341
Operación Carpeta Roja, 239
Operación Lucero, 106
Opus Dei, 35, 90, 106, 147-51, 268
Oreja, Marcelino, 79, 139
Orense, 405
Organización Nacional de Ciegos de España (ONCE), 196-9,
307-08, 312
Organización de Cooperación y Desarrollo Económicos (OCDE),
238, 241-2, 259
Organización de Naciones Unidas (ONU), 36
Organización de Países Exportadores de Petróleo (OPEP), 44, 73
Organización del Tratado del Atlántico Norte (OTAN), 48, 70-1,
127, 134, 303
Organización Mundial de la Salud (OMS), 166, 203
Orquesta Nacional de España (ONE), 323, 325
orquestas, 110, 316-7, 322-3, 325, 340
Orquesta Sinfónica de RTVE, 309, 323
Ortega, Domingo, 356n
Ortega y Gasset, José, 91, 332, 418
OTAN (ver Organización del Tratado del Atlántico Norte)
Oviedo, 25-6, 33-4, 41, 147

Pablo I, rey de Grecia, 104
Pablo, Luis de, 341
Pablo VI, Papa, 139, 186
pacifismo, 92, 118
Pacto de San Sebastián, 397
Pactos de La Moncloa, 58, 61, 131, 303
padres marianistas, 103, 142, 258-9

País Vasco / vascos
    alcoholismo, 204; alienación, 389; ante Castilla, 378-9; ante
    el castellano, 373, 383, 386-7; ante la causa carlista, 120, 146,
    370, 382, 384; ante la nueva situación comercial, 41; ante las
    artes, 316; ante los reyes de Asturias, 364; ante Navarra, 364;
    asistencia a la iglesia, 142-3; autonomía, 56, 59-60, 64, 236,
    306-07, 315-6, 361, 370-1, 383-5, 411-4, 417; cocina, 381;
    «decreto punitivo», 89; deporte, 381-2; elecciones, 414;
    Estatuto de Guernica, 60; fueros, 379, 382; grupos naciona
    listas, 85; historia, 375-9; industrialización, 256, 315, 382-3,
    387-8, 406; inmigrantes, 382-4, 401-02; juego, 200n; legado
    de Arana, 383-4; libertades, 379; música, 316, 381-2; PIB per
    cápita, 387; policía autonómica, 214, 411; recesión, 389; refe-
    réndum, 60; relación con el ejército, 63; relación con el mar,
    379-80; relación con los visigodos, 364, 377-8; sangre, 395;
    situación de la mujer, 380; sociedad tradicional, 381; televi-
    sión, 306-07;
Palacio de la Moncloa, 109
Palacio de la Zarzuela, 99, 108, 330n
Palacio de Marivent, 99
Palacio de Oriente, 99
Palacio Villahermosa, 321-2
Palau de la Música Catalana, 399
Palma de Mallorca, 99
Pamplona, 24-5, 116n, 149, 255n, 377
Pardo Bazán, Emilia, 408
Parlamento Europeo, 79-80
Partido Comunista Español (PCE), 54-5, 71, 124, 331n
Partido Galleguista, 410
Partido Nacionalista Vasco (PNV), 291, 384, 414
Partido Popular (después, Centro Democrático), 53
Partido Popular (PP; antes, Alianza Popular), 209, 303, 331n,
    414-5, 417
    elecciones al Parlamento Europeo, 79-80; elecciones genera-
    les (1989), 80 (1993), 84-6; poder y corrupción, 81; relación
    con el PSOE, 221, 413; voto de la derecha, 82
Partido Socialista Obrero Español (PSOE)
    aborto, 165-6; actitud ante el alcohol y el tabaco, 206; acuer-
    do con UCD sobre descentralización, 63; ante el cine, 162,
    327-30; ante el crimen, 212; ante el desempleo, 67, 245; ante
    el golpe de 1981, 219; ante el poder judicial, 221-4; ante el
    teatro, 316-8, 331n; ante el voto vasco, 389-90; ante ETA,
    387-8; ante la educación, 257, 260-4, 266-7, 288; ante la

fuerzas, 213-4; relación con las Fuerzas Armadas, 216-7; sindicatos, 315
Policía Armada (después, Policía Nacional), 214-6
Policía Municipal, 214
Policía Nacional (antes Policía Armada), 213-5, 217
Politécnica de Barcelona, 268
política, 40-1, 44
Pondal, Eduardo, 410
pornografía, 158-9, 162, 309, 326, 386
Porter, Cole, 336
Portugal
confirma su independencia (1665), 368; relación con Castilla, 366; relación con Galicia, 403; Salazar, 91; tasa de fertilidad, 181; televisión, 301
portugués (idioma), 367, 393, 404
postguerra española, 33
PP (ver Partido Popular)
Prat, aeropuerto (Barcelona), 391
Prat de la Riba, Enric, 396-7
precio del petróleo, 246
Premio Nacional de Narrativa, 339
Premio Nobel de Literatura, 318, 332, 337-8
Premio Planeta, 339
prensa
agencia oficial de noticias, 90-1, 107, 299; culto de la personalidad, 297; diarios nacidos en la transición, 290-2; en catalán, 398, 401; falta de interés en ella, 285-8; financiera, 293; periodista, individuo y Estado, 197-8; prensa diaria en lenguas autonómicas, 292; revistas, 294-7, 298; supervivientes del franquismo, 288-90; venta de la cadena estatal, 292
prensa del corazón, 296
prestación de desempleo, 66, 77, 245-6, 248-50, 255n
prestación social, 133, 245, 250
Preysler, Isabel, 75
Primera República, 101, 120-3, 126, 135n, 371
Primo de Rivera, Miguel, 27n, 101, 122, 194, 231-2, 397, 410
Príncipe de Asturias, Fundación, 112
PRISA, Grupo, 280-1, 293, 307
privatización, 76, 292
productividad, 42, 236
Producto Interior Bruto, 76, 77
profesores, 69, 102, 157-60, 262-9
programas de trabajo comunitario, 247

tabaco, 90, 192, 203-06, 209, 406-07
Tacones lejanos (película), 342
Tagliaferri, Mario, 147
Tàpies, Antoni, 333
Tarancón (cardenal, arzobispo de Madrid), 146-7
Tariq ibn-Ziyad, 364
Tarradellas, Josep, 57
Tarragona, 394
tasa de mortalidad infantil, 36, 252
tasa de nacimientos, 40, 181, 184
tasas hipotecarias, 275
teatro, 315-8, 323, 329-30, 333
Teatro Benavente, 318
Teatro de la Maestranza, 316
Teatro de la Zarzuela, 323
Teatro de Madrid, 324
Teatro María Guerrero, 317
Teatro Real, 82, 323
teatros de ópera, 323, 329
tecnócratas, 35-6, 39, 41, 43, 90, 106, 271, 277
Tejero Molina, Antonio, 62-3, 118, 124-6, 215-6, 310, 327, 334
Tele 5, 307-10
Telefónica, 69
Telemadrid, 307, 309
televisión
    ante el sexismo, 159, 177-8; ante el sexo, 159, 309; ante la
    censura, 159, 161, 301, 327; culebrones y comedias de situa-
    ción, 309-10; disminución de la influencia del gobierno, 299,
    302-03; en catalán, 398, 401-02; privada, 299-300, 305-08,
    310, 402; relación con el regionalismo, 60, 306-09, 413;
    relación con el teatro, 316; su poder, 70, 213, 290, 300-03
Televisión Española (TVE), 159, 161, 301-03, 305, 307-08, 327-9
    TVE1, 305, 308; TVE2, 300, 305
tercera edad, 183, 254-5
Tercio de extranjeros, 135
terrazas,225
terrenos,271-2, 276, 344, 407
terrorismo, 123, 130, 298, 385
    antiterrorismo, 215, 217, 219
Teruel, 24, 40
The Economist, 192
Théâtre del'Europe, 318
The Guardian, 294

universidades
    alumnado, 267-8; ante el régimen dictatorial, 61; calidad de la enseñanza, 268; el curso de Orientación Universitaria, 260; exceso de «repetidores», 268; la mujer en la universidad, 174-6; posibilidad de elección de los estudiantes, 269; privadas, 267-9; su crecimiento, 266-7
Universidades Populares, 256
Universidad Nacional de Educación a Distancia, 258
Universidad Ramón Llull, 267
Universidad de Salamanca, 104
Univisión Canal Uno, 313n
Ursúa, Pedro de, 379

Vacaciones de la tercera edad, 254
Valdemorillo, 347
Valencia (ciudad) 25
    alcaldesa, 174-5; capital, 398; la ciudad ante el golpe (1981), 118; nuevas empresas, 41; ruta del bacalao, 211
Valencia (Comunidad), 24, 63-4, 394, 395, 407, 411, 413-4
    ante el catalán, 367, 394, 401-02; conquistada, 365; la guerra de Sucesión de España, 100-01, 369; policía, 218n; producción, 41
Valverde, José Antonio, 167
Valladolid, 41
Vallecas, 146, 281n
Valle Inclán, Ramón María del, 332
vándalos, 376
Vanguardias Obreras Juveniles, 146
várdulos, 376
vasco (idioma), 27n, 281n, 292, 316, 339, 365, 370, 372, 374-6, 386-8
vascones, 376-7
Vasconia, ducado de, 377
Vázquez Montalbán, Manuel, 334, 338
Velázquez, Diego Rodríguez de Silva y, 314, 321
Veneno, 343
Ventas, Las, 354
Verdaguer, Jacint, 396
Vicent, Manuel, 251
Vicetto, Benito, 410
Victoria Eugenia, 104
vigilancia particular, 218
Vigón, Jorge, 35, 341
Vilallonga, marqués de, 115, 116n